Theologian of Faith and Love
Martin Luther

믿음과 사랑의 신학자
마르틴 루터

Theologian of Faith and Love
Martin Luther

믿음과 사랑의 신학자
마르틴 루터

김선영 지음

대한기독교서회

믿음과 사랑의 신학자
– 마르틴 루터

ⓒ 김선영 2014

2014년 8월 10일 초판 1쇄

지은이 / 김선영
펴낸이 / 서진한
펴낸곳 / 대한기독교서회
편집책임 / 김인자

등록 / 1967년 8월 26일 제1967-000002호
주소 / 135-882 서울시 강남구 테헤란로 103길 14(삼성동)
전화 / 출판국 553-0873~4, 영업국 553-0871~2
팩스 / 출판국 3453-1639, 영업국 555-7721
e-mail / cls1890@chol.com
　　　　 edit1890@chol.com
http://www.clsk.org
facebook.com/clskbooks

직영서점 / 기독교서회
종로 5가 기독교회관 1층, 전화 744-6733, 팩스 745-8064

값 16,000원 / 책번호 2135
ISBN 978-89-511-1770-1 93230

The Christian Literature Society of Korea, Seoul
Printed in Korea

감사의 말씀

무와 유, 혼돈과 질서, 파괴와 건설, 악과 선 간의 싸움 속에서 존재하기를 지속하는 것 자체가 끝없는 도전으로 다가온다. 이에 과감히 응전할 수 있도록 지금 이 순간에도 생명의 원동력이요 추진력으로서 나를 지탱해 주시는 하나님께 감사드린다.

또 이제까지 학문과 신앙의 여정을 격려하고 동행해 준 가족들과 지인들, 과거와 미래의 "나"를 포함하고 있는 현재의 "나"가 존재하도록 지도 편달해 주신 학문과 신앙과 인생의 모든 스승들께 심심한 감사를 드린다. 그리고 본 단행본의 출판을 허락해 주시고 성심성의껏 도와주신 대한기독교서회의 서진한 사장님과 김인자 부장님께 진심으로 감사드린다.

soli deo gloria
2014년 7월

차례

감사의 말씀 ·· 5

제1장 | 서론 ·· 11

    I. 들어가는 말 ·· 11
    II. 연구동기 ·· 15
    III. 연구논지 ·· 18
    IV. 연구의 필요성 ·· 21
    V. 연구방법 ·· 33
    VI. 연구순서 ·· 37

제2장 | 선행연구 ·· 45

    I. 투오모 만네르마아와 현대 핀란드 루터학파 ·· 47
    II. 다른 연구들 ·· 61
    III. 필자의 연구 ·· 82

제3장 | 믿음과 사랑
수동적 의와 거룩함의 차원 ·· 93

I. 두 차원: 믿음과 사랑을 위한 해석의 틀 ·· 94
II. 사랑에 의해 형성된 믿음 ·· 104
   1. 공로사상과 사랑에 의해 형성된 믿음: 토마스와 비엘 ·· 105
   2. 루터의 반론 ·· 117
III. 법과 그리스도 간의 결투 ·· 124
IV. 그리스도에 의해 형성된 믿음 ·· 136
V. 내부 논적들에 대한 비판 ·· 144

제4장 | 믿음
그리스도를 붙잡는 유일한 수단 ·· 153

I. 예수 그리스도를 믿는 믿음: 세 가지 특성 ·· 153
   1. 지식으로서의 믿음 ·· 153
      1) 하나님에 대한 지식 ·· 153
      2) 예수 그리스도에 대한 지식 ·· 161
      3) 자기 자신에 대한 지식 ·· 165
   2. 신뢰로서의 믿음 ·· 167
   3. 사랑으로 열매 맺는 믿음 ·· 174
II. 법과 그리스도: 수동적 의와 거룩함의 차원 ·· 182

제5장 │ 믿음과 사랑
능동적 의와 거룩함의 차원 ·· 191

I. "~으로부터의 자유"에서 "~을 향한 자유" ·· 192
II. 그리스도가 준 사랑의 법 ·· 202
III. 법을 성취하는 이중 방식 ·· 211
IV. 그리스도론적 용어와 개념 활용 ·· 224
    1. 절대적 믿음과 육화된 믿음 ·· 224
    2. "새로운 신학적 문법" ·· 228
    3. 그리스도가 주어진 이중 방식 ·· 233
    4. 그리스도가 오는 이중 방식 ·· 235
    5. 그리스도를 입는 이중 방식 ·· 237
V. 비유들 ·· 238
    1. 그리스도처럼 그리스도인도 ·· 238
    2. 행위자와 행위 ·· 247
    3. 나무와 열매 ·· 251

제6장 │ 사랑
믿음의 진위를 가리는 수단 ·· 255

I. 믿음의 열매 사랑: 세 가지 관계 ·· 256
    1. 하나님과의 관계에서의 사랑 ·· 256
    2. 이웃과의 관계에서의 사랑: 소명 ·· 261
    3. 자기 자신과의 관계에서의 사랑: 의인이면서 죄인 ·· 274
        1) 자기사랑의 세 가지 의미 ·· 274
        2) 자기 자신과의 관계에서 맺는 믿음의 열매 ·· 283
II. 법과 그리스도: 능동적 의와 거룩함의 차원 ·· 292

제7장 | 결론··311

    I. 두 가지 논점··311
        1. 신화(theosis)··311
        2. 법의 제3용법··319
    II. 향후 연구계획··325
    III. 나가는 말··332

참고문헌··339
찾아보기··369

제1장 서론

I. 들어가는 말

  2017년은 마르틴 루터(Martin Luther, 1483-1546)가 95개 조항의 면벌부 반박문("Disputation on the Power and Efficacy of Indulgences")을 통해 16세기 유럽대륙을 휩쓴 거대한 프로테스탄트 개혁의 도화선에 불을 당긴 지 500주년이 되는 해다.[1] 34세의 나이에 신학교수요 사제였던 루터는 당시 로마 가톨릭 교회가 성경의 본질인 복음, 그 복음의 본질인 예수 그리스도로부터 소원해진 채 인간적 기획들을 꾸며놓고 이를 실행에 옮기는 것을 강행하면서 그리스도인들을 우롱하고 오도하는 것을 대담하게 문제 삼았다. 그리고 교황수위권과 1500년 전통에 대한 자부심으로 철상철하 무장한 권위기관으로서의 로마 가톨릭 교회에 도전장을 던졌다.

---

1) *D. Martin Luthers Werke*, Kritische Gesamtausgabe, 72 vols., ed. J.F.K. Knaake et al. (Weimar: Hermann Böhlau, 1883-2009), 1. 233-238(이후로는 *WA* 1. 233-238과 같이 표기한다); Martin Luther, *Luther's Works*, American edition, 75 vols., ed. Jaroslav Pelikan, Helmut T. Lehmann, and Christopher Boyd Brown (Saint Louis, MO: Concordia Publishing House, 1955ff.; Philadelphia, PA: Fortress Press, 1955-1986), 31:25-33(이후로는 *LW* 31:25-33과 같이 표기한다).

그는 죽으면 죽는 거지 그게 뭐 대수냐는 자세로 나왔다. 교황으로부터의 파면과 신성로마제국 황제로부터의 국외추방령은 진정한 진리와 생명을 추구하던 그의 존재와 삶을 한순간에 무(無)로 만들 수 있는 단도직입적 위협이었다. 이러한 상황 속에서 그에게 두려움이 없었던 것은 아니었다. 하지만 그는 세속적 가치관과 욕망의 소용돌이 속에서 그리스도인의 정체성, 믿음의 소신과 절개, 그리스도인의 존재와 삶의 방식을 망각한 채 허세와 거짓과 불의에 타협하며 사는 게 문제지, 신념과 진리와 정의를 위해 당당히 싸우다 죽임을 당하는 게 뭐가 문제냐는 자세로 로마 가톨릭 교회의 도전에 담대히 응전했다.

　루터에게 하나님 말씀에 어긋나게 사는 것은, 육체적 안이함과 영달을 도모하는 데 도움이 되고 육체적 수명은 연장할지 모르지만, 영적 안녕을 파괴하는 것이요 하나님 앞에 이미 죽은 것을 의미했다. 반면에 하나님 말씀에 순종하며 사는 것은, 육체적 안이함과 영달을 위협하고 육체적 수명은 단축할지 모르지만, 영적 안녕을 도모하는 길이요 하나님 앞에 살아 있다는 것을 의미했다. 수많은 위협과 오해, 고민과 갈등이 그의 영혼과 존재를 매섭게 몰아쳤지만 그는 하나님 앞에 살아 있는 도를 택했다. 물론 루터도 어느 누구와 마찬가지로 완벽하지 않은 인간으로서, 그가 몸담고 있었던 시대적 상황을 벗어나는 데 있어서 한계를 지닌 한 부족한 인간이었다. 그럼에도 불구하고 분명히 그는 배우고 본받을 만한 가치가 있는 많은 소중한 것을 가지고 있다. 그러한 점들은 주목하고 탐구해 볼 가치가 있지 않은가? 무엇보다도 그의 믿음의 소신과 개혁정신, 개혁의 선봉장으로서 갖추고 있었던 자질과 추진력, 그리고 이 모든 것의 토대가 된 그의 신학의 핵심을 가지고 씨름해 볼 필요가 있지 않은가?

　필자는 한국 교회와 사회에서 울려 퍼지는 개혁을 향한 애절한 목소리를 상기할 때마다 되풀이하여 학생들에게 해주는 이야기가 있다. 그것은 세계 교회사 2000년을 축소하면 한국 교회사 200년이 되고 한국 교회사 200년을 확장하면 세계 교회사 2000년이 된다는 것이다. 물론 매우 단순화된 공식이다. 확장하고 축소한다고 해서 2000여년 세계 교회사와 200여년 한국 교회사 간의 모든 것들이 정확하게 상응하며 맞아 떨어진다는 것은 결코 아니다. 하지만 신기하게도, 아니 어쩌면 인간사이면서도 하나님의 섭리가 이루어지고 있는 교회사이기에 당연지사일지도 모르지만, 어찌 되었든 인간 만사가 역사의 흐름을 타면서 혹은 형성하면서 발생하는 패턴의 유사성을 발견하는 것은 솔직히 놀라움을 자아낸다.

이 이야기를 해주는 다양한 이유들 중, 여기서는 특별히 다음의 두 가지를 고백할 수 있다. 그 첫째는 학생들의 마음속에서 프로테스탄트 개혁 전야의 로마 가톨릭 교회 상황과 현 한국 개신교회 상황이 겹쳐지고 비교되면서 후자를 통찰할 수 있는 보다 객관적이고 역사적인 관점이 형성되었으면 하는 진지한 바람 때문이다. 이것은 종교개혁이 이루어지기 전야의, 겉은 번지르르하지만 회칠한 무덤과 같이 속은 부패하고 허실한 모습, 믿음과 도덕 불감증에 비리와 타락의 온상이 된 로마 가톨릭 교회의 모습을 보면 거울에 반영된 한국 개신교회의 한 양상을 보고 있는 것 같다는 생각을 금치 않을 수 없기 때문이다. 둘째는 시공의 간격에도 불구하고 이 두 상황이 겹쳐지고 비교되는 생생한 상황 속에서, 그 당시 절실했던 개혁을 현실화한 선구자요 선두주자였던 루터에 주목함으로써, 현 한국 개신교회가 절실히 공감하는 개혁의 필요를 현실로 바꿀 수 있는 한 가능성에 대한 통찰을 얻게 되었으면 하는 바람 때문이다.

1077년 교황 그레고리우스 7세(Gregorius VII)가 신성로마제국의 황제 하인리히 4세(Heinrich IV)를 무릎 꿇게 한 카노사(Canossa)의 극적인 사건과 같은 예를 통해서도 단편적이나마 교황수위권 사상을 현실 상황에 적용하는 것이 가능함을 과시했던 로마 교황청에 루터는 도대체 뭘 믿고 초지일관 자신의 소신을 굽히지 않을 수 있었던 것일까?[2] 아니 보다 근본적으로 그의 소신은 도대체 무엇이었기에 그로 하여금 개혁가가 되게 한 것일까? 보름스 제국의회(the Diet of Worms, 1521)에서 자신의 양심과 의식은 자

---

[2] 참조, 김선영, "교황수위권에 대한 그레고리우스 7세와 마르틴 루터의 입장: 마태복음 16장과 요한복음 21장을 중심으로", 「한국교회사학회지」 35(2013), 7-40.

신이 인용한 성경에 묶여 있다고 공공연히 고백한 루터. 하나님의 말씀에 사로잡혀 있는 양심과 의식에 반하는 것은 옳은 것이 아니라면서 자신의 주장을 철회하라는 명령에 대해 "저는 달리 할 수가 없습니다. 여기 제가 서 있습니다. 하나님 도와주시옵소서. 아멘."을 외쳤던 루터.[3] 무엇이 그로 하여금 참으로 하나님을 두려워하고 사람을 두려워하지 않는 당찬 모습을 취하게 했을까?

　필자는 루터를 연구할수록 그의 이러한 진정성과 대담무쌍한 기개를 가능케 하는 원동력은 다름 아닌 성경과 삼위일체론에 확고히 근거한 "오직 그리스도"(solus Christus)라는 신념이라는 확신을 굳게 된다. 루터의 신학이 필자의 가슴을 뛰게 만드는 가장 본질적인 이유는 그의 신학이 항상 "오직 그리스도"에서 시작하여, "오직 그리스도"를 거쳐, "오직 그리스도"로 끝나 다시 "오직 그리스도"로 돌아가기 때문이다. 그리고 "오직 그리스도"를 통해서 루터는 하나님을 하나님 되게 하고, 하나님 일 한답시고 오히려 하나님 일 방해하지 말고, 하나님으로 하여금 하나님 일을 이루시게 하라는 강력한 메시지를 그리스도인들에게 던지고 있기 때문이다.

　이와 함께 필자가 루터의 신학이라는 광산을 떠나지 않고 계속해서 그 안에 있는 자원들을 발굴하고 싶은 것은 그가 "오직 그리스도"와 불가분리의 관계를 맺고 있는 그리스도인이 된다는 것의 의미, 그리스도인의 정체성, 그리스도인 공동체의 정의, 그리스도인의 삶의 본질 등 그리스도인이면 누구나 알고 있으리라 전제하지만 그렇지 않은 것이 실상으로 노출되는 현 한국 개신교회의 상황을 고려해 볼 때 매우 근본적이면서도 필수불가결한 메시지들을 제공하기 때문이다. 루터는 이러한 문제들을 바로 그리스도(복음)와 법과의 역동적 관계 속에서 믿음과 사랑이라는 한 쌍의 신학적 주제를 가지고 풀어낸다.

---

[3] 이 한국어 번역은 라틴어 본문에 들어 있는 독일어를 영어로 번역한 것에 근거한 것이다. 편집자들은 루터가 실제로는 "하나님 도와주시옵소서!"라는 말만 했을 가능성이 높다고 지적한다. *LW* 32:113, 각주 8.

II. 연구동기

필자로 하여금 믿음과 사랑에 관한 루터의 개념들을 탐구하도록 이끌었던 학문적 여정은 아우구스티누스(St. Augustinus, 354-430)에 대한 열정에서부터 시작되었다. 미국에 유학을 가서 M. Div. 과정을 하는 동안 필자는 아우구스티누스에게 푹 빠져 버렸다. 특히 그의 신학에 있어서 사랑에 관한 개념은 필자의 마음과 호기심을 강력한 자석과 같이 끌어 당겼다. 특별히 『그리스도교 교리에 관하여』(*Teaching Christianity*) 등에 잘 기술되어 있는 사랑의 질서(*ordo amoris*),[4] 사랑하는 자와 사랑 받는 자를 함께 묶어주는 사랑으로서의 성령, 그리고 사랑 안에서의 그리스도인들의 영적 순례[5] 등에 관한 아우구스티누스의 개념들은 필자에게 무척이나 흥미롭게 다가왔다.[6] 이처럼 아우구스티누스의 사랑에 대한 가르침에 계속 관심을 갖

---

4) 올바른 질서 안에서 사랑되어야만 하는 사랑의 네 가지 대상들에 관하여 아우구스티누스는 다음과 같이 기술한다: "사랑의 대상에는 네 가지 종류들이 있다. 우리 위에 있는 첫 번째 종류, 우리 자신인 두 번째 종류, 우리와 같은 수준에 있는 세 번째 종류, 우리 아래에 있는 네 번째 종류."("quatuor sint diligenda, unum quod supra nos est, alterum quod nos sumus, tertium quod juxta nos est, quartum quod infra nos est.") St. Augustine, *De doctrina christiana*, 1. 23. 22, *Patrologiae cursus completus*, Series Latina, ed. Jacques-Paul Migne (Paris, 1865); ET *Teaching Christianity*, trans. Edmund Hill, O. P., ed. John E. Rotelle, O.S.A. (Brooklyn, NY: New City Press, 1997), 1. 23. 22. 참조, *De doctrina christiana*, 1. 26. 27.
5) 참조, Tarsicius J. van Bavel, "Love," in *Augustine through the Ages: An Encyclopedia*, ed. Allan D. Fitzgerald, O.S.A. (Grand Rapids, MI: William B. Eerdmans, 1999), 509-516.
6) 예를 들어서 크라우즈(R. D. Crouse)는 아우구스티누스의 『고백록』(*Confessions*)의 구조와 통일성을 분석하면서 "하나님께로 향한 영혼의 상승에 있어서 그 단계들 혹은 순간들이 무엇인가?"라는 질문을 던진다. 그리고 이 질문에 대한 대답을 "외향적(*exteriora*), 내면적(*interiora*; 혹은 하위, *inferior*), 상위(*superiora*)라는 3부(部)로 된 상승의 도식"에서 발견한다. 크라우즈는 이 도식이 『고백록』의 주된 구조를 이루고 있다고 본다. R. D. Crouse, "*Recurrens in te unum*: The Pattern of St. Augustine's

고 있던 중 아우구스티누스와 루터를 비교하는 아주 단순한 공식 같은 문장을 접하게 되었다. 그것은 아우구스티누스는 사랑의 신학자요 루터는 믿음의 신학자라는 것이었다.

　이러한 비교는 필자의 학문적 호기심을 발동시키기에 충분했고, 이 후 필자는 이것의 정확성과 타당성을 진단해 보고자 이 두 신학자들의 믿음과 사랑에 관한 개념들을 탐구하기 시작했다. 그리고 이 시도는 애당초 의도했던 것은 아님에도 불구하고 자연스레 박사학위 논문의 연구주제로 이어졌다. 이 두 신학자들에 대한 지속적인 연구를 통해서 필자는 원래의 호기심과 관련하여 기본적으로 두 가지를 발견하게 되었다. 첫째, 아우구스티누스는 사랑의 신학자임에 못지않게 믿음의 신학자고, 루터 역시 믿음의 신학자임에 못지않게 사랑의 신학자다. 둘째, 아우구스티누스는 그리스도인들의 하나님에 대한 관계를 기술하기 위해서 배타적이지는 않지만 우선적으로 사랑을 사용하는 반면에, 루터는 믿음을 사용한다.

　이 두 가지 기본적인 발견은 필자로 하여금 다음과 같은 주도적 질문을 마음속에 간직하면서 지속적으로 이 두 신학자들의 믿음과 사랑 개념들을 더욱 심화하여 고찰하도록 이끌어 주었다. 무엇이 루터로 하여금 하나님에 대한 그리스도인들의 관계를 정의하는 우선적이고 주된 신학적 개념으로서 사랑보다 믿음을 선택하게 만들었는가? 필자는 이 질문에 대하여 매우 조심스러운 접근을 시도했는데, 그 이유는 이러한 질문과 이에 대한 답변이 필자가 보기에 오해의 여지를 많이 남길 수 있는 사랑의 신학자로서의 아우구스티누스와 믿음의 신학자로서의 루터라는 단순 비교로 회귀되어서는 안 된다는 것을 분명히 의식하고 있었기 때문이었다.

　이와 같이 아우구스티누스와 루터의 믿음과 사랑에 관한 개념들을 비교 연구하는 박사학위 논문을 써나가면서 필자는 커다란 도전에 직면하게 되었다. 아우구스티누스나 루터나 모두 교회사에서 둘째가라면 서러운 다

Confessions," *Studia Patristica* XIV (1979), 390. 참조, 김선영, "베르나르에게서 나타나는 아우구스티누스적 회심 개념", 「서양중세사연구」 26(2010), 149-181.

작 저술가들인데, 박사학위 논문 한편에서 믿음과 사랑 개념을 놓고 이 둘을 비교하는 것은 평생에 걸쳐 탐구해야 할 너무 야심찬 연구주제라는 것을 절감하기 시작했던 것이다. 결과적으로 중대한 결단을 해야 하는 순간에 필자는 그동안 꾸준히 해왔던 아우구스티누스에 대한 연구를 잠시 보류하고 필자에게 상대적으로 미개척분야였던 루터를 선택하여 파고들기로 결정했다. 이러한 결정을 내리는 데는 안 해본 연구를 하고 싶었던 필자의 마음이 큰 영향을 끼쳤다. 하지만 이에 못지않게 루터가 왜 하나님에 대한 그리스도인들의 관계를 우선적으로 사랑이 아닌 믿음이라는 개념을 갖고 다루었는지를 올바로 파악하게 되면, 이것이 후에 믿음과 사랑에 대한 아우구스티누스와 루터의 개념들을 비교 연구하는 데 중요한 열쇠가 될 것이라는 느낌이 강하게 작용했다.

루터를 선택한 후 필자는 루터 신학에 있어서 믿음과 사랑의 개념들과 그 관계성에 초점을 맞추어 루터의 주요 저술들을 분석하면서 연구를 진행해 나갔다. 그리고 박사학위 논문의 한정된 공간을 고려하여 루터의 대표작인 1535년 『갈라디아서 강해』(*Lectures on Galatians*)를 집중적으로 다루게 되었다. 루터의 사고 속으로 들어가 순례하면서 필자는 루터에게서 아우구스티누스에게서는 느낄 수 없었던 신학의 또 다른 깊이와 멋을 맛보게 되었다. 이후 루터는 평생 옆에 놓고 대화하고 싶은, 그리고 그 사상과 신앙을 다른 사람들과 함께 나누고 싶은 그런 인물이 되었다. 그래서 한글 단행본을 발간함으로써 루터의 믿음과 사랑에 관한 가르침을 보다 많은 독자와 공유하고 싶었고, 이에 정성과 시간을 투자해 박사학위 논문을 번역하고 개정하여 본 저서를 내놓게 되었다.

사실 박사학위 논문을 우리말로 번역하고 개정하여 단행본으로 내는 것에 대해서 많은 고민을 했다. 하지만 무엇보다도 준비하고 작성하는 과정에서 신학과 신앙에 큰 힘과 도움을 준 박사학위 논문을 미래의 녹자들과 함께 나누고 싶은 간절한 마음이 나로 하여금 번역이라는 길고도 먼 여정을 시작하게 이끌었다. 비록 힘이 달려 후퇴하고 취소하고 싶은 때들이 없지 않아 있었지만, 본 단행본을 만들어 내기 위해서 투자한 시간과 에너지가 아깝거나 후회되지는 않는다.

겸허한 마음으로 하지만 또 한편으로 magna cum laude로 논문구술시험을 통과했던 만큼 당시 필자의 학문과 영적 여정의 시점에서 나름 최선을 다해 성심성의껏 준비한 글이라는 것을 알리면서 본 단행본을 독자들 앞에 내놓는다. 번역과 개정작업을 거치면서 부족한 부분들을 많이 발견했다. 최선을 다해서 보완하고 새롭게 다듬었지만 앞으로도 계속 걸어가야 할 학문과 영적 여정을 상상하면서, 그리고 여전히 부족한 부분들은 앞으로 하나씩 하나씩 보완하고 심화해 나가리라 다짐하면서, 본 저서를 선보인다. 부족한 부분들에 대해서는 독자들의 너그러운 양해를 구한다. 지면관계상 라틴어 인용문들은 대부분 삭제했다. 영어 단행본은 Fortress 출판사에 의해서 2014년 가을에 출판된다.

III. 연구논지

본 저서를 통해서 필자는 믿음과 사랑에 대한 루터의 가르침의 중요성이 기존의 루터 연구에서 충분히 그 의미와 진가를 인정받지 못했으며, 이것은 루터의 신학을 보호하는 것도 아니고 루터의 신학에 대한 정당한 취급도 아니라는 점을 강조한다. 그리고 오직 믿음에 의해서만 의롭게 된다는 루터의 가르침의 중요성을 거부한다는 의미에서가 아니라 루터 신학 전체에 있어서 그것만이 전부인 것처럼 그것의 중요성만을 일방적으로 그리고 배타적으로 과장하는 해석의 틀에 문제를 제기한다.

이러한 해석의 틀은 결과적으로 믿음과 함께 항상 쌍으로 다루어지는 사랑에 대한 루터의 가르침을 간과하거나 그의 신학 전체에 있어서 지엽적 주제인 것처럼 취급하게 만든다. 더 나아가서 이러한 해석의 틀은 루터가 믿음뿐만 아니라 사랑도 재개념화하여 제시하고 있고, 이 둘을 그의 신학의 핵심을 총괄하는 대표적인 한 쌍의 주제로 사용하고 있다는 점을 간과하게 만든다. 또 이러한 해석의 틀은 루터가 중시하는 믿음과 사랑 간의 내적 역동성도 제대로 부각하지 못함으로써, 그리스도와 그리스도인의 관계에 뿌리를 두고 정립된 그리스도인의 삶이 갖고 있는 역동성도 올바로 보지 못하게 한다는 결함을 갖고 있다.

이러한 문제점들을 고려하면서 1535년 『갈라디아서 강해』에 초점을 맞추어 그리스도(복음)와 법과의 역동적 관계 속에서 믿음과 사랑에 관한 루터의 가르침을 연구하는 본 저서의 논지는 다음과 같이 논리적으로 요약 정리될 수 있다.[7] (1) 『갈라디아서 강해』는 문학적 구조의 차원에서나 내용적

---

7) 보통 루터 신학에 있어서 "법"과 "복음"이 대조되지만, 필자는 엄밀한 의미에서 "복음"보다는 "그리스도"가 루터가 말하고자 하는 바를 더 명시적으로 그리고 정확하게 드러낸다고 본다. 물론 넓은 의미에서 루터가 말하는 "복음"은 "그리스도"를 그 핵심에 두고 있는 표현이다. 그럼에도 불구하고 죄인의 의롭게 됨에 관한 문제를 놓고 "그리스도"와 "법"이 죄인으로서의 인간을 놓고 벌이는 "결투"에 대한 루터의 생각은 "복음"과 "법"이라는 표현에서보다 "그리스도"와 "법"이라는 표현 속에서 더 분명하게 드러난다. 더 나아가서 "복음"과 "법"이라는 표현보다는 "그리스도"와 "법"이라는 표현이 갖는 또 다른 이점은 오직 예수 그리스도를 믿는 믿음으로 말미암아 의롭게 된 그리스도인들에게서 "법"이 "그리스도"로 인해서 새로운 기능을 감당하게 된다는 루터의 사상에 가시적 표현을 통해 더 쉽게 접근할 수 있는 가능성을 열어 준다는 점이다.

그렇지만 무엇보다도 "복음"보다는 "그리스도"를 전면에 내세우고자 하는 필자의 의도는 그리스도인들의 믿음 안에 현존하며, 그리스도인의 사랑의 삶 속에서 활동하는 그리스도에게 모든 초점이 맞추어져 있는 루터의 입장을 가장 확실하게 제시하려는 것이다. 루터에 의하면 하나님은 기록된 혹은 선포된 말씀들을 통해서 믿음의 선물을 주지만, 이 믿음이 꼭 붙잡는 것은 단순히 말씀이 아니라 그리스도이다.

선포된 말씀과 기록된 말씀과 관련하여 루터는 후자보다 전자를 더 중요하게 여겼고, 선호했다. 참조, David C. Steinmetz, *Luther in Context*, 2nd ed. (Grand Rapids, MI: Baker Academic, 2002), 132-135. 인간의 몸을 입은 말씀(the Word, 요한복음 1:14)과 그리스도 혹은 목회자에 의해 선포되는 말씀을 루터는 다음과 같이 분명하게 구별한다. "전자는 육화된 말씀으로서, 처음부터 참된 하나님이셨다. 후자는 선포된 말씀이다. 전자는 본질에 있어서 하나님이시다. 후자의 말씀은 그 효과에 있어서 하나님의 능력이긴 하지만, 본질에 있어서는 하나님이 아니다. 왜냐하면 그것은 그리스도에 의해서든 혹은 목회자에 의해서든 인간의 성질을 갖고 있기 때문이다." *D. Martin Luthers Werke, Kritische Gesamtausgabe, Tischreden*, 6 vols. (Weimar: Hermann Böhlau, 1912-1921), 4. 695. 16-21(no. 5177, 1540. 8. 7-24),

차원에서나 모두 믿음과 사랑이라는 한 쌍의 신학적 주제를 가장 포괄적이고도 주된 주제로 사용하고 있다. (2) 루터는 믿음과 사랑에 대한 자신의 가르침에 어떻게 접근해야 할지를 알려주는 해석의 틀을 제공한다. (3) 이 해석의 틀은 두 가지 차원으로 구성되어 있다. 그 첫 번째는 외래적(alien), 수동적, 완전한 의와 거룩함의 차원이고, 두 번째는 자신의(proper), 능동적, 점진적 의와 거룩함의 차원이다. (4) 이 두 차원을 통해서 루터는 믿음과 사랑에 대한 재개념화를 시도한다. (5) 이 두 차원에서 믿음과 사랑을 다루면서 루터는 의도적으로 믿음과 사랑 간의 관계성까지도 면밀하게 상술한다. 이것은 루터 신학에서 믿음과 사랑은 그냥 우연히 연결된 두 개의 신학적 주제가 아니라 루터에 의해서 의도적으로 묶여진 한 쌍의 신학적 주제라는 것을 알려준다. (6) 이렇게 한 쌍의 신학적 주제로 형성된 믿음과 사랑은 루터의 『갈라디아서 강해』 전체의 문학적 구조와 내용 모두를 형성하는 데 있어서 가장 포괄적이고도 주된 신학적 주제로 사용되고 있다.[8] 이 강해는 성숙한 루터의 신학을 대변한다고 자타가 공인하고 있다.[9] 그런 만큼 이 강해에서 한 쌍으로 묶여진 믿음과 사랑이 개념적 차원에서나 구조적 차원에서 가장 포괄적인 주제로 사용되고 있음을 보여주는 것은, 루터 신학 전체와 성경해석에 있어서 이 한 쌍의 주제가 차지하는 위상과 중요성을 제시하고자 하는 필자의 후속연구를 위한 중요한 토대가 된다. (7) 더 나아가서 믿음과 사랑에 관한 루터의 가르침은 그리스도를 항상 핵심에 놓는 그의 신학과

(이후로는 WA, TR 4. 695. 16-21과 같이 표기한다); LW 54:395.
8) 참조, 김선영, "루터의 믿음과 사랑 개념 이해를 위한 해석의 틀-1535년 갈라디아서 강해를 중심으로", 「한국기독교신학논총」 68(2010), 27-55. 이것은 필자의 박사학위 논문의 핵심적 내용을 담은 것이며, 2009년 한국교회사학회 제103차 정기학술대회 (연세대학교, 2009. 9. 19)에서 발표한 글이다.
9) 루터는 1516년에서 1517년에 갈라디아서 강의를 했으며, 그 강의를 기록한 학생의 강의기록물이 1519년 현저한 개정과 확장을 거쳐 출판된다. 그리고 4년 뒤인 1523년 루터는 1519년 출판된 강해서의 개정판을 낸다. 1535년에 출판된 『갈라디아서 강해』는 1531년 루터의 갈라디아서 강의를 적은 강의기록물이 약간의 수정을 거쳐 출판된 것이다.

성경해석의 원리를 드러낼 뿐만 아니라, 그의 신학에 있어서 또 다른 중요한 주제인 법과 복음의 개념, 그리고 그 둘 간의 관계를 보다 분명하게 드러낸다. (8) 그리스도를 중심으로 한 믿음과 사랑, 그리고 법과 복음에 대한 연구는 종합적으로 그리스도를 중심에 놓고 믿음과 사랑, 그리고 법과 복음이 어떤 역학관계를 갖고 있는지를 보여준다.

IV. 연구의 필요성

일반적으로 루터의 3대 논문(1520)이라 불리는 것 중 하나이며 널리 읽혀 온 『그리스도인의 자유』(*The Freedom of a Christian*)가 믿음과 사랑 주제를 핵심적으로 다루고 있기에 루터 신학에서 믿음과 사랑에 관한 주제를 다룬다는 것이 그리 새삼스럽지 않을 수도 있다. 하지만 『그리스도인의 자유』를 보면서 루터의 믿음과 사랑에 대한 가르침을 다룰 때 대부분은 이 가르침을 이 저술에만 초점을 맞춘 채 지엽적 주제로 취급한다. 사실 루터가 믿음과 사랑을 새롭게 정의하고 한 쌍으로 구조화하여, 단지 국부적 혹은 간헐적으로만 여기저기서 언급하는 것이 아니라, 그의 신학 전체에 걸쳐 지배적 주제로 사용하고 있다는 것에 주목하고 이에 대해 심도 있는 연구를 시도한 경우는 극히 희소하다. 또한 한 쌍의 주제로서 믿음과 사랑에 관한 루터의 가르침이 그의 신학 전체를 이해하는 데 있어서 결정적인 열쇠가 된다는 것을 체계적으로 탐구한 연구물들도 거의 찾아볼 수 없다.

이와 함께 보다 근본적으로 루터 연구에 있어서 오직 예수 그리스도만 믿는 믿음에 의해 의롭게 된다는 그의 가르침과 관련하여 사랑에 대한 그의 가르침에 관한 연구는 아직까지 루터 연구의 아킬레스건이라고 해도 과언이 아닐 것이다. 더욱이 루터의 사랑에 관한 가르침은 그동안 많은 오해를 낳아 왔다. 그 오해들을 다음과 같이 크게 세 가지 형태들로 범주화해 볼 수 있다.

첫째, 루터가 사랑을 비판하고 거부하면서 사랑 혹은 선행, 성화, 법 준수에 대해서 거의 혹은 전혀 가르치고 있지 않다는 해석이 있다.[10] 이러한 견해는 사랑에 대한 가르침의 결핍으로 인해서 루터의 신학이 불가피하게

[10) 그 한 예로서, 존 웨슬리의 루터에 대한 언급을 들 수 있다. 오직 그리스도를 믿는 믿음에 의해서만 의롭게 될 수 있다는 루터의 확신과 가르침은 웨슬리의 삶과 신학에 결정적인 영향을 끼친다. 1738년 5월 24일 올더스게이트(Aldersgate)에서 한 모라비아교인(Moravian)이 루터의 로마서 서문을 읽는 것을 듣는 동안, 웨슬리는 구원의 확신을 얻게 된다. 그 이후에 웨슬리는 루터와 그의 의롭게 됨에 관한 가르침의 중요성을 높이 평가하고, 루터에게 깊은 관심을 보이게 되며, 1738년 6월 18일에 "믿음에 의한 구원"("Salvation by Faith")이라는 설교를 한다. *The Works of John Wesley*, vol. 1, *Sermons I: 1-33*, ed. Albert C. Outler (Nashville, TN: Abingdon Press, 1984), 117-130. 웨슬리는 모라비아교인들로부터 이 의롭게 됨에 관한 가르침을 더 배우기 위해서 같은 해 모라비아교인들의 센터인 독일의 헤른후트(Hernhut)를 방문한다. 이 방문을 통해서 많은 것을 배우기는 하지만, 후에 웨슬리는 루터과 모라비아 교인들, 특히 런던의 모라비아교인들이 신앙제일주의, 정적주의, 그리고 반법주의 방향으로 나아간 것을 보고 회의에 빠진다. 은혜의 수단을 중시했던 웨슬리에게 이러한 성향은 수용하기 힘든 것이었다.

일 년이 채 지나기도 전인 1739년 4월 4일 웨슬리는 그의 저널에서 루터에 대한 첫 번째 부정적 언급을 한다. *The Works of John Wesley*, vol. 19, *Journal and Diaries II (1738-1743)*, ed. W. Reginald Ward and Richard P. Heitzenrater (Nashville, TN: Abingdon Press, 1990), 47. 그리고 웨슬리는 비록 런던에 있는 모라비아교인들과 함께 활동하면서 페터 레인 신도회(Fetter Lane Society)를 구성하였지만, 1740년 7월 18일 그 신도회를 떠남으로써 모라비아교인들과 결별한다. 그리고 나서 1741년 6월 15일과 16일자로 기록된 저널에서 웨슬리는 루터의『갈라디아서 강해』를 비판한다. 위의 책, 200-201. 더 나아가서 1787년에 쓴 "하나님의 포도원"("On God's Vineyard")이라는 설교에서, 웨슬리는 다음과 같이 언급한다: "의롭게 됨에 대해서 그 누가 마르틴 루터보다 더 훌륭하게 썼습니까? 하지만 그 누가 성화론에 대해서 루터보다 더 무지했거나 혹은 성화에 대한 개념에 있어서 더 혼돈하고 있었습니까? 이것에 대해서 전적으로 확신하기 위하여, 즉 성화에 관한 루터의 완전한 무지에 대해서 확신하기 위하여, 단지 그의 유명한 갈라디아인들에게 보내는 서신에 대한 강해를 편견 없이 숙독해보기만 해도 됩니다." *The Works of John Wesley*, vol. 3, *Sermons III: 71-114*, ed. Albert C. Outler (Nashville, TN: Abingdon Press, 1986), 505. 웨슬리의 루터에 대한 이해는 직접적인 경험에 의해서라기보다는 진젠도르프(Nicolaus Ludwig von Zinzendorf), 모라비아교인들, 그리고 그들의 루터 해석에 의해서 강하게 매개된 경험에 근거하고 있다고 말할 수 있다. 따라서 웨슬리의 루터에 대한 비판은 문자 그대로 수용되어서는 안 될 것이며, 신중하게 재평가 되어

도덕성을 손상시키며, 도덕적 태만 혹은 사회·윤리적 책임의 방기를 야기한다는 비난의 어조로까지 표출된다. 둘째, 루터의 사랑의 개념이 그의 믿음에 의해 의롭게 됨의 개념으로 환원 될 수 있는 것처럼 설명하는 해석이 있다.[11] 이런 입장은 만약 오직 믿음에 의해 의롭게 된다는 루터의 가르침에 올바르게 초점을 맞추면 사랑에 대한 그의 가르침은 독립적인 탐구를 필요로 하지 않는다고 본다.

셋째, 루터의 믿음과 사랑에 관한 가르침이 자기 모순적이라는 해석이 있다. 이것은 루터 신학의 일관성 문제와 직결되어 있는 것으로, 특히 믿음과 사랑에 대한 루터의 가르침에 있어서의 일관성 문제와 관련하여 다음과 같은 질문이 제기된다.[12] 죄인은 오직 예수 그리스도를 믿는 믿음에 의해서만 의롭게 되며, 이러한 믿음은 사랑과 대립된다고 가르치면서 어떻게 다른 한편으로는 사랑이 법의 완성이라고 주장할 수 있는가? 간단히 표현해서, 어떻게 루터의 사랑 개념이 오직 믿음에 의해 의롭게 된다는 그의 개념과 조화를 이룰 수 있는가? 이러한 질문은 곧 루터가 어떻게 다음의 성경구절들을 일관성 있게 해석하고 있느냐의 문제와도 연결되어 있다: 로마서 1:17(의인은 믿음으로 말미암아 삶), 3:28(법의 행위에 의해서가 아니라 믿음으로 의롭게 됨), 갈라디아서 2:16(예수 그리스도를 믿음으로 의롭게 됨),

---

야 할 것이다. 참조, 김선영, "존 웨슬리의 루터 수용과 비판 I – 모라비아교인들의 매개를 통해", 「교회사학」 9/1(2010), 297-325.

11) 참조, Oswald Bayer, *Aus Glauben leben: Über Rechtfertigung und Heiligung* (Stuttgart: Calver Verlag, 1990), 특히 65-66; ET *Living by Faith: Justification and Sanctification*, trans. Geoffrey W. Bromiley (Grand Rapids, MI: William B. Eerdmans, 2003), 특히 58-59; Gerhard O. Forde, "The Lutheran View of Sanctification," in *The Preached God: Proclamation in Word and Sacrament*, ed. Mark C. Mattes and Steven D. Paulson (Grand Rapids, MI: William B. Eerdmans, 2007), 226-244.

12) 이런 형태의 질문에 관해서는 예를 들어서 다음의 글 참조, Helmar Junghans, "Martin Luther über die Nächstenliebe: Auszug aus seiner Auslegung der Epistel zum 4. Sonntag nach Epiphanias (Röm. 13, 8-10) in der 'Fastenpostille' von 1525," *Luther: Zeitschrift der Luther-Gesellschaft* 62/1(1991), 4.

마태복음 7:12(황금률), 22:37-40(사랑의 계명), 로마서 13:10(사랑은 법의 완성), 갈라디아서 5:6(사랑으로써 역사하는 믿음), 고린도전서 13:13 (믿음, 소망, 사랑, 이중의 제일은 사랑), 마태복음 5:17-18(법을 완전하게 하려 예수 그리스도께서 오심), 로마서 3:31(믿음으로 말미암아 법을 파기하는 것이 아니라 오히려 굳게 세움).[13]

　사랑, 그리고 한 쌍의 신학적 주제로서의 믿음과 사랑에 대한 루터의 가르침이 마땅히 받아야 할 주목을 받아오지 못했던 이유들 중 하나로 전통적으로 오직 믿음에 의해서만 의롭게 된다는 루터의 가르침이 일방적으로 강조되어 온 점을 지적할 수 있다. 이러한 경향은 사랑, 그리고 한 쌍의 주제로서의 믿음과 사랑에 대한 루터의 가르침을 소홀히 하거나 간과하게 만드는 결과를 초래했다. 뿐만 아니라 루터 신학 전체에 있어서 믿음과 사랑은 서로 어울릴 수 없다는 통념도 낳았다. 결과적으로 이러한 상황들이 루터에 대한 부당한 편견들을 조성했는데, 그것은 루터 신학에 있어서 사랑, 행위, 혹은 성화에 관한 가르침이 너무 빈약하거나 전무하며, 따라서 그의 신학은 불가피하게 도덕적 태만과 사회·윤리적 책임들의 불이행을 야기한다는 것이다. 그리고 이러한 상황은 영적 차원뿐만 아니라 사회적 차원에서도 도덕성을 위태롭게 하며, 심지어는 정치적으로 무책임한 시민들을 형성한다는 것이다. 이러한 편견은 루터가 공동체적이고 사회적 참여로부터 분리된 개인적 경건과 구원에 초점을 맞춘 지극히 사적이고 이기적인 신앙을 조성한다는 편견과도 맞물려 있다.

---

13) 본 저서에 사용된 한글 성경구절들은 개역개정판에 따른 것이다. 고린도전서 13:13 의 내용과 관련된 연구를 위해서는 다음의 글 참조, Rainer Vinke, "'…aber die Liebe ist die größte unter ihnen' Zu Luthers Auslegung von 1. Korinther 13," in *Freiheit als Liebe bei Martin Luther, Freedom as love in Martin Luther: 8th International Congress for Luther Research in St. Paul, Minnesota, 1993, Seminar 1 Referate/Papers*, ed. Dennis D. Bielfeldt and Klaus Schwarzwäller (Frankfurt am Main: Peter Lang, 1995), 167-180. 이 글에서 빙케는 고린도전서 13장에서 바울이 믿음보다 사랑의 우월성을 언급하고 있는 것에 대해 루터가 어떻게 다루고 있는지를 추적한다.

이러한 힐난들과 관련하여 한 예로서 윌리엄 라자레스(William H. Lazareth)는 19세기의 이원론적이고 정적주의적인 독일 루터주의의 결과로 형성된 20세기 개신교의 루터와 루터파의 신학적 윤리관에 대한 해석상의 오류들을 다음의 네 가지 대표적 형태들로 열거한다: 사회적 보수주의(social conservatism)라는 에른스트 트뢸치(Ernst Troeltsch)의 비판, 정적주의(quietism)라는 칼 바르트(Karl Barth)의 비판, 이원론(dualism)이라는 요한네스 헥켈(Johannes Heckel)의 비판, 그리고 문화적 패배주의(cultural defeatism)라는 라인홀드 니버(Reinhold Niebuhr)의 비판.[14]

첫째, 라자레스에 의하면 루터의 신학적 윤리에 대해서 잘못된 방향을 설정하는 데 가장 큰 책임이 있는 해석 중 하나는 트뢸치의 루터 해석이다. 루터를 19세기 정적주의적이고 이원론적인 독일 루터교의 관점에서 접근하면서 트뢸치는 그의 『그리스도교 교회의 사회적 가르침』(*The Social Teaching of the Christian Churches*)에서 독일 루터교의 "사회적 보수주의" 성향에 책임이 있는 인물로 루터를 지목한다.[15] 트뢸치는 특히 19세기

---

14) William H. Lazareth, *Christians in Society: Luther, the Bible, and Social Ethics* (Minneapolis, MN: Fortress Press, 2001), 3. 루터의 사회 혹은 사회·윤리적 가르침에 대한 논쟁들에 대해서는 다음의 책들 참조, George W. Forell, *Faith Active in Love: An Investigation of the Principles Underlying Luther's Social Ethics* (Eugene, OR: Wipf and Stock, 1999; Augsburg Publishing House, 1954), 16-25; Eberhard Jüngel, *Zur Freiheit eines Christenmenschen: eine Erinnerung an Luthers Schrift* (München: Kaiser, 1991), 59-69; ET *The Freedom of a Christian: Luther's Significance for Contemporary Theology*, trans. Roy A. Harrisville (Minneapolis, MN: Augsburg Publishing House, 1988), 50-56; Martin Marty, "Luther on Ethics: Man Free and Slave," in *Accents in Luther's Theology: Essays in Commemoration of the 450th Anniversary of the Reformation*, ed. Heino O. Kadai (Saint Louis, MO: Concordia Publishing House, 1967), 209-214; 김주한, "마르틴 루터 신학에서 공공(公共)성의 가치 - 그의 사회복지정책의 이론적인 토대 탐구",「한국교회사학회지」19(2006), 63-92.
15) 이에 대한 구체적 내용을 위해서는 다음의 책 참조, Ernst Troeltsch, *The Social Teaching of the Christian Churches*, vol. II, trans. Olive Wyon (Louisville, KY: Westminster/John Knox, 1992), 472, 508-511.

말 독일이 직면한 새로운 사회적 위기 속에서 루터교가 보였던 무능무력을 지적하면서 그것을 비난한다. 이러한 트뢸치의 비난은 막스 베버(Max Weber)에게서도 발견된다. 칼뱅파의 능동주의 혹은 행동주의를 루터교의 정적주의에 대한 하나의 필수적 대안으로 간주했던 베버의 입장은 오랫동안 부정적인 루터 해석에 큰 영향력을 행사한다.[16]

하지만 제1차 세계대전이 종료된 후 칼 홀(Karl Holl)이 루터에 대한 트뢸치의 주장을 재론한다. 홀은 트뢸치가 19세기 루터교의 왜곡된 안경을 사용하고 있기 때문에 16세기 루터의 참된 모습을 거의 보지 못했다고 주장한다. 라자레스는 홀이 루터의 신학과 윤리의 상관성을 명료하게 제시했다고 평가한다. 라자레스에 의하면 홀은 그리스도교 사상과 사회 윤리에 대한 루터의 독자적 공헌을 양심과 공동체 간에 밀접한 관계를 정립하는 루터의 주장에서 찾고자 한다. 홀은 그리스도인의 삶에 있어서 그리스도인과 하나님 간의 충실한 친교는 그리스도인과 이웃과의 관계에 있어서 정의와 사랑의 친교를 이끌어 낸다는 루터의 사고를 부각한다.[17]

둘째, 라자레스는 루터의 "법-복음 정적주의"에 대한 칼 바르트의 비판을 다룬다. 바르트는 루터의 "법-복음 정적주의"가 법을 복음으로부터, 창조를 구원으로부터, 그리고 사회를 교회로부터 분리시켜놓았다고 규탄한다. 이와 함께 바르트는 이러한 신학적 사고가 사악한 나치 독재정권의 만행들을 저지할 힘도 발휘하지 못한 채 속수무책이었던 정치·윤리적으로 무력한 "부르주아 고립집단"의 탄생에 잠재적 역할을 한 것이 아니냐는 문제를 다룬다.[18]

셋째, 라자레스는 신학적, 그리고 정치적 윤리에 있어서 1930년대 중반

---

16) 이에 대한 구체적 내용을 위해서는 다음의 책 참조, Max Weber, *The Protestant Ethic and the Spirit of Capitalism*, trans. Talcott Parsons (London: Routledge, 2002), 39-80.
17) William H. Lazareth, *Christians in Society*, 6.
18) 위의 책, 10. 라자레스는 개괄적으로는 루터의 공공윤리를, 그리고 특별하게는 독일 루터주의의 공공윤리를 비판하는 바르트의 논문들과 소책자들을 열거한다. 참조, 위의 책, 11.

기에 주요한 반전을 보였던 폴 알트하우스(Paul Althaus)가 요한네스 헥켈(Johannes Heckel)에 대해 비판적으로 응대한 것에 주목한다. 헥켈은 오직 믿음에 의해 의롭게 된다는 루터의 지배적 교리를 일관성 있게 적용해 볼 때, 정의와 사회에 대한 루터의 가르침은 그가 정의 문제의 중대성을 제대로 이해하고나 있었는지에 대해 의문을 제기하게 만든다고 주장한다. 헥켈을 통해서 묘사되는 루터는 트뢸치와 바르트를 통해서 그려지는 루터를 연상케 한다. 헥켈의 주장에 의하면 루터는 영적으로 인류를 그리스도인들과 비그리스도인들로 분류한다. 이들은 두 개의 왕국에서 이 둘에 상응하는 정부의 통치하에 살고 있는데, 그리스도인들은 내적으로 말씀에 의해서 통치되는 왕국에서, 비그리스도인들은 외적으로 검에 의해서 통치되는 왕국에서 산다. 이러한 틀 안에서 헥켈은 루터가 그리스도교 정의를 위해서 배타적으로 그리스도론적 토대에만 의지한다는 입장을 취한다.

이와는 대조적으로 알트하우스는 루터가 그리스도인은 성인(聖人)일 뿐만 아니라 시민이라는 견해를 가지고 있다는 것에 방점을 찍는다. 루터는 이러한 입장을 취하고 있기 때문에 그리스도인들이 법과 복음 아래서 시민의 의와 그리스도인의 의 둘 다를 실천해야 한다는 점을 강조한다고 알트하우스는 주장한다. 그리고 루터는 불의, 부패, 그리고 억압에 대항하는 창조자의 "왼손 통치"는 그리스도인들과 비그리스도인들 모두에게 동등하게 적용된다는 입장을 취하고 있다고 알트하우스는 지적한다. 따라서 알트하우스가 보는 루터에 의하면, 그리스도에게 순종하면서도 공적시민으로서의 역할을 소홀히 하지 말아야 할 그리스도인은 사탄을 섬기는 죄를 짓지 않으면서 카이사르에게 속한 것은 카이사르에게 줄 수 있고, 또 주어야만 한다.[19]

넷째, 라자레스는 루터의 "문화적 패배주의"에 대한 라인홀드 니버의 비판을 소개한다.[20] 라자레스는 루터에 대한 니버의 비판이 트뢸치의 루터

---

19) 위의 책, 24-25.
20) 위의 책, 25.

평가에 크게 영향을 받았음을 보여주고자 시도한다. 니버는 마치 루터가 믿음의 윤리적, 특히 사회·윤리적 의미들을 표현하는 데 실패한 것처럼 루터를 일종의 정적주의적 경향과 문화적 패배주의를 이유삼아 규탄한다.[21]

이와 함께 사랑, 그리고 믿음과 사랑에 대한 루터의 가르침이 그 중요성을 정당하게 인정받지 못하고 있다는 것은 알트하우스나 베른하르트 로제(Bernhard Lohse)의 책들을 포함하여, 널리 사용되고 있는 루터신학 개론서들 중 이 가르침의 중요성을 제대로 소개하고 평가하는 책이 희소하다는 점에서도 잘 드러난다.[22] 한 예로서 알트하우스는 루터신학을 이해하기 위해서 필수적인 내용들을 소개하고 있는 그의 책 『마르틴 루터의 신학』(*Die Theologie Martin Luthers*)에서 믿음과 관련하여 사랑에 대한 언급을 한다. 또 그는 루터 신학에서 믿음과 사랑의 담론에 관련된 두 개의 글을 이 책 끝에 부록형태로 첨부한다. 하지만 그는 이 주제를 산발적으로만 다루지 믿음과 사랑을 한 쌍의 명시적 주제로 내놓고 집중적으로 다루지는 않는다. 결과적으로 독자의 눈에 믿음과 사랑은 루터신학에 있어서 중요한 한 쌍의 주제로 포착되지 않으며 그 존재조차 인식되지 않는다. 그리고 책의 뒷부분에

---

21) 보다 구체적인 내용을 위해서는 다음의 글들 참조, Reinhold Niebuhr, *The Nature and Destiny of Man*, vol. II, *Human Destiny* (Louisville, KY: Westminster John Knox, 1964), 185-198; idem, "Love and Law in Protestantism and Catholicism," in *Christian Realism and Political Problems: Essays on Political, Social, Ethical and Theological Themes* (New York: Charles Scribner's Sons, 1953), 162-163.

22) Paul Althaus, *Die Theologie Martin Luthers*, 4th ed. (Gütersloh: Gerd Mohn, 1975); ET *The Theology of Martin Luther*, trans. Robert C. Schultz (Philadelphia, PA: Fortress Press, 1966); Bernhard Lohse, *Luthers Theologie in ihrer historischen Entwicklung und in ihrem systematischen Zusammenhang* (Göttingen: Vandenhoeck & Ruprecht, 1995); ET *Martin Luther's Theology: Its Historical and Systematic Development*, trans. and ed. Roy A. Harrisville (Minneapolis, MN: Fortress Press, 1999); idem, *Martin Luther: Eine Einführung in sein Leben und sein Werk* (Munich: C. H. Beck, 1981); ET *Martin Luther: An Introduction to His Life and Word*, trans. Robert C. Schultz (Philadelphia, PA: Fortress Press, 1986).

첨부된 두 편의 글들은 부록의 형태로 덧붙여졌다는 점에서 본문에 담긴 내용들보다 상대적으로 그 중요성이 덜한 것 같은 인상을 줌으로써 이 주제에 충분히 주목하지 못하게 한다는 한계점을 갖고 있다.[23]

알트하우스의 또 다른 책인 『마르틴 루터의 윤리』(Die Ethik Martin Luthers)도 루터의 믿음과 사랑을 보다 전면에 내세워 다룰 수 있었음에도 불구하고 그렇지 않았다는 아쉬움을 남긴다.[24] 이 책에서 두 개의 부제목으로 제시되고 있는 "믿음의 연습으로서의 삶"("Das Leben als Übung des Glaubens")과 "자기 자신과의 싸움으로서의 그리스도인의 삶"("Das Leben des Christen als Kampf mit sich selbst")은 "사랑: 믿음의 연습으로서의 삶"과 "사랑: 자기 자신과의 싸움으로서의 그리스도인의 삶"이라고 표현했으면 그리스도인의 전 삶은 믿음과 사랑으로 구성되어 있다고 보는 루터의 입장을 보다 명시적으로 제시할 수 있었을 것이라 판단된다.[25]

로제 역시 루터 신학을 이해하는 데 있어서 크게 도움이 되는 그의 저서 『마르틴 루터의 신학』(Luthers Theologie)에서 비록 믿음과 행위에 관해서는 가시적 형태의 제목을 제시하지만 믿음과 사랑이 한 쌍의 주된 신학적 주제라는 것을 알려주는 가시적 제목은 사용하지 않는다. 더 나아가서 보다 구체적으로 이 책의 "믿음과 행위"를 다루는 부분에 대해 많은 것을 지적해 볼 수 있겠지만, 특히 다음과 같은 로제의 언급은 주목할 필요가 있다.

전통 그리고 또한 신약의 몇몇 글들과 비교해 볼 때, 루터는 '행위들'에 대해서는 좀처럼 말하지 않는다. 특색 있게 단 한 번 그는 마태복음 25:31-46

---

23) Paul Althaus, *Die Theologie Martin Luthers*, 357-385; ET *The Theology of Martin Luther*, 429-458. 영어번역판 456쪽의 각주 61번과 62번에 언급되어 있는 WA 36은 WA 20이어야 맞다.
24) Paul Althaus, *Die Ethik Martin Luthers* (Gütersloh: Gerd Mohn, 1965), 11; ET *The Ethics of Martin Luther*, trans. Robert C. Schultz (Philadelphia, PA: Fortress Press, 1972), 3.
25) Paul Althaus, *Die Ethik Martin Luthers*, 23, 26; ET *The Ethics of Martin Luther*, 16, 19.

에 나타나는 세상심판의 전망에 대하여 설교했다. 여기서 그는 물론 마지막 심판 때에 이웃사랑의 행위에 대한 심문에 관한 본문의 요지를 다루고 있으며, 또 그로서는 행위가 믿음으로부터 절대로 고립되어서는 안 된다는 것을 강조하고 있다.[26]

로제는 계속해서 다음과 같이 기술한다. "사실 루터는 하나님 앞에서의 한 개인의 위상이 관련되어 있는 곳에서 행위는 결정적인 것이 아니라고 항상 주장했다. 여기서는 단지 오직 믿음에 의해(*sola fide*) 의롭게 된다는 것만이 적용된다. 오직 매우 한정된 의미에서만 그는 행위의 '필요성'을 고수했다."[27] 이와 같이 루터 신학에서의 믿음과 사랑 혹은 행위에 대하여 로제가 취급하고 있는 방식을 주의 깊게 관찰해 보면, 그가 사랑 혹은 행위라는 주제에 대해서 상술하기를 주저하는 것처럼 보인다는 느낌을 피할 수가 없다. 무엇보다 루터가 "'행위들'에 대해서는 좀처럼 말하지 않는다."는 로제의 언급은 사랑과 행위에 대한 루터의 입장을 쉽게 오해할 수 있게 만든다. 또 로제가 루터 신학에 사랑과 행위가 존재한다는 것을 부인하지 않을 때도 이 주제들은 매우 제한된 범위 내에서만 다루어진다. 로제는 루터 신학에서 사랑과 행위를 너무 부각하는 것은 오직 믿음에 의해서만 의롭게 된다는 가르침을 손상시킬 수 있는 가능성이 있다는 우려를 은근히 표출하고 있는 것인지도 모르겠다. 또 오직 믿음에 의해 의롭게 된 그리스도인들이 행위를 의존하는 삶으로 다시 빠질 위험이 있을 수도 있다는 염려를 암시하고 있는 것인지도 모르겠다.

하지만 이러한 해석자의 조심성이 오히려 원저자인 루터의 믿음과 사랑에 대한 가르침을 있는 그대로 보지 못하게 한다면 그것은 원저자의 의도를 최대한 있는 그대로 소개하는 것이 아니라 원저자에 대한 해석자의 해석을 제시하는 것이 될 수 있다는 점에서 더 큰 우려사항이 된다. 더 나아가서

---

26) Bernhard Lohse, *Luthers Theologie*, 281; ET *Martin Luther's Theology*, 264.
27) Bernhard Lohse, *Luthers Theologie*, 281; ET *Martin Luther's Theology*, 264.

인간적인 사랑 혹은 행위 혹은 성화에 의존하는 것을 염려하여 루터의 사랑에 대한 가르침을 최소화하거나 간과할 때 루터의 믿음에 대한 가르침도 왜곡된다. 사실 루터 자신이 이미 그 당시에 믿음과 사랑에 대한 그의 가르침이 오해되고 왜곡되는 것을 목도하면서 이에 대하여 하소연한다. 루터는 종종 자신의 적대자들뿐만 아니라 심지어 자신의 추종자들 중에서도 그의 믿음과 사랑에 대한 가르침을 부정확하게 이해하여 믿음만 있으면 사랑이 없고, 거룩하지도 않으며, 도덕적이지도 않은 삶을 살아도 다 구원받을 수 있는 것처럼 처신하는 것에 관해서 엄하게 경계하면서 자신의 사랑에 대한 가르침을 소홀히 다루지 말 것을 강권한다.

루터 연구에 있어서 항상 존재해 온 이러한 오해들과 편견들을 고려해 볼 때, 오직 믿음에 의해 의롭게 된다는 가르침의 중심성을 훼손시키지 않으면서 동시에 이에 대한 일방적 강조를 피하고, 사랑에 대한 가르침을 균형 잡힌 관점에서 볼 수 있게 해줄 새로운 해석의 틀이 요구된다. 사실 오직 믿음에 의해 의롭게 된다는 루터의 가르침에 대한 일방적 강조를 정당화해 온 한 근거로서, 그 출처가 확실하지 않음에도 불구하고 종종 이 가르침이 "articulus stantis et cadentis ecclesiae"(교회가 서느냐 혹은 넘어지느냐를 결정짓는 신조)라는 표현이 사용되어 왔다. 하지만 사실 루터 자신이 정확하게 이 표현을 사용했다는 증거는 발견되지 않는다.[28]

---

28) 말만(T. Mahlmann)은 "articulus stantis et cadentis ecclesiae"라는 표현의 출처를 프란즈 투르레티니(Franz Turrettini)에게서 찾을 수 있으며, 프리드리히 루프스(Friedrich Loofs)의 "이 표현의 기원을 찾으려는 데 실패한 시도"가 오히려 이 표현이 널리 알려지는 데 공헌을 했다고 지적한다. T. Mahlmann, "Articulus stantis et [vel] cadentis ecclesiae," in *Die Religion in Geschichte und Gegenwart*, 4th ed. vol. 1 (1998), 799. 그리고 말만을 언급하면서 윙엘(Jüngel) 또한, 이 표현이 루터의 믿음에 의해 의롭게 됨에 관한 높은 관점을 표시하는 것으로 사용되어 왔으나, 사실 비록 이와 유사한 공식이 루터에게서 발견되기는 하지만, 이것과 정확히 일치하는 표현은 발견되지 않는다고 설명한다. Eberhard Jüngel, *Das Evangelium von der Rechtfertigung des Gottlosen als Zentrum des christlichen Glaubens: Eine theologische Studie in ökumenischer Absicht* (Tübingen: J. C. B. Mohr (Paul Siebeck), 1998), 13-14; ET *Justification: The Heart of the Christian Faith – A Theological*

이러한 새로운 해석의 틀은 루터 자신이 요청하고 있는 것이기도 하다. 루터는 자신의 믿음과 사랑에 대한 가르침을 오해하는 사람들을 향하여 반복적으로 자신이 사용하는 수사적 기술을 분명하게 인식하면서 자신의 가르침에 접근해야 할 필요성을 상기시키는데, 그것은 다음과 같다: 죄인을 의롭게 하는 유일한 수단으로서의 예수 그리스도를 믿는 믿음에 대해서만 말을 해야 하는 때와 장소가 있다; 오직 사랑에 대해서만 말을 해야 하는 때와 장소가 있다; 그리고 믿음과 사랑 둘 다에 대해서 말을 해야 할 때와 장소가 있다.[29]

믿음과 사랑에 대한 가르침이 단순하게 다루어질 수 있는 성질의 것이

Study with an Ecumenical Purpose, 3rd. ed. trans. Jeffrey F. Cayzer (Edinburgh: T. & T. Clark, 2001), 16-17. 참조, Friedrich Loofs, "Der 'articulus stantis et cadentis ecclesiae'," *Theologische Studien und Kritiken* 90(1917), 323-420, 특히 344.

린드버그(Lindberg)는 18세기의 루터파 정통주의자인 발렌틴 뢰셔(Valentin Löscher)가 1712년 칭의론을 "the articulus stantis et cadentis ecclesiae"로 표현했다고 본다. Carter Lindberg, "Do Lutherans Shout Justification but Whisper Sanctification? Justification and Sanctification in the Lutheran Tradition," in *Justification and Sanctification: In the Traditions of the Reformation*. The Fifth Consultation on the First and Second Reformations Geneva, 13 to 17 February 1998, ed. Milan Opočenský and Páraic Réamonn (Geneva: World Alliance of Reformed Churches, 1999), 100-101. 린드버그는 뢰셔의 상황이 루터의 상황과는 달랐음을 지적하면서, 비록 뢰셔의 공식이 의도 차원에서는 루터의 입장에 필적할 수 있겠지만, 뢰셔는 교파화 과정(confessionalization) 기간 이후의 인물로서, 그가 이 공식에서 말하고 있는 교회는 "한 교파로서의 루터 교회"라고 지적한다. 위의 책, 101. 참조, Gerhard Sauter, "Rechtfertigung," in *Theologische Realenzyklopädie*, vol. 28 (Berlin: Walter de Gruyter, 1997), 315; ET "God Creating Faith: The Doctrine of Justification from the Reformation to the Present," trans. Arthur Sutherland and Stephan Kläs, *Lutheran Quarterly* XI/1(1997), 17-102, 특히 44.

29) 한 예로서 루터는 다음과 같이 기술한다. "우리는 선행과 사랑 또한 가르쳐져야만 한다는 것을 시인한다. 하지만 이것은 그것의 적당한 때와 장소 안에서 이루어져야만 한다. 즉, 문제가 이 주된 교리와 관계없는 행위에 관한 것일 때 말이다. 하지만 여기서 당면 문제는 어떻게 우리가 의롭게 되고 영생을 얻느냐는 것이다." *WA* 40/1. 240. 17-20; *LW* 26:137.

아닌 만큼, 조심스럽게 믿음 혹은 사랑 혹은 믿음과 사랑을 때와 장소를 구분하여 다루고 있으니, 독자나 청중이 자신이 다루는 주제는 믿음인데 사랑이 주제인 것처럼 접근하지 말고, 자신이 다루는 주제는 사랑인데 믿음이 주제인 것처럼 접근하지 말고, 자신이 다루는 주제는 믿음과 사랑인데 이들 중 한 가지만이 주제인 것처럼 접근하지 말라고 루터는 주의를 주고 있는 것이다. 그러므로 루터가 믿음만을 말해야 하는 적당한 때와 장소를 구분하고, 사랑만을 말해야 하는 적당한 때와 장소를 구분하며, 믿음과 사랑 모두를 말해야 하는 적당한 때와 장소를 구분하고 있는 것처럼, 독자나 청중도 루터와 함께 호흡을 맞추면서 다양한 담론의 시공을 넘나드는 그의 사고의 흐름에 맞추어 함께 사고의 춤을 추어야만 그가 전달하고자 하는 메시지를 곡해하지 않고 올바로 파악할 수 있게 되는 것이다.

이와 같이 때와 장소를 구분하면서 믿음과 사랑에 대한 자신의 사고를 하나씩 하나씩 풀어나가는 루터와 함께 움직이면서 참을성 있게 그의 이야기의 흐름을 주목하고 따라갈 때, 한 부분만 듣고 그에 대해 속단하지 않게 된다. 그리고 그의 메시지의 전체를 듣고 그것의 요지를 파악할 수 있게 된다. 그러면 루터가 사랑에 대해서는 무시하고 있다든지, 법과 복음의 도식에 따라서 그리스도인들의 사회적 책임을 간과하고 있다든지, 어디서는 사랑을 거부하면서 어디서는 사랑을 옹호하는 자기모순적 논리를 펴고 있다는 식의 오판을 피할 수 있을 것이다.

V. 연구방법

믿음과 사랑에 관한 루터의 가르침이 그의 신학 전체에서 차지하는 위상을, 그리고 이로 인해서 루터가 결코 사랑을 부인 혹은 간과하지 않으며 오히려 성경에 근거해 그의 사랑 개념을 제시했다는 것을 보여줄 수 있는 가장 이상적인 방법은 루터의 모든 저술을 다 읽고 입증하는 것이다. 하지만 루터가 교회사 전체를 통틀어 가장 다작한 작가 중 둘째가라면 서러울 정도로 많은 글을 남겨놓았을 뿐만 아니라, 보다 실제로 언어적 장벽을 고려해 볼 때 그가 남겨놓은 글들을 다 꼼꼼히 읽고 연구 분석한다는 것은 필자가 평생을 바쳐 전념해도 성취하기 힘든 일이다.

따라서 필자는 필요할 때마다 다른 저술들을 참고하는 방식을 취하면서, 본 저서를 통해서는 루터의 성숙한 신학을 대변하는 작품으로 자타가 공인하는 1535년 『갈라디아서 강해』에 초점을 맞추어 믿음과 사랑에 관한 사상을 연구할 것이다. 루터가 『갈라디아서 강해』를 그의 신학을 대변할 수 있는 대표작으로 간주하는 것은 그의 탁상담화에 나타나는 한 언급을 통해서도 잘 보인다. 루터는 신학자가 되고자 하는 자는 누구든지 성경, 필립 멜랑히톤(Philip Melanchthon)의 『신학총론』(*Loci Communes*)을 읽을 필요가 있고, 그 후에 원한다면 멜랑히톤의 『로마서 강해』(*Lectures on Romans*)와 루터 자신의 1535년 『갈라디아서 강해』와 『신명기 강해』(*Lectures on Deuteronomy*)를 읽으라고 추천한다.[30] 이와 함께 갈라디아서 자체에 대해서 루터가 갖고 있는 남다른 애정은 그것을 자신의 사랑하는 아내에 비교하는 다음의 표현을 통해서 잘 발견된다. "갈라디아서는 내가 소중히 여기는 서신이다. 나는 그것을 신뢰한다. 그것은 나의 케이티 폰 보라(Katy von Bora)이다."[31]

이 연구방법은 장단점을 갖고 있다. 이 방법의 장점은 많은 저술을 참고하기는 하지만 여기저기서 정황과 문맥을 고려하지 않은 채 인용문들을 따 가지고 와서 그 인용문들을 필자의 주장을 합리화하는 수단으로 사용할 오류의 가능성을 줄일 수 있다는 점이다. 즉 이 방법은 여러 작품들에 필자의 관점을 투사하여 루터를 읽어내는 것이 아니라, 한 대표적 작품에 초점을 맞추어 그것을 세밀하게 분석함으로써, 최대한 루터가 하고 있는 말 자체에 주의를 기울여 그가 하고 싶은 말을 스스로 할 수 있게 해줄 수 있다는 장점이 있다.

---

30) *WA, TR* 5:204(no. 5511, 1542-1543 겨울); *LW* 54:439-440.
31) *WA, TR* 1:69(no. 146, 1531. 12. 14 - 1532. 1. 22); *LW* 54:20.

반면에 이 연구방법의 단점은 이미 지적한 것처럼 루터 작품 전체를 다루지 못함으로써 이 연구 결과가 『갈라디아서 강해』뿐만 아니라 다른 작품들에도 적용될 수 있는지를 보여주는 데 한계를 지닌다는 점이다. 하지만 필자는 지속적으로 연구해 오면서 이 강해의 분석으로 얻은 결과들은 그가 다른 글들을 통해서 제시하는 믿음과 사랑에 관한 가르침들을 포괄하면서도 더 상세히 다루고 있다는 것을 발견했기 때문에 이 단점은 크게 문제시되지 않는다는 확신을 갖고 있다. 루터의 성숙한 신학을 대변하는 이 강해는 곧 믿음과 사랑에 대한 그의 성숙한 가르침을 대변하고 있다고 해도 과언이 아니다. 다른 한편으로 이것은 루터가 그의 믿음과 사랑에 대한 가르침의 관점에서 그의 성숙한 신학을 대변하는 『갈라디아서 강해』를 진행하고 있다는 것 자체가 그의 신학에 있어서 믿음과 사랑이 차지하는 위치의 중요성을 잘 보여준다는 말도 된다.

본 저서는 이와 같이 『갈라디아서 강해』에 초점을 맞추어 믿음과 사랑에 대한 루터의 가르침을 분석하되, 필요한 경우 그의 다른 글들도 참조한다. 그러나 이 강해에 충실하겠다는 필자의 본래적 취지를 고수하기 위해서 다른 글들을 언급할 경우 그 내용들을 최대한 각주에서 취급한다. 『갈라디아서 강해』외에 본 저서에서 주로 사용될 루터의 글들은 『로마서 강해』(1515/16), 『선행에 관하여』(*Treatise on Good Works*, 1520), 『그리스도인의 자유』(1520), 설교들, 그리고 『탁상담화』(*Table Talks*)이다.[32]

---

[32] "내가 수도사였을 때 나는 알레고리 사용에 있어서 명수였다. 나는 모든 것을 알레고리화했다. 후에 로마서를 통해서 나는 그리스도에 대한 일정한 지식에 도달하게 되었다. 그때 나는 알레고리들은 아무것도 아니라는 것을, 중요한 것은 그리스도가 무엇을 의미하느냐가 아니라 그리스도가 어떤 분인가라는 것을 깨달았다." *WA, TR* 1:136(no. 335, 1532 여름 혹은 가을); *LW* 54:46. 루터에게서 바울이 얼마나 중요한 존재였는지, 그리고 루터가 바울에게 얼마나 남다른 애정을 가지고 있었는지는 1533년 아들이 태어났을 때 루터가 한 언급에도 잘 나타난다. "그에게 바울이라는 이름을 지어주었다. 나는 성 바울이 나에게 많은 좋은 구절과 주장을 제공해 주었기 때문에 나의 아들을 바울이라고 불렀고, 그렇게 한 아들에게 바울을 따라 이름 지어줌으로써 바울에 대한 나의 존경을 표하기를 원한다." *WA, TR* 3:111(no. 2946a, 1533. 1. 29); *LW* 54:184.

무엇보다도 필자가 의도한 바는 『갈라디아서 강해』에 초점을 맞추어 믿음과 사랑에 대한 루터의 입장을 루터 자신이 최대한 스스로 말하게 해보자는 것이기에, 이차문헌은 도움이 될 부분들에서만 사용할 것이다. 또 그럴 수밖에 없었던 것이 루터의 사랑에 관한 자료들이나 믿음과 사랑의 관점에서 루터의 『갈라디아서 강해』를 분석한 자료들을 거의 찾을 수 없었기 때문이다.

　『갈라디아서 강해』를 분석하는 데 있어서 필자는 기본적으로 믿음과 사랑에 대한 루터의 개념에 관하여 발생론적이고 역사적 접근이 아닌 개념적이고 구조적 분석을 시도한다. 하지만 루터의 믿음과 사랑에 대한 재개념화가 단순히 학문의 장 안에서 탁상공론식으로 형성된 것이 아니라 루터 시대 당시의 논쟁적인 정황들 속에서 발전되고 구체화되었다는 사실을 염두에 두면서 본 저서는 꼭 필요한 부분에서는 이러한 것들에 주목한다.[33] 그렇지만 이러한 것들에 대한 연구가 본 저서의 주목적 자체는 아니기 때문에 그 내용들을 상세하게 다루지는 않을 것이다. 또한 루터의 믿음과 사랑에 대한 가르침이 그 이전의 믿음과 사랑 개념들과 어떻게 구별되는지에 대한 비교 연구도 본 저서의 원래 목적이 아니므로 꼭 필요한 비교를 제외하고는 여기에 공간을 많이 할애하지 않을 것이다. 그리고 루터가 스콜라 신학자들의

---

33) 방법론적인 문제에 관해서는 다음의 책 참조, Bernhard Lohse, *Luthers Theologie*, 17-21; ET *Martin Luther's Theology*, 6-10. 브리트(Wriedt)는 루터의 신학이 구체적 상황으로부터 자라났다는 것, 그리고 "살아 움직이는, 상황 중심적이고 정황에 관계된 마르틴 루터의 성경 해석 스타일은 정통주의의 고백적이고 교리적 글들의 무리한 획일화(Procrustean bed)로 억지로 끼워 맞춰질 수 없고, 그럴 수 없었다."는 것을 강조한다. Markus Wriedt, "Luther's theology," in *The Cambridge Companion to Martin Luther*, ed. Donald K. McKim (Cambridge: Cambridge University Press, 2003), 87. 융한스(Junghans)도 발달적 관점 대 조직적 관점으로부터 루터 신학을 묘사하는 것의 장점들과 단점들을 열거한다. Helmar Junghans, "The Center of the Theology of Martin Luther," in *And Every Tongue Confess: Essays in Honor of Norman Nagel on the Occasion of His Sixty-fifth Birthday*, trans. Gerald S. Krispin, ed. Gerald S. Krispin and Jon D. Vieker (Dearborn, MI: Nagel Festschrift Committee, 1990), 179-194, 특히 180-181.

입장을 정확하게 이해하고 기술하고 있는 것인지 자체를 평가하는 것도 본 저서의 주목적이 아니므로 루터가 스콜라 신학을 올바로 이해하고 소개하고 있는지에 대한 시시비비는 생략할 것이다.

VI. 연구순서

제1장 서론에 이어서 제2장에서는 루터 신학에 있어서 믿음에 의해 의롭게 됨에 관한 연구물들은 많이 나왔기에, 상대적으로 당연히 받아야 할 주목을 그만큼 받아오지 못한 사랑에 초점을 맞추어 선행연구물들을 소개한다. 이 연구물들 각각의 특성을 최대한 살려내기 위하여 필자는 이 연구물들이 담고 있는 다양한 강조점들과 관점들에 주목하면서, 그것들을 범주화하여 체계적으로 소개하고자 노력할 것이다. 특별히 루터신학 해석에 하나의 새로운 관점을 제시하면서 현대 핀란드 루터학파를 주도해 온 투오모 만네르마아(Tuomo Mannermaa)의 루터연구의 의의를 고려하여 루터의 믿음과 사랑에 대한 가르침과 관련하여 그의 연구의 핵심적인 주장들을 주의 깊게 다룬다. 그러고 나서 이러한 선행연구물들과 비교하여 필자의 연구의 특성을 제시한다. 이 부분은 본 연구의 독창성과 필요성을 설명해 줄 것이다.

제3장은 우선적으로 루터의 1535년 『갈라디아서 강해』가 문학적 구조의 차원에서나 내용상의 논리적 응집력의 차원에서나 모두 믿음과 사랑이라는 한 쌍의 신학적 주제를 가장 주된 주제로 사용하고 있다는 것을 제시한다. 이에 대한 고찰은 믿음과 사랑에 대한 루터의 가르침을 분석하기 위한 해석의 틀을 드러낼 것이다. 이 해석의 틀은 두 차원으로 구성되어 있으며, 이 두 차원은 루터가 거부하는 믿음과 사랑의 개념들, 루터 자신이 성경에 근거하여 제시하는 믿음과 사랑의 개념들, 그리고 믿음과 사랑 간의 복합적 관계들을 보여줄 것이다.

필자는 상기한 바와 같이 이 해석의 틀에서 루터가 올바른 믿음, 즉 예수 그리스도를 믿는 참된 믿음을 핵심 주제로 다루는 부분을 외래적, 수동적, 완전한 의와 거룩함의 차원으로, 그리고 이 믿음의 열매인 올바른 사랑을 핵심 주제로 다루는 부분을 자신의, 능동적, 점진적 의와 거룩함의 차원이라 명명한다. 이와 같이 믿음과 사랑에 대한 루터의 사고에 접근하기 위해서 루터 스스로가 제시하고 있는 해석의 틀을 정립한 후, 필자는 제3장의 나머지 부분을 통하여 외래적, 수동적, 완전한 의와 거룩함의 차원에서 루터가 제시하는 믿음의 개념을 다룬다. 이 개념은 특히 루터가 로마 가톨릭 교회와 종교개혁 내부의 급진파와 벌인 논쟁들 속에서 발견되는데, 특히 그들의 믿음과 사랑 개념에 대한 비판을 통해서 나타난다.

로마 가톨릭 교회와의 논쟁에서 루터는 특히 토마스 아퀴나스(Thomas Aquinas, ?1225-1274)의 사랑에 의해 형성된 믿음(*fides caritate formata*)과 공로 사상들, 그리고 가브리엘 비엘(Gabriel Biel, c.1420-1495)의 공로 사상들을 강력하게 반박한다. 종교개혁 내부의 급진파와의 관계에서는 그리스도인의 삶에서 행위 혹은 성화의 위치와 성찬 논쟁을 둘러싸고 루터의 반론이 전개된다. 이러한 논쟁적 상황 가운데서 제시되는 루터의 믿음 개념은 죄인의 의롭게 됨을 위해서는 인간의 공로가 아닌 오직 예수 그리스도의 공로에 절대적으로 의지할 수밖에 없다는 바울신학에 의거한 개념임을 알 수 있다. 이 믿음 개념의 본질은 루터가 단순히 믿음만을 옹호하고 사랑을 거부하고 있는 것이 아님을 보여준다.

더 나아가서, 이러한 논쟁들은 루터가 주장하고자 하는 바의 핵심을 드러낸다. 그것은 바로 불의한 죄인을 의롭게 하는 문제에 있어서 법과 그리스도가 결투 관계에 있다는 것이다. 이 관계를 설명하면서 루터는 결론적으로 불의한 죄인을 의롭게 할 수 있는 존재는 오직 신-인인 예수 그리스도뿐이며, 이 그리스도를 한 개인의 가슴속에 꼭 붙잡을 수 있는 유일한 수단은 믿음뿐이라는 것을 부각한다. 이런 맥락에서 루터는 죄인은 오직 예수 그리스도를 믿는 믿음에 의해서만 의롭게 될 수 있다는 주장을 한다. 즉, 예수 그리스도는 의롭게 됨의 유일한 원인이요, 믿음은 의롭게 됨의 유일한 수단이라는 것이다. 이 믿음 개념에 있어서 또 한 가지 강조되는 것은 믿음은 스콜라 신학이 이야기하는 것처럼 사랑에 의해서 형성되고 완성되어야 할 것이 아니라, 그 자체로서 의롭게 됨을 위한 필요조건이면서 동시에 충분조건이라는 점이다. 루터는 사랑에 의해 형성된 믿음이라는 스콜라 신학의 철학적 공식의 대안으로서 그리스도에 의해 형성된 믿음이라는 공식을 내놓는다. 제3장의 마지막 부분은 종교개혁 진영 내부의 급진파들과의 논쟁 속에서 발견되는 오직 예수 그리스도를 믿는 믿음에 의해서만 의롭게 된다는 루터의 입장을 고찰한다.

제4장은 제3장의 연속으로 외래적, 수동적, 완전한 의와 거룩함의 차원에서 죄인의 의롭게 됨과 관련하여 사랑의 참여 혹은 공헌을 배제하는 루터의 믿음 개념에 초점을 맞추어 그것을 상세하게 탐구한다. 루터에게서 이 의롭게 하는 믿음의 개념은 특히 세 가지 중요한 측면을 가지고 있다. 그 첫 번째는 복음의 계시에 따라서 드러난 하나님, 예수 그리스도, 그리고 인간 자신에 대한 진실을 아는 지적 측면이다. 이것은 하나님을 사랑의 아버지로, 예수 그리스도를 유일한 구세주로, 그리고 인간 자신을 의나 영생을 자신의 공로에 의해서 얻을 수 없는 죄인으로 분별할 수 있는 믿음의 측면이다. 두 번째는 그리스도와 이 그리스도를 인간의 구원자로 보낸 하나님에 대한 진심과 확신에서 우러나오는 신뢰 측면이다. 이것은 하나님의 약속과 신실하심에 대한, 그리고 하나님의 약속을 성취하신 그리스도에 대한 굳건한 신뢰를 의미한다. 세 번째는 사랑이라는 열매 측면이다. 가슴속에 그리스도를 끌어안을 유일한 수단으로서의 믿음은 또한 사랑이라는 열매를 맺는데, 이것은 바로 제5장과 제6장에서 살펴볼 자신의, 능동적, 점진적 의와 거룩함의 차원에서 다룰 사랑이다.

제4장의 나머지 부분에서는 오직 예수 그리스도를 믿는 믿음에 의해서만 의롭게 됨과 관련하여 법에 대한 루터의 사고의 또 다른 측면을 다룬다. 죄인이 의롭게 되는 문제에 있어서 법의 공헌을 전혀 인정하지 않음에도 불구하고, 루터는 다른 한편으로 법이 죄인으로 하여금 자신의 무능을 인식하면서 그리스도에게로 나아가게 하는 역할을 한다고 본다. 그리고 이러한 법의 기능을 신학적 혹은 영적 기능이라고 명명한다. 즉, 외래적, 수동적, 완전

한 의와 거룩함의 차원에서 법이 그리스도의 영역을 침범하지 않는 한, 그리고 그리스도를 믿는 믿음에로 이끄는 역할에 충실하게 머무는 한, 루터의 재개념화된 믿음은 법의 한정된 역할을 수용한다.

제5장은 루터의 재개념화된 사랑, 그리고 새로운 개념을 부여받았을 뿐만 아니라 새롭게 정립된 믿음과 사랑의 관계를 연구한다. 루터가 새로운 개념을 부여하여 제시한 사랑은 그 본질 혹은 핵심에 있어서 믿음의 진정성을 입증하는 믿음의 열매로 그려진다. 즉 자신의, 능동적, 점진적 의와 거룩함의 차원에서 믿음은 사랑으로 육화하고, 사랑이라는 열매를 맺는 것으로, 따라서 믿음과 사랑은 조화로운 관계로 다루어진다. 루터는 능동적 의와 거룩함의 차원에서 믿음과 사랑이 왜 그리고 어떻게 상호 조화를 이루면서 공존하는지를 설명하고, 이 둘 사이에 밀접한 관계성을 부여하면서, 이 관계성의 내용을 의도적으로 섬세하게 그려낸다.

이 상호 떼려야 뗄 수 없는 유기체적 관계 속에 엮여 있는 믿음과 사랑의 관계를 제시하기 위해서 루터는 다음과 같은 그의 다른 신학적 사상들을 활용한다. 첫째, 루터는 예수 그리스도를 믿는 믿음에 의해서 법과 죄와 사망으로부터 그리스도인들이 자유를 얻는 반면, 이 자유는 동시에 사랑을 실천하기 위한 자유와 떨어질 수 없는 관계를 맺고 있음을 강조한다. 루터는 이 "~으로부터의 자유" 개념과 "~을 향한 자유" 개념이 동전의 양면과 같이 밀접한 관계를 가지고 있음을 강조함으로써, 그리스도인에게 의와 영생을 획득한다는 것이 본질적으로, 그리고 궁극적으로 무엇을 의미하는지에 대해서 생각하도록 도전한다.

둘째, 루터는 예수 그리스도가 준 사랑의 법을 다루면서, 그리스도를 믿는 믿음에 의해 의롭게 된 자들은 이제 그리스도를 귀감으로 삼아 그의 뜻과 법에 따라서 살 것을 자발적으로 원하는데, 그리스도의 법은 다름 아닌 사랑의 법임에 역점을 둔다. 따라서 그리스도의 법은 사랑의 법이라는 것을 강조하면서 루터는 자신의, 능동적, 점진적 의와 거룩함의 차원에서 그리스도를 중심으로 믿음과 사랑과 법이 조화롭게 연결됨을 보여준다. 이와 함께 사랑의 법으로서의 그리스도의 법을 부각함으로써 루터는 그리스도인의 삶

속에서 그리스도의 법으로서의 법이 차지하는 특정한 위상을 강조하는데, 이러한 루터의 입장은 법의 제3용법이라는 주제와 관련하여 논의해 볼 수 있는 중요한 주제다.

셋째, 루터는 또한 재개념화된 사랑을 믿음과의 올바른 관계 속에서 연결시키면서, 법을 성취할 수 있는 두 가지 방식에 관하여 논한다. 첫 번째 방식은 법의 완성인 그리스도 안에 믿음을 통해 참여함으로써 법을 성취하는 것이다. 루터는 이러한 법 성취의 방식을 외래적, 수동적, 완전한 의와 거룩함의 차원에서 다룬다. 반면에 루터는 두 번째 법 성취의 방식을 자신의, 능동적, 점진적 의와 거룩함의 차원에서 다루는데, 이 방식은 그리스도를 믿는 믿음으로부터 흘러나오는 사랑의 행위에 의해서 법을 준수하는 것이다. 즉 그리스도는 법의 완성이므로, 인간은 믿음을 통해서 그분 안에서 그분과 함께 법을 완성한다. 하지만 이와 더불어서, 하나님은 믿음을 갖고 그리스도만을 의지하는 그리스도인들에게 능력을 주고 동기를 부여함으로써, 그리스도 덕분에 의인이 된 자들이 스스로도 법을 지킬 수 있도록 돕는다고 루터는 역설한다.

넷째, 루터가 제시하는 그리스도론적 용어들과 개념들의 활용을 통해서 믿음과 사랑이 조화로운 관계를 형성하게 되는 근거들을 살펴본다. 이를 위해서 그리스도론적 유비에 근거한 절대적 믿음과 육화된 믿음에 관한 개념, "새로운 신학적 문법", 그리스도가 주어진 이중 방식, 그리스도가 오는 이중 방식, 그리고 그리스도를 입는 이중 방식에 대한 루터의 사고들을 분석한다.

다섯째, 루터가 참된 믿음과 사랑의 관계를 설명할 때 애용하는 행위자와 행위(장인과 장인의 기술 혹은 작품) 그리고 나무와 열매와 같은 비유적 표현들을 연구한다. 이와 함께, 그리스도인이 그리스도의 본을 따르는 것이 사랑이라는 참된 믿음의 열매를 맺는 것임을 강조하기 위해서 루터가 빈번하게 사용하는 "그리스도처럼 그리스도인도"라는 표현을 고찰한다.

이 장에서는 또한 외래적, 수동적, 완전한 의와 거룩함의 차원, 그리고 자신의, 능동적, 점진적 의와 거룩함의 차원, 이 두 차원 간의 관계성이 제시된다. 이 관계성의 핵심은 사랑에 대한 믿음의 우선성이다. 반면에 사랑은 믿음의 열매로서 결코 죄인의 구원과 영생획득에 기여할 수는 없지만, 그럼에도 불구하고 믿음의 열매로서 믿음의 진위를 가려주는 역할을 한다. 즉 이 두 차원은 동등한 중요성을 가지고 단순하게 나란히 늘어서 있는 병렬구조가 아닌, 루터가 형성해 놓은 일정한 질서구조 속에서 이해되어야 하는 관계성을 지니고 있다.

마지막으로 제6장은 제5장의 연속으로 루터가 성경에 근거하여 재개념화한 사랑이 무엇인지를 구체적으로 탐구한다. 믿음의 열매로서의 사랑은 인간에 대한 하나님의 사랑을 그 근원으로 갖고 있다. 이 사랑의 원천으로부터 시작하여 하나님의 사랑에 감화 감동된 그리스도인들의 사랑은 하나님, 이웃, 그리고 자기 자신과의 세 가지 주요한 관계 속에서 표현된다. 즉 사랑은 하나님에 대한 사랑, 이웃에 대한 사랑, 그리고 옛 사람의 매일의 죽음과 새 사람의 매일의 소생을 통해 그리스도인이 자기 자신과의 관계에서 맺는 믿음의 열매로서의 자기사랑으로 이해된다. 루터는 하나님에 대한 사랑이 믿음의 최고의 열매라고 서술한다. 그리고 이웃에 대한 사랑과 그리스도인의 자기 자신에 대한 책임적 삶은 하나님에 대한 사랑의 구체적 증명이라고 말한다. 제6장의 마지막 부분에서는 또 자신의, 능동적, 점진적 의와 거룩함의 차원에서도 여전히 유효하게 남아 있는 그러나 외래적, 수동적, 완전한 의와 거룩함의 차원에서와는 구별되는 법의 신학적 혹은 영적인 기능에 대해서 살펴본다.

이처럼 루터의 믿음과 사랑에 대한 가르침은 지속적으로 예수 그리스도와 법에 대한 그의 가르침과 맞물려 전개된다. 따라서 제3장, 제4장, 제5장, 그리고 제6장은 『갈라디아서 강해』에 나타나는 믿음과 사랑에 대한 루터의 가르침을 분석하되, 이 가르침이 그리스도와 법에 대한 가르침과의 역동적 관계 속에서 가장 총체적으로 드러난다고 보고, 이 관계를 최대한 살려서 믿음과 사랑에 대한 루터의 사상을 제시해 보고자 노력한다.

마지막 결론에서는 본문과 각주에서 지면의 한계 상 적절하게 다룰 기회를 갖지 못한 두 가지 문제들, 즉 현대 핀란드 루터학자들에 의해서 제시된 신화(*theosis*) 사상, 그리고 법의 제3용법에 대한 필자의 입장을 간단하게 정리해 볼 것이다. 그러고 나서 믿음과 사랑에 대한 필자의 향후 연구계획을 짧게 소개하고, 나가는 말로 본 저서를 마무리할 것이다.

제2장 | 선행연구

　오직 믿음에 의해 의롭게 된다는 사상이 루터 신학에서 차지하는 중요성을 전면에 부각하면서 이 사상을 탐구하는 연구물들을 찾는 것은 어렵지 않다.[1] 이에 반해 사랑은 물론 한 쌍의 주제로 제시되는 믿음과 사랑에 관

---

1) 일일이 소개하지는 못하지만, 의롭게 됨과 믿음에 관한 루터의 가르침과 관련하여 필자가 그동안 대했던 글들을 선정해서 정리해 보면 다음과 같다. Virgil Thompson, ed., *Justification is for Preaching: Essays by Oswald Bayer, Gerhard O. Forde, and Others* (Eugene, OR: Pickwick Publications, 2012), 15-119; Timo Laato, "Justification: The Stumbling Block of the Finnish Luther School," *Concordia Theological Quarterly*, 72(2008), 327-346; Piotr J. Malysz, "*Nemo iudex in causa sua* as the Basis of Law, Justice, and Justification in Luther's Thought," *Harvard Theological Review* 100/3(2007), 363-386; Veli-Matti Kärkkäinen, "'Drinking from the Same Wells with Orthodox and Catholics': Insights from the Finnish Interpretation of Luther's Theology," *Currents in Theology and Mission* 34/2(2007), 85-96; Bruce L. McCormack, ed., *Justification in Perspective: Historical Developments and Contemporary Challenges* (Grand Rapids, MI: Baker Academic, 2006); R. Scott Clark, "*Iustitia Imputata Christi*: Alien or Proper to Luther's Doctrine of Justification," *Concordia Theological Quarterly*, 70(2006), 269-301; Alister E. McGrath, *Iustitia Dei: A History of the Christian Doctrine of Justification*, 3rd ed. (Cambridge: Cambridge University Press, 2005); Joseph A. Burgess & Marc Kolden, eds., *By Faith Alone: Essays on Justification in Honor*

한 루터의 사상에 주목하는 연구물들은 현저히 적다. 그런 만큼 상대적으로 적은 수의 이 연구물들 하나하나가 매우 소중하게 다루어질 필요가 있다. 따라서 필자는 일정한 공간을 할애하여 이 연구물들을 살펴보되, 이 연구물들을 그 주된 연구대상들에 따라서 범주화하고, 범주에 따라서 각 연구물이 제시하는 연구내용들을 고찰해 보고자 한다.

이 연구물들 중에서 필자는 무엇보다도 믿음과 사랑에 관한 루터의 사상을 연구하는 데 나름 새로운 도전을 던진 현대 핀란드 루터 학파의 핵심적인 주장을 분석할 것이다. 이 작업이 중요한 이유는 이들의 주장이 다 지지받을 수 있는 것은 아니지만, 이들이 전통적인 루터연구의 성향과 틀을 탈피하는 주장들을 통해서 루터신학과 그 연구동향에 대한 재검토의 필요성을 인식시키는 데 한몫을 담당했기 때문이다. 그러므로 선행연구의 첫 부분에서는 먼저 현대 핀란드 루터 학자들이 보여주는 루터해석의 특성들을 특히 이 학파의 창설자요 주도자로 인정받고 있는 투오모 만네르마아의 연구에 초점을 맞추어 그의 주장을 루터의 믿음과 사랑에 관한 가르침의 관점

---

of Gerhard O. Forde (Grand Rapids, MI: William B. Eerdmans, 2004); Mark C. Mattes, *The Role of Justification in Contemporary Theology* (Grand Rapids, MI: William B. Eerdmans, 2004); David A. Brondos, "*Sola fide* and Luther's 'Analytic' Understanding of Justification: A Fresh Look at Some Old Questions," *Pro Ecclesia* 13/1(2004), 39–57; William G. Rusch, ed., *Justification and the Future of the Ecumenical Movement: The Joint Declaration on the Doctrine of Justification* (Collegeville, MN: Liturgical Press, 2003); Eberhard Jüngel, *Das Evangelium von der Rechtfertigung des Gottlosen als Zentrum des christlichen Glaubens: Eine theologische Studie in ökumenischer Absicht* (Tübingen: J. C. B. Mohr (Paul Siebeck), 1998); ET *Justification: The Heart of the Christian Faith – A Theological Study with an Ecumenical Purpose*, 3rd. ed. trans. Jeffrey F. Cayzer (Edinburgh: T. & T. Clark, 2001); Gerhard O. Forde, *Justification by Faith – A Matter of Death and Life* (Mifflintown, PA: Sigler Press, 1999); Jared Wicks, "Justification and Faith in Luther's Theology," *Theological Studies*, 44/1(1983), 3–29; Heiko A. Oberman, "'Iustitia Christi' and 'Isutitia Dei': Luther and the Scholastic Doctrine of Justification," *Harvard Theological Review*, 59/1(1966), 1–26.

에서 분석할 것이다. 그리고 나서 선행연구의 나머지 부분에서는 믿음과 사랑, 특히 사랑에 관한 루터의 가르침을 다루는 다른 대표적인 연구물들을 살펴볼 것이다.

I. 투오모 만네르마아와 현대 핀란드 루터학파

현대 핀란드 루터학파의 연구모델은 1970년대 중반 이후 투오모 만네르마아를 중심으로 헬싱키 대학교 조직신학자들이 교회연합운동 차원에서 핀란드 루터교회와 러시아 정교회 간의 대화를 진행해 나가는 과정에서 발전되었다.[2] 이 대화에서 다루어진 주된 논제들은 의롭게 됨에 관한 루터의 가르침과 신화(神化, theosis, deification)에 관한 동방정교회의 가르침 간의 관계, 루터 신학에서 발견되는 신화 개념, 루터가 가지고 있는 황금률에 대한 이해, 그리고 루터의 성령론과 삼위일체론 등이다. 이와 같이 교회연합을 위한 한 시도로부터 형성된 핀란드 루터학자들의 연구모델은 믿음과 사랑에 관한 루터의 가르침에 흥미로운 새 접근법을 제시하였다.[3]

여기서 가장 주목할 만한 것은 이들이 "믿음 그 자체 안에 그리스도가

---

[2] 이 역사와 결과, 그리고 미완의 과제들에 대해서는 다음 책 참조, Risto Saarinen, *Faith and Holiness: Lutheran-Orthodox Dialogue, 1959-1994*(Kirche und Konfession), (Vandenhoeck & Ruprecht, 1997), 특히 20-83, 232-269.

[3] 현대 핀란드 루터학파에 관해 계속 갱신되고 있는 추가적 정보를 위해서는 다음의 핀란드 루터 연구 웹 사이트들 참조, http://blogs.helsinki.fi/ristosaarinen/luther-studies-in-finland와 http://blogs.helsinki.fi/ristosaarinen/luther-studies. 만네르마아 학파의 연구방법론들과 주된 연구결과물들에 관한 간결한 소개를 위해서는 다음의 글 참조, Tuomo Mannermaa, "Why Is Luther So Fascinating? Modern Finnish Luther Research," in *Union with Christ: The New Finnish Interpretation of Luther*, ed. Carl E. Braaten and Robert W. Jenson (Grand Rapids, MI: Eerdmans, 1998), 1-20. 현대 핀란드 루터 학자들의 글들을 담은 이 책은 그들의 루터 연구 패러다임에 대한 입장을 개관해 주는 첫 번째 영어로 된 책으로, 영어권에 이들을 소개해준 책이라는 데 의의가 있다.

현존한다."(*in ipsa fide Christus adest*)는 루터의 언급에 근거하여 믿음 안에 현존하는 그리스도 개념을 강하게 부각하고, 이것을 루터신학의 "구조적 원리"(structuring principle)라고 명명하고 있다는 점이다.[4] 이러한 주장은 만네르마아의 대표적 저술 중 하나인 『믿음에 현존하는 그리스도: 의롭게 됨과 신화(神化)』(*Der im Glauben gegenwärtige Christus: Rechtfertigung und Vergottung*)에서 구체적으로 취급된다.[5]

믿음 그 자체 안에 있는 그리스도의 현존 혹은 임재를 루터 신학의 구조적 원리로 정립한 후 이에 토대를 두고 핀란드 루터 학자들은 믿음과 사랑에 관한 루터의 가르침에 있어서 "참여"(participation) 개념이 두드러진 특징으로 나타난다고 지적한다.[6] 그리고 이에서 한 걸음 더 나아가서 이들은 오직 믿음에 의해서만 의롭게 된다는 루터의 개념은 그가 동의했던 초기 그리스도교 교부들의 신화 개념과 일맥상통한다고 주장한다.

이에 대하여 핀란드 루터 학자들이 제시하는 논리적 근거는 다음과 같다. 초기 그리스도교 교부들에게서 신화는 하나님 안에의 참여 혹은 하나님과의 연합을 의미한다. 루터는 그리스도가 믿음 그 자체 안에 현존하고 있다고 말한다. 그러므로 믿는 자는 믿음을 통해서 그리스도 안에 참여하

---

4) 이 표현은 핀란드 학자들이 애용하는 것인데, 이것을 보여주는 대표적 문구는 루터의 1535년 갈라디아서 강해에 나온다. *WA* 40/1. 228. 34-229. 15: "…quo Christus apprehenditur, Sic ut Christus sit obiectum fidei, imo non obiectum, sed, ut ita dicam, in ipsa fide Christus adest."; *LW* 26:129.

5) Tuomo Mannermaa, *Der im Glauben gegenwärtige Christus: Rechtfertigung und Vergottung. Zum ökumenischen Dialog*, Arbeiten zur Geschichte und Theologie des Luthertums, Neue Folge, Band 8 (Hannover: Lutherisches Verlagshaus, 1989).

6) 만네르마아에 의해서 주도된 현대 핀란드 루터 학파가 다루는 주요 주제들과 관련하여, 그 이전의 연구사적 배경에 관해서는 Anna Briskina, "An Orthodox View of Finnish Luther Research," trans. Dennis Bielfeldt, *Lutheran Quarterly* 22/1(2008), 16-18. 브리스키나는 현대 핀란드 루터 학파가 루터 신학에서 신화(*theosis*) 주제를 다룸으로써 루터 연구에 있어서 기존에 잘 확립되어 있던 스칸디나비아 전통에 연결된 셈이라고 말한다. 위의 논문, 17.

는 것이 된다. 그런데 그리스도는 곧 하나님이므로 믿는 자가 믿음을 통해서 믿음 안에 현존하는 그리스도 안에 참여하는 것은 곧 하나님 안에 참여하는 것을 의미한다.[7] 따라서 루터의 의롭게 됨 개념과 신화 개념은 일맥상통한다.

만네르마아에 의하면 이러한 신화가 가능한 것은 근본적으로 하나님의

---

7) 핀란드 루터 학자들의 신화(*theosis*)에 관한 영어로 된 개요를 위해서는 다음의 글 참조, Tuomo Mannermaa, "Theosis as a Subject of Finnish Luther Research," *Pro Ecclesia* 4(1995), 37-48. 추가적 설명을 위해서는 동일 저자의 다음의 글들 참조, "Theosis als Thema der finnischen Lutherforschung," in *Luther und Theosis: Vergöttlichung als Thema der abendländischen Theologie*. Referate der Fachtagung der Luther-Akademie Ratzeburg in Helsinki 30.3-2.4. 1989. Schriften der Luther-Agricola-Gesellschaft A 25, ed. Simo Peura and Antti Raunio (Helsinki: Luther-Agricola-Gesellschaft and Erlangen: Luther-Akademie Ratzeburg, 1990), 11-26; idem, "Justification and *Theosis* in Lutheran-Orthodox Perspective," in *Union with Christ*, 25-41; idem, *Der im Glauben gegenwärtige Christus*; idem, "Hat Luther eine trinitarischee Ontologie?" in *Luther und Ontology: Das Sein Christi im Glauben als strukturierendes Prinzip der Theologie Luthers*. Schriften der Luther-Agricola-Gesellschaft 31. Referate der Fachtagung des Instituts für Systematische Theologie der Universität Helsinki in Zusammenarbeit mit der Luther-Akademie Ratzeburg in Helsinki 1.-5.4. 1992, ed. Anja Ghiselli, Kari Kopperi, and Rainer Vinke (Helsinki: Luther-Agricola-Gesellschaft, 1993), 9-27; idem, "Hat Luther eine trinitarische Ontologie?" in *Luther und die trinitarische Tradition. Ökumenische und philosophische Perspektiven*, Veröffentlichungen der Luther-Akademie Ratzeburg, Bd. 23, ed. Joachim Heubach (Erlangen: Martin-Luther-Verlag, 1994), 43-60; idem, "Doctrine of Justification and Trinitarian Ontology," in *Trinity, Time, and Church: A Response to the Theology of Robert W. Jenson*, ed. Colin E. Gunton (Grand Rapids, MI: Eerdmans, 2000), 139-145.

다른 현대 핀란드 루터 학자의 글들로는 다음과 같은 것들이 있다. Simo Peura, *Mehr als en Mensch? Die Vergöttlichung als Thema der Theologie Martin Luthers von 1513 bis 1519*(*More than a Human Person? Deification as a Theme of Luther's Theology from 1513 to 1519*), Veröffentlichungen des Instituts für Europäische Geschichte Mainz, Band 152 (Mainz: Philipp von Zabern, 1994); idem, "Die Teilhabe an Christus bei Luther," in *Luther und Theosis*, 121-161.

사랑 때문이다. 인간은 스스로의 사랑에 의빙하여 하나님 안에 참여할 수 없다. 하나님의 사랑이 인간의 신화를 가능케 한다. 그러므로 그리스도인들의 그리스도 안에의 참여는 믿는 자 안에서 사랑으로 작용하는 하나님의 현존의 결과이다.[8] 이러한 만네르마아의 주장에 있어서 한 가지 더 주목할 만한 사항은 그가 믿는 자의 그리스도를 통한 하나님 안에의 참여를 하나님의 본질(*ousia*) 안에의 참여로 본다는 점이다.[9] 이러한 입장에 따라서 만네르마아는 비록 이 참여로 말미암아 하나님과 인간 각자의 본체가 변질 혹은 변화되는 것은 아니지만, 그럼에도 불구하고 하나님과 그리스도인 사이에는 "진정한 존재적"(real-ontic)[10] 연합이 있다고 주장한다.[11]

---

8) Tuomo Mannermaa, "Grundlagenforschung der Theologie Martin Luthers und die Ökumene," in *Der im Glauben gegenwärtige Christus*, 200.

9) Tuomo Mannermaa, "Das Verhältnis von Glaube und Liebe in der Theologie Luthers," in *Luther in Finnland-Der Einfluß der Theologie Martin Luthers in Finnland und finnische Beiträge zur Lutherforschung*, ed. Miikka Roukanen, Schriften der Luther-Agricola-Gesellschaft A 23 (Helsinki: Luther-Agricola-Gesellschaft, 1986), 99-110. 이 논문은 원래 핀란드어로 발표되었던 것이다. *Teologinen Aikakauskirja/Teologisk Tidskrift* (1979), 329-340. 동일 저자의 다음의 논문도 참조하라. "Freiheit als Liebe: *Einführung in das Thema*," in *Freiheit als Liebe bei Martin Luther*, 9-18. 이 논문에서 만네르마아는 믿음을 통한 그리스도인의 하나님의 신성(혹은 하나님의 이름)에의 참여에 관한 루터의 가르침을 보여주는 구절을 다음과 같이 인용하고 있다. "Das haben wyr (sagt er) durch die krafft des glawbens, das wyr teylhafftig sind und geselschafft odder gemeynschafft mit der Göttlichen natur haben…. Was ist aber Gottes natur? Es ist ewige wahrheyt, gerechtigkeyt, weyssheyt, ewig leben, fryd, freude und lust und was man gutt nennen kan. Wer nu Gottes natur teylhafftig wird, der uberkompt das alles." (*WA* 14/1. 19. 3-15) 이 구절은 만네르마아의 논문 10쪽에 인용되어 있다. 동일한 논리의 주장이 다음의 글에도 나타난다. Eeva Martikainen, "Die Unio im Brennpunkt der theologischen Forschung," in *Unio: Gott und Mensch in der nachreformatorischen Theologie*, ed. Eeva Martikainen (Helsinki: Luther-Agricola-Gesellschaft, 1996), 13-18.

10) 만네르마아의 주장을 독창적이면서도 논쟁적인 것으로 만드는 것 — 특히 독일 루터 해석의 확립된 정경 안에서는 — 그리스도의 현존이 신프로테스탄트 학파에서 주장하듯 단순히 주관적 경험(*Erlebnis*) 혹은 믿는 자에게 미치는 하나님의 효과(*Wirkung*)

이와 같이 믿음 그 자체 안에 있는 그리스도의 현존을 루터 신학의 구조적 원리로 제시하면서 만네르마아는 루터가 그리스도인의 삶 전체는 믿

가 아니라 "정말로 존재적"인 것이라는 생각이다. 만네르마아의 제자 중 하나인 리스토 사아리넨(Risto Saarinen)도 이 문제를 다루는데, 그 내용은 그가 쓴 다음의 철학적-방법론적 책에 잘 나타난다. Risto Saarinen, *Gottes Wirken auf uns: Die transzendentale Deutung des Gegenwart-Christ-Motivs in der Lutherforschung* (*God's Work on Us: The Transcendent Meaning of the Presence of Christ Motif in Luther Research*), (Stuttgart: Franz Steiner, 1989). 이 글에서 사아리넨은 19세기 독일 철학자 헤르만 로체(Hermann Lotze)에 의해 제안된 "선험적 효과"(transcendental effect)를 지향하는 입장이 어떻게 루터 연구에 있어서 그것이 신프로테스탄트 신학이든, 루터 르네상스 신학이든, 혹은 심지어 변증법적 신학이든 상관없이 그리스도의 진정한 현존의 의미를 모호하게 만들었는가를 보여주고 있다. 사아리넨에 의하면 빌헬름 헤르만(Wilhelm Herrman), 오토 리츨(Otto Ritschl), 그리고 특히 알브레히트 리츨(Albrecht Ritschl)은 루터의 신학을 새로운 종류의 신학적 인식원리로서 이해하였다. 그들은 루터가 본질에 대한 스콜라주의의 형이상학적인 옛 사고를 벗어나 하나님의 지식에 관해 보다 관계적인 견지를 취하기 시작했다고 주장했다. 신칸트주의 철학에 근거하여 이 학자들은 신학은 존재론적으로 하나님의 본질에 관해 어떤 것도 알 수 없으며, 다만 인간에 미치는 하나님의 효과들만 알 수 있다는 입장을 취했다. 참조, Risto Saarinen, "The Presence of God in Luther's Theology," *Lutheran Quarterly* 3(1994), 3-13.

11) 현대 핀란드 루터 학자들은 또한 그리스도와 그리스도인들 사이의 "즐거운 교환"에 대한 루터의 개념을 부각하며, 이와 함께 루터 자신은 후기 루터파들과는 달리 그리스도의 인격과 사역을 구분하지 않는다는 점을 강조한다. 인격과 사역이 구분되지 않은 그리스도 그분이 그리스도인의 의다. 의롭게 됨에 관한 가르침에 있어서 이것은 곧 그리스도는 후기 루터파에서 말하듯이 단지 호의(favor)기만 한 것이 아니라 선물(*donum*)이면서 또한 호의기도 하다는 것을 의미한다. Tuomo Mannermaa, "In ipsa fide Christus adest: Der Schnittpunkt zwischen lutherischer und orthodoxer Theologie," trans. Hans-Christian Daniel and Juhani Forsberg, in *Der im Glauben gegenwärtige Christus: Rechtfertigung und Vergottung. Zum ökumenischen Dialog*, ed. Tuomo Mannermaa (Hannover: Lutherisches Verlagshaus, 1989), 11-93.

이 글은 원래 핀란드어로 다음의 책에 실렸었다. *In ipsa fide Christus adest: Luterilaisen ja ortodoksisen kristinuskonkäsityksen leikkauspiste*(*In Faith Itself Christ Is Really Present: The Point of Intersection between Lutheran and Orthodox Theology*), Missiologian ja Ekumeniikan Seura R.Y., Missiologian ja Ekumeniikan

음과 사랑으로 구성되어 있다고 주장하고 있음을 부각한다. 그리고 이 믿음과 사랑 간의 관계성을 강조하면서 만네르마아는 루터 연구에 있어서 사랑에 관한 루터의 가르침이 부당하게 간과되어 왔음을 역설한다. 그는 또한 세계 루터교 연맹의 전 회장이었던 미코 유바(Mikko Juva)가 그리스도교 신앙의 수직적 차원과 수평적 차원 간의 관계를 해결하는 것이 세계 루터교가 씨름하고 있는 핵심문제라고 지적했고, 이 문제가 아직 미해결 상태로 남아 있는 것에 대해서 애석함을 표현했던 것을 상기한다. 그러면서 만네르마아는 이 수직적 차원과 수평적 차원 간의 관계를 믿음과 사랑의 관계로 지칭하면서, 여기서 믿음은 하나님과의 수직적 관계를, 사랑은 이웃과의 수평적 관계를 의미하는 것으로 풀이한다.[12]

더 나아가서 만네르마아는 루터 신학에 대한 주요 해석들은 바로 이 점에서 의견의 차이를 노출하고 있다고 지적한다.[13] 그리고 만네르마아는 루터 신학에서 믿음과 사랑의 관계, 그리고 사랑 그 자체의 본질을 이해하는 문제들을 다루기 위해서 "믿음 안에 참으로 현존하는 그리스도", 즉 그가 제안했던 루터 신학의 "구조적 원리"를 다시 들고 나온다. 만네르마아에 의하면 위의 문제들은 이 "구조적 원리"에 근거할 때 올바르게 파악될 수 있다.[14]

Seuran julkaisjua, vol. 30 (Vammala: Vammalan Kirjapaino, 1979). 이 글은 영어로 다음의 책으로 출판되었다. *Christ Present in Faith: Luther's View of Justification*, ed. Kirsi Stjerna (Minneapolis, MN: Fortress Press, 2005). 참조, Simo Peura, "Christus als Gunst und Gabe: Luthers Verständnis der Rechtfertigung als Herausforderung an den ökumenischen Dialog mit der Römisch-katholischen Kirche," in *Caritas Dei: Beiträge zum Verständnis Luthers und der gegenwärtigen Ökumene, Festschrift für Tuomo Mannermaa zum 60. Geburtstag*, ed. Oswald Bayer, Robert W. Jenson, and Simo Knuuttila (Helsinki: Luther-Agricola-Gesellschaft, 1997), 340-363; idem, "Christ as Favor and Gift: The Challenge of Luther's Understanding of Justification," in *Union with Christ*, 42-69.

12) Tuomo Mannermaa, "Das Verhältnis von Glaube und Liebe in der Theologie Luthers," in *Luther in Finnland*, 99.
13) 위의 책.
14) 위의 책.

그 이유는 믿음과 사랑 사이에 빠져 있는 연결점이면서, 이 둘을 상호 결합하는 중심은 바로 "믿음 안에 참으로 현존하는 그리스도"며, 또한 그리스도인의 사랑을 가능케 하는 것도 이 "믿음 안에 참으로 현존하는 그리스도"이기 때문이다.[15] 위의 신화에 관한 만네르마아의 주장은 논란의 여지가 많은 반면, 이러한 주장은 매우 설득력이 있다.

만네르마아의 주장에 있어서 또 한 가지 주목할 만한 것은, 그리스도와 그리스도인 간의 관계성에 대한 루터의 입장을 이해하는 데 있어서 기존에 시도된 해석들이 루터의 입장을 제대로 파악하는 데 오히려 방해가 되었다는 것이다. 만네르마아는 특히 다음의 세 유형의 해석들을 예시한다.

첫 번째 유형의 해석은 이 관계를 윤리적 관계로 규정하는 것이다. 만네르마아에 의하면 이 견해는 루터 연구에 있어서 발견되는 주된 동향 중 하나로, 19세기 말엽 이후 특히 알브레히트 리츨(Albrecht Ritschl) 이후 신칸트주의의 형이상학적 전제들에 강하게 의존하고 있다. 이 견해는 존재적 혹은 존재론적 차원에서 신에 인간이 참여하는 것이 아닌, 신의 의지와 인간의 의지 사이의 연합에 초점을 맞춘다. 그리고 그리스도와 그리스도인 간의 관계성에 있어서 존재적 혹은 존재론적 관계가 아닌 개인적-윤리적 관계를 강조한다. 이처럼 신의 의지와 인간의 의지 사이의 연합에 초점을 맞춤으로써 이 견해는 믿음 안에 현존하는 그리스도를 통해서 하나님과 연합한 그리스도인들은 신들이 되며 신의 본성에 참여한다는 루터의 입장을 제대로 파악하는 데 실패했다고 만네르마아는 주장한다.[16]

두 번째 유형의 해석은 말씀-관계에 의존하는 소위 변증법적 신학자들의 입장에서 발견된다. 만네르마아에 의하면 이 견해는 하나님의 말씀을, 믿음을 통해서 그리스도인 안에 있는 그리스도의 현존, 그리고 그리스도인 안에서 발견되는 그리스도의 실효성(effectiveness)으로 보기보다는, 하나

---

15) 위의 책.
16) Tuomo Mannermaa, "Das Verhältnis von Glaube und Nächstenliebe in der Theologie Luthers," in *Der im Glauben gegenwärtige Christus*, 97-98. 참조, idem, "Why Is Luther So Fascinating?" in *Union with Christ*, 4-9.

님과 인간 사이의 단순한 관계로 보는 한계를 갖고 있다.

세 번째 유형의 해석은 필립 멜랑히톤 이후 루터교 내에 만연해 왔던 것으로, 루터의 의롭게 됨에 관한 가르침을 칭의론의 법정적 측면에 치우쳐 강조해 온 해석이다. 이러한 해석은 루터의 의롭게 됨에 관한 가르침에 있어서, 의롭게 됨의 개념과 믿음을 통한 그리스도의 그리스도인 안에의 현존이라는 개념을 분리시키는 문제를 갖고 있다고 만네르마아는 주장한다.[17]

이처럼 루터 신학에 나타나는 그리스도와 그리스도인 간의 관계성을 정의하는 데 있어서 수용되었었던 특별히 세 유형의 전통적 해석들의 오류들을 지적하면서, 만네르마아는 이 관계성을 올바로 이해하기 위한 자신의 견해를 다음과 같이 제안한다.[18] 첫째, 후기 루터파와는 달리 루터 자신은 그리스도의 인격과 사역을 구분 짓지 않는다. 루터는 인격과 사역이 구분되지 않은 상태에서의 그리스도에게서 하나님이 죄인을 의롭게 하는 것을 본다. 그리고 믿음 그 자체 안에 그리스도가 현존하기 때문에 믿음이 의롭게 한다고 말할 수 있다.[19] 둘째, 믿음 안에 현존하는 그리스도라는 루터의 사

---

17) 만네르마아는 멜랑히톤의 법정적이고 재판상의 의미로 이해되는 의롭게 됨에 관한 "우리 밖의"(*extra nos*)라는 개념이 성화로부터 분리되어 있다고 지적한다. 만네르마아는 대신 믿음을 통해 믿는 자 안에 현존하는 그리스도를 근거로 하여 의롭게 됨과 거룩하게 됨 간의 밀접한 관계에 주의를 집중한다. 만네르마아는 믿음을 통해 믿는 자 안에 있는 그리스도의 현존이라는 원리는 멜랑히톤에게서 나타나는 법정적 칭의와 실제 성화(effective sanctification) 사이의 분리, 즉 의롭다고 선언되는 것과 의롭게 만들어지는 것 간의 분리를 극복한다고 주장한다. 만네르마아에 의하면 이러한 분리는 거의 배타적으로 외적인 차원에서의 칭의만 일방적으로 강조한 법정적 허구로서의 풍자적 묘사를 초래했다. Tuomo Mannermaa, "Das Verhältnis von Glaube und Nächstenliebe in der Theologie Luthers," in *Der im Glauben gegenwärtige Christus*, 98.

18) 위의 책, 98-100.

19) 만네르마아는 WA 40/1. 229. 28-30으로부터 다음의 구절을 인용한다: "Ergo fide apprehensus et in corde habitans Christus est iustitia Christiana propter quam Deus nos reputat iustos et donat vitam aeternam"("따라서 믿음에 의해 붙잡아지고, 우리의 가슴속에 머무심으로써 그리스도는 그리스도인의 의다. 이것 때문에 하나님은 우리에게 의를 전가하고 영생을 주신다."). 위의 책, 98.

고는, 믿음의 형상이 사랑이라고 주장하는 스콜라 신학자들과는 달리 믿음의 형상이 그리스도(*Christus forma fidei*)라고 확신하는 그의 입장에서도 발견된다. 루터에게서 그리스도는 믿음을 형상화하는 신적 실재 혹은 형상이다. 셋째, 그리스도는 하나님의 호의(favor) – 죄의 용서와 하나님의 분노의 폐지 – 일 뿐만 아니라 하나님의 선물(gift) – 하나님의 본성과 본질의 충만함 가운데 있는 하나님의 현존 – 이기도 하다. 이 때문에 인간은 믿음 안에서 그리스도와의 연합을 통해 하나님의 신적 본성에 참여하게 된다.[20] 넷째, 하나님의 속성들은 루터가 "히브리식 말하기 방식"(a Hebrew way of speaking)이라고 부르는 것에 따라서 하나님의 본성으로 간주된다. 결과적으로 믿음에 의해 그리스도인이 그리스도 안에 참여할 때 그리스도인은 동시에 하나님의 속성들과 본성에 참여하는 것이 되는데, 그 이유는 그리스도는 다름 아닌 하나님이기 때문이다.[21]

이에 더 나아가서 만네르마아는 믿음과 사랑의 관계를 다음과 같이 공식화한다. 사랑은 법의 성취다. 믿음은 법의 성취를 제공한다. 왜냐하면 믿음 안에 현존하는 그리스도는 그 자신이 본성에 있어서 하나님인데, 하나님은 사랑이므로 그 자신과 함께 사랑을 가지고 오며, 그리스도인은 믿음에

---

20) 참조, *WA* 21. 458. 11-24.
21) 참조, *WA* 17/1. 438. 14-28; *WA* 10¹/1. 157. 14. 만네르마아에 의한 동일한 주장이 다음의 글에도 나타난다. "Why Is Luther So Fascinating?" in *Union with Christ*, 15. 속성과 본질에 관련된 논의는 다음의 글도 참조, Simo Peura, *Mehr als ein Mensch*, 51ff. 여기서 포이라는 루터의 다음 구절들을 인용한다. *WA* 3. 189. 13-14: "In hiis laudatur Deus, ut quando veritatem, sapientiam, bonitatem loquimur, quia hec monia est deus," 그리고 *WA* 3. 303. 20-21: "Nomen domini non dat sanctis bonum aliud quam est ipsummet: sed ipsummet est bonum eorum." 참조, Tuomo Mannermaa, "Das Verhältnis von Glaube und Nächstenliebe in der Theologie Luthers," in *Der im Glauben gegenwärtige Christus*, 99-100; idem, "Participation and Love in the Theology of Martin Luther," in *Philosophical Studies in Religion, Metaphysics, and Ethics: Essays in Honour of Heikki Kirjavainen. Schriften der Luther-Agricola-Gesellschaft 38*, ed. Timo Koistinen and Tommi Lehtonen (Helsinki: Luther-Agricola-Society, 1997), 308-309.

의해 하나님의 속성들 중의 하나인 이 사랑에 참여하게 되기 때문이다. 만네르마아는 루터의 또 다른 본문에 근거하여 유사한 주장을 한다. 그 본문은 에베소서 3:14-21까지의 성경구절을 갖고 "믿음과 사랑의 힘과 증진에 관한 설교"라는 제목 하에 1525년에 행해진 루터의 설교다.[22] 만네르마아는 루터가 이 설교에서 믿음이 하나님의 존재와 속성들에의 참여를 수반하고, 사랑은 하나님의 선물로서의 그리스도가 그 자신과 함께 가지고 오는 속성들 중 하나이므로 믿는 자는 결과적으로 하나님의 사랑에 참여하는 것이라는 사고를 보인다고 해설한다.[23]

동일한 주장이 만네르마아의 "마르틴 루터 신학에서 참여와 사랑"("Participation and Love in the Theology of Martin Luther")이라는 글에서도 발견된다. 이 글에서 만네르마아는 루터가 하나님 안에의 참여라는 사상과 관련하여 사랑 개념으로 "카리타스-사랑"(에로스)을 거부하고 아가페(agapē)를 사용하고 있다고 지적한다. 그리고 만네르마아는 루터가 하나님의 호의(죄의 용서, 속죄, 분노의 폐지)와 선물(현존하는 하나님 자신)로, 그리고 믿음의 형상으로(Christus forma fidei) 강조하는 그리스도를 아가페로 본다고 설명한다. 루터 신학에 있어서 참여라는 주제와 관련하여 믿음과 사랑의 관계에 대한 만네르마아의 해석은 다음과 같이 세 가지 형태로 기술될 수 있다. (1) 그리스도는 성육신한 아가페다. 그리스도인은 믿음을 통해서 그리스도와 연합한다. 따라서 그리스도인은 믿음에 의해서 성육신한 아가페로서의 그리스도 안에 참여함으로써 하나님의 아가페에도 참여한다. (2) 그리스도는 하나님이다. 그리스도인은 믿음을 통해서 그리스도와 연합한다. 하나님인 그리스도와의 연합은 곧 하나님 안에의 참여를 의미한다. 그리스도인은 믿음에 의해서 하나님의 존재(being)뿐만 아니라 결과적

---

22) 참조, *WA* 17/1. 428-438.
23) Tuomo Mannermaa, "Why Is Luther So Fascinating?," in *Union with Christ*, 16. 만네르마아는 "그리스도와 그의 신적 속성들에의 참여라는 사고는 따라서 그[루터]의 소위 종교개혁의 통찰의 내용이었고, 동시에 스콜라 신학에 대한 그의 비판의 토대였다."고 말한다. 위의 책, 17.

으로 하나님의 속성들(properties) 안에도 참여한다. 사랑은 신적 속성들 중 하나다. 따라서 그리스도인은 믿음을 통한 그리스도와의 연합에 의해서 하나님의 속성 중 하나인 사랑에 참여한다. (3) 그리스도는 믿음 안에 현존한다. 그리스도는 신적 속성에 있어서 하나님이다. 하나님은 사랑이다. 믿음 안에 현존하는 그리스도는 사랑을 가져온다. 따라서 그리스도인은 믿음을 통해서 그리스도 안에 참여할 때 곧 하나님의 속성 중 하나인 사랑에 참여한다.[24] 결과적으로 믿음은 비록 그 자체가 법의 성취는 아니지만 법의 성취인 사랑을 가지고 온다.[25] 바로 이 점에서 만네르마아는 믿음과 사랑 간의 관계의 핵심을 탐지한다.

이와 같이 루터 신학에 있어서 믿음과 사랑의 관계를 풀이하는 만네르마아의 입장은 루터가 그리스도와 그리스도인 간의 관계를 어떻게 이해하는가에 대한 그의 해석과도 맞물린다. 이 해석에 있어서 특기할 만한 것은 그리스도가 참으로 믿음 안에 현존하며, 그리스도인은 믿음을 통해서 그리스도와 하나님의 속성에 참여한다는 것을 강조함으로써 만네르마아가 그리스도와 그리스도인 간의 유사성을 매우 진지하게 다루고 있다는 점이다.

만네르마아의 해석에 의하면, 그리스도가 신성과 인성이라는 두 본성을 갖고 있는 것처럼, 그리스도인도 그리스도 안에의 참여를 통해서 신성과 인성이라는 두 본성을 갖고 있다고 말할 수 있다. 여기서 그리스도인의 신성은 그리스도 자신이다. 그리스도인 안에 사는 자는 더 이상 그리스도인 자신이 아니라 그리스도다. 그리스도 안에서 혹은 그의 신성 안에서, 그리스도인은 그리스도의 신성에 속한 모든 귀중한 것들을 소유하게 된다. 그리스도인은 이제 부유한 자이며 구원을 위하여 다른 어떤 것도 필요로 하지 않는다. 참으로 그리고 존재적으로 혹은 존재론적으로 그리스도인은 신과 같이 된다(*conformis Deo*).[26] 동시에 이 신적인 사랑에 의해서 그리스도인

---

24) Tuomo Mannermaa, "Participation and Love in the Theology of Martin Luther," in *Philosophical Studies in Religion, Metaphysics, and Ethics*, 303-311.
25) 참조, *WA* 17/2. 98. 13-24.
26) Tuomo Mannermaa, "Das Verhältnis von Glaube und Nächstenliebe in der The-

은 자기 자신을 이웃에게 내어주며, 이웃의 짐, 고통, 죄, 빈곤, 그리고 연약함 등을 마치 그것들이 자기 것인 것처럼 져 준다. 이런 방식으로 그리스도인은 비유적으로 말해서 이웃의 인성, 즉 이웃의 고초와 짐을 취한다. 그러므로 그리스도인은 자기 자신 안에서 혹은 자기 자신을 위해서가 아니라 그리스도 안에서 그리고 이웃을 위해서 산다. 역으로, 그리스도인의 삶을 사는 자는 그리스도요 이웃이지 그리스도인 자신이 아니다.[27]

이처럼 그리스도와 그리스도인 간의 관계성을 그리스도의 두 본성과

---

ologie Luthers," in *Der im Glauben gegenwärtige Christus*, 101. 시편 81(82)편에 대한 루터의 강해(*WA* 17/2. 74. 20-75. 11)는 신화(divinization)−신성에 참여함으로써 신적으로 되고, 다른 사람들에게 신(a god)이 되는 것−에 대한 핀란드 루터학자들의 논의에서 가장 빈번하게 인용되는 성경본문 중 하나다. 예를 들어서 참조, Tuomo Mannermaa, "Participation and Love in the Theology of Martin Luther," in *Philosophical Studies in Religion, Metaphysics, and Ethics*, 306-307.

라우니오(Raunio) 또한 시편 82:6을 인용하면서, 루터에게서 사랑은 단순히 외적 행위에 의해서만 황금률을 이행하는 그리스도인의 외적 인성이 아니라는 것을 강조한다. 오히려 사랑은 하나님 자신의 사랑이며, 믿음에 의해 받아들여지고, 그리스도인들이 그들을 통하여 하나님이 이웃을 사랑할 때 하나님과 협력함으로써 참여하게 되는 그런 사랑이다. Antti Raunio, "Natural law and Faith: the Forgotten Foundations of Ethics in Luther's Theology," in *Union with Christ*, 96-124. 참조, *WA* 10¹/1. 100. 16-19: "…da geht den der spruch ps. 81: Ich habe gesagt, yhr seyt Gotter und kinder des allerhochsten allesampt. Gottis kinder sind wyr durch den glawben, der unsz erben macht aller gottelichen gutter. Aber gotte synd wyr durch die liebe, die unsz gegen unszernn nehisten wolthettig macht…."

유사한 맥락에서 포이라(Peura)는 루터의 로마서 강해에서 5:5에 대한 해설에 주의를 기울인다. 포이라에 의하면 여기서 루터는 사랑(love or charity)이라는 선물이 주어질 때 이 선물은 그 선물을 주는 자인 성령이 함께 현존해야 한다는 것이 요구되는 유일한 하나님의 선물이라고 강조한다. 그러므로 사랑한다는 것은 그리스도인들이 자기 자신들을 헌신적으로 줄 뿐만 아니라 성령과 그들 안에 있는 그리스도의 사랑도 준다는 것을 의미한다. Simo Peura, "Christ as Favor and Gift(*donum*): The Challenge of Luther's Understanding of Justification," in *Union with Christ*, 48-49. 참조, *WA* 56. 308. 15-309. 5.

27) Tuomo Mannermaa, "Das Verhältnis von Glaube und Nächstenliebe in der Theologie Luthers," in *Der im Glauben gegenwärtige Christus*, 102.

유비관계를 맺고 있는 그리스도인의 두 본성에 근거하여 풀이하는 만네르마아는 루터 신학에서 그리스도와 그리스도인 간의 관계와 믿음과 사랑 간의 관계를 다음과 같이 복합적으로 설명한다. (1) 그리스도는 성부 하나님에 의하여 영원 안에서 지속적으로 참된 하나님으로 탄생한다. 이처럼 그리스도인들 또한 믿음 안에서 하나님의 자녀들로, 신들로, 주(主)들로, 또 왕들로 태어난다. (2) 그리스도는 순전한 사랑으로 인하여 본연의 자리를 벗어버리고 온갖 고통 가운데 있는 인간의 자리로 들어왔다. 마찬가지로 그리스도의 신성과 인성에 참여하는 그리스도인들 또한 그들의 이웃의 자리로 들어가 그들의 짐을 져 주어야만 한다. (3) 그리스도가 그의 사랑의 행위로 인해서 그의 신성을 획득한 것이 아닌 것처럼, 그리스도인들도 그들의 사랑의 행위의 결과로서 의롭게 됨 혹은 의를 얻지 않는다. 그들은 오직 믿음을 통해서만 의롭게 된다.

동일한 맥락에서, 하나님에 대한 믿음의 관계는 하나님에 대한 성육신 이전의 신적 로고스의 관계와 유비적으로 해석된다. 로고스는 지속적으로 성부 하나님에 의해서 탄생한다. 마찬가지로 그리스도인들도 믿음 안에서 지속적으로 "신들이요 [하나님의] 자녀들"로 태어난다. 로고스가 순전한 사랑으로부터 인성을 취하고 성육신한 것처럼, 그리스도인들도 사랑으로부터 그들의 이웃의 자리에 들어가서 가난한 자들 중 가장 가난한 자들이 된다. 하지만 로고스가 하나님이 되기 위하여 성육신할 필요가 있었던 것이 아닌 것처럼, 그리스도인들도 의롭게 되기 위하여 사랑의 행위를 할 필요가 있는 것이 아니다.[28]

---

28) 만네르마아는 특히 루터의 시편 1:2-3에 대한 강해(*WA* 5. 38. 27-39. 12)와 『그리스도인의 자유』에 초점을 맞추면서 다음의 글에서 이 문제를 취급하고 있다. Tuomo Mannermaa, "Freiheit als Liebe: *Einführung in das Thema*," in *Freiheit als Liebe bei Martin Luther*, 17-18. 믿음과 사랑의 관계라는 관점에서 본 그리스도와 그리스도인 간의 이러한 관계는 만네르마아의 다음의 글에도 잘 나타난다. Tuomo Mannermaa, "Participation and Love in the Theology of Martin Luther," in *Philosophical Studies in Religion, Metaphysics, and Ethics*, 307-309.

루터가 다루는 사랑의 계명에 관하여 만네르마아는 그리스도인은 두 가지 경우로 이 계명에 직면한다고 설명한다. 하나는 그리스도를 귀감으로 삼을 때고, 다른 하나는 그리스도인 자신을 귀감으로 삼을 때다.

첫째, 그리스도가 그와 그리스도인 간에 이루어지는 즐거운 교환을 통해서 그의 사랑을 보여준 것 같이, 그리스도인과 이웃 간에도 즐거운 교환이 일어나야 한다. 믿음으로 인해서 그리스도인이 소유하게 된 모든 것은 또한 이웃의 소유물이 되어야 한다. 반면에 이웃이 소유하고 있는 모든 죄, 저주, 죽음, 연약함, 그리고 깨어진 삶의 양태들은 그리스도인의 소유가 되어야 한다.[29]

둘째, 사랑의 계명은 그리스도가 보여준 본보기를 통해서뿐만 아니라 그리스도인 자신이 가슴속에 지니고 있는 본보기를 통해서도 구현된다. 사람은 다른 사람의 입장에 서 봄으로써 상대방이 바라는 것이 무엇인지 알 수 있는 능력을 소유하고 있다. 이 능력을 통해서 그리스도인은 이웃의 입장에 서서 그 이웃에게 사랑을 베풀 수 있어야 한다. 이것이 황금률의 원리다. 만네르마아에 의하면 루터는 이 황금률의 원리를 예수 그리스도의 사랑의 계명을 해석하는 데 연결시킨다. 이 황금률의 원리는 예수 그리스도의 사랑의 속성에서 가장 분명하게 드러난다. 왜냐하면 성자 하나님이 인간이 되었을 때 그리스도는 황금률을 준수한 셈이다. 따라서 그리스도인 또한 이웃의 자리에 서보고, 그들의 입장이 되어 봄으로써 황금률을 준수하게 된다. 만네르마아는 이러한 사고가 그리스도인은 그 이웃에게 그리스도와 같은 자 혹은 작은 그리스도(a Christ)라는 루터의 입장으로 잘 대변된다는 것을 강조한다.[30]

요약하자면, 만네르마아는 믿음과 사랑은 루터 신학에 있어서 단순히 하나의 특별한 주제가 아니라, "그리스도교 신앙의 총괄적인 주된 내용"이

---

29) Tuomo Mannermaa, "Das Verhältnis von Glaube und Nächstenliebe in der Theologie Luthers," in *Der im Glauben gegenwärtige Christus*, 102-103.
30) 위의 책, 103-104.

라고 주장한다.³¹⁾ 그리스도는 두 가지 본성을 소유하고 있다. 그리스도인 또한 믿음을 통해 그리스도 안에 참여함으로써 두 가지 본성을 갖게 된다. 만네르마아는 이 두 본성을 믿음과 사랑으로 풀이한다.³²⁾ 만네르마아에 의하면 이것은 곧 그리스도교의 가르침에는 두 가지 핵심 사항이 있다는 것을 의미하는데, 그 두 가지는 바로 믿음과 사랑이다.

이와 같은 루터 해석에 근거하여 만네르마아는 의롭게 하는 믿음만을 루터 사상의 중심으로 취급하는 전통적 관점은 정정될 필요가 있다고 피력한다. 그러면서 만네르마아는 루터에 의하면 의롭게 하는 믿음은 추상적 믿음(*fides abstracta*)에 불과하다고 지적한다. 그리고 이것은 루터가 말하는 그리스도교의 삶과 가르침 전체의 내용이 아님을 역설한다. 만네르마아가 본 루터는 그리스도교의 삶과 가르침 전체가 사랑을 통해서 구현되는 구체적 믿음(*fides concreta*) 혹은 육화된 믿음(*fides incarnata*) 안에서 표현된다는 입장을 취한다. 이와 함께 의롭게 하는 믿음을 그리스도의 현존과 연결시키지 못하고 단지 그리스도의 공로에 의해서 용서 받는 것과만 결부시키는 것은 이 구체적 믿음, 즉 믿음과 사랑이 믿음 안에 현존하는 그리스도 덕분에 연합되어 있는 형태인 구체적 믿음을 루터 연구에 있어서 간과하는 결과를 초래했다고 만네르마아는 주장한다.³³⁾

II. 다른 연구들

첫째, 사랑, 그리고 믿음과 사랑에 대한 루터의 사상을 논할 때, 현대 핀

---

31) 위의 책, 104.
32) 위의 책, 101-102.
33) Tuomo Mannermaa, "In ipsa fide Christus adest: Der Schnittpunkt zwischen lutherischer und orthodoxer Theologie," in *Der im Glauben gegenwärtige Christus*, 55; *Christ Present in Faith: Luther's View of Justification*, ed. Kirsi Stjerna (Minneapolis, MN: Fortress Press, 2005), 46.

란드 루터 학자들 외에도 스웨덴의 룬드(Lund) 대학을 중심으로 형성된 루터학파의 한 대표적 신학자인 앤더스 니그렌(Anders Nygren)의 『아가페와 에로스』(Agape and Eros)를 주목할 필요가 있다.[34] 비록 니그렌의 아우구스티누스에 대한 해석은 신중하게 재고될 필요가 있기는 하지만, 루터에 대한 분석은 아가페로서의 사랑을 다루는 루터 사상의 특성을 인식하는 데 도움을 준다.[35]

이 저서에서 니그렌은 "모티브-연구"방법을 사용하면서 그리스도교, 헬레니즘, 그리고 유대교가 사고, 의식, 그리고 삶의 방식에 있어서 각기 다른 특징적인 모티브를 표현하고 있다고 주장한다. 니그렌의 분석에 의하면 유대교의 모티브는 법, 헬레니즘의 모티브는 자기중심적이고 소유욕이 강한 에로스, 그리고 그리스도교의 모티브는 자기희생적이고 무조건적인 아가페다. 이 모티브 연구방법에 근거하여 니그렌은 아우구스티누스가 아가페와 에로스를 통합하여 카리타스(caritas), 즉 신적으로 영감을 받은 하나님에 대한 사랑 개념을 만들어 냈다고 말한다. 그리고 루터가 이 카리타스 사상에 배어 있는 자기중심성을 발견하고 이 사상을 거부하면서 신약이 제

---

34) Anders Nygren, *Agape and Eros*, trans. Philip S. Watson (New York: Harper & Row, 1969). 루터에 이르기까지 사랑 개념의 변천사에 관해서는 다음의 책 참조, Irving Singer, *The Nature of Love: Plato to Luther*, vol. 1 (New York: Random House, 1966). 루터의 사랑 개념을 이해하기 위한 배경으로서 중세 사랑 개념에 관해서는 다음의 책 참조, Pierre Rousselot, *The Problem of Love in the Middle Ages: A Historical Contribution*, trans. Alan Vincelette, reviewed and corrected by Pol Vandevelde (Milwaukee, WI: Marquette University Press, 2001; 1908).

35) 아우구스티누스의 카리타스-사랑은 자기 희생적인 아가페-사랑과 자기 추구적인 에로스-사랑의 결합이라는 니그렌의 주장에 대해서는 비판적인 재평가와 함께 새로운 해석들이 제안되어 왔다. 아우구스티누스의 사랑 개념에 관한 새로운 해석들에 관해서는 다양한 연구서들 중에서도 특히 다음의 저술들 참조, Raymond Canning, *The Unity of Love for God and Neighbour in St. Augustine* (Heverlee-Leuven: Augustinian Historical Institute, 1993); John Burnaby, *Amor Dei: A Study of the Religion of St. Augustine* (Norwich: Centerbury Press, 1991); Oliver O'Donovan, *The Problem of Self-Love in St. Augustine* (New Haven: Yale University Press, 1980).

시하는 순수한 아가페 사상으로 돌아갈 것을 주장하기까지 천여 년이 넘도록 이 사상이 그리스도교의 지배적 사랑 개념이었다고 니그렌은 주장한다.[36]

니그렌의 분석에 의하면 루터가 강조하는 아가페는 다음과 같은 특성들을 지니고 있다. (1) 자기희생적이고 조건 없는 신적 사랑이다. (2) 대상이 갖고 있는 가치에 의해서 동기가 부여되지 않는 사랑이다. (3) 오히려 대상의 가치를 창조해 내는, 즉 사랑할 만한 대상이어서 사랑의 대상이 되는 것이 아니라, 사랑을 받을 가치가 없는데도 불구하고 사랑을 받기에 사랑의 대상이 되게 하는 창조적 사랑이다. (4) 하나님과의 교제를 시작하게 해주는 사랑이다. 왜냐하면 아가페 사랑은 인간에게로 향한 하나님의 길이기 때문이다.

이와는 대조적으로 니그렌의 분석에 의하면 에로스는 다음과 같은 특성들을 지니고 있다. (1) 자기중심적이고 소유욕이 강한 사랑이다. (2) 대상이 가지고 있는 가치에 의해서 동기가 부여되는 사랑이다. (3) 차지했을 때 가치가 있고 좋을 것으로 간주되는 대상을 소유하고자 애쓰는 사랑이다. (4) 하나님께로 향한 인간의 길이다.

루터를 아가페라는 정화된 성경적 개념을 다시 발굴해 낸 영웅으로 그려 내는 니그렌의 기술에는 분명히 과장이 없지 않아 있다. 무엇보다도 아우구스티누스의 사랑 개념에 대한 니그렌의 해석은 아우구스티누스를 부당하게 취급하고 있다는 문제점을 안고 있다. 그럼에도 불구하고 니그렌의 연구는 루터의 사랑 개념에 대한 드문 연구물들 중 하나며, 루터의 사랑 개념에 관한 한 그 핵심을 잘 짚어주고 있다.

루터의 사랑 개념에 대한 니그렌의 설명에 있어서 요지는 루터가 모든 자기중심적 형태의 종교들에 반대하면서 순전히 신중심적인 신-인 관계를

---

[36] 니그렌이 인정하고 있는 것처럼 "루터 자신은 이 용어들[에로스와 아가페]을 사용하지 않았다. 또 그는 의식적으로 이 관점에서 사랑의 문제를 고찰했던 것 같지도 않다." Anders Nygren, *Agape and Eros*, 692. 그럼에도 불구하고 니그렌은 이 문제야말로 루터가 본질적으로 씨름했던 문제라는 확신을 가지고 사랑에 대한 루터의 입장을 탐구하기 위해서 에로스와 아가페라는 모티브들을 활용한다.

주장했다는 것이다.[37] 이에 관하여 니그렌은 다음과 같이 기술한다.

> 파괴되고 괴멸되어야 하는 것은 "우리 안에 있는" 모든 것, 우리의 모든 의와 지혜, 진정 우리가 이기적으로 즐기는 모든 것이다. 확립되고 세워져야 하는 것은 "우리 밖에 있고 그리스도 안에 있는 모든 것"이다. 하나님이 우리를 구원하고자 할 때 사용하시는 그 의는 우리에 의해서 생산되지 않는다. 그것은 다른 장소로부터 우리에게 왔다. 그것은 우리의 지구로부터 유래하지 않았다. 그것은 하늘로부터 우리에게 왔다.[38]

니그렌은 또 "의롭게 됨에 관한 루터의 교리와 사랑에 관한 그의 사고 간에는 내적 연계와 정확한 상응"이 있고, "의롭게 됨의 문제에 있어서 그를 개혁가로 만들었던 바로 그것이 그를 또한 그리스도교적 사랑 개념의 개혁가로 만들었다."고 강조한다.[39] 로마서 1:17에 대한 새로운 해석학적 통찰에 관한 루터의 회상을 언급하면서 니그렌은 다음과 같이 주장한다. "의롭게 됨이 '의'(*iustitia*), 그것의 힘에 의해서 하나님이 인간에게 그의 요구들로 압력을 가하는 그런 '의'가 아닌, 하나님이 베푸시는 '의'의 문제인 것처럼, 그리스도교 사랑은 엄격하게 인간이 하나님을 사랑하는 그 사랑이 아니라, 본질적으로 하나님 자신이 사랑하는 그 사랑과 관계되어 있다. 루터 자신은 의롭게 됨에 관한 그의 견해와 사랑에 관한 그의 견해 간에 이 유사점을 분명하게 보았다."[40]

이와 함께 사랑에 대한 루터의 사고는 근본적으로 하나님에 대한 인간의 사랑이 아니라 인간에 대한 하나님의 사랑의 관점에서 해석되고 있기 때문에 도덕주의적 사랑으로부터 구분될 필요가 있다고 니그렌은 언급한다. 마찬가지로 루터의 사랑은 자기중심적이고 내 것으로 소유하려는 사랑과

---

37) 위의 책, 681.
38) 위의 책, 682.
39) 위의 책, 683.
40) 위의 책, 683-684.

무관하지 않은 행복주의적 성향(eudaemonistic inclination)과도 구별된다. 그러면서 니그렌은 루터의 사랑이 왜 신중심적 사랑이라고 불릴 수 있는지를 설명한다. 루터의 모델에 있어서 하나님과의 교제는 하나님의 거룩함의 수준에서가 아니라 인간의 수준, 즉 인간의 거룩함이 아닌 죄에 근거한 교제로 이해된다.[41] 그리스도가 하늘로부터 지상에 내려왔을 때, 그는 죄인들을 위해서 주어졌다.[42] 한 인간이 하나님 앞에서 설 수 있는 자격을 얻기 위하여 거룩하고 경건해지려고 애쓸 때, 이러한 열망은 오히려 그 사람으로 하여금 하나님의 은혜를 받아들이지 못하게 만들고 하나님으로부터 더욱 멀어지게 이끈다. 이러한 인간의 수고에 반하여, 하나님의 뜻은 다르게 가르친다. 하나님은 인간이 값없이 수여된 하나님의 사랑, 즉 그리스도 안에서의 하나님의 아가페에 전적으로 의존하고, 인간의 공로 없이 그 사랑의 수혜자가 되기를 원한다.[43] 따라서 "자기성화에 의해서 하나님께 나아가고자 하는 모든 시도는 그리스도의 자기헌납의 메시지에 역행한다."[44] 행위의 혹은 자기 의에 뿌리를 내리고 있는 모든 인간적 시도는 거부된다. 그러한 시도 혹은 그러한 시도로 기울어져 있는 자연적 성향조차도 경건한 것이 아니라 오히려 불경한 것이다.

더 나아가서 니그렌은 루터가 어떻게 카리타스-합성(caritas-synthesis)을 무너뜨리고 아가페-사랑을 세우는지를 제시한다. 니그렌에 의하면, 루터는 에로스와 아가페라는 두 모티브들 간의 연합을 해체하고, 그것을 온전히 아가페 모티브에 의해서 결정된 사랑의 교리로 대체한다. 이것을 설명하기 위해서 니그렌은 중세의 카리타스-합성이 보이는 세 가지 특성들과 이에 대한 루터의 입장들을 다음과 같이 열거한다.

첫 번째 특성은 하늘의 사다리 개념, 즉 상향 개념이다. 이 위로 향하는 경향은 대중적인 가톨릭교의 도덕주의적 경건(행위를 통한 공로 체제에 기

---

41) 위의 책, 684.
42) 위의 책, 686.
43) 위의 책, 685.
44) 위의 책, 688.

반을 두고 있는 행위 의)에서 못지않게, 합리적인 스콜라주의 신학과 신비주의의 무아경의 신앙에서도 노출된다. 이것들이 가지고 있는 차이점들에도 불구하고 니그렌은 이들 간의 공통점으로서 상향 개념을 탐지한다.[45]

이 상향 개념과는 대조적으로, 니그렌은 루터의 아가페 모티브에서 발견되는 것은 하향 개념임을 부각하면서, "만약 그리스도가 하나님을 향한 우리의 길이라면, 그것은 오직 그분이 무엇보다도 먼저 우리를 향한 하나님의 길이기 때문"임을 역설한다.[46] 따라서 죄인들을 위한 하나님의 구원 방법은 하늘에 있는 하나님을 향한 인간의 상향이 아니라, 그리스도 안에서 땅에 있는 인간을 향한 하나님의 하향이다.[47] 니그렌에 의하면 이러한 상향과 하향 간의 현저한 차이가 에로스로부터 아가페를, 즉 "플라톤적, 헬레니즘적" 구원의 방식으로부터 "명확하게 그리스도교적 구원의 방식"을 구분해낸다. "에로스는 하나님을 향한 인간의 길이고, 아가페는 인간을 향한 하나님의 길이다. 에로스는 자기중심적인, 아가페는 신 중심적인 하나님과의 교제다. 루터 자신은 그의 궁극적 관심이 이러한 대립들에 있었다는 것을 충분히 인식하고 있었다."[48]

두 번째 특성은 중세 전통이 사랑 계명에서 자기사랑을 독립된 부분으로 해석한다는 점이다. 이에 반해 니그렌은 루터가 어떠한 종류의 것이 되었든 자기사랑을 거부한다는 것과, 자기사랑에 대한 중세의 전통적 해석으로부터 일탈하고 있다는 것에 주목한다. 세 번째 특성은 사랑에 의해 형성된 믿음이라는 스콜라주의 신학 개념이다.[49] 이 개념을 거부하면서 루터는 의롭게 됨에 관한 논의에서 사랑을 배제하고, 의롭게 됨은 오직 믿음에 의해서만 가능하다고 단언한다.

이러한 루터의 입장에 초점을 맞추면서 니그렌은 다음과 같은 주장을

---

45) 위의 책, 700.
46) 위의 책, 708.
47) 참조, 위의 책, 694-697.
48) 위의 책, 708.
49) 위의 책, 716.

한다: "처음에는 믿음과 사랑 간의 대조인 것처럼 보이는 루터와 가톨릭교 간의 대조는 사실상 근본적으로 다른 두 개의 사랑 개념들 간의 대조이기도 하다."50) 니그렌은 "'사랑에 의해 형성된 믿음'은 믿음뿐만 아니라 동등하게 그리스도교 사랑의 순수성도 위협한다."고 주장한다.51) 니그렌에 의하면 루터는 사랑 자체를 버린다거나 혹은 경시하고자 하는 의도는 전혀 가지고 있지 않았다. 루터가 죄인들의 의롭게 됨의 담론으로부터 사랑을 분리해 내고자 그렇게 애썼던 이유는 "그 반대로 하는 것이 사랑의 경시, 그리스도교 사랑의 거부를 의미"하게 되기 때문이다. "의롭게 됨에 관한 담론에서 사랑을 이야기하는 것은 그리스도교 사랑이 아닌 다른, 보다 낮은 종류의 사랑을 설교하는 것이다."52) 즉, 루터의 의도는 그의 신학에서 사랑을 제거하거나 혹은 과소평가하는 것이 아니라 오히려 그가 순수한 그리스도교 사랑이라고 믿었던 것을 회복하는 것이었다.

더 나아가서 니그렌은 이 아가페라는 생각이 단지 하나님의 사랑을 토대로 한 이상에 불과하며, 있는 그대로의 인간의 삶과는 아무런 관계가 없는 것인가라는 질문을 다룬다. 이에 대한 답변으로서 니그렌은 루터에게서 그리스도교 사랑의 주체는 인간이 아닌 하나님이지만, 하나님의 사랑은 그리스도인을 도구로 사용한다는 사상이 분명히 나타난다고 지적한다. 하나님과 이웃 사이에 위치한 그리스도인은 믿음 안에서 하나님의 사랑을 받고, 사랑 안에서 그것을 이웃에게 전달한다. 그러므로 그리스도교 사랑은 하나님의 사랑의 연장이다.53)

둘째, 게르하르트 에벨링(Gerhard Ebeling)은 루터 사상의 내적 역학 관계 혹은 그의 사고 과정에 초점을 맞추면서 그 관점에서 루터 신학에 있어서 상호 보완적이면서 가장 지배적인 열 쌍의 신학적 주제들을 선별한다. 그 열 쌍의 주제들은 "신학과 철학, 문자와 영, 법과 복음, 법의 이중 용법,

---

50) 위의 책, 719.
51) 위의 책.
52) 위의 책, 720.
53) 위의 책, 737.

인격과 사역, 믿음과 사랑, 그리스도의 왕국과 세상의 왕국, 그리스도인으로서의 사람과 세상 안에서의 사람, 자유와 속박, 숨겨진 하나님과 계시된 하나님"이다.[54] 에벨링에 의하면 이 열 쌍의 주제들은 상호 분리되어 탐구되어서는 안 되는데, 그 이유는 루터의 사고 구조에 대한 엄정한 이해는 이 모든 주제들을 함께 고려할 때 가능하기 때문이다. 이 주제들은 하나의 사고 유형으로부터 나오지만 다양한 형태들로 나타나며, 통합적 사고과정에 의하여 유기적으로 상호 연계되어 있다.

에벨링이 믿음과 사랑을 이 열 쌍의 주제들 중 하나로 부각한 것은 주목할 만하다.[55] 에벨링이 믿음과 사랑을 한 쌍의 주제로 명시한 것은 루터 신학에 있어서 이 둘이 한 쌍이라는 것을 분명하게 보여주고 있다는 점에서 가치가 있다. 더 나아가서 에벨링은 믿음과 사랑 간에 존재하는 내적 역학 관계를 탐구하고, 이 관계의 성격을 파악하기 위한 방법을 제시하고 있다는 점에서 특별히 주목해 볼 만하다.

이 연구방법은 "루터 사상 전체를 통해서 흐르고 있는 긴장, 반대되는 주제들의 강한 대립과 한 이슈의 두 측면을 화해시키는 타협정신 간의 움직임",[56] 즉 "반정립(antithesis), 강력하게 대립되는 그러나 관련된 정반대되

---

54) Gerhard Ebeling, *Luther-Einführung in sein Denken*, 2nd ed. (Tübingen: Mohr Siebeck, 2006; 1964), 16; ET *Luther: An Introduction to His Thought*, trans. R. A. Wilson (Philadelphia, PA: Fortress Press, 1977), 25.

55) Gerhard Ebeling, *Luther-Einführung in sein Denken*, 178-197; ET *Luther: An Introduction to His Thought*, 159-174. 독일어 책의 "Glaube und Liebe"의 영어번역은 다음의 책에서도 찾을 수 있다. Idem, "Faith and Love," in *Martinus Luther: 450th Anniversary of the Reformation* ed. Helmut Gollwitzer (Bad Godesberg: Inter Nationes, 1967), 69-79. 동일 저자에 의한 다음의 글도 참조, "Einfalt des Glaubens und Vielfalt der Liebe: Das Herz von Luthers Theologie," in *Lutherstudien III* (Tübingen: J.C.B. Mohr (Paul Siebeck), 1985), 126-153.

56) Gerhard Ebeling, *Luther-Einführung in sein Denken*, v: "der durchgehenden Spannung in Luthers Denken nachzugehen, die zwischen schroffer Gegensätzlichkeit und beruhigendem Kompromiß, zwischen Entweder-Order und Sowohl-Als-Auch zu schillern scheint"; ET *Luther: An Introduction to His*

는 것들 간의 긴장"을 고찰한다.[57] 믿음과 사랑이라는 한 쌍의 주제 역시 그 둘 간의 관계에 있어서 대립과 연결이라는 두 가지 특성으로부터 발생하는 긴장을 내포하고 있다. 즉 믿음과 사랑은 상호 대립되면서도 연결된 관계를 갖고 있다.

루터 신학에 대한 에벨링의 이해에 있어서 결정적으로 중요한 역할을 하는 것은 그리스도인이 직면하게 되는 하나님의 말씀 혹은 이 말씀의 선포다. 무로부터 우주를 창조한 하나님의 말씀은 죄인을 의인으로, 그리고 의롭게 된 그리스도인들을 효과적으로 사랑의 행위로 이끌 수 있는 능력을 갖고 있다. 예수 그리스도의 공로로 인해서 가능케 된 죄의 용서를 그 핵심으로 갖고 있는 복음의 선포는 죄인을 양심의 고뇌로부터 해방시키고 사랑의 섬김을 위한 동기를 부여한다. 이 말씀의 능력은 능동적 행위를 창출해 내며, 확신과 믿음을 사랑에 연결시키는 자유 안에서 한 개인을 새로운 존재로 만들어 낸다. 그리고 믿음의 확실성은 그리스도인에게 사리사욕을 도모하는 계산을 하지 않으면서 순수한 마음으로 이웃을 사랑으로 섬길 수 있는 자유를 부여한다.

셋째, 루터의 잘 알려진 『그리스도인의 자유』에 의해 영감을 받아 루터 신학에서 사랑으로서의 자유 그리고 자유로서의 사랑이라는 주제에 초점을 맞춘 연구들이 있다. 루돌프 마우(Rudolf Mau)의 "그리스도인의 삶으로 살아진 자유로서의 사랑"("Liebe als gelebte Freiheit der Christen")이라는 논문은 루터의 1519년 『갈라디아서 강해』에 나타난 그리스도인의 자유로서의 사랑에 대한 루터의 가르침을 고찰하는 데 도움이 된다.[58]

Thought, 11.

[57] Gerhard Ebeling, Luther-Einführung in sein Denken, 16: "in antithetischer Spannung, in sehr verschiedenartigen, aber doch zueinander in Beziehung stehenden Polaritäten."; ET Luther: An Introduction to His Thought, 25. 참조, Luther-Einführung in sein Denken, 157-158, 161-162; ET Luther: An Introduction to His Thought, 141-142, 144-148.

[58] Rudolff Mau, "Liebe als gelebte Freiheit der Christen," Lutherjahrbuch 59(1992), 11-37.

만네르마아는 『마르틴 루터에게 있어서 사랑으로서의 자유』(*Freiheit als Liebe bei Martin Luther*)라는 책의 서언 역할을 하는 논문을 통해서 루터가 자유를 결코 인간의 것이 아닌 오직 하나님의 것으로만 돌린다는 점에 주목한다.[59] 예를 들어 루터의 『노예 의지론』(*De servo arbitrio*)에서 자유는 전적으로 신적 속성으로 제시된다.[60] 믿음을 통해서 그리스도가 그리스도인 안에 현존한다는 것을 강조하면서 만네르마아는 하나님의 이름 혹은 속성으로서의 자유는 신적 본성과 동일하며, 따라서 그리스도인은 믿음에 의한 그리스도와의 연합을 통해서 자유라는 이 신적 본성에 참여하게 된다고 주장한다. 죄인들은 오직 그들이 이 자유를 결핍하고 있다는 것을 인정하고 고백함에 의해서, 그리고 그들 자신들을 비움에 의해서 복음의 말씀을 통하여 그리스도 안에, 그리고 하나님 안에 참여하게 된다. 만네르마아에 의하면 루터에게서 자유의지의 문제는 곧 한 개인이 하나님의 계명, 즉 하나님 사랑과 이웃 사랑이라는 계명을 완수할 수 있는 능력을 갖고 있느냐의 문제와 연결되어 있다. 루터는 오직 자유라는 하나님의 사랑에 참여함으로써만 한 개인은 이 신적 계명들을 성취할 있다는 입장을 취한다고 만네르마아는 강조한다.[61]

넷째, 믿음과 사랑에 관한 루터의 가르침에 있어서 특히 이웃사랑에 초점을 맞춘 연구들이 있다. 이 범주에 속하는 연구들은 그리스도인이 역설적으로 주이면서 동시에 종이며, 이웃에 대하여 그리스도 같은 자 혹은 작은

---

59) Tuomo Mannermaa, "Freiheit als Liebe: *Einführung in das Thema*," in *Freiheit als Liebe bei Martin Luther*, 9-18.
60) 참조, *WA* 18. 636. 27-637. 1.
61) "Freiheit als Liebe: *Einführung in das Thema*"에서 사랑으로서의 루터의 자유 개념에 대한 만네르마아의 설명은 매우 통찰력이 있기는 하지만 오직 그리스도를 믿는 믿음에 의해 의롭게 됨에 관한 루터의 가르침에 직결되어 있는 '~으로부터의 자유' 보다는 '~을 향한 자유'에 초점을 맞추고 있다는 한계점이 있다. 더 나아가서 사랑으로서의 루터의 자유 개념은 하나님에 대한, 이웃에 대한, 그리고 이웃에 대한 세 가지 관계적 차원들 안에서 제시되고 있는데, 만네르마아의 설명은 하나님과 이웃에 대한 차원에서만 사랑으로서의 루터의 자유 개념을 분석하고 있다는 아쉬움이 있다.

그리스도(a Christ)라는 루터의 주장을 부각한다. 또 이 연구들은 루터의 사랑 개념에 있어서 황금률이 차지하고 있는 핵심적 역할, 특히 이웃사랑의 원리로서의 황금률의 역할을 중요하게 다룬다. 도널드 짐케(Donald C. Ziemke)의 『루터 신학에 있어서 이웃에 대한 사랑: 사상의 발전 1512-1529』 (*Love for the Neighbor in Luther's Theology: The Development of His Thought 1512-1529*)은 한 좋은 예다.[62] 짐케는 1512년부터 1529년까지 이 주제에 관한 루터의 글들을 추적함으로써 이웃사랑에 대한 루터의 생각을 정리한다. 루터의 사고에 있어서 신학과 윤리가 상호 밀접하게 연결되어 있다는 것을 유념하면서, 짐케는 성경적 이웃사랑 개념에 대한 루터의 이해와 이것이 형성하고 있는 그의 신학적 윤리와의 관계성을 탐구한다.

구스타프 빙그렌(Gustaf Wingren)은 특별히 루터의 소명론의 관점에서 공로로 취급되지 않는 수평적 차원에서의 그리스도인의 사랑, 즉 이웃사랑의 성격에 관심을 갖는다.[63] 헬마 융한스(Helmar Junghans)는 법의 내용, 법의 성취로서의 사랑, 그리고 사랑과 그러한 사랑을 그리스도인들에게 가능케 하는 조건으로서의 믿음 간의 관계를 탐구한다.[64] 그리고 이와 함께 융한스는 사랑의 행위를 수행하는 사람, 사랑의 행위를 수행하는 방법, 사랑의 대상 혹은 영역, 그리고 사랑의 행위의 예에 대한 루터의 사고를 분석한다.

만네르마아 역시 루터의 믿음 개념과의 관계 속에서 이웃사랑에 관한

---

62) Donald C. Ziemke, *Love for the Neighbor in Luther's Theology: The Development of His Thought 1512-1529* (Minneapolis, MN: Augsburg Publishing House, 1963). 참조, Donald C. Ziemke, *The Hermeneutical Basis for Luther's Doctrine of Love for the Neighbor*, Ph.D. dissertation (Princeton, NJ: Princeton Theological Seminary, 1960)

63) Gustaf Wingren, *Luther on Vocation*, trans. C.C. Rasmussen (Eugene, OR: Wipf & Stock, 2004; 1957), 특히 37-50. 참조, Eberhard Jüngel, *Zur Freiheit eines Christenmenschen*, 91-115; ET *The Freedom of a Christian*, 68-87.

64) Helmar Junghans, "Martin Luther über die Nächstenliebe," *Luther: Zeitschrift der Luther-Gesellschaft* 62/1(1991), 3-11.

주제를 취급한다.[65] 벨리-마티 케르케이넨(Veli-Matti Kärkkäinen)은 만네르마아의 주요한 주장들을 많이 수용하고 있다.[66] 현대 핀란드 루터 학자들의 연구에 의존하면서 케르케이넨도 믿음에 의해서 그리스도가 그리스도인 안에 정말로 현존하는 것을, 그리스도인이 그리스도의 사랑을 이웃에게 실천할 수 있고, 이웃에게 작은 그리스도가 될 수 있는 직접 원인으로 강조한다. 이와 함께 케르케이넨은 그리스도인이 하나님과 이웃에 대해 맺고 있는 관계에서 루터가 황금률을 지도적 원리로 적용하고 있음을 부각한다.

무엇보다 케르케이넨은 하나님 사랑과 이웃 사랑에 관한 루터 사상이 지니고 있는 주요한 교회론적 암시들을 강조하는데, 그것은 곧 교회는 병원이요, 교회 구성원들은 서로에게 그리스도와 같은 자들 혹은 작은 그리스도들이라는 점이다. 루터에게서 인간의 사랑은 신적 사랑 못지않게 가치가 있으며, 믿음과 사랑의 관계는 의롭게 됨에 관한 루터의 가르침에 있어서 필수불가결한 것이다.[67] 케르케이넨은 믿음이란 하나님의 선물, 특히 하나님의 가장 위대한 선물인 사랑을 받는 것이라고 말한다. 하나님의 선물로서의 그리스도는 그리스도인들 안에 거주하며 그들을 마치 그리스도가 행동하는 것처럼 사랑하고 보살피는 자들로 만든다. 그러므로 그리스도인들의 행위는 어떤 의미에서 그들 자신들의 행위가 아니라 믿음 안에 현존하는 그리스도의 행위다. 이것이 바로 성경이 말하는 법의 완성이다.[68]

만네르마아의 제자들 중 한 사람인 안티 라우니오(Antti Raunio)는 특별히 황금률, 그리고 그것의 신학적이고 윤리적인 시사점들이라는 관점에

---

65) Tuomo Mannermaa, "Das Verhältnis von Glaube und Liebe in der Theologie Luthers," in *Luther in Finnland*, 99-110; "Das Verhältnis von Glaube und Nächstenliebe in der Theologie Luthers," in *Der im Glauben gegenwärtige Christus*, 95-105.
66) Veli-Matti Kärkkäinen, "'The Christian as Christ to the Neighbor': On Luther's Theology of Love," *International Journal of Systematic Theology* 6/2(2004), 101-117.
67) 위의 논문, 103.
68) 위의 논문, 116.

서 루터의 사랑의 가르침을 연구한다.[69] 라우니오의 연구는 황금률 안에 표현되어 있는 하나님의 사랑에 관한 루터의 사고, 인간의 사랑과 이웃 사랑에 대한 황금률의 관계, 그리고 루터의 십자가와 고난 신학에 관한 황금률의 암시들을 상술한다.

다섯째, 십계명의 역할에 초점을 맞추어 믿음과 사랑에 대한 루터의 가르침을 연구한 것들이 있다. 위에서 소개된 연구 범주들에 관한 설명들에서 이미 언급된 바와 같이 황금률은 믿음과 사랑에 대한 루터의 가르침에 있어서 중요한 역할을 한다. 하지만 의롭게 된 그리스도인들을 위한 법의 역할에 대한 루터의 개념에 있어서 특별히 십계명은 황금률 못지않게 중요하게 취급된다. 이 주제에 관해서는 클라우스 쉬바르츠벨러(Klaus Schwarzwäller), 조지 포렐(George W. Forell), 그리고 크리스토프 버거(Christoph Burger) 등의 연구물들을 살펴볼 수 있다.[70] 베른하르트 어얼링(Bernhard Erling)은 니그렌의 아가페-모티브와 관련하여 어떻게 루터의 자유 개념을 이해할 수 있겠느냐는 질문을 다룬다.[71] 아가페-모티브 안에 법의 역할에 대한 루터

---

69) Antti Raunio, *Summe des christlichen Lebens: die "Goldene Regel" als Gesetz der Liebe in der Theologie Martin Luthers von 1510-1527* (Mainz: Verlag Philipp von Zabern, 2001). 이 글은 원래 다음의 책에 출판되었었다. *Helsingin yliopiston systemaattisen teologian laitoksen julkaisuja* 13 (Hensinki: Yliopistopaino, 1993). 참조, Antti Raunio, "Die 'Goldene Regel' als theologisches Prinzip beim jungen Luther," in *Thesaurus Lutheri* (Helsinki: Suomalainen Teologinen Kirjallisuusseura, 1987), 309-327; idem, "Die Goldene Regel als Gesetz der göttlichen Natur: Das natürliche Gesetz und das göttliche Gesetz in Luthers Theologie 1522-1523," in *Luther und Theosis*, 163-186.

70) Klaus Schwarzwäller, "Verantwortung des Glaubens Freiheit und Liebe nach der Dekalogauslegung Martin Luthers," in *Freiheit als Liebe bei Martin Luther*, 133-158; George W. Forell, "Freedom as Love: Luther's *Treatise on Good Works*," in *Freiheit als Liebe bei Martin Luther*, 79-83; Christoph Burger, "Gottesliebe, Erstes Gebot und menschliche Autonomie bei spätmittelalterlichen Theologen und bei Martin Luther," *Zeitschrift für Theologie und Kirche* 89/3 (1992), 280-301.

71) Bernhard Erling, "The Role of Law in How a Christian Becomes What He/She

의 개념을 위치시키면서 어얼링은 인간이 믿음에 이르기 전에는 법에 순종할 자유가 없음을 지적한다. 하지만 일단 예수 그리스도를 믿는 믿음으로 인해 의롭게 되면 그리스도인은 하나님의 사랑이라는 성령의 선물을 통해 새로운 마음을 얻게 됨으로써 사랑의 법에 순종할 자유를 갖게 된다는 루터의 입장을 어얼링은 강조한다.

여섯째, 믿음과 사랑에 관한 루터의 가르침이 제시하는 사회-윤리적 시사점들에 관하여 좋은 연구물들이 있다. 이 범주에 속한 연구의 한 예로서 베른트 반넨베취(Bernd Wannenwetsch)는 루터의 믿음과 사랑에 관한 개념들을 루터의 도덕 신학이라는 관점에서 고찰한다.[72] 윌리엄 라자레스는 루터의 신학적 윤리의 특징들이 그리스도 중심적인 성경해석에 토대를 두고 있다고 주장하면서, 루터의 신학적 윤리의 성경적 준거들에 초점을 맞춘 연구물을 내놓았다.[73] 라자레스에 의하면 루터는 삼위일체 하나님이 황제와 그리스도를 통해서 사탄에 대항하는 극적이면서도 변증법적인 이중 통치를 하고 있다는 사상을 갖고 있다. 하나님은 그리스도인들의 구원과 섬김을 위하여 복음과 법이 상호 교차하는 기능들에 의해서 우주만물을 보존하고 구원을 갱신한다. 법은 하나님 앞에서의 심판 기능뿐만 아니라 사회적 보존 기능도 갖고 있다. 법을 통한 이 같은 하나님의 사역은 복음의 상호 관통하는 두 기능들에 의해서 보완되는데, 하나는 하나님 앞에서 죄인들을 의롭게 하는 그리스도의 고유한 사역이고, 다른 하나는 이에 수반되는 것으로서 사회 안에서 그리스도인들을 성화하는 성령의 사역이다.

스벤트 안데르센(Svend Andersen)은 루터의 윤리는 이웃사랑의 윤리

Is," in *Freiheit als Liebe bei Martin Luther*, 63-78.

72) Bernd Wannenwetsch, "Luther's Moral Theology," in *The Cambridge Companion to Martin Luther*, 120-135, 특히 128-129. 참조, David Wright, "The Ethical Use of the Old Testament in Luther and Calvin: A Comparison," *Scottish Journal of Theology* 36(1983), 463-485, 특히 467-468; Mark T. Totten, "*Luther on unio cum Christo*: Toward a Model for Integrating Faith and Ethics," *Journal of Religious Ethics* 31/3(2003), 443-462; Oswald Bayer, *Living by Faith*.

73) William H. Lazareth, *Christians in Society*.

라고 주장한다.[74] 세상은 복음에 의해서 지배될 수 없다는 루터의 견해를 지적하면서 안데르센은 루터의 이 견해가 종종 잘못 이해되어 왔다고 말한다. 루터의 사랑 개념에 있어서 가장 두드러지는 것은 이웃사랑이라고 해석하면서 안데르센은 이 이웃사랑은 특히 그리스도에 의해서 수여된 은혜, 즉 아무 대가를 바라지 않고 주어진 구원의 은혜에 대한 그리스도인의 자발적 즐거움과 감사의 표현이라는 점을 강조한다. 그러면서 안데르센은 이웃사랑에 대한 루터의 가르침은 세상이 그리스도인의 이웃사랑에 토대를 두고 통치될 수 있다는 사고를 가능케 한다고 언급한다. 왜냐하면 이 이웃사랑은 그리스도인을 세속 영역, 즉 사회·정치적 영역으로 내보내며, 그리스도인은 이 이웃사랑을 사회·정치적인 권력 행사를 통해서 실천하고 정의로 구현해 낼 수 있기 때문이다.

이러한 연구들에 더하여 루터의 믿음과 사랑에 관한 가르침과 그 가르침이 제공하는 사회-윤리적 시사점에 대한 고전적 연구물로서는 무엇보다도 포렐의 『사랑으로 역사하는 믿음』(*Faith Active in Love*)이 있다. 포렐은 루터가 사회를 그리스도교 복음의 영향력 밖에 두었기 때문에 루터에게서 사회 윤리적 가르침이 부재하다는 주장을 반론한다. 또 포렐은 루터의 사회 윤리적 가르침은 당대의 사회질서를 수용함으로써 결과적으로 자본주의와 국가주의의 성장을 촉진한 순전히 실용주의적인 것이었다는 견해에 동의하지 않는다. 사회 윤리에 대한 루터의 발언들이 무의미하거나 혹은 모순된 것처럼 들린다는 식의 판단을 보류하면서, 포렐은 루터의 사회 윤리 사상을 형성하고 있는 하나의 체계가 있다고 제시한다. 포렐은 이 체계를 방법론적, 윤리적, 실용적, 그리고 제한적 원리라는 네 개의 구성요소들을 설정하여 설명한다.

이 네 가지 원리들에 대한 제안과 함께, 루터의 믿음과 사랑에 관한 가르침을 탐구하는 관점에서 볼 때, 사랑으로 역사하는 믿음을 루터의 사회

---

74) Svend Andersen, "Lutheran Ethics and Political Liberalism," in *Philosophical Studies in Religion, Metaphysics, and Ethics*, 292–302.

윤리적 가르침의 기반으로 인식하는 포렐의 입장은 매우 흥미롭다. 포렐에 의하면 루터의 윤리적 견지는 그의 신학적 방법으로부터 나오는데, 이 신학적 방법의 핵심은 하나님이 예수 그리스도를 통해서 죄인들을 용서하고 의롭게 한다는 것이다.[75] 루터의 윤리적 논의는 오직 그리스도를 믿는 믿음에 의해 의롭게 된다는 그의 가르침에 토대를 두고 있다. 루터에게서 "의롭게 됨은 모든 그리스도교 윤리를 위한 근간"이 된다.[76] 루터는 이 의롭게 하는 믿음을 잣대삼아, 어떤 행위가 하나님과 인간 간의 구원 관계를 형성하는 데 순기능을 하는지 혹은 역기능을 하는지에 따라서 그 행위를 선한 혹은 악한 것으로 판단한다.[77] 이처럼 루터가 그의 신학 사상의 핵심을 그의 사회 윤리 사상체계의 토대로 적용하는 것을 포렐은 방법론적 원리라고 부른다.

이 방법론적 원리에 근거해 볼 때, 윤리적 행위를 보장하는 것은 보상 혹은 행복을 추구하는 동기가 아니라 믿음이다.[78] 더 근본적으로 루터 입장에서 그리스도교 윤리를 위해서 믿음으로부터 유래하는 힘은 하나님의 사랑이다. 의롭게 된 자들은 믿음 안에서 하나님의 사랑을 받으며 그 사랑을 이웃에게 전달해 준다. 따라서 그리스도인의 삶은 믿음과 사랑의 삶이다.[79] 이에 관하여 포렐은 다음과 같이 언급한다. "만약 루터의 윤리 원칙이 하나님 안에 있는 그것의 원천과의 관계 속에서 '믿음에 의한 의롭게 됨'으로 정의될 수 있다면, 그 원리는 그것의 표출과의 관계에 있어서는 '사랑으로 역사하는 믿음'으로 기술될 수 있다."[80]

---

75) George W. Forell, *Faith Active in Love*, 47-48.
76) 위의 책, 84.
77) 위의 책, 62-65, 69.
78) 위의 책, 79-81, 83.
79) 위의 책, 89.
80) 위의 책, 90. 포렐은 그리스도교적 사랑에 관한 루터의 개념을 모든 인간이 가지고 있는, 획득함으로써 자기 것으로 만들려는 욕망에 전적으로 대조되는 것으로 부각한다. 사랑은 그것이 참으로 그리스도교적이라면 그리스도의 사랑을 모델로 삼는 것이어야 한다. 위의 책, 95. 하나님의 선물로서의 이 그리스도교적 사랑은 하나님의 사

그리스도인들이 사랑으로 역사하는 믿음을 통해서 섬김을 실천하는 사회에 대한 루터의 관심에 근거하여 포렐은 루터의 사회 윤리의 실용적 원리를 제안하는데, 이 원리는 문자 그대로 사회 문제들에 대하여 실용적 접근을 한다는 특징을 가지고 있다. 루터에게서 자연적 질서들은 "사회 윤리의 실용적 영역"이다.[81] 비록 루터는 세속 영역을 영적 영역으로부터 구별하기는 하지만, 또 다른 한편으로 세속 영역 또한 하나님의 통치 영역이라는 점을 분명히 한다. 그러므로 사회 윤리는 하나님에 의해서 제정되고 하나님의 보존 의지 안에 그 원천을 갖고 있는 자연적 질서들이라는 틀 안에서 실행된다.[82] 포렐은 루터의 사회 윤리에 있어서 세속 영역과 영적 영역 간의 접촉점은 다름 아닌 사회 안에 살고 있는 의롭게 된 각각의 그리스도인 안에서 찾아진다는 점을 강조하면서 다음과 같이 설명한다.

> 세속 영역과 영적 영역 간의 접촉점은 각각의 그리스도인 안에 존재한다. 이 접촉점에서 영적 영역은 세속 영역을 폐지하지 않으면서, 그 안으로 스며든다. 복음 그 자체는 세상을 통치하기 위해서 사용될 수 없다. 왜냐하면 그것은 복음이며 사람으로부터 자발적 응답을 요구하기 때문이다. 만약 그것이 새로운 법이 된다면 그것은 복음이기를 멈출 것이다. 하지만 복음을 통해서 그리스도와 연결되어 있고, 동시에 자연적 질서들의 한 구성원인 믿는 자를 통해서 사랑으로 역사하는 믿음은 사회적 질서 안으로 꿰뚫고 들어간다.[83]

랑으로서, 자기 자신을 내어주고, 자발적이고, 넘쳐흐르는 사랑이며, 대상이 가지고 있는 가치에 좌우지되지 않는 사랑이다. 위의 책, 98-99.
81) 위의 책, 145.
82) 위의 책, 146. 사회 구성원으로서의 각 개인은 가족, 국가, 경험적 교회, 그리고 각자의 직업과 같은 특정한 질서체계들 혹은 집단들의 한 부분으로 존재한다. 자연적 질서체계 안에서 이 구성원으로서의 지위 혹은 자격은 세상을 보존하고, 죄의 영향 아래 무질서와 파괴로 나갈 수도 있는 개개인의 힘을 견제하는 하나님의 계획의 일부다. 위의 책, 113. 참조, 위의 책, 123, 127, 153.
83) 위의 책, 148-149.

이처럼 의롭게 된 그리스도인들을 통하여 윤리적 원칙은 루터의 사회 윤리에 있어서 실용적 원리 안으로 침투해 들어가며, 이로 인해서 그리스도교 신앙은 사회와의 관련성을 갖게 된다.[84]

다른 한편으로 포렐은 루터의 사회 윤리의 토대로 작용하고 있는 사랑으로 역사하는 믿음이라는 바로 이 개념이 동시에 어떠한 종류의 것이 되었든 철저하고도 급진적인 사회적 혁명 혹은 변화를 바라는 충동에 통제를 가하는 기능을 갖고 있다고 주장한다. 포렐에 의하면 믿음이 "루터로 하여금 어떤 사회적 개혁도 궁극적으로 진지하게 받아들이는 것을 불가능하게 만

---

[84] 위의 책, 154. 이러한 관점은 마르틴 마티의 다음의 글에 잘 표현되어 있다. Martin Marty, "Luther on Ethics: Man Free and Slave," in *Accents in Luther's Theology: Essays in Commemoration of the 450th Anniversary of the Reformation*, 199-227. 루터의 윤리와 루터파의 윤리가 복음이 세속 질서체제와 무관하기 때문에 세속 질서체제는 유기되었다고 가르친다는 주장, 혹은 세속 질서체제는 신학적 기능을 가질 때를 제외하고는 그리스도교 구원과 자유와는 무관한 하나님의 법이 홀로 그 안에서 시행되고 있기 때문에 자율적이라고 가르친다는 주장을 마티는 거부한다. 이러한 견해는 루터가 세속 영역과 영적 영역 사이를 분리시키며, 개인적이고 사적인 윤리와 공적인 삶에의 참여 간의 이분화를 야기했다고 루터를 잘못 비난한다. 마티는 루터의 두 왕국론을 매우 정적으로 접근하면서 세속 질서체제를 영적 질서체제로부터 고립시키는 이러한 이분법적 해석을 비판한다. 이런 사고방식은 루터와 루터파의 사회 윤리를 구성하고 있는 역동성을 불명료하게 만든다.

마티는 다음과 같이 주장한다. "트뢸치-홀(Troeltsch-Holl)의 '지나간 일'과 [두 왕국] 가르침을 오용했던 루터파 사람들에 의한 많은 애석한 역사적 이야기들을 고려해 볼 때, 자유롭고 섬기는 그리스도인 측에서의 사랑과 이웃에 대한 구체적인 견해를 루터파 윤리에 있어서의 첫 마디로 시작하는 것이 훨씬 더 유익한 것처럼 보인다. 이것이 이해된 이후에야 윤리의 영역들 혹은 궤도들 혹은 상황의 집합체에 관한 토론이 규정적인 것으로서 설명될 수 있을 것이다. 그래서 윤리에 관한 어떤 말도 '복음이 복음으로 들리는 것'을 방해하지 못하도록 말이다." 위의 책, 214. 루터의 윤리와 루터파의 윤리는 "믿음 안에서 탄생"했고 "믿음-윤리는 공수 방관하지 않는다." 위의 책, 224. 믿음은 영적 영역에서뿐만 아니라 세속 영역에서도 그리스도인의 섬김을 고대하는 이웃들을 향한 사랑으로 열매를 맺는다. 루터와 루터파 윤리에 있어서 그리스도인의 자유는 그리스도인의 종의 직분과 밀접하게 연결되어 있는데, 이것은 자유의 이웃 지향적인 윤리라고 요약될 수 있다고 마티는 주장한다. 위의 책, 202.

들었다. 믿음은 그의 사회 윤리에 있어서 '움직이게 하는 것'이었고 또 '잠잠하게 하는 것'이었다."[85] 이것은 루터의 믿음 개념이 갖고 있는 특성 중 하나인 하나님 나라의 임박한 도래에 대한 기대 때문이다. 이 관점에서 루터는 모든 개인적 그리고 사회적 문제들은 궁극적으로 오직 하나님 나라의 도래와 함께 해결될 수 있다는 입장을 취한다. 그때까지 모든 인간적인 수고들은 단지 "근사 악"을 제거하는 시도들에 불과하다.[86] 포렐은 이 종말론적 견지 혹은 "모든 인간 문제들에 대한 하나님의 임박한 해결에 대한 이 확고한 신념"을 "루터의 사회 윤리의 한정적 원리"라고 명명한다.[87] 하지만 포렐은 동시에 "이 실용적인 보수주의가 모든 존재하는 질서체제들에 대한 정적인 수용의 원리를 암시하는 것은 아니"라고 주의를 준다.[88]

일곱째, 마지막으로 루터의 『창세기 강해』(Lectures on Genesis)를 통해서 본 믿음과 사랑의 가르침에 대한 연구를 살펴볼 수 있다. 이 강해는 1535년부터 루터가 사망하기 일 년 전인 1545까지 진행된 것들로 후기 루터를 대변해 주는 것이라 할 수 있다.[89] 스콧 헨드릭스(Scott H. Hendrix)의 "믿

---

85) George W. Forell, *Faith Active in Love*, 162.
86) 위의 책, 176.
87) 위의 책, 182.
88) 위의 책, 135-136.
89) 초기 루터의 믿음과 사랑에 관한 연구를 위해서는 다음의 책 참조, Reinhard Schwarz, *Fides, spes und caritas beim jungen Luther, unter besonderer Berücksichtigung der mittelalterlichen Tradition* (Berlin: Walter de Gruyter, 1962). 이 책에서 슈바르쯔는 루터의 초기 경력을 세 개의 구별되는 시기로 나누어 믿음과 소망과 사랑에 관한 그의 사상을 탐구한다. 그 첫 번째 시기는 루터가 페트루스 롬바르두스(Petrus Lombardus)의 『신학명제집』(*Libri Quatuor Sententiarum*)을 강의했던 1509년과 1510년이다. 두 번째 시기는 루터가 첫 번째 시편 강의들을 했던 1513년부터 1515년까지다. 세 번째 시기는 로마서, 갈라디아서, 그리고 히브리서를 강의했던 1515년부터 1518년까지다. 슈바르쯔에 의하면 루터가 로마서를 강해해 나갈 즈음해서 믿음과 사랑에 관한 사상에 있어서 나타난 주요한 변화들 중 하나는 한 개인의 영혼 안에 존재론적으로 내재하는 습관적 자질로서의 아리스토텔레스-스콜라 신학의 덕 개념의 포기다. 슈바르쯔는 이러한 변화가 이미 루터의 첫 번째 시편 강의들에서 나타나기 시작한다고 지적한다. 위의 책, 241-244. 참조, Arthur S. Wood, "Theology

음과 사랑의 개혁가: 루터의 창세기 강의들"은 창세기에서 발견되는 루터의 믿음과 사랑에 대한 개념을 다룬다.[90] 헨드릭스에 의하면 믿음과 사랑은 그리스도인의 삶을 구성하고 있으며,[91] 그리스도교적 사랑은 항상 그리스도를 믿는 믿음과 묶여 있다.[92] "비록 명백한 주제로서 지배적이지는 않지만 창세기 강의들에서의 믿음과 사랑에 관한 언급들은 소위 후기 루터가 젊은 개혁가 [루터] 만큼이나 믿음과 사랑의 신학자라는 것을 보여준다."고 헨드릭스는 결론을 맺는다.[93]

---

of Luther's Lectures on Romans, I," *Scottish Journal of Theology* 3/1(1950), 1-18.
루터의 1519년 갈라디아서 강해에 나타난 믿음과 사랑에 관한 가르침에 대한 연구를 위해서는 다음의 논문들 참조, Rudolf Mau, "Liebe als gelebte Freiheit der Christen: Luthers Auslegung von G 5, 13-24 im Kommentar von 1519," *Lutherjahrbuch* 59(1992), 11-37; Eric W. Gritsch, "Martin Luther's Commentary on Gal 5, 2-24, 1519(*WA* 2, 574-597) and Sermon on Gal 4, 1-7, 1522 (*WA* 10^1/1, 325-378)," in *Freiheit als Liebe bei Martin Luther*, 105-111.

90) Scott Hendrix, "The Reformer of Faith and Love: Luther's Lectures on Genesis," (미 발행 논문). 이 논문은 투오모 만네르마아의 은퇴를 기념하기 위해서 "믿음과 사랑의 신학자로서의 루터"라는 제목을 가지고 2000년 9월 헬싱키에서 개최된 학회에서 발표된 것이다. 이 논문은 출판되지 않은 상태에서 2004년 봄학기 헨드릭스 교수가 이끌었던 프린스턴 신학대학원 박사과정 세미나에서 사용되었기 때문에 인용 시 각주에서 쪽수가 아닌 문단이 표기될 것이다. 루터의 창세기 강해의 신빙성에 관한 주장들을 요약한 것으로서 헨드릭스는 다음의 책을 언급하고 있다. Ulrich Asendorf, *Lectura in Biblia: Luthers Genesisvorlesung (1535-1545)* (Göttingen: Vandenhoeck & Ruprecht, 1998), 33-39. 이와 관련하여 헨드릭스는 또 그의 논문 미주 33에서, 마인홀드(Meinhold)는 루터의 신학적 강조점들과 루터 편집자들의 신학적 강조점들을 구분하는 그의 연구에서 명시적으로 믿음과 사랑을 다루는 본문들은 언급하지 않는다고 기술한다. 헨드릭스는 계속해서 그의 논문에서 다루어진 관련 주제들, 즉 그리스도의 왕국, 그리고 지속적인 정화와 성화로서의 그리스도인의 삶은 마인홀드에 의해서 확실하게 루터로부터 나온 사상이라고 판단되었다고 지적한다. 이에 관한 추가적 설명을 위해서는 다음의 글 참조, Peter Meinhold, *Die Genesisvorlesung Luthers und ihre Herausgeber* (Stuttgart: W. Kohlhammer, 1936), 370-428, 특히 413-415.

91) Hendrix, "The Reformer of Faith and Love," 6번째 문단.
92) 위의 논문, 45번째 문단.

『창세기 강해』에 나타나는 믿음과 사랑에 대한 루터의 가르침을 탐구하면서 헨드릭스는 루터가 아브라함이 의롭다 칭함을 받는 장면을 다루는 창세기 15:6에 주의를 기울인다.[94] 헨드릭스는 루터의『창세기 강해』를 보면 아브라함이라는 인물이 믿음과 사랑에 관한 루터의 설명에 있어서 중심역할을 한다고 설명한다. 루터는 아브라함을 의롭게 하는 믿음을 가진 자의 예로서 뿐만 아니라 그리스도인의 삶에서 요구되는 믿음과 사랑의 모델로서도 높이 칭송한다.『창세기 강해』를 통해서 루터는 수도원 생활에 반대하는 논쟁을 지속적으로 펼치고 그 문제점들을 지적하는 반면, 아브라함을 진정한 수도사로 그리고 올바른 방법으로 믿음과 사랑을 실천하는 참된 성인으로 그린다.[95]

더 나아가서 헨드릭스는 "자유롭게 된 그리스도인들은 루터가 약속의 왕국이라고 부르는 곳에 산다."는 점을 강조한다.[96] 이 약속의 왕국은 그리스도와의 연합에 의해 생성된 것으로서, 헨드릭스는 루터 신학의 목적(루터의 "종교개혁 의제")은 "그가 살던 시대의 사회 속에 바로 이 새로운 현실을 기술하고, 재생시키고, 세우는 것"이라고 주장한다.[97] "그리스도의 왕국 안에서의 실제적 변화"에 대한 이 같은 강조는 "믿음과 사랑에 관한 루터의 신학에, 만약 그것이 단지 덕이론이나 혹은 교리체계에 있어서의 한 자리로서만 이해되었다면 갖지 못했을 그런 역동적이면서 역사적인 성격을 부여

---

93) 위의 논문, 30번째 문단. 헨드릭스는 현대 핀란드 루터 학자들이 루터의 믿음과 사랑에 관한 그들의 해석을 뒷받침하기 위하여 인용하는 대부분의 주요 본문들이 1525년과 그 이전에 쓰인 루터의 저술들로부터 채택되었다는 것을 지적한다. 이 점을 고려해 볼 때 창세기 강해들을 통해 루터의 믿음과 사랑에 관한 가르침을 연구한 헨드릭스의 논문은 루터 신학에서 믿음과 사랑에 대한 연구의 영역을 확장하는 데 도움을 준다.
94) 위의 논문, 25-26번째 문단. 참조, *WA* 42. 549. 21-23; *LW* 2:399, *WA* 42. 565.32-34; *LW* 3:24, *WA* 42. 566. 35-40; *LW* 3:25, *WA* 43. 162. 28-31; *LW* 4:38, *WA* 43. 165. 8-14; *LW* 4:41.
95) Hendrix, "The Reformer of Faith and Love," 27번째 문단.
96) 위의 논문, 32번째 문단.
97) 위의 논문, 41번째 문단.

한다."⁹⁸⁾ 이런 이유로 인해서 헨드릭스는 믿음과 사랑 둘 다가 분석적 의미에서 루터 신학의 핵심에 속하며, 동시에 실용적 의미에서는 그의 개혁 의제의 중심부에 속한다고 단언한다.⁹⁹⁾

루터 신학에서의 사랑 혹은 믿음과 사랑이라는 주제를 다루는 최근의 연구들에 대한 이러한 개관은 아직 미흡하기는 하지만 루터 연구의 동향에 있어서 몇몇 주요한 특징들과 변화들을 드러낸다. 특히 현대 핀란드 루터 학자들의 해석이 아직도 논란의 여지가 많고 모든 면에서 다 수용되는 것은 아니지만, 루터 연구에 새로운 관점을 가지고 들어왔다는 점에서 나름대로의 공헌을 했다는 것은 인정되어야만 한다. 사랑 혹은 성화에 대한 루터의 가르침은 믿음 혹은 의롭게 됨에 관한 그의 가르침과의 관계 속에서 더욱 적절하게 그 중요성이 인식되어 가고 있다. 믿음과 사랑에 관한 루터의 가르침의 중요성에 대한 증대하는 인지는 루터 학자들로 하여금 위에서 소개한 바와 같이 이 주제에 관한 다양한 관점에서의 연구물들을 생산해내고, 그에 따라서 이 연구 분야를 더욱 심화하고 폭넓게 만들고 있다.¹⁰⁰⁾

III. 필자의 연구

본 저서의 내용은 믿음과 사랑에 관한 기존의 루터 연구의 많은 관심사와 연구결과들을 공유한다. 하지만 또한 다음과 같은 특성들을 갖고 있다.

첫째, 위에서 소개한 선행연구들 중 믿음과 사랑에 관한 루터의 가르침이 그의 신학 전체에서 어떤 위상을 차지하고 있는지에 궁극적인 관심을 두고 그 가르침을 탐구하는 것은 매우 희소하다. 대부분의 연구들이 지엽적

---

98) 위의 논문, 41번째 문단.
99) 위의 논문, 31번째 문단.
100) 국내에서는 이재하가 루터의 신학을 신의 사랑에 기초한 신학이라는 데 초점을 맞추어 연구 논문을 발표하였다. 이재하, "루터의 《요한 1서 주석》에 나타난 사랑의 신학", 「한국교회사학회지」 15(2004), 201–232.

차원에서, 루터의 믿음과 사랑에 관한 가르침의 특정한 측면들에 초점을 맞추는 경향이 강하다. 하지만 본 저서는 루터 신학 전체에 있어서 한 쌍으로서의 믿음과 사랑이라는 주제가 차지하는 위상을 염두에 두면서, 특별히 루터 신학의 성숙함을 대변하는 『갈라디아서 강해』에서 믿음과 사랑이 문학적 구조와 내용 모두에서 가장 지배적인 한 쌍의 신학적 주제로 사용된다는 점을 제시한다. 그리고 루터가 가르치는 믿음과 사랑을 최대한 포괄적이면서도 정밀하게 분석하고자 시도한다. 사실 필자의 궁극적 의도는 루터 신학 전체에 있어서 믿음과 사랑이라는 한 쌍의 주제가 핵심적 위치를 차지하고 있다는 것을 보여주는 것이다. 이를 위해서 루터의 다양한 주요 저서들을 분석할 수도 있겠으나 그럴 경우 필자의 의도에 따라 여기저기서 인용문들을 수집해 짜 맞춘 모자이크식 연구결과를 낼 수도 있다는 문제점을 고려해 『갈라디아서 강해』를 선정해 집중적으로 분석한다. 대신 각주를 통해 믿음과 사랑이 『갈라디아서 강해』뿐만 아니라 다른 주요한 저술들에서도 내용적으로나 구조적으로 지배적인 한 쌍의 신학적 주제로 사용되고 있다는 것을 보여주고자 노력한다. 이러한 접근방법을 통해서 본 연구는 루터의 믿음과 사랑에 대한 가르침이 루터 신학 전체에서 차지하는 위상을 암시하면서, 동시에 이 가르침의 단편적 양상이 아닌 총체적 모습을 최대한 제시하고자 노력한다.

　이러한 필자의 관점에서 볼 때 조지 포렐의 연구에 관하여 한 가지 지적하고 넘어갈 점이 있다. 포렐은 통찰력 있게 어떻게 믿음과 사랑이 루터의 사회 윤리 사상의 토대를 이루고 있는지를 명료하게 설명해주고 있다. 하지만 필자의 이해에 의하면 루터는 엄격한 의미에서 그리스도교 사회 윤리와 고유한 영역으로서의 그리스도교 신학 간에 포렐이 주장하고 있는 것만큼의 분명한 구분을 의도하고 있지 않다. 이러한 구분은 보다 정확한 의미에서 '사회 윤리'라는 현대적 범주의 투사를 통해 읽은 루터 신학이라고 할 수 있다. 루터는 사회 윤리적 사상과 신학적 사상을 구분하여 이야기하고 있는 것이 아니라, 사회 윤리적 사상을 내포하고 있는 신학을 제시하고 있다고 하는 것이 보다 정확한 표현일 것이다. 그리고 루터는 믿음과 사랑이라는 한 쌍의 주제를 그의 신학의 핵심으로 삼고 있다고 전제해 볼 때, 그의 신학 안에 포함되어 있는 사회 윤리적 사상이 믿음과 사랑이라는 신학적 주제를 토대로 하고 있다는 주장이 나오는 것은 당연한 귀결이 된다. 이런 차원에서 루터의 믿음과 사랑에 관한 가르침을 단지 그의 사회 윤리적 사상의 토대로만 분석해 내는 것이 아니라 그의 신학 사상의 토대로 분석해 내는 것이 이 주제에 대한 보다 포괄적이고도 적합한 접근방법이 된다.

사실, 포렐도 이러한 면을 인식하고 있는 것 같은데, 그것은 포렐이 루터의 사회 윤리의 방법론적 원리를 다룰 때 루터의 윤리적 방법론이 그의 신학적 방법론과 상응한다고 주장할 때 감지된다. 여기서 필자는 이러한 상응이 가능한 것이 루터의 사회 윤리의 방법론이 이미 루터의 신학적 방법론에 포함되어 있기 때문에 그런 것이지, 전자가 후자와 구분된 상태에서 단지 후자에 상응하고 있기 때문에 그런 것이 아니라는 점을 분명히 할 필요가 있다고 지적하고 싶다. 더 나아가서 루터의 믿음과 사랑에 관한 가르침은 그의 신학 전체가 아니라 다만 그의 사회 윤리 사상에 관련된 것이라는 오해를 초래하지 않도록 조심해야 한다고 본다. 또 루터의 글들을 개별적으로 분석하여 믿음과 사랑에 관한 그의 가르침을 연구하는 것도 중요하지만, 이러한 연구들은 루터 신학 전체를 통해서 강조되고 있는 믿음과 사랑이라는 한 쌍의 주제에 대한 총체적 이해와 병행되어야 할 것이다.

둘째, 본 저서는 루터로 하여금 믿음과 사랑에 관한 개념들을 발전시키고 상술하도록 촉진한 다음과 같은 다양한 개인적, 주석적, 목회적, 그리고 논쟁적 정황들에 주의를 기울인다: 루터의 영적 동요와 갈등(특히 하나님의 의에 대한 개념을 둘러싼 갈등), 루터의 사도 바울 서신들에 대한 주석과 강해, 양떼들의 영적 물질적 안녕과 관련하여 루터 자신이 하나님 앞에 지고 있던 것으로 간주했던 목회적 책임감,[101] 그리고 다양한 신학적

---

[101] 1535년 『갈라디아서 강해』에서 발견되는 믿음과 사랑에 관한 루터의 가르침의 일정한 개념적·구조적 특성들은 『로마서 강해』와 함께 분명하게 드러나는 루터에 대한 바울의 결정적인 영향을 반영한다. 『로마서 강해』(1515/16)는 이미 루터가 면벌부 판매에 반영되어 있는 과도한 법주의를 날카롭게 비판하고, 로마 가톨릭 교회가

논쟁들.[102]

셋째, 의롭게 됨(justification)과 거룩하게 됨(sanctification)이라는 용어들이 상용되기는 하지만, 필자는 이것들이 루터 신학을 있는 그대로 접근하는 데 오히려 장해물이 될 수 있다는 점을 지적한다.[103] 필자는 이 용어들

참회제도를 악용하는 것에 대항하는 예언자적 역할을 점차적으로 취하고 있다는 것을 드러낸다. 1517년 증대되는 빈곤의 시기에 가난한 자들의 점증하는 불만에 깊이 공감하면서, 루터는 이미 오래 전부터 논쟁거리가 되었던 면벌부 판매에 대한 학문적 토론의 장을 마련하고자 면벌부 판매를 반박하는 95개 조항을 공론화했다. 단순히 겉으로 드러나는 피상적인 문제점들을 넘어서서 루터는 신학적 체제와 교회 체제들의 총체적인 집합체 안에서 무엇이 근본적으로 잘못되었는지를 캐물었고, 잘못된 것들은 시정하고자 발 벗고 나섰다. 이러한 루터의 모습들은 그가 중시했던 목회적 섬김의 정신을 파악하지 못하고서는 그의 사상체계의 근간에 놓여 있는 동력을 충분히 이해할 수 없다는 것을 알려준다.

102) 루터는 종종 그의 논적들이 그로 하여금 보다 신학적 주제들을 심도 깊게 그리고 철두철미하게 숙고하도록 도와주었고, 열띤 논쟁 가운데 있는 다양한 안건들에 대한 그의 입장들을 분명하게 설명하도록 도와준 셈이 되었다고 언급한다. 참조, *WA, TR* 3:617-618(no. 3793, 1538. 3. 25); *LW* 54:273-274.

103) 필자는 justification을 '칭의'로 번역하는 것 자체가 justification이라는 신학적 주제를 다루는 데 있어서 많은 혼란을 초래하고 있다고 본다. 무엇보다도 루터의 경우 justification은 의롭다 칭해지는 것뿐만 아니라 의롭게 되는 차원까지 포함하고 있다. 따라서 루터 신학에서 사용되는 justification을 단순히 '칭의'로 번역하게 되면, justification에 대한 루터의 사상을 편협하게뿐만 아니라 왜곡하여 소개하는 것이 되고, 이러한 편협하고 왜곡된 개념을 갖고 있는 '칭의'라는 용어를 갖고 루터의 justification 사상을 접근하게 되면, 이 용어가 갖고 있는 개념만을 보게 됨으로써 초래될 수 있는 문제점들을 낳게 된다. 즉 악순환이 계속되는 셈이다. 필자는 루터의 justification 개념은 칭의를 포함하는 득의라고 보며, 그런 점에서 칭의보다 득의가 더 포괄적이므로 득의라고 번역하는 것을 선호한다. 하지만 justification을 '득의'로 번역할 경우 이것은 로마 가톨릭 교회의 입장과 혼동되어 인간이 공로를 쌓음으로써 구원을 획득한다는 구원론의 개념으로 오해될 수 있다는 우려가 초래될 수 있다. 이러한 복합적인 문제점들을 고려하여 필자는 본 저서에서 justification을 칭의로 한정하여 번역하는 것이 타당한 몇몇 경우를 제외하고는 '의롭게 됨'으로 번역했다. 필자는 개인적으로 루터의 justification에 대한 가장 적절한 표현은 '오직 예수 그리스도를 믿는 믿음으로 의롭게 됨'이라고 본다. 물론 하나님과 관련하여 justification이 사용되었을 때는 '의롭게 함'이 될 것이다.

의 잣대를 갖고 루터를 재단하기보다는, 우선적으로 먼저 루터를 읽고 이 용어들을 루터 신학에 적용시키는 것이 근본적으로 적정한 접근방법인지부터 판단할 필요가 있음을 제안한다. 루터 자신이 이 용어들을 사용하고 있는지, 그리고 이 용어들 자체의 개념정의가 무엇인지를 분명히 하지 않은 채 이것들을 루터 신학에 적용시키는 것이 문제가 될 수 있다는 점은 크게 두 가지 차원에서 지적해 볼 수 있다.

(1) 의롭게 됨과 거룩하게 됨이라는 용어들의 편견을 내려놓고 루터의 신학을 있는 그대로 읽다 보면 루터는 의롭게 됨이라는 용어는 많이 사용하지만 거룩하게 됨이라는 용어는 많이 사용하지 않는다는 것을 발견하게 된다. 하지만 그렇다고 해서 성급하게 루터는 의롭게 됨에 관해서는 많은 이야기를 하지만 거룩하게 됨에 관해서는 별로 이야기하지 않으며, 전자는 중요하게 취급하지만 후자는 소홀히 취급한다고 주장하면 이것은 루터의 사상을 왜곡하는 것이다. 왜냐하면 루터는 의롭게 됨과 거룩하게 됨이라는 용어들을 사용하기보다는 이 둘에 관련된 내용들을 '믿음'과 '사랑'이라는 용어들을 갖고 풀어가기 때문이다.

따라서 의롭게 됨과 거룩하게 됨이라는 한 쌍의 렌즈를 착용하는 대신 루터 자신이 사용하고 있는 믿음과 사랑이라는 한 쌍의 렌즈를 착용하는 것이 루터가 제시하는 바를 제대로 볼 수 있는 비결이다. 믿음과 사랑이라는 한 쌍의 렌즈를 착용하면, 상기한 바와 같이 루터는 믿음을 주된 주제로 하여 외래적, 수동적, 완전한 의와 거룩함의 차원을 다루는 반면, 사랑을 주된 주제로 하여 자신의, 능동적, 점진적 의와 거룩함의 차원을 다룬다는 것을 발견하게 된다. 이와 같이 믿음과 사랑이라는 한 쌍의 렌즈를 가지고 루터의 신학을 접근하면 의롭게 됨과 거룩하게 됨이라는 한 쌍의 렌즈를 갖고 접근했을 때는 초점이 맞지 않아 드러나지 않는 루터의 사상들을 보게 되며, 루터의 신학을 보다 총체적으로 볼 수 있게 된다. 무엇보다도 이러한 접근방법은 루터 신학에는 거룩함에 대한 사상 혹은 개인적 경건이나 사회적 윤리 사상이 결핍되어 있다는 잘못된 주장을 피할 수 있게 해준다.

(2) 첫째 사항에서 이미 언급한 것과 같이 루터는 오직 예수 그리스도를

믿는 믿음에 의해서 한 번에 그리고 완전하게 죄인이 외래적, 수동적, 완전한 의뿐만 아니라 외래적, 수동적, 완전한 거룩함도 받는다는 입장을 취한다. 따라서 의롭게 되는 것을 신적 차원과 연계하고, 거룩하게 되는 것을 인간적 차원과 연계하는 단순화된 일반적 구분 방법을 루터에게 적용하는 것은 그의 생각에 대한 왜곡을 낳게 된다.

넷째, 본 저서는 믿음과 사랑이라는 한 쌍의 주제에 관한 루터의 가르침이 법과 그리스도(복음)에 관한 가르침, 특히 법의 용법들에 대한 가르침과 맞물려 있다는 점을 부각하면서 이 두 가르침 간의 역동적 관계를 주의 깊게 분석한다. 믿음과 관련된 외래적, 수동적, 완전한 의와 거룩함의 차원에서 법은 불의한 자들을 의롭게 할 수는 없지만 신학적 혹은 영적 용법을 갖고 있다. 이것은 법이 죄인들의 양심을 괴롭히고 위협함으로써 그들을 피난처로서의 그리스도를 믿는 믿음으로 재촉하는 기능이다. 루터는 이러한 법의 신학적 혹은 영적 기능을 법의 가장 주된 기능으로 간주하는데, 이것은 그리스도를 믿는 믿음에 대한 그의 개념에서 빠질 수 없는 요소다.

그러나 법의 신학적 혹은 영적 기능이 법의 가장 주된 기능으로 중요하기는 하지만, 루터는 법의 기능을 이 신학적 혹은 영적 기능에만 한정하지는 않는다. 루터는 자신의, 능동적, 점진적 의와 거룩함의 차원, 즉 사랑이라는 주제와 관련해서도 법의 기능을 이야기한다. 이 차원에서 다루어지는 법은 신학적 혹은 영적 기능과는 다른 기능을 갖고 있다. 루터는 십계명 안에 담겨져 있는 법 전체의 정신을 그리스도에 의해 주어진 사랑의 법의 관점에서 재조명 하면서, 그리스도의 추종자라고 자기 자신을 간주하는 자는 그리스도에 의해 주어진 사랑의 법을 준수하는 자여야 한다고 주장한다. 따라서 루터의 사랑에 관한 가르침에 있어서 법 혹은 십계명, 혹은 보다 정확하게 그리스도가 준 사랑의 법은 의롭게 된 그리스도인들이 그들의 믿음을 훈련하고 강화하며, 그리스도인으로서 어떻게 살아야 할지에 관하여 도움을 주는 신적인 안내 혹은 훈령으로 부상한다.

동시에 루터는 사랑의 법을 충실하게 준수하고자 하는 인간으로서의 그리스도인의 애씀이 얼마나 무력하고 변덕이 심한지도 분명히 의식하고 있다. 그는 심지어 의롭게 된 성인이라 불리는 그리스도인들조차도 집요하게 육에 달라붙어 있는 죄의 잔여로 인해서 영적 유혹들과 시험들을 피하지 못한다는 것을 알고 있다. 여기서 한 가지 주목할 만한 것은 루터가 외래적, 수동적, 완전한 의와 거룩함의 차원에서 작용하는 법의 신학적 혹은 영적인 기능이 여전히 자신의, 능동적, 점진적 의와 거룩함의 차원에서도 영향력을 행사한다고 본다는 점이다. 하지만 후자의 차원에 있어서 법의 신학적 기능은 원칙적으로 전자의 차원에서의 기능과는 조심스럽게 구별될 필요가 있다. 왜냐하면 후자의 차원에 있어서 법의 기능은 아직 의롭게 되지 못한 죄인들에 대한 기능이 아니라 의롭게 된 그리스도인들을 위한 기능이기 때문이다. 이제 법의 기능은 의롭게 된 그리스도인들로 하여금 그리스도를 믿는 믿음 안에 항상 그리고 전적으로 머물도록 고무하며, 육과 영 사이의 끈질긴 싸움 속에서 자신들이 아직 완전함에 도달해 있지 못하다는 사실을 자각시켜주는 것으로 나타난다.

다섯째, 사랑에 관한 루터의 개념을 분석한 많은 연구들은 이웃사랑에 대한 루터의 사상에 초점을 맞추는 경향이 강하다. 하지만 이웃사랑은 사랑에 관한 루터의 가르침 전체에 있어서 일부만을 차지한다. 필자는 루터가 기본적으로 세 가지 관계 속에서 믿음의 순수하고 구체적인 열매가 맺어지는 것으로 묘사하고 있다는 점에 주목한다. 그 세 가지 관계들은 하나님과의 관계, 이웃과의 관계, 그리고 자기 자신과의 관계다.

필자는 또 루터가 예수 그리스도를 이 세 차원의 관계 속에서 사랑을 맺는 방법을 보여주는 귀감으로 제시한다는 점에 주의를 모은다. 루터의 사랑 개념은 에로스적인 혹은 로맨틱한 것이 아니며, 이기적인 행복을 열망하는 것도 아니고, 그렇다고 신비적 경험에 의한 무아경 속에서 하나님을 향하여 상승하고자 갈망하는 그런 것도 아니다. 루터의 사랑은 오직 예수 그리스도를 믿는 믿음으로 인해서 의롭게 된 그리스도인들이 삶의 모든 영역에서 매순간 맺는 믿음의 열매이며, 따라서 소명론과 관련되어 있다.

여섯째, 필자는 믿음에만 혹은 사랑에만 초점을 맞추지 않고 믿음과 사랑 둘 다를 하나의 쌍으로 다루며, 그렇게 다루어야 함을 강조하는 만큼, 믿음과 사랑을 재개념화하면서 루터가 이 둘 간의 관계성도 매우 의도적으로 새롭게 정립한다는 점을 주장한다. 이 주장을 입증하고, 이 관계성의 핵심을 파악하기 위해서 필자는 루터가 애용하는 나무와 열매, 장인과 장인이 만들어내는 공예품, 그리고 행위자와 행위 간의 관계 등을 중점적으로 살펴본다. 이 믿음과 사랑의 관계성은 곧 외래적, 수동적, 완전한 의와 거룩함의 차원과 자신의, 능동적, 점진적 의와 거룩함의 차원 간의 관계성이기도 하다.

일곱째, 마지막으로 필자는 믿음과 사랑에 관한 루터의 가르침에 접근하기 위한 연구방법으로서 특별히 에벨링의 모델과 현대 핀란드 루터 학자들의 모델에 주목한다. 그리고 이 두 모델들에서 발견되는 강점들을 균형 있게 고려해 보고자 노력한다.

에벨링의 연구모델의 특징은 믿음과 사랑 간의 상호 작용을 "반정립(antithesis), 강력하게 대립되는 그러나 연관된 정반대되는 것들 간의 긴장"으로서 믿음과 사랑 간의 관계성을 정의한다는 점이다.[104] 이처럼 "반대되는 주제들의 격한 대립" 개념과 이 두 대립되는 주제들을 화해시키는 화합 개념을 갖고 설명함으로써, 에벨링의 모델은 믿음과 사랑 간에 존재하는 긴장관계를 적절하게 포착한다는 점에서 강점을 갖고 있다. 이를 통해서 에벨링은 대립된 두 개의 주제들로서의 믿음과 사랑 간의 관계와, 조화롭게 상호 맞물려 있는 두 개의 주제들로서의 믿음과 사랑 간의 관계라는 두 관계성을 균형 있게 제시한다.[105] 따라서 에벨링의 모델은 루터의 신학에 있어서 사랑에 관한 가르침의 존재 혹은 중요성이 간과되거나 소홀히 다루어지지 않게 해줄 뿐만 아니라, 오직 예수 그리스도를 믿는 믿음에 의해 의롭게 된다는 가르침과 관련하여 사랑 개념의 핵심을 잘 드러낸다.[106]

---

104) Gerhard Ebeling, *Luther-Einführung in sein Denken*, 16; ET *Luther: An Introduction to His Thought*, 25.
105) Gerhard Ebeling, *Luther-Einführung in sein Denken*, v; ET *Luther: An Introduction to His Thought*, 11.
106) 에벨링의 해석 모델은 믿음과 사랑을 한 타원 안에 있는 두 개의 중심점으로 분리해 놓았던 알브레히트 리츨(Albrecht Ritschl)의 모델과 비교된다. 리츨은 그의 신학적 목적을 "본래적으로 하나님에 대한 그리스도인들의 종교적 관계에 관해 취해

하지만 이러한 강점에도 불구하고 에벨링의 모델에서 한 가지 아쉬운 점은 그리스도 자신이 믿음에 의해서 그리스도인 안에 현존한다는 혹은 믿음 자체에 그리스도가 현존한다는 루터의 사상을 분명하게 드러내지 않는다는 것이다. 이로 인해서 에벨링의 모델은 비록 믿음과 사랑이 대립하면서도 연관된 주제들임을 제시하고는 있지만, 이 두 주제의 상호 관련된 조화로운 측면보다는 대립된 측면을 돋보이게 한다.

이러한 관점에서 볼 때, 필자는 믿음 안에 현존하는 그리스도와, 믿음에 의해서 그리스도인 안에 현존하는 그리스도라는 루터 사상을 부각하는 현대 핀란드 루터 학자들의 해석이 주목할 만한 가치가 있다고 본다. 반면에 이들의 모델은 그리스도와 법의 기능들에 대한 루터의 이해와의 상관성 속에서 믿음과 사랑 간의 역동적 관계성, 특히 믿음과 사랑 간의 긴장 관계는 적절하게 부각하지 못한다는 약점을 가지고 있다. 또 의롭게 됨에 관한 루터 개념을 신화 개념으로 해석하는 것, 그리고 믿음 안에 현존하는 그리스도와의 연합 혹은 그리스도 안에의 참여를 곧 하나님의 본질과 속성에의 참여로 연결하는 것은 루터 신학을 오히려 왜곡시킬 가능성도 있다는 점을 염두에 둘 필요가 있다.

에벨링과 핀란드 학자들의 모델들을 신중하게 고려하면서 필자는 두 가지 차원에서 믿음과 사랑, 그리고 그 둘과 역동적 관계를 맺고 있는 그리스도와 법의 기능에 대한 루터의 사고를 탐구한다. 외래적, 수동적, 완전한 의와 거룩함의 차원에서 죄인이 의인이 되는 문제와 관련하여 믿음은 사랑의 협조와 공헌을 배제한다. 그리고 사랑이 협조와 공헌을 자처하고 나서는

진 개념들을 발견하는 것"이라고 진술한다. 리츨에 의하면 이 관계는 하나의 타원 안에 두 개의 중심점을 가지고 있는데, 그 하나는 영적인 것이고 다른 하나는 윤리적인 것이다. 리츨은 그의 타원형의 신학적 체계 안에서 윤리적 차원과 영적 차원을 나란히 상호 독립된 중심점들로 배치해 놓고 있는데, 이에 관하여 다음과 같이 기술하고 있다. "그리스도교는 그 속에 있어서는 종교이며, 그 종들에 있어서는 완전한 영적이고 도덕적인 종교다." Albrecht Ritschl, *The Christian Doctrine of Justification and Reconciliation*, ed. H. R. Mackintosh and A. B. Macaulay (Eugene, OR: Wipf and Stock, 2002; 1966), 80.

경우 루터의 믿음은 이러한 사랑에 대적한다. 믿음에 의해서 그리스도인 안에 현존하는 그리스도는 죄인들을 의롭게 하는 데 있어서 전적인 공로를 갖고 있다. 그러므로 이 차원에서 의롭게 됨을 가능케 하는 유일한 구세주로서의 그리스도를 받아들이는 믿음과 죄인들의 의롭게 됨을 위해서 신인협력을 주장하는 사랑 혹은 법의 행위들 간의 첨예한 대립은 절대 타협될 수 없는 관계로 특징지어진다. 여기서 한 가지 주목할 만한 것은 비록 믿음은 항상 그 개념에 있어서 사랑을 포함 하고 있지만, 그럼에도 불구하고 사랑은 어떤 형태가 되었든 결코 믿음에 더하여 죄인들을 의롭게 하는 요인으로 간주되지 않는다는 점이다. 루터에게서 시종일관된 형태로 나타나는 핵심적 주장은 죄인을 의롭게 하는 유일한 원인은 예수 그리스도요, 유일한 수단은 믿음이라는 것이다.

반면에 자신의, 능동적, 점진적 의와 거룩함의 차원에서는 믿음이 여전히 그리스도인의 존재와 삶의 토대로 작용하기는 하지만 이와 함께 믿음 안에 원래 담겨 있는 씨앗으로서의 사랑이 개화하면서 그리스도인의 존재와 삶의 모든 영역에서 열매를 맺는다. 이 차원에서 법 혹은 보다 정확하게 그리스도가 준 사랑의 법은 의롭게 된 그리스도인들을 위하여 긍정적 기능을 가지고 있는 것으로 포용된다. 이 차원에서 그리스도는 단지 의롭게 하는 구세주로서만이 아니라 그리스도인들이 모방해야 할 귀감이요 모방할 수 있는 힘의 신적인 원천으로서 그리스도인들과 관계한다. 그리고 유일한 구세주요 귀감으로서 그리스도인들 안에 현존하는 이 그리스도로 말미암아 믿음과 사랑은 조화의 관계로 특징지어진다. 물론 그렇다고 해서 죄인들의 구원이라는 면에 있어서 믿음이 가지고 있는 유일한 수단으로서의 역할이 사라지는 것은 아니며, 이 측면에 있어서 믿음과 사랑 간의 긴장관계는 지속된다.

제3장 | 믿음과 사랑
수동적 의와 거룩함의 차원

　서론에서 이미 언급한 것과 같이 믿음과 사랑에 관한 루터의 가르침을 올바로 이해하기 위해서는 두 가지 차원, 즉 외래적, 수동적, 완전한 의와 거룩함의 차원, 그리고 자신의, 능동적, 점진적 의와 거룩함의 차원을 신중하게 구분해서 다룰 필요가 있다. 본 장에서는 우선 외래적, 수동적, 완전한 의와 거룩함의 차원에서 다루어지는 믿음과 사랑, 그리고 그 둘 간의 관계를 고찰한다.

　이 차원에서 다루어지는 믿음과 사랑에 대한 루터의 가르침의 핵심은 죄인이 의롭게 되는 문제에 관한 한 믿음이 전적인 역할을 하고, 어떠한 형태의 것이 되었든 사랑은 배제된다는 것이다. 이 차원은 다음과 같은 본질적 질문들을 기본적 바탕으로 가지고 있다. 세상 혹은 다른 인간들 앞에서(*coram mundo*)가 아니라 하나님 앞에서(*coram Deo*) 인간은 누구인가? 어떻게 인간은 하나님 앞에 설 수 있는가? 어떻게 하나님은 예수 그리스도 안에서, 그리고 그를 통해서 죄인들을 용서하고, 의롭게 하고, 하나님 자신과 화해시키는가? 예수 그리스도는 인간을 위하여 무엇을 성취했는가? 왜 예수 그리스도를 믿는 믿음이 죄인을 구원하는가? 믿음이란 무엇인가? 어떻게 하나님의 구원사역은 오직 예수 그리스도를 믿는 믿음에 의하여 믿는 자 개개인 안에서 효력을 내게 되는가? 죄인이 의인이 된다는 것은 무엇을 의미하는가? 왜 죄인들은 의롭게 됨과 영생을 위해서 그들 자신의 능력과 계획에 의존하지 않고 전적으로 하나님의 약속에만 의존해야 하는가? 왜 전적으로 하나님의 약속에만 의존하는 것이 하나님을 하나님 되게 하는 것인가? 구원을 위해서 인간은 어디에 소망을 두어야 하는가?

반면에 자신의, 능동적, 점진적 의와 거룩함의 차원에서 다루어지는 믿음과 사랑에 대한 루터의 가르침의 핵심은 의롭게 된 그리스도인의 존재와 삶에 관한 한 믿음은 사랑으로 육화되고, 사랑이라는 열매를 맺는다는 것이다. 이 차원은 다음과 같은 본질적 질문들을 기본적 바탕으로 가지고 있다. 하나님 앞에 의롭게 된 존재는 어떤 존재인가? 의롭게 된 그리스도인은 하나님, 이웃, 그리고 자기 자신과의 관계 속에서 어떤 신앙인으로, 실존적 존재로, 그리고 사회적 시민으로 살아가야 하는가? 하나님은 의롭게 된 그리스도인들을 통해서 어떻게 일하는가? 그리스도는 의롭게 된 그리스도인들과는 어떻게 관계하는가? 어떻게 의롭게 된 그리스도인들은 나태하고 무익한 존재가 되는 대신 사랑의 행위들 안에서 열매를 맺을 수 있는가? 왜 그리스도인들은 삶의 모든 영역에 있어서 사랑이라는 열매를 맺을 책임이 있는가? 올바른 그리스도인의 소망의 기쁨과 감사는 어떻게 일상의 삶 가운데서 표현되어야 하는가?

이와 함께 이 두 차원을 동시적으로 놓고 볼 때, 다음과 같은 연관된 질문들을 제기해 볼 수 있다. 이 두 차원은 서로 어떤 형태로 존재하는가? 이 두 차원은 상호 배타적인가? 이 두 차원은 비대칭적 관계를 형성하고 있는가? 한 차원이 다른 차원으로 환원될 수 있는가? 두 차원 간에 내적 연관성이 있는가? 이제 이러한 질문들을 염두에 두고 앞으로 하나씩 하나씩 풀어 나가고자 한다.

I. 두 차원: 믿음과 사랑을 위한 해석의 틀

루터의 능력과 열정이 범인의 차원을 넘어선다는 것은 여섯 장밖에 되지 않는 바울의 갈라디아서를 수백 쪽에 달하는 강해로 풀이해 내었다는 점에서도 잘 드러나는 것 같다. 1535년 출판된 루터의 『갈라디아서 강해』는 루터의 성숙한 신학체계를 잘 대변한다. 하지만 비록 여섯 장이 수백 쪽으로 풀어지기는 했지만 그럼에도 불구하고 루터의 강해를 분석해 보면, 바울의 갈라디아서와 루터의 강해는 동일한 중심을 갖고 있음을 발견할 수 있다. 즉 이 둘의 핵심 메시지는 동일하며, 두 단어로 걸러진다. 그것은 바로 믿음과 사랑이다.

루터는 갈라디아서의 내용과 문학적 구조의 기본 골격이 믿음과 사랑으로 이루어져 있다고 보며, 따라서 믿음과 사랑을 바울의 갈라디아서 전체를 망라하는 한 쌍의 주제로 파악한다. 루터에 의하면 갈라디아서 첫 번째 부분의 지배적 주제는 믿음이며, 이 주제를 통해서 바울은 예수 그리스도, 그리스도의 의, 그리고 인간의 행위를 통해서가 아닌 오직 예수 그리스도를 믿는 믿음에 의해 의롭게 됨 등에 관한 문제들을 다룬다. 반면에 두 번째 부분의 지배적 주제는 사랑이며, 이 주제를 통해서 바울은 의롭게 된 그리스도인들의 법 준행, 그리고 거룩한 삶 혹은 거룩하게 됨 등에 관한 문제들을 다룬다.

여기서 한 가지 명심해야 할 사항은 루터가 갈라디아서 전체를 망라하는 두 주제로 파악하는 믿음과 사랑은 루터가 바울의 가르침이라고 확신하는 내용에 근거한 믿음과 사랑이라는 점이다. 이 점을 잊지 않는 것이 중요한 이유는 루터는 갈라디아서 첫 부분을 다루면서 사랑을 거부하는데, 이것은 잘못된 사랑 개념을 거부하는 것이지 바울이 후에 제시하는 참된 사랑 개념을 거부하는 것이 아니기 때문이다. 단지 첫 번째 부분에서 루터가 거부하는 사랑이 두 번째 부분에서 루터가 권면하는 사랑과 동일한 용어라는 이유 때문에 이 두 사랑을 혼동하게 되면 믿음과 사랑을 통해서 루터가 주장하고자 했던 메시지가 완전히 왜곡되고 만다. 따라서 믿음은 물론 사랑이라는 용어가 사용 될 때 어떤 개념이 담겨진 믿음이요 사랑인지를 주의 깊게 살피면서 믿음과 사랑에 관한 루터의 사상을 따라가는 것이 절대적으로 중요하다.

루터에 의하면 갈라디아서의 첫 번째 부분에서 두 번째 부분으로 넘어가는 주된 전환점은 갈라디아서 4:8, 9에서 발견된다. 이 전환점에 관해서 루터는 다음과 같이 설명한다. "이것이 바울이 주장하는 바의 결론이다. 이제부터 이 서신의 끝까지 바울은 주장은 별로 안하고 대신에 도덕적 품행에 관한 계명들을 진술할 것이다."[1)]

갈라디아서 5:12에 대한 논의에서 루터는 다시 한 번 다음과 같이 언급한다.

이제 선한 도덕적 품행들에 관한 간곡한 권고들과 계명들이 따르게 된다. 왜냐하면, *사도 [바울]은 다음과 같은 습관을 갖고 있는데, 그것은 바로 믿음과 양심의 훈련을 가르친 뒤에 도덕적 품행들에 대한 몇 가지 계명들을 소개하는 것이다. 이것들을 가지고 그는 믿는 자들에게 서로 경건의 의무들을 실천하도록 권고하고 있다.*[2)]

하지만 상기한 인용문들은 루터가 바울의 서신이 구조적으로나 내용적으로 믿음과 사랑이라는 한 쌍의 주제에 의해서 형성된 것으로 본다는 주장을 입증하기에는 불충분한 증거물이라고 판단될 수 있다. 왜냐하면 위의 인용문들은 믿음과 덕행이라는 주제들은 보여주지만 명시적으로 사랑이라는 용어는 사용하고 있지 않기 때문이다. 이러한 의아심을 해결하는 데 1531년 루터의 갈라디아서 강의를 받아 적은 게오르게 뢰러(George Rörer)의 강의록이 도움이 된다. 갈라디아서 5:12에 대한 루터의 해석에 관해서 1531년 강의노트는 다음과 같이 기록하고 있다. "그[바울]은 *믿음에 관한 가르침 뒤에 사랑의 의무에 대해서 권고할 것이다.*"[3)] 이 강의록은 루터가 말하고

---

1) WA 40/1. 600. 25-26; LW 26:394.
2) WA 40/2. 59. 20-24(필자의 강조); LW 27:47.
3) 게오르게 뢰러의 1531년 원래 강의록에 의하면 다음과 같이 적혀 있다: "Iam incipiunt exhortationes, Iam veniunt Pareneses. *Et exhortabitur ad officia charitatis post doctrinam fidei*, et stabilitam conscientiam per fidem sequuntur exhortationes

있는 도덕적 품행들이 사랑에 관한 언급이라는 것을 분명하게 보여준다.

위의 인용이 드러내는 루터 해석에서 관심을 집중시키는 또 다른 측면은 루터가 믿음과 사랑을 구조적 차원에서나 내용적 차원에서나 갈라디아서 전체를 망라하는 주제로 제시하는 것에서 한 걸음 더 나아가고 있다는 점이다. 루터는 믿음과 사랑을 핵심적 주제로 사용하는 것이 바울의 습관으로서, 그가 각 서신마다 이 믿음과 사랑을 사용하는 패턴을 반복하고 있다고 주장한다. 이것은 루터가 믿음과 사랑을 갈라디아서를 포함하여 바울의 서신들에 접근하기 위한 해석의 열쇠로 간주하고 있다는 것을 알려준다.

여기서 우리는 한 가지 질문을 던지게 된다. 그렇다면 바울이 그의 각 서신에서 믿음과 사랑을 총괄적 주제로 사용하고 있다고 보는 루터의 해석이 루터의 갈라디아서 강해에 대한 우리의 이해와 무슨 관련이 있는 것인가? 이것은 곧 바울 서신에 대한 루터의 해석학적 주장이 믿음과 사랑에 관한 루터의 사상을 이해하는 것과 무슨 관계가 있는가의 질문이기도 하다.

어떤 사람들은 루터가 바울의 메시지를 충실히 읽어가면서 믿음과 사랑의 순서에 따라서 갈라디아서를 해석하는 것과, 루터의 강해 안에서 믿음과 사랑에 관한 루터의 사상을 파악하는 것은 별개의 작업이라고 생각할지도 모른다. 그러면서 믿음과 사랑에 관한 바울의 가르침에 대한 루터의 언급은 갈라디아서 강해 안에 담겨 있는 루터신학의 핵심을 탐구하는 데 아무런 중요성이나 의미를 갖지 않는다고 주장할지도 모른다. 하지만 이러한 의견을 서둘러 내기 이전에 다음의 인용문이 보여주는 것과 같이 바울의 믿음으로부터 사랑으로의 주제전환을 루터가 얼마나 신중하고도 고의적으로 강조하고 있는가에 주의를 기울일 필요가 있다.

그러므로 *그리스도교적 가르침*이 선한 도덕적 품행들을 손상시키며 정치적 질서와 상충한다는 인상을 피하기 위하여, *사도 [바울]*은 선한 도덕적 품

---

ad praestanda officia invicem. Das find moralia. De 1. articulo nihil scit mundus, de 2. utcunque et ratio etiam docet." *WA* 40/2. 59. 4-8(필자의 강조).

행들과 정직한 외적 행위, 사랑과 화합의 준수 등과 같은 것들에 대해서도 또한 훈계 하고 있다. 따라서 *세상*은 그리스도인들이 선한 도덕적 품행들을 손상시키고 있다거나 혹은 공공의 안녕과 인습적 예의를 위태롭게 하고 있다고 고발할 권리가 전혀 없다. 왜냐하면 그들은 도덕적 품행들과 모든 덕을 어떤 철학가들이나 혹은 교사들보다도 더 잘 가르치고 있는데, 그것은 그들이 믿음을 추가하고 있기 때문이다.[4]

바울 서신에 대한 루터의 이 설명이 특별한 흥미를 끄는 이유는 이 설명에 나타난 바울의 신학과 상황에 대한 해설이 다름 아닌 루터 자신의 신학과 상황에 대한 기술임을 쉽게 간파할 수 있기 때문이다. 1531년 루터의 강의를 받아 적은 게오르게 뢰러의 강의록이 이에 대한 한 입증자료가 된다. 1535년 출판된 갈라디아서 강해서와 비교하면서 1531년 강의록을 살펴보면, 1531년 강의록에는 "우리의"(nostra), "우리들을"(nos), 그리고 "우리는 가르친다"(docemus)라는 라틴어 1인칭 소유 형용사 혹은 소유대명사, 1인칭 대명사 목적격, 그리고 1인칭 대명사에 해당하는 동사의 인칭어미가 사용되고 있는 반면에, 1535년 출판된 책에는 "그리스도인의"(Christiana), "그리스도인들을"(Christianos), 그리고 그리스도인들을 지칭하는 "그들은"이라는 라틴어 3인칭 소유 형용사 혹은 소유대명사, 3인칭 대명사 목적격, 그리고 3인칭 대명사에 해당하는 동사의 인칭어미가 사용되고 있다. 그리고 1531년 강의기록에는 적혀 있지 않은 바울 사도의 호칭이 1535년 출판된 강해서에는 나타난다는 것을 발견하게 된다.[5]

---

4) WA 40/2. 59. 24-30(필자의 강조): "Ne igitur videatur *doctrina Christiana* dissolvere bonos mores et pugnare contra politicas ordinationes, admonet *Apostolus* etiam de bonis moribus et honesta externa conversatione, de servanda charitate, concordia etc. Non potest igitur *mundus* iure accusare *Christianos*, quod dissolvant bonos mores, quod publicam pacem, honestatem etc. perturbent, quia melius tradunt mores et omnes virtutes quam ulli aut Philosophi aut Magistratus, quia fidem addunt."; *LW* 27:47.
5) 1531년 강의록에 의하면 다음과 같이 적혀 있다: "Ne videatur doctrina *nostra* dis-

이와 같이 1531년 강의록과 1535년 출판된 책을 서로 비교해 보면, 루터의 사고 속에서 바울의 정황과 루터 자신의 정황이 하나로 융합되어지고 있음을 어렵지 않게 감지할 수 있다.[6] 논의의 여지없이 바울과 루터의 세계 간에는 천 오백년이라는 시대적 간격으로 인한 차이점들이 존재한다. 그럼에도 불구하고, 갈라디아서를 통한 루터의 바울 해석은 그의 강의를 듣고 있는 자들이든 혹은 그의 강해서를 읽고 있는 자들이든, 그들로 하여금 해석학적 상상력을 십분 활용해 두 시대를 넘나들 수 있게 한다. 이것은 루터 자신이 이 두 시대에 공존하는 유사점들을 꿰뚫어 보는 통찰력을 갖고, 마치 바울과 자신의 논쟁적 정황들이 겹쳐있는 것처럼 의식적으로 혹은 무의식적으로 이 두 시대를 넘나들고 있기 때문이다. 이로 인해서 루터의 『갈라디아서 강해』의 청중이나 독자들은 바울의 세계 속에 들어가 그가 믿음과 사랑의 문제를 다루게 된 근본적인 동기가 무엇이고, 그 문제를 어떻게 다루고 있는지를 체험하게 된다. 이러한 방법을 통해서 루터는 청중이나 독자로 하여금 바울의 가르침과 최종 선택이 무엇인지 스스로 체험하게 하고, 이에 대한 깨달음에 근거하여 루터 자신이 주장하고 있는 것이 바로 다름 아닌 바울이 주장하는 바이고, 루터 자신이 바로 바울의 역할을 계승하고 있는 자임을 인식하게 한다.

그렇다면 루터의 『갈라디아서 강해』 안에 바울과 루터의 두 시대가 겹쳐지거나 혹은 융합되고 있다는 것이 믿음과 사랑에 관한 루터의 사상을 읽

---

solvere bonos mores et dissolvere publicas ordinationes, Ideo melius docet bonos mores quam ulli gentium philosophi. Ideo non possunt *nos* accusare contra mores bonos et ordinationes publicas. Sed haec ratio, quod mundus turbatur, quod *docemus* Christum." WA 40/2. 59. 8-12(필자의 강조).
6) 루터의 성경해석에서 감지되는 이러한 성격과 관련하여, 마쉬케(Maschke)가 다루는 "동시대 해석방법"(a hermeneutic of contemporaneity) 참조. Timothy Maschke, "Contemporaneity: A Hermeneutical Perspective in Martin Luther's Work," in *Ad Fontes Lutheri: Toward the Recovery of the Real Luther-Essays in Honor of Kenneth Hagen's Sixty-Fifth Birthday*, ed Timothy Maschke, Franz Posset, and Joan Skocir, 165-182 (Marquette University Press, 2001), 165-182, 특히 174-179.

어 내는 데 어떤 의미가 있는가? 이것은 루터의 궁극적 취지를 찾아내기 위하여 우선적으로 『갈라디아서 강해』 안에서 다음과 같은 의미의 세 가지 층을 구분해 낼 필요가 있다는 것을 의미한다: (1) 표면적 차원에서 드러나는 바울의 상황과 신학에 대한 루터의 해설; (2) 표면적 차원 밑에 깔려 있는 루터 자신의 상황과 신학에 대한, 때로는 함축적이고 때로는 단도직입적인 표현; 그리고 (3) 자신의 논쟁적 상황 속에서 자신의 입장을 옹호하기 위해서 바울의 권위를 빌리고자 하는 루터의 의도와 시도.

따라서 위에 인용한 루터의 해석을 특별히 그의 논쟁적 상황을 배경으로 하여 분석해 볼 때, 그가 사용하고 있는 "그리스도교적 가르침"은 다른 비그리스도교적 가르침과 대비되는 일반적 그리스도교적 가르침이 아니라, 그 자신의 논쟁적 상황 속에서 다른 신학적 가르침들과 구분되는 그의 가르침을 의미한다는 것을 분별할 수 있다. 같은 맥락에서 "세상"은 그리스도교에 대립하는 세상이 아닌 루터에 대적하는 논적들을 의미한다. 이들은 구체적으로 루터가 빈번히 "소피스트" 혹은 "교황주의자들"로 언급하는 스콜라 신학자들뿐만 아니라, 종교개혁 내부에서 루터와 그의 추종자들을 "선한 도덕적 품행들"을 위태롭게 한다거나 혹은 "공공의 안녕과 인습적 예의를 해치고 있다."고 고발하는 자들도 포함하고 있다.

그러므로 루터가 바울의 동시대인들이 행위가 아닌 예수 그리스도를 믿는 믿음에 의해 의롭게 된다는 바울의 선포를 오해하여 그는 믿음만 가르치고 사랑에 대한 가르침은 경시함으로써 도덕적 태만과 사회·윤리적 방관, 그리고 정치적 질서의 혼란을 초래한다고 그를 비판했다고 기술할 때, 루터는 사실 그 자신의 정황도 드러내고 있는 것이다. 이러한 오해에서 초래된 비난을 피하고자 바울은 믿음을 선포한 후 꼭 사랑을 권면하고 있다는 루터의 해석은 루터 자신이 처해 있는 상황과 함께 그 자신의 입장을 또한 노출하고 있다. 즉 바울을 통해서 루터는 자신도 오직 예수 그리스도를 믿는 믿음에 의해 의롭게 된다는 가르침과 함께 사랑도 열심히 가르치고 있다는 것을 주장함으로써, 자신의 가르침에 대한 왜곡과 규탄을 맹박하고 있는 것이다. 더 나아가서 바울은 사랑을 부인하는 것이 아니라 오히려 어느 누구보다도 더 제대로 된 사랑, 즉 믿음에 토대를 둔 진짜 사랑을 가르치고 있음을 강조하면서, 루터는 자신도 바울과 마찬가지로 진짜 믿음과 함께 참된 사랑을 가르치고 있음을 바울을 통해 호소하고 있다. 이 뿐만 아니라 루터는 바울의 갈라디아서를 해석하면서 이런 자신의 입장을 직·간접적으로 피력하고 있기 때문에, 그는 자신의 입장이 단순히 자신이 고안해 낸 신학이 아니라 바울이라는 누구나가 인정하는 권위자의 가르침이라는 것을 보여주고 있다. 즉 바울의 입을 통하여 자신의 목소리를 냄으로써 루터는 자신의 목소리에 바울의 권위를 부여하고 있는 것이다.

이와 같이 전달하고자 하는 메시저의 핵심적 내용 차원에서나 이 내용 전달의 효과 차원에서나 모두 바울의 삶의 정황과 자신의 삶의 정황을 함께 연결시키는 루터의 의도는 그가 갈라디아 사람들과 독일 사람들을 명시적으로 비교하고 있다는 점에서도 발견된다. "어떤 사람들은 우리 독일 사람들이 갈라디아 사람들의 후손이라고 생각한다. 어쩌면 이러한 생각에는 약간의 진실이 있는지도 모른다. 왜냐하면 우리 독일 사람들은 성격에 있어서 그들을 닮았기 때문이다."[7] 독일 사람들이 갈라디아 사람들과 비교된다면 어렵지 않게 루터는 바울과 비교될 수 있다는 것을 추론해 볼 수 있다.

이 같은 문맥에서 볼 때, 바울이 우선 믿음에 대해서 가르치고 그 다음 사랑에 대해서 훈계하는 형태로 그의 서신의 구조와 내용을 의도적으로 진행한다고 풀이하는 루터의 해석은 매우 중요한 의미를 지닌다. 왜냐하면 이러한 루터의 해석은 루터 자신이 갈라디아서 강해를 통해서 의도적으로 믿음과 사랑이라는 두 주제를 핵심으로 선택하여 자신의 신학적 메시지를 바울의 메시지에 근거하여, 그리고 그것을 통하여 전달하고 있다는 것을 드러내기 때문이다. 즉 바울의 갈라디아서에 대한 루터의 강해를 읽음으로써 우리는 루터 자신이 자신의 강해에서 믿음과 사랑을 두 개의 총괄적인 주제로 사용하고 있다는 것을 발견하게 된다. 이것은 루터가 바울의 갈라디아서가 다루는 내용을 순서대로 따라가면서 해석함으로써 발생한 단순한 우연이

---

7) *WA* 40/1. 105. 13-14; *LW* 26:47.

아닌 것이다. 루터는 자신의 논쟁적 상황 속에서 바울 서신에 대한 해석을 통하여 믿음과 사랑에 대한 자신의 가르침을 최대한 분명하게 보여주고자 구조적으로나 내용적으로 이 두 주제를 중심으로 갈라디아서 강해를 진행한 것이다.[8] 이런 관점에서 볼 때 바울이 정말로 루터의 주장대로 그렇게 의도적인 계획을 했느냐 안 했느냐는 질문을 잣대 삼아 루터 해석의 옳고 그름을 판정하는 것과 갈라디아서 강해를 통해서 루터 자신이 전달하고자 하는 핵심 메시지가 무엇인가를 파악하는 것은 별개의 문제가 된다. 필자의 관심은 전자가 아니고 후자다.

이처럼 믿음과 사랑에 대한 루터의 가르침이 그의 1535년 『갈라디아서 강해』에서 총괄적인 한 쌍의 주제로 사용되고 있다고 주장할 때, 이 주장은 다음과 같은 두 개의 상호 구별되면서도 보완적인 관점들로부터 분석될 수 있다: (1) 죄인이 의롭게 되는 문제와 관련된 첫 번째 부분에서는 루터의 재개념화된 믿음이 지배적으로 다루어지고 있고, 의롭게 된 그리스도인의 존재와 삶에 관한 두 번째 부분에서는 루터의 재개념화된 사랑이 지배적으로 다루어지고 있다는 점에서 믿음과 사랑이 그의 강해서 전체에서 총괄적인 한 쌍의 주제로 사용되고 있다. (2) 첫 번째 부분에서 믿음이 전적인 역할을 하고 사랑은 배제되는 것으로 다루어지고 있으며, 두 번째 부분에서 믿음이 사랑으로 육화되고, 사랑의 열매를 맺는다는 것이 다루어지고 있다는 점에서, 각각의 부분에서도 믿음과 사랑이 총괄적인 한 쌍의 주제로 사용되고 있다.

그러므로 총괄적인 한 쌍의 주제로서의 믿음과 사랑에 대한 루터의 가르침은 이 두 관점들을 함께 놓을 때 올바로 파악될 수 있다. 이것이 바울이 갈라디아서에서 믿음으로부터 사랑으로 논제를 전환하는 부분을 루터가 의

---

8) 위의 본문에서 필자는 루터가 바울이 그의 각 서신에서 믿음과 사랑에 대해서 가르치는 것을 바울의 습관이라고 주장하고 있음을 지적했는데, 사실 본 저서의 서언에서 이미 제시했던 것과 같이 루터의 주요저서들을 살펴보면, 믿음과 사랑을 한 쌍의 지배적 주제로 사용하는 것이 루터의 습관이라고 해도 과언이 아님을 알 수 있다. 이에 관해서는 결론에서 더 다룰 것이다.

도적으로 유의하면서 섬세히 설명하는 주요한 이유다. 이것은 우리로 하여금 갈라디아서의 첫 번째와 두 번째 부분에 각각 상응하는 두 가지 차원에서 믿음과 사랑에 관한 루터의 가르침을 분석하도록 안내해 준다. 즉 우리는 루터가 논제의 전환점을 중심으로 믿음과 사랑의 관점에서 바울의 갈라디아서를 해석하는 와중에 동시적으로 제시한 루터 자신의 믿음과 사랑에 대한 사상에 초점을 맞추어 그것을 분석해 내면 된다. 필자가 이 점을 계속 강조하는 이유는 이것이 바로 믿음과 사랑에 대한 루터의 사상을 분석하는데 결정적으로 중요한 해석의 틀을 제공하기 때문이다.

이 해석의 틀을 분석하는 과정에서 주의해야 할 사항은 이 두 개의 차원이 첫 번째 차원은 단순히 믿음에 관한 것이고 두 번째 차원은 단순히 사랑에 관한 것이라는 평행구조를 이루고 있지 않다는 점이다. 구체적으로 이 해석의 틀의 첫 번째 차원은 외래적, 수동적, 완전한 의와 거룩함의 차원이다.[9] 루터는 이 첫 번째 차원을 다루면서 바울이 다른 사도들과 더불어 믿음과 법행위에 대해 논쟁하는 정황을 오직 예수 그리스도를 믿는 믿음으로 의롭게 됨에 관한 교리를 둘러싸고 벌어지는 루터 자신의 논쟁 상황과 연결한다. 그리고 이 차원에서 루터는 죄인이 의인이 되는 문제에 있어서 믿음이 전적인 역할을 하고, 사랑은 배제된다는 논의를 전개한다.

이 해석의 틀의 두 번째 차원은 자신의, 능동적, 점진적 의와 거룩함의 차원이다.[10] 루터는 자신의 의롭게 됨에 관한 가르침을 오해하여 사랑과 사

---

9) 루터는 예수 그리스도가 그를 믿는 믿음을 가지고 있는 자들에게 "영원한 의와 거룩함"을 다 준다고 말한다. *WA* 40/2. 104. 23-24; *LW* 27:83.
10) 한 예로서 능동적 의와 수동적 의가 둘 다 필요하지만, 이 둘을 구별하는 것이 중요한 이유에 대해서 루터는 다음과 같이 기술한다: "이것이 우리가 가르치는 신학이다. 그것에 따라서 우리는 이 두 종류의 의, 즉 능동적 의와 수동적 의 사이의 정확한 구별을 가르친다. 그래서 도덕과 믿음, 행위와 은혜, 세속 사회와 종교가 혼동되지 않도록 말이다."("Haec est nostra theologia qua docemus accurate distinguere has duas iustitias, activam et passivam, ne confundantur mores et fides, opera et gratia, politia et religio.") *WA* 40/1. 45. 24-26; *LW* 26:7. 이처럼 두 차원을 가진 해석의 틀을 위한 기본적 골격은 루터의 "Two Kinds of Righteousness"(1519)에도 잘 나타난다. *WA* 2. 145-152; *LW* 31:293-306. 필자가 제시하는 두 차원으로

랑의 행위를 전혀 가르치지 않는다는 비난을 의식하면서, 자신이 규탄하는 것은 비성경적 사랑 개념이지, 성경적 가르침에 따른 사랑 자체를 부인하는 것이 아님을 분명히 한다. 그리고 자신의, 능동적, 점진적 의와 거룩함의 차원에서 루터는 의인이 된 그리스도인의 존재와 삶에 있어서 믿음이 사랑으로 육화되고, 사랑이라는 열매를 맺는다는 논의를 전개한다.

II. 사랑에 의해 형성된 믿음

외래적, 수동적, 완전한 의와 거룩함의 차원에서 결정적인 질문은 하나님 앞에서 죄인이 어떻게 설 수 있으며 어떻게 구원을 받을 수 있느냐이다. 이 질문에 대해서 루터는 인간적인 계산에 의해서 만들어진 답을 피하고, 성경이 무엇을 가르치고 있느냐, 특히 바울의 가르침이 무엇이냐에 초점을 맞추어 대답을 시도해야 한다고 역설한다. 이 질문에 대해서 루터가 찾은 대답의 핵심은 "오직 예수 그리스도를 믿는 믿음만으로"이다. 여기서 믿음과 사랑에 대한 루터의 재개념화의 핵심, 특히 외래적, 수동적, 완전한 의와 거룩함의 차원에 있어서 믿음에 대한 루터의 재개념화의 핵심을 파악하기 위해서 결정적으로 중요한 것은 "오직 믿음에 의해 의롭게 됨"이라는 문구다. 이 문구가 중요한 것은 이것이 루터가 바울의 "믿음에 의해 의롭게 됨"에 "오직"(*sola*)이라는 극히 짧지만 그 개념에 있어서는 엄청난 의미를 갖고 있는 하나의 단어를 삽입했다는 것을 보여주기 때문이다.

의미론적이고 논리적 관점에서 볼 때 "오직"이라는 단어를 루터가 굳이 첨가한 것은 비록 죄인들이 믿음에 의해 의롭게 되기는 하지만 이 믿음이 그 자체로서는 불충분하며 다른 무언가가 의롭게 됨을 위해 더해져야만 한

구성된 해석의 틀과 차이가 있기는 하지만 다음의 글도 참조하면 도움이 될 것이다. Robert Kolb, "Luther on the Two Kinds of Righteousness; Reflections on His Two-Dimensional Definition of Humanity at the Heart of His Theology," *Lutheran Quarterly* 13/4(1999), 449-466.

다는 주장을 반론하기 위한 것이라고 설명할 수 있다. 이러한 주장에 대해 루터는 "번역에 관하여: 공개서신"("On Translating: An Open Letter")에서 제시하고 있는 것처럼, "오직"이라는 단어를 통해서 강력하게 '아니!'를 외치고 있는 것이다.[11] 즉 루터는 죄인이 의롭게 되는 데 있어서 믿음의 필요성뿐만 아니라 믿음의 충분성도 확고하게 주장하고 있는 것이다.

이와 관련된 논쟁에 있어서 루터의 글에 지배적으로 등장하는 루터의 논적들은 스콜라 신학자들이다. 따라서 믿음과 사랑에 관한 루터의 가르침을 이해하기 위해서는 최소한으로나마 루터가 자주 언급하고 있는 공로 사상, 그리고 사랑에 의해 형성된 믿음(*fides caritate formata*)에 대한 토마스 아퀴나스(Thomas Aquinas)와 가브리엘 비엘(Gabriel Biel)의 개념들에 대한 기초적 탐구가 필요하다. 그러므로 일단 이 개념들을 살펴본 후 이 개념들에 대한 루터의 입장을 고찰해 보고자 한다.

1. 공로사상과 사랑에 의해 형성된 믿음: 토마스와 비엘

토마스는 불의한 자의 의롭게 됨을 "하나님에 의해서 한 영혼이 죄의 상태로부터 (정)의의 상태로 움직여지는 일종의 한 운동"이라고 설명한다.[12] 모든 죄는 "하나님께 종속되지 않은 마음의 무질서"를 의미하며, 이에 따라서 "부정 혹은 불의라고 불릴 수 있다."[13] 이와는 대조적으로 (정)의는 "사람의 내면적 성향에 있어서의 어떤 바른 질서", 즉 "사람 안의 최고의 것이 하

---

11) 로마 가톨릭 교회는 루터가 성경번역을 하면서 이 "오직"(*sola*)을 첨가한 것에 대해 공격을 가했고, 루터는 이에 대해 "번역에 관하여: 공개서신"("On Translating: An Open Letter")을 통해 반론을 제기한다. *WA* 30/2. 632-643; *LW* 35:181-198.
12) Thomas Aquinas, *Summa Theologiæ: Complete Set*(*Latin-English Edition*), vols. 13-20, trans. Fr. Laurence Shapcote, O. P., ed. John Mortensen and Enrique Alarcón (Lander, WY: Aquinas Institute, 2012), Part 1a2æ, Question 113, Article 6(이후로는 *STh* 1a2æ, 113, 6과 같이 표기한다): "iustificatio est quidam motus quo anima movetur a Deo a statu culpæ in statum iustitiæ."
13) *STh* 1a2æ. 113. 1.

나님께 종속되고, 영혼의 보다 낮은 능력들이 더 우월한 것, 즉 이성에 종속"된 상태와 같은 것을 의미한다.[14] 이런 종류의 (정)의는 정반대에서 정반대, 즉 부정/불의의 상태에서 (정)의의 상태로의 운동 혹은 이행에 의해 한 개인 안에서 일어날 수 있는데, 이것이 불의한 자의 의롭게 됨(*justificatio impii*)이다.[15]

이 의롭게 됨에 관해 토마스는 네 가지 요소들이 꼭 필요하다고 강조한다: "은혜의 주입, 믿음에 의한 하나님을 향한 자유의지(선택)의 움직임; 자유의지의 죄로의 움직임; 그리고 죄의 용서."[16] 의롭게 됨에 관한 토마스의 이러한 개념정의 이면에 놓여 있는 이론적 근거는 쉽게 감지할 수 있다. 운동을 가능태에서 현실태로의 변화의 한 양태로 보는 아리스토텔레스(Aristoteles)의 목적론적으로 지향된 개념을 적용하면서 토마스는 의롭게 됨에 관한 그의 사고를 형성하는 데 있어서 다음과 같은 네 가지 주된 개념들을 사용하고 있는 것이다: 움직이게 하는 제일자(*primum movens*)의 운동, 움직여진 자의 운동들, 즉 어디로부터의 출발과 어딘가를 향하는 종착에로의 접근이라는 운동들, 그리고 운동의 끝.

이와 같이 철학적 신학 체계 안에서, 움직이게 하는 제일자의 운동은 하나님의 운동인 은혜의 주입에, 움직여진 자의 운동들은 자유의지의 두 움직임인 믿음에 의한 하나님을 향한 운동과 죄로부터 멀어지는 운동에, 그리고 이 운동의 끝은 죄의 용서에 상응한다.[17] 보다 구체적으로 의롭게 됨을 위한 이 네 가지 필수 요소들에 대한 논리적 근거는 다음과 같이 설명된다.

---

14) *STh* 1a2æ. 113. 1.
15) *STh* 1a2æ. 113. 1. 참조, *STh* 1a2æ. 113. 1: "그리고 운동은 그것의 이름을 그것의 출발점으로부터보다는 그것의 종착점으로부터 취하므로, 이런 종류의 변화, 즉 그것에 의해서 누군가 죄의 용서를 통하여 불의의 상태로부터 바뀌는 이런 종류의 변화는 그것의 이름을 그것의 종착점으로부터 취하고, 따라서 불의한 자의 의롭게 됨이라고 불린다."
16) *STh* 1a2æ. 113. 6: "gratiæ infusio; motus liberi arbitrii in Deum per fidem; et motus liberi arbitrii in peccatum; et remissio culpæ."
17) *STh* 1a2æ. 113. 9.

어떤 것이 다른 어떤 것에 의해서 움직여지는 운동에는 세 가지 것들이 요구된다. 첫째, 움직이게 하는 제일자에 의한 움직임; 둘째, 움직여진 자의 운동; 그리고 셋째, 운동의 완성 혹은 끝의 달성. 신적 움직임에 관해서는 은혜의 주입이 있다. 움직여진 자유의지에 관해서는 두 운동이 있는데, 어디로부터의 출발이라는 운동과 어딘가에로의 접근이라는 운동이다. 하지만 운동의 완성 혹은 운동의 끝의 달성은 죄의 용서에 나타난다. 왜냐하면 여기에서 불경건한 자의 의롭게 됨이 완성되기 때문이다.[18]

토마스는 "불경건한 자들의 의롭게 됨은 연속적인 것이 아니기 때문에", 시간적 차원에 있어서 위에서 언급한 네 가지 요소들은 동시적인 것임을 강조한다.[19] 그럼에도 불구하고 "자연의 질서라는 원리에 의해서 어떤 것이 다른 것보다 우선한다."[20] 따라서 모든 운동에 있어서 움직이게 하는 제일자의 운동이 가장 먼저 온다. 질료의 성향 혹은 움직여진 자의 운동은 두 번째다. 움직여진 자의 운동이 종결되는 운동의 끝 혹은 종착점이 마지막이 된다.[21] 이와 같이 볼 때 자연적 질서라는 측면에서 의롭게 됨은 다음과 같이 설명될 수 있다: "첫 번째는 은혜의 주입이다; 두 번째는 하나님을 향한 자유의지의 움직임이다; 세 번째는 죄를 향한 자유의지의 움직임이다; 네 번째는 죄의 용서다."[22]

---

18) *STh* 1a2æ. 113. 6.
19) *STh* 1a2æ. 113. 7. 참조, 1a2æ. 113. 8: "quatuor quæ requiruntur ad iustificationem impii tempore quidem sunt simul, quia iustificatio impii non est successiva."
20) *STh* 1a2æ. 113. 8: "ordine naturæ unum eorum est prius altero."
21) *STh* 1a2æ. 113. 8.
22) *STh* 1a2æ. 113. 8: "inter ea naturali ordine primum est gratiæ infusio; secundum, motus liberi arbitrii in Deum; tertium est motus liberi arbitrii in peccatum; quartum vero est remissio culpæ." 자유선택의 두 가지 방향에 관하여 토마스는 또 다음과 같이 설명한다. "의롭게 된 자는 죄가 하나님에 반하는 것이기 때문에 죄를 혐오한다. 그러므로 하나님을 향한 자유선택의 움직임은 죄를 향한 자유선택의 움직임에 선행한다. 왜냐하면 전자는 후자의 원인과 근거(*causa et ratio*)이기 때문이다." *STh* 1a2æ. 113. 8.

여기서 주목할 만한 것은 토마스가 이 네 요소 중 무엇보다 우선적으로 은혜의 주입이 필요하다는 것을 강조하고 있다는 점이다. 이것이 의미하는 바는 토마스가 불의한 자들의 자유의지가 죄로부터 돌아서서 하나님에게로 전향할 수 있는 능력은 결코 타고난 것이 아니라고 본다는 점이다. 자유의지의 전향 자체는 오직 하나님의 초자연적인 선물, 즉 은혜의 주입에 의해서만 작동될 수 있다. 여기서 또 한 가지 중요한 것은 어떠한 경우에도 하나님은 인간의 본성에 대항하는 외적 힘에 의해서 이것이 발생하게 하지 않는다는 토마스의 사고방식이다. 하나님은 모든 것을 그 자체의 본성에 따라 움직인다. 따라서 하나님은 인간을 그들의 인성의 상태에 따라 (정)의로 움직인다.

특히 자유의지는 인간의 고유한 특징이기 때문에 인간을 (정)의로 움직이는 하나님의 운동은 자유의지의 움직임을 통해서 발생한다. 하나님은 의롭게 하는 은혜의 선물을 주입하여 자유의지가 하나님의 선물을 받아들이고 그 결과로 움직여질 수 있게 되도록 동시적으로 자유의지를 움직인다. 따라서 "어느 누구도 자유의지의 운동 없이 의롭게 하는 은혜에 의해서 하나님 아버지에게 오지 못한다."[23]

의롭게 됨을 위한 하나님의 초자연적 선물, 즉 한 인간의 영혼 안에 있는 자질(*qualitas*)과 습성(*habitus*)으로서의 은혜의 주입의 필요성을 토마스는 또 다음과 같이 설명한다. 어느 누구도 혼자 힘으로 첫 번째 은혜를 공로로 얻을 수 없다. 그 이유에 대해서 토마스는 두 가지 근거를 내세운다. 의롭게 하는 은혜의 선물은 그것을 가지고 있지 않은 사람에 의해서 공로로 얻어질 수 없다. 왜냐하면 그것은 그 사람의 인간 본성의 비(比, proportion)를 초과하기 때문이며, 또 의롭게 하는 은혜를 받기 전에 그 사람은 그 은혜를 공로로 얻는 것을 방해하는 죄의 상태에 있기 때문이다. 게다가 만약 누군가 선행적 은혜를 받음으로써 값없는 추가적인 선물을 공로로 얻게 된다면, 그 공로는 이미 첫 번째 은혜를 전제로 하고 있다. 따라서 결론적으로

---

23) *STh* 1a2æ. 113. 3.

어느 누구도 혼자 힘으로 첫 번째 은혜를 공로로 얻을 수 없다.[24]

토마스는 불의한 자들이 의롭게 되는 데 있어서 요구되는 네 가지 필수 요소를 다루고 나서 영생의 획득에 대한 문제를 취급한다. 이것은 창조된 인성의 비를 초과하는 선으로 간주된다. 왜냐하면 이것은 본성의 지식과 바람을 초과하기 때문이다. 여기서 우리는 공로에 대한 토마스의 입장을 이해할 필요가 있는데, 그 공로는 재량공로(裁量功勞, meritum de congruo)와 적정공로(適正功勞, meritum de condigno)로 구분된다.

토마스는 공로가 될 만한 행위는 두 가지 방법으로 계산될 수 있다고 설명한다. 첫째, 그 일이 자유의지로부터 나온 행위인 한 공로가 될 수 있고, 둘째, 그것이 성령의 초자연적 선물인 은혜로부터 나온 행위인 한 공로가 될 수 있다. 첫 번째 방식에 의한 행위들은 재량공로를 얻는 것으로 간주된다. 두 번째 방식에 의한 행위들은 적정공로를 얻는 것으로 간주된다. 재량공로는 행위에 대한 상 혹은 보상을 의미하는 것으로서 그 행위가 한 개인 자신의 자유의지 혹은 자연적 능력으로부터 나오는 한 그렇다. 행위와 공로 사이에는 본래적인 비(比)가 없고, 현저한 불균등이 있기 때문에, 이 공로는 등가의 규칙에 기초하고 있지 않다. 대신 이 공로는 "일종의 비의 균등성"이라는 아이디어에 기초를 두고 있다. 왜냐하면 그 자신의 능력의 정도 안에서 최선을 다하는 자에게 하나님은 그의 능력의 탁월함에 비례하여 보답해야 하는 것이 적합한 것처럼 보이기 때문이다.[25] 그러므로 재량공로는 하나님에 의해서 의무적인 것으로서가 아니라 적합한 것으로서 값없이 수여된 보상을 의미한다. 만약 어떤 사람이 자기 자신의 자유의지로부터 할 수 있는 것을 한다면, 하나님은 그 사람의 능력의 탁월함에 맞게 그 사람에게 보답해야만 한다.[26]

반면에 적정공로는 한 개인의 성취와 보상의 균등성에 기초하여 특정한 인간 행위들에 수여된 상 혹은 보상을 의미한다. 따라서 보상에 대한 권

---

24) *STh* 1a2æ. 114. 5.
25) *STh* 1a2æ. 114. 3.
26) *STh* 1a2æ. 114. 3.

리는 정당한 것이며, 보상은 반드시 수여되어야만 한다. 첫 번째 은혜에 의해서 의롭게 된 자가 영생을 획득하는 것에 대한 토마스의 사고는 바로 이 적정공로 개념 안에 잘 설명되어 있다. 의롭게 된 자가 하나님에 의해서 주입된 은혜를 통해 성령의 도움과 협력하면서 선을 행할 때, 그 사람의 행위는 영생을 얻을 가치를 지니게 된다. 여기서 한 가지 주의할 점은 토마스의 적정공로 개념이 인간 행위의 가치와 영생의 형태로 주어지는 하나님의 보상 사이의 절대적 균등에 의존하고 있다고 오해되어서는 안 된다는 것이다. 이러한 내재적 균등 개념 대신에 토마스는 적정공로 체제가 근본적으로 공로와 보상 체제에 대한 하나님의 앞선 제정에 입각해 있다고 설명한다.

즉, 하나님과 인간 사이에는 거대한 불균등이 있다는 입장을 취하면서 토마스는 심지어 은혜와 함께라도 인간은 절대적 균등의 법칙에 근거하여 영생을 보상으로 얻을 수는 없다고 단언한다. 인간은 하나님 앞에서 오직 "하나님의 제정이라는 전제, 즉 인간이 그의 행위의 보상으로서 하나님으로부터 무엇 – 그것을 위해서 하나님은 그에게 행위의 능력을 허락하셨다. – 인가를 얻는다는 전제" 하에서만 하나님 앞에서 보상을 얻을 수 있다.[27] 토마스에 의하면 "하나님은 인간의 본성을 그 자체의 능력이 아니라 은혜의 도움에 의해서 영생이라는 끝을 달성하도록 제정하였다. 그리고 이러한 방식에 의해서 그것의 행위는 영생을 보상으로 얻을 만한 가치를 가질 수 있다."[28]

더 나아가서 토마스는 첫 번째 은혜에 의해 의롭게 된 자의 행위들의 보상은 적정공로처럼 영생을 얻을 가치를 갖고 있는데, 그것은 그 보상의 가치가 그 의롭게 된 자를 영생으로 움직이고 있는 성령의 능력에 따라서 평가되기 때문이라고 설명한다. 즉 행위의 보상은 영혼 안에 주입된 성령의 은혜의 가치에 의해서 평가된다.[29] 그러므로 적정공로 개념과 관련하여 하나님이 보상에 대한 의무를 갖고 있다는 진술은, 항상 행위와 보상 간의 균

---

27) *STh* 1a2ae. 114. 1.
28) *STh* 1a2ae. 114. 2.
29) *STh* 1a2ae. 114. 3.

등의 법칙은 오직 이미 존재한 하나님의 제정의 조건 안에서만 효력을 발휘한다는 전제 하에서 이해되어야 한다. 이것은 곧 토마스는 하나님의 의무를 하나님이 인간에게 빚을 지게 된다는 의미에서 이해하고 있지 않다는 것을 분명하게 보여준다. 토마스에 의하면 행위가 "오직 하나님의 제정이라는 전제 하에서 공로로 가치를 인정받을 수 있는 성격을" 갖기 때문에, 빚의 의무는 하나님의 제정이 성취되어야만 한다고 단언하고 있다는 의미에서 하나님은 "자기 자신에게" 빚지게 되는 것이다.[30]

이와 같은 아리스토텔레스의 제일원인 혹은 움직이게 하는 제일자(*causa prima* or *movens*)와 제이원인 혹은 움직여진 자(*causa secunda* or *motum*)의 구조 안에서, 토마스는 공로 안에서의 한 개인의 진보, 즉 적정공로에 의한 한 개인의 영생의 획득을 생각한다. 이 구조 안에서 인간의 행위들은 영생을 위한 "제이[뒤이은]원인"으로 칭해진다.[31] 반면에 모든 선행이 유래하는 하나님의 자비, 즉 첫 번째 은혜는 "우리가 영생에 이르는 제일원인"[32] 혹은 "원리"이다.[33] 여기서 주목할 사항은 하나님이 인간의 공로가 아닌 하나님 자신의 자비에 의해서 인간을 영생으로 이끈다는 말은 곧 인간으로 하여금 영생에 이르게 하는 제일원인에 관해서만 그렇다는 점이다.[34]

인간이 적정공로에 의해 영생을 획득하는 데 있어서 하나님과 의롭게 된 자 사이의 협력에 대한 토마스의 입장은 은혜 혹은 사랑의 증가를 보상으로 얻는다는 그의 사고를 통해서 더욱 심화된다. 불의한 자의 의롭게 됨은 단번에 일어나고, 불의한 자는 의롭게 하는 은혜를 보상으로 얻을 수 없

---

30) *STh* 1a2æ. 114. 1.
31) *STh* 1a2æ. 114. 3: "Meritum autem nostrum est causa subsequens."
32) *STh* 1a2æ. 114. 3: "primam causam perveniendi ad vitam æternam, quæ est miseratio Dei." 토마스는 또 다음과 같이 말하다. "은혜에 의해서 성령은 한 개인 안에 거주한다. 성령은 '영생의 충분한 원인이다'." *STh* 1a2æ. 114, 3: "per gratiam inhabitat hominem Spiritus Sanctus, qui est sufficiens causa vitæ æternæ."
33) *STh* 1a2æ. 114. 5: "omne bonum opus hominis procedit a prima gratia sicut a principio."
34) *STh* 1a2æ. 114. 3.

지만, 이 의롭게 됨 이후에 의롭게 된 자는 영생이라는 종착점을 향하여 지속적으로 움직이게 된다. 보상으로서의 운동의 종착점은 보다 정확하게 두 가지 방식으로 제시되는데, 하나는 마지막 종착점이며, 다른 하나는 시작이면서 동시에 끝이 되는 중간 단계의 종착점이다. 여기서 중간 단계의 종착점은 "증가의 보상"이다.[35]

한 개인은 은혜의 완성인 영생을 공로로 얻는 것과 동일한 방식으로 공로로 인정받을 만한 행위들에 의해 은혜의 증가를 공로로 얻는다. 영생이 단번에 즉시 주어지지 않고 적절한 때에 주어지는 것과 같이 은혜 또한 단번에 즉시 더 크게 증가하지 않고 적절한 때에 증가한다. 토마스는 이 적절한 때를 누군가 "은혜의 증가를 위해 충분한 성향을 갖게 되었을 때"라고 표현한다.[36] 따라서 은혜 안에서의 성장은 다음과 같은 두 가지 의미에서 적정공로에 해당한다. 첫째, 은혜의 움직임은 운동의 종착점인 영생에까지 미친다. 둘째, 은혜의 움직임은 "사랑 혹은 은혜의 증가"에 의해서 일어나는 이 운동 안에서의 모든 전진과정에 미친다.[37]

여기서 질문이 하나 제기된다. 그렇다면 사랑이 적정공로와 무슨 상관이 있는가? 왜 다른 종류의 덕들이 아니라 하필 사랑이라는 덕인가? 토마스는 인간이 하나님에게로 그들의 운동을 추진하기 위해서 초자연적으로 수여된 덕들이 필요하다고 본다. 왜냐하면 인간의 운동의 대상으로서 하나님은 인간 영혼의 역량을 초월하기 때문이다.

이 초자연적으로 주입된 덕들은 선천적(connatural) 덕들과는 구별되는 것들로서 신학적 덕(대신덕)들로 분류되는데, 이것들은 믿음, 소망, 그리고 사랑이다. "인간이 자연적 성향에 의해서 그의 선천적 목적으로 향해져

---

35) *STh* 1a2æ. 114. 8.
36) *STh* 1a2æ. 114. 8.
37) *STh* 1a2æ. 114. 8. 성장에 관해서 토마스는 다음과 같이 설명한다. "은혜의 증가는 비록 양적으로는 더 크기는 하지만 이미 있는 은혜의 능력의 범위를 넘어서지는 않는다. 마치 한 나무가 그것의 씨보다 양적으로는 더 크기는 하지만 그것의 능력의 범위를 넘어서지는 않는 것처럼 말이다." *STh* 1a2æ. 114. 8.

있는 것과 동일한 방식으로 신학적 덕들은 인간을 초자연적 행복으로 안내한다."[38]

하지만 이 세 가지 중 최고는 사랑이며, 지속적인 성장과 영생이라는 상급은 주로 사랑에 달려 있다.[39] 그 근본적 이유 혹은 이론적 근거는 다음과 같다: 인간 행위들은 "그것들이 하나님의 은혜를 통해서 그분에 의해 움직여진 자유의지로부터 나오는 한 공로로 인정받을 만하다. 따라서 자유의지로부터 나오는 모든 인간 행위는 만약 그것이 하나님을 향해 있다면 공로로 인정받을 수 있다."[40] 어떤 행동이 공로로서의 가치를 인정받기 위해서 요구되는 것에 관한 한 그 요구는 그 행동이 자발적인 것이어야 한다는 것인데, 이 점에 있어서 공로는 무엇보다도 사랑의 공로로 돌려진다. 왜냐하면

---

38) *STh* 1a2æ. 62. 3: "virtutes theologicæ hoc modo ordinant hominem ad beatitudinem supernaturalem, sicut per naturalem inclinationem ordinatur homo in finem sibi connaturalem." 토마스는 믿음, 소망, 사랑을 신학적 덕들이라고 부르는 세 가지 이유를 제시한다. "첫째, 그것들이 우리를 하나님에게 올바로 향하게 하는 한 그것들의 목표가 하나님이기 때문이다. 둘째, 그것들은 오직 하나님에 의해서만 우리 안에 주입되기 때문이다. 셋째, 이 덕들은 성경에 담겨 있는 신적인 계시에 의해서가 아니고서는 우리에게 알려지지 않기 때문이다." *STh* 1a2æ. 62. 1. 토마스는 우리를 하나님에게로 향하게 하는 데 있어서 인간의 이성과 의지의 한계를 지적한다. "이성과 의지는 본성에 비례하여 하나님이 본성의 시작이요 끝인 한에서 하나님에게로 본성적으로 향해져 있다. 하지만 하나님이 초자연적 행복인 한 이성과 의지는 그것들의 본성에 따라서 그분에게로 충분하게 향해져 있지 않다." *STh* 1a2æ. 62. 1.
39) 토마스에 의하면 신학적 덕들 중 그 어느 것도 더 훌륭한 대상을 갖고 있다는 이유에 의해서 다른 덕들보다 더 위대한 것은 아무 것도 없다. 왜냐하면 신학적 덕들은 모두 하나님을 그 대상으로 갖고 있기 때문이다. 그럼에도 불구하고 사랑은 다른 덕들보다 그 대상에 더 가깝게 접근하기 때문에 다른 신학적 덕들보다 더 위대하다. "다른 덕들은 그것들의 성격에 있어서 대상으로부터 일정한 거리를 암시한다. 왜냐하면 믿음은 보이지 않는 것에 관한 것이요, 소망은 소유되지 않은 것에 관한 것이기 때문이다. 이에 반하여 애덕의 사랑은 이미 소유된 것에 대한 사랑이다. 왜냐하면 사랑받은 자는 어떤 의미로는 사랑하는 자 안에 있으며, 또 한편 사랑하는 자는 갈망에 의하여 사랑받는 자와의 연합으로 끌리게 되기 때문이다." *STh* 1a2æ. 66. 6.
40) *STh* 2a2æ. 2. 9.

토마스에 의하면 인간이 사랑으로부터 하는 무엇은 곧 자유의지로부터 기꺼이 하는 것이기 때문이다.[41]

마찬가지로 "영생이라는 상급은 무엇보다도 먼저 사랑에 속하며, 오직 이차적으로 다른 덕들에" 속하는데, 그것은 선, 즉 하나님을 향유하는 쪽으로 인간 마음이 움직이는 것은 사랑의 본연의 행위이기 때문이다.[42] 오직 사랑에 의해서만 다른 덕들의 모든 행위도 이 목적을 향해서 이끌려진다. 사랑은 다른 모든 덕을 자극한다. 따라서 믿음 또한 사랑에 의해서 지시될 필요가 있다. 여기서 바로 루터가 문제시 삼는 스콜라 신학의 "사랑에 의해 형성된 믿음"이라는 표현이 등장한다.[43] 토마스에게서 "믿음은 영생이 우리 안에서 시작하게 하고 마음으로 하여금 보이지 않는 것들에 동의하게 하는 마음의 습성"이다.[44] "하나님에게로의 첫 번째 전환 혹은 회심은 믿음을 통하여 일어나며", 따라서 "믿음의 운동은 불경건한 자의 의롭게 됨을 위해서 요구된다."[45]

마음이 은혜를 통해서 하나님에 의해 움직여지는 자유의지의 명령으로 인하여 그것의 결정에 이르는 한, 하나님의 진리에 대한 동의로서의 믿음은 마음의 행위를 수반한다. 이러한 방식으로 믿음의 행위는 "하나님과의 관계

---

41) *STh* 1a2æ. 114. 4.
42) *STh* 1a2æ. 114. 4.
43) 참조, Carter Lindberg, *Love: A Brief History through Western Christianity* (Malden, MA: Blackwell, 2008), 103-117.
44) *STh* 2a2æ. 4. 1: "fides est habitus mentis, qua inchoatur vita æterna in nobis, faciens intellectum assentire non apparentibus."
45) *STh* 1a2æ. 113. 4: "Prima autem conversio in Deum fit per fidem…. Et ideo motus fidei requiritur ad justificationem impii." "만약 우리가…, 믿음의 시작이 하나님으로부터 우리에게 온다고 가정한다면, 다시 한 번 믿음 자체의 행위는 첫 번째 은혜 다음에 오며, 따라서 첫 번째 은혜를 공로로 얻을 수 없다. 그러므로 사람은 믿음에 의해 의롭게 되는데, 이것은 마치 믿는 것에 의해서 그가 의롭게 됨을 공로로 얻는다는 의미에서가 아니라, 그가 의롭게 되는 동안 그가 믿고 있다는 의미에서 그렇다. 왜냐하면 위에서 언급되었던 것과 같이 믿음의 움직임은 불의한 자들의 의롭게 됨을 위하여 요구되기 때문이다." *STh* 1a2æ. 114. 5.

에서 자유의지에 종속"되며, 그로 인해서 공로로 인정할 만한 것이 된다.[46] 이런 의미에서 사랑은 믿음을 자발적인 것으로 그리고 하나님을 향하게 형성함으로써 믿음의 움직임을 완전하게 한다.[47] "믿음의 행위는 사랑에 의해서 완성되고 형성되기 때문에" 사랑은 "*믿음의 형상*"이다.[48] 그리고 "불경건한 자들의 의롭게 됨에 있어서 믿음의 운동과 함께 사랑의 운동이 주입된다."[49]

---

[46] *STh* 2a2æ. 2. 9. 참조, *STh* 2a2æ. 2. 2.

[47] 토마스는 사랑이 믿음뿐만 아니라 소망도 완성한다고 주장한다. "사랑은 믿음과 소망에 덕의 완성을 주는 한에 있어서 믿음과 소망의 뿌리다." *STh* 1a2æ. 65. 5: "caritas est radix fidei et spei, inquantum dat eis perfectionem virtutis." 토마스는 이 세 가지 신학적 덕들 간의 순서를 발생의 순서와 완성의 순서라는 두 가지 형태로 설명한다. "질료가 형상에 우선하고, 불완전한 것이 완전한 것에 우선하는 발생의 순서에 의하면, 동일한 주체 안에서 그것들의 행위들에 따라서—습성들은 모두 함께 주입되기 때문에—믿음은 소망에 우선하고, 소망은 사랑에 우선한다. 욕구의 운동은 소망하는 것에 의해서든 혹은 사랑하는 것에 의해서든 어느 것에로도 향할 수 없다. 그것이 감각 혹은 지성에 의해서 파악되지 않는다면 말이다. 지성이 소망과 사랑의 대상을 파악하는 것은 믿음에 의해서다. 그러므로 발생의 순서에서 믿음은 소망과 사랑에 우선한다. 마찬가지로 한 개인은 어떤 것을 그의 선으로 파악하기 때문에 그것을 사랑한다. 한 개인이 누군가를 통해서 어떤 좋은 것을 획득할 수 있기를 소망한다는 바로 그 사실로부터 그는 그가 소망을 걸고 있는 그 사람을 그 자신의 선으로서 간주한다. 그러므로 한 개인이 누군가에게 소망을 걸고 있다는 바로 그 이유로 인해서 그는 그 사람을 사랑하기 시작한다. 그래서 발생의 순서에 있어서 그것들 각각의 행위에 관하여는 소망이 사랑에 우선한다. 하지만 완성의 순서에 있어서는 사랑이 믿음과 소망에 우선한다. 왜냐하면 믿음과 소망 둘 다 사랑에 의해서 불러일으켜지며, 사랑으로부터 덕들로서의 그것들의 완전한 보완물을 받기 때문이다. 그러므로 사랑은 모든 덕의 형상인 한 그 모든 덕의 본원이요 뿌리다." *STh* 1a2æ. 62. 4.

[48] *STh* 2a2æ. 4. 3(필자의 강조): "Et ideo *caritas* dicitur *forma fidei*, inquantum per caritatem actus fidei perficitur et formatur." 사랑이 믿음을 완성하기는 하지만 사랑의 행위는 믿음을 전제로 삼고 있다. 왜냐하면 의지는 오직 지성(intellect)이 하나님에 대한 올바른 믿음을 갖고 있을 때에만 완전한 사랑 안에서 하나님에게 응답할 수 있기 때문이다. *STh* 2a2æ. 4. 7: "sed talis acuts [actus voluntatis caritate informatus] præsupponit fidem, quia non potest voluntas perfecto amore in Deum tendere nisi intellectus rectam fidem habeat circa ipsum." 참조, *STh* 2a2æ. 4. 3: "caritas dicitur esse forma fidei inquantum informat actum ipsius."

[49] *STh* 1a2æ. 113. 4: "motus fidei non est perfectus nisi sit caritate informatus,

사랑이 없으면 믿음이라는 덕은 완전한 성격을 갖추지 못한다. 덕은 선행을 하는 쪽으로 향해져 있다. 완전한 덕은 행함의 기능에 완전하게 선한 행위를 주는 것이다. 그리고 이것은 선한 것을 행하는 것뿐만 아니라 그것을 잘 행하는 것에도 놓여 있다.[50] 믿음의 행위는 하나님을 믿는 것이요, 믿는 것은 자기 자신의 자유의지를 갖고 누군가에게 동의하는 것이다. 당연히 그래야 하는 대로 의지를 갖는 것은 완전한 믿음의 행위며, 이것은 의지를 완전하게 하는 사랑의 결과다. 왜냐하면 의지의 모든 올바른 움직임은 올바른 사랑으로부터 나오기 때문이다.[51]

계속해서 토마스는 믿음의 형상으로서의 사랑의 의미를 다음과 같이 구체적으로 설명한다. 어떤 형상과 그 형상을 형상으로 갖고 있는 것은 한 곳에 위치해 있다. 하지만 믿음은 지성 안에 있는 반면, 사랑은 의지 안에 있다. 따라서 엄격한 의미에서 사랑은 믿음의 형상이 될 수 없다. 그럼에도 불구하고 사랑을 믿음의 형상이라고 할 수 있는 것은 위에서 설명한 이유들 때문이다. 그러므로 토마스는 믿음을 생명이 있는 믿음 혹은 생명이 없는 믿음으로 만드는 것은 다른 종류들의 믿음이 아닌, 사랑의 현존 혹은 부재에 의해서 결정된다고 주장한다.[52]

공로와 사랑에 의해서 형성된 믿음에 관한 토마스의 입장과 함께 이에 대한 가브리엘 비엘(Gabriel Biel, c. 1425-1495)의 입장 또한 중요하다. 유

---

unde simul in iustificatione impii cum motu fidei, est etiam motus caritatis."
50) 참조, Aristotle, *Nicomachean Ethics*, in *The Basic Works of Aristotle*, ed. Richard McKeon (New York: Modern Library, 2001), Book II, Ch. 6. 이 사고는 분명하게 아리스토텔레스 철학의 영향을 보여준다. 이와 관련하여 다음의 책도 참조, Theodor Dieter, *Der junge Luther und Aristoteles: Eine historisch-systematische Untersuchung zum Verhältnis von Theologie und Philosophie* (Berlin: Walter de Gruyter, 2001).
51) *STh* 1a2æ. 65. 4.
52) *STh* 2a2æ. 4. 4: "per hoc quod fides formata fit informis non mutatur ipsa fides, sed mutatur subiectum fidei, quod est anima, quod quandoque quidem habet fidem sine caritate, quandoque autem cum caritate."

명론자인 비엘은 불의한 자는 자기 자신의 선천적 능력을 가지고는 첫 번째 의롭게 하는 은혜를 공로로 얻을 수 없다는 토마스와는 다른 견해를 취한다. 비엘은 재량공로를 구원의 질서의 일부로 포함시키면서, 불의한 자의 도덕적 선행들도 의롭게 됨을 적합하게 공로로 얻을 수 있다는 입장을 취한다. 비엘에 의하면 하나님은 아직 의롭게 되지는 않았지만 자기 자신의 선천적 능력 안에 있는 것을 행함으로써(*facientibus quod in se est*) 최선을 다하는 자들에게 은혜를 베푼다. 즉 은혜 없이도 인간은 순전히 그들의 선천적 능력을 가지고 다른 무엇보다도 하나님을 사랑할 수 있고 다른 모든 악보다도 죄를 미워할 수 있다.[53] 이것을 행하는 자들에게 하나님은 적합하게 은혜를 베푼다(재량공로). 그리고 나서 의롭게 된 자들의 선행은 정당하게 영생을 공로로 얻는다(적정공로).[54]

2. 루터의 반론

공로, 그리고 사랑에 의해 형성된 믿음이라는 중세 가르침들 중에서도 토마스와 비엘의 입장들은 루터의 『갈라디아서 강해』에 빈번하게 언급된다. 루터가 재개념화한 믿음과 사랑의 관점에서 볼 때 루터가 공로, 그리고 사랑에 의해 형성된 믿음에 대한 중세의 가르침들 중 특히 토마스와 비엘의 견해들을 집중적으로 다루는 것은 당연지사라 할 수 있다.[55]

---

53) 참조, Heiko A. Oberman, *The Harvest of Medieval Theology: Gabriel Biel and Late Medieval Nominalism* (Grand Rapids, MI: Baker Academic, 2000), 132-134.
54) 약간씩 변화되는 재량공로와 적정공로의 용법의 역사에 대해서는 다음의 글 참조, Johann Heinz, *Justification and Merit: Luther vs. Catholicism* (Eugene, OR: Wipf and Stock, 2002), 136-153.
55) 브리트(Wriedt)는 다양성을 중세 후기 스콜라주의를 이해하는 데 있어서 매우 중요한 한 양상으로 지적한다. "루터에 대한 평가가 정정되어야 할 필요가 절실히 있음을 새로운 연구들이 보여 왔다. 루터 시대에 스콜라주의는 대학들, 특히 그에게 알려진 대학들에서 지배적인 사고요 지식체계였다는 것은 사실이다. 하지만 '스콜라주의'라는 용어 그 자체가 문제점을 가지고 있다. 중세 후기에 상호 공인을 부인했던 다수의

우선 사랑에 의해 형성된 믿음에 관한 토마스의 견해를 루터는 다음과 같이 자신의 말로 요약한다.[56] "그들[스콜라 신학자들]은 우리가 그리스도를 믿어야만 한다고, 그리고 믿음은 구원의 초석이라고 말한다. 하지만 그들은 이 믿음이 '사랑에 의해 형성'되지 않는 한 의롭게 하지 못한다고 말한다."[57] 루터의 이러한 서술이 보여주듯이 루터는 토마스적 전통에 서 있는

매우 다른 스콜라주의 사고 양식들이 발전했다. … 하지만 이러한 동향들의 다양성을 요약해주는 개요가 – 현재까지는 – 존재하지 않는다." Markus Wriedt, "Luther's Theology," in *The Cambridge Companion to Martin Luther*, 115-116, 각주 13.

스콜라주의의 다양성에 관하여 오버만은 루터가 이러한 다양성에 관하여 분명하게 인식하고 있었다는 점에 주목한다. "중세 후기의 학파들과 학자들의 견해들에 관해 연구한 후에 루터에 대한 연구, 예를 들어서 스콜라 신학에 대항하는 그의 초기 논쟁(1517)에 대한 연구에 도달하게 되면, 이 종교개혁가가 결코 스콜라 신학의 전통 전체를 유명론과 동일시하지 않고, 오히려 그가 입장들의 다양성들을 예리하게 인식하면서, 각각의 특정한 논제에 대하여 책임이 있다고 간주하는 그 신학자에 대항하여 특별히 그리고 정확하게 그의 공격을 가하기 위해 각각의 요지들을 분리하여 다루고 있다는 사실에 놀라게 된다. 그러고 나서 이 기초로부터 그는 여러 차례 일제히 모든 스콜라 신학자들에 반대하고 나선다." Heiko A. Oberman, *The Dawn of the Reformation: Essays in Late Medieval and Early Reformation Thought* (Grand Rapids, MI: Eerdmans, 1992), 108. 오버만은 또 반법주의자들에 대한 두 번째 논쟁의 서문(1538)을 지적한다. 여기에서 루터는 "대략 롬바르두스(Lombard)에서부터 스코투스에 이르기까지의 초기 전통과 오캄과 그의 제자들로 구성된 그 후속 학파를" 구분하고 있다고 오버만은 설명한다. "성령에 의해 계몽되지 않은 이성이 다른 무엇보다도 하나님을 사랑할 수 있다는 파렴치한 가르침으로 인해서, 그리고 두 번째로는 그리스도는 그리스도인들을 위해서 오직 첫 번째 은혜만을 얻었다는 가르침으로 인해서 루터가 공격하는 자들은 이 후자에 속한 자들이다." 위의 책, 109.

56) 루터는 심지어 "교황주의자들"(papists)이 바울의 갈라디아서에 나오는 갈라디아 사람들의 마음을 흐트러뜨렸던 거짓 사도들보다도 훨씬 더 나쁘다고 언급한다. "그 거짓 사도들은 그리스도를 믿는 믿음에 더하여 하나님의 법의 행위들 또한 구원을 위하여 필요하다고 가르쳤다. 하지만 우리의 적대자들은 믿음은 완전히 건너뛰고, 하나님의 말씀 없이 그리고 하나님의 말씀에 반대하여 하나님에 의해서 명령된 것이 아니라 그들에 의해서 만들어진 인간적 전통들과 행위들을 가르쳤다." WA 40/1. 112. 16-19; *LW* 26:52. 루터는 이러한 소위 형성되지 않은 믿음은 믿음으로 간주될 수 없다는 입장을 취한다.

스콜라 신학자들이 구원론과 관련하여 죄인들을 의롭게 하는 데 있어서 믿음이 갖고 있는 기능을 전적으로 부인하지는 않는다는 것을 인정하고 있다.

따라서 루터가 "믿음에 의해서만 의롭게 됨"에 "오직"을 덧붙일 때, 이것은 단순히 문법적인 차원에서 전달하고자 하는 메시지를 보다 분명하게 하기 위한 시도만은 아니다. 너무 짧은 단어라 소홀히 넘어갈 수도 있겠지만 사실 이 한 단어는 루터의 논지의 핵심을 노출하고 있다. 그것은 곧 아무런 조건을 붙이지 않은 채 의롭게 됨을 위한 믿음의 필요성뿐만 아니라 믿음의 충분성도 인정하느냐는 문제다. 여기서 루터는 믿음에 대한 토론의 방향을 바꾸어, 불의한 자들이 의롭게 되고 영생을 얻는 것에 대한 문제가 다루어질 때, 토의되고 있는 믿음이 도대체 어떤 종류의 믿음이냐는 질문에 관심을 집중한다.

믿음의 개념에 관한 한 무엇보다도 근본적으로 "형성되지 않은 믿음"이라는 토마스적 견해가 신학적 가르침의 차원에서뿐만 아니라 종교적 실행 혹은 경건의 차원에서도 루터에게 걸림돌이 된다.[58] 루터가 설명하고 있는 것과 같이 토마스의 견해에 의하면 한 인간이 첫 번째 은혜에 힘입어 선행을 할 때 하나님은 그것을 수용하고 그 행위로 인하여 사랑을 그 사람의 가슴속에 주입한다.[59] 이 주입된 사랑은 행위자의 형식적(formal) 의로서 가

---

57) WA 40/1. 164. 15-17: "Sophistae nostril idem docuerunt Quod scilicet in Christum sit credendum fidemque salutis, sed eam non iustificare, nisi formata sit charitate."; LW 26:88. 루터는 또 다음과 같이 언급한다: "언제든지 성경을 피하려는 소피스트들은 다음과 같이 이 구절을 잡고 늘어진다: '의인들은 믿음에 의해 살리라,' 즉 능동적인, 일하고 있는, 혹은 사랑에 의해 '형성된' 믿음에 의해서. 하지만 만약 이것이 형성되지 않은 믿음이라면, 그것은 의롭게 하지 못한다." WA 40/1. 421. 15-16; LW 26:268.
58) WA 40/1. 421. 16; LW 26:268. 참조, WA, TR 3:691-692(no. 3895, 1538. 6. 20); LW 54:289-290.
59) 루터는 그의 논적들이 다음과 같이 가르친다고 기술한다. 그들의 가르침에 따르면 "그들이 타당하게 그리스도에 대한 믿음이라고 부르는 '주입된 믿음'은 죄로부터 자유롭게 하지 못하고, 오직 '사랑에 의해 형성된 믿음' 만이 그렇게 한다. 이로부터 나

슴에 첨부된 자질이다. 결과적으로 그 사람은 은혜 혹은 사랑이라고 불리는 형식적 의에 의해서 의롭게 보여 진다. 이와 같이 사랑의 형태 안에 있는 이 은혜는 사람을 하나님 보기에 만족스러운 자로 만든다.[60] 사람은 그 사람이 사랑의 선행을 하고 있기 때문에 의롭다. 그러므로 영생은 그 사람이 선행을 수행하기 때문에 획득된다. 이러한 토마스적 견해에 대해 루터는 다음과 같이 언급한다. 그래서 "그들은 형식적 의를 영혼 안에 내재하는 태도(attitude)와 '형상', 즉 사랑에 귀착시킨다. 사랑은 법에 의하면 행위고 선물이다. 왜냐하면 법은 '주를 사랑하라'(마 22:37)고 말하고 있기 때문이다."[61]

사실 공로에 대한 가르침이 루터에게 더욱 문제가 되는 것은 후기 스콜라 신학자들이 공로를 취급한 방법, 특히 아직 의롭게 되지 않은 자의 도덕적 선행도 적합하게 의롭게 됨을 공로로 얻을 수 있다는 재량공로 개념 때문이다. 이러한 사고를 가진 대표적 신학자로 루터는 던즈 스코투스(Duns Scotus, 1265/66-1308)와 윌리엄 오캄(Willaim of Ockham, c. 1287-1347)을 언급한다.[62] 하지만 루터가 특히 강하게 반박하는 것은 비엘의 입장이다. 비엘에 의하면 인간은 하나님의 은혜를 얻기 위해서 심지어 하나님에 의해 주어진 사랑조차 필요로 하지 않고, 자기 자신의 선천적 능력만으로도 다른 무엇보다 하나님을 사랑할 수 있다. 즉 인간은 돕는 은혜 없이도 자기 자신의 선천적 능력 안에 있는 것을 행함으로써 재량공로를 획득할 수 있다.[63]

오는 결론은 그리스도를 믿는 믿음은 그 자체로서 법과 행위 없이는 구원하지 못한다는 것이다. … 반면에, 만약 당신이 법을 수행하고 행위를 한다면 믿음은 의롭게 한다. 왜냐하면 그것은 행위를 가지고 있고, 행위 없이 믿음은 무용하기 때문이다. 그러므로 믿음이 아닌 행위가 의롭게 한다. … 만약 믿음이 행위 때문에 의롭게 한다면, 믿음보다는 행위가 의롭게 하는 것이다." WA, 40/1. 254. 27-35; LW 26:146.
60) "사람은 그의 형식적(formal) 의에 의해서 의롭다. 이것은 그 사람을 하나님 앞에 만족스러운 자로 만드는 은혜, 곧 사랑이다." WA 40/1. 226. 13-14; LW 26:127.
61) WA 40/1. 226. 14-15; LW 26:127-128.
62) WA 40/1. 226. 20-22; LW 26:128. 가브리엘 비엘, 던즈 스코투스, 윌리엄 오캄, 그리고 토마스 아퀴나스에 대한 루터의 언급이 그의 『탁상담화』중에 나와 있다. WA, TR 3:563-564(no. 3722, 1538. 2. 2); LW 54:263-264.
63) "그들['교황주의자들']은 은혜 이전에 행해진 선행으로 재량공로를 얻을 수 있다고

루터는 이 재량공로에 대한 가르침과 이에 동반되는 은혜 개념을 다음과 같이 비판한다. "한 개인은 죄의 용서와 의롭게 됨을 다음과 같은 방식으로 얻는다: 은혜에 앞서는, 그리고 그들이 '재량공로'라고 부르는 그 개인의 행위들에 의해서 그 개인은 은혜를 보상으로 얻는데, 이것은 그들에 의하면 의지 안에 내재하고 그 개인의 선천적 능력들에 의해 갖고 있는 사랑에 더하여 하나님에 의해서 베풀어진 자질이다. 그들은 한 개인이 이 자질을 갖고 있을 때, 그 개인은 형식적으로 의로우며 진정한 그리스도인이라고 말한다."[64] 그리고 나서 일단 은혜가 획득되면 그 이후에 따라오는 행위는 적정공로에 의해서 영생을 받을 가치가 있게 된다.[65]

공로, 혹은 보다 구체적으로 재량공로에 대한 이러한 후기 스콜라 신학 혹은 유명론적 입장은 토마스적 견해보다 루터에게 수용하기 더 힘든 것이었다. 이로 인해서 루터는 후기 스콜라 신학자들 가운데 발견되는 이 입장이 토마스적 견해보다 더 해로운 것이라고 평가하면서, 이 입장을 다음과

말한다." *WA* 40/1. 220. 5-6; *LW* 26:124. 루터는 또 다음과 같이 언급한다: "스콜라 신학은 이 점, 즉 사람이 그의 순전히 선천적인 능력들에 의해서 재량공로를 얻을 수 있다는 점에 동의한다. 그리고 모든 스콜라 신학자들은 최소한 다음의 것을 가르쳤다: '너의 최선을 다하라.' 하지만 오캄은 비록 지적 예리함에 있어서 다른 모든 사람보다 뛰어났고 나머지 모든 입장을 논박하기는 했지만, 성령이 선행을 위해 필수적이라는 것은 성경에서 찾아볼 수 없다고 분명하게 말하고 가르쳤다." *WA, TR* 4:679-680(no. 5135, 1540. 8. 7-24); *LW* 54:391-392. 참조, Heiko A. Oberman, "Facientibus quod in se est Deus non denegat gratiam," *Harvard Theological Review* LV(1962), 317-342. 오버만은 '너의 최선을 다하라'(*facere quod in se est*)는 유명론의 가르침은 루터에게서 도덕적이고 지적인 두 가지 측면에서의 의미들을 가지고 있다고 설명한다. 오버만에 의하면 최소한 이 가르침의 도덕적 의미에 있어서 "시편 113:1에 대한 해설(c. 1515)과 로마서 14:1에 대한 해설(c. 1516) 사이에 루터는 한 가르침['너의 최선을 다하라'는 가르침]에 대한 그의 입장을 근본적으로 변경했다. 그는 1515년에는 이 가르침을 지지했지만, 1516년에는 교회를 타락시키는 데 책임이 있는 것으로서 이 가르침을 공격한다." Heiko A. Oberman, *The Dawn of the Reformation*, 99-100.

64) *WA* 40/1. 230. 18-22; *LW* 26:130.
65) *WA* 40/1. 220. 6-7; *LW* 26:124.

같이 기술한다.

계속해서 그들[소피스트들]은 하나님은 그가 인간의 의지 안에 주입한 사랑으로 인하여 그 후에 따라오는 행위를 받아들이고 그것을 영생에 적용시키기 때문에, 그 후에 따라오는 행위들은 '적정공로에 의해서' 영생을 상급으로 얻을 힘을 갖고 있다고 말한다. 그러므로 그들은 하나님이 영생을 위해 선행은 '받아들이지만' 저주와 영원한 처벌을 위해 악행은 '받아들이지 않는다.'고 말한다. 그럼에도 불구하고 그들 모두가 심지어 이만큼 잘 말하지도 못한다. 어떤 자들은 우리가 말했던 것처럼 우리가 가지고 있는 순전히 선천적인 능력에 의해서 우리가 모든 것 위에 하나님을 사랑할 수 있다고[재량공로] 가르친다.[66]

이와 같이 루터는 스콜라 신학자들이라고 해서 다 동일한 입장을 갖고 있는 것은 아니며, 공로개념들에 관해 서로 이견들을 갖고 있다는 것을 분명히 인식하고 있다. 더 나아가서 루터는 중세 교회가 외적으로라도 상충되는 교리를 가르치고 있다는 비판의 여지를 피하기 위하여 이 상호 다른 입장들을 어떻게 다루는지도 지적한다.

루터는 스콜라 신학자들이 두 가지 방법으로 법을 성취하는 것에 관해 말함으로써 그 해결책을 추구하고 있다고 언급한다. 그 하나는 행위의 내용에 따른 방법이고, 다른 하나는 계명을 준 자의 의도에 따른 방법이다.[67] 행

---

66) WA 40/1. 230. 28-231. 18; LW 26:131. 참조, WA 42. 348. 37-349. 9; LW 2:123. "순전히 선천적인 자질"(*ex puris naturalibus*)에 관해서는 WA 42. 347. 35-39; LW 2:121, 각주 37 참조. 손상되지 않은 선천적인 자질(*integra naturalia*)에 관한 스콜라 신학의 사고는 아담이 창조되었을 때 은혜의 선물이 그의 선천적 자질들에 첨가되었다는 것이다. 아담은 타락으로 인해서 그의 첨가된 선물을 상실하게 되었다. 하지만 아담의 선천적 자질들은 손상되지 않은 채 계속 간직되었다. 그러나 이것들이 그를 구원하기에는 충분하지 않았기 때문에 은혜가 구원을 위해서 회복되어야만 했다. 그럼에도 불구하고 그의 선천적 자질들은 그의 본질에 있어서 그를 선하게 만들었다.
67) WA 40/1. 227. 21-23; LW 26:128-129.

위의 내용이라는 관점에서 볼 때 인간은 법이 명령하는 모든 것을 성취할 수 있다. 하나님의 의도에 따른 법의 성취라는 관점에서 볼 때 스콜라 신학자들은 하나님이 추가적으로 법이 "사랑 안에서 – 인간이 가지고 있는 선천적 사랑이 아니라 하나님 자신이 수여하는 초자연적이고 신적인 사랑 안에서" 지켜질 것을 요구한다고 주장한다.[68] 이러한 사랑은 "하늘로부터 우리 안으로 주입된 초자연적 자질"로 칭해지며, "믿음을 형성하고 꾸미며, 믿음으로 하여금 우리를 의롭게 만드는 형식적 의"로 불린다.[69]

루터에 의하면 이러한 해결책은 성경으로부터 멀리 빗나간 것이다. 성경은 모든 것 위에 하나님을 자연적으로 사랑할 수 있는 인간의 선천적 능력을 인정하지 않는다. 또 성경은 인간이 어떤 종류의 것이 되었든 결코 행위에 의해서 은혜와 영생을 보상으로 얻을 수 있다고 말하지 않는다. 하나님이 하늘로부터 인간의 가슴속에 주입된 초자연적 자질로서의 사랑을 요구한다는 주장은 성경적 가르침이 아니라 철학적 사고라고 루터는 주장한다.

사랑에 관한 이러한 개념들이 의롭게 됨에 있어서 인간의 공로를 너무 과도하게 신뢰하고 있다는 점도 문제라고 루터는 지적한다. 더 나아가서 루터는 이러한 개념들이 성경적 믿음 개념을 쓸모없고 형태도 없는 철학적 질료 개념으로 취급하는 문제를 갖고 있다고 규탄한다. 따라서 루터는 성경적 믿음과 사랑 개념들을 철학의 틀과 개념으로 풀이하는 인물들을 질책한다. 루터가 보기에 그들은 "하나님을 우리가 생산해 낼 수 없는 것을 우리에게 요구하는 폭군이요 괴롭히는 자"로 만들고 있고, 이것은 곧 "만약 우리가 저주 받으면, 그 잘못이 우리에게 있다기보다는 오히려 이런 방식으로 자신의 법을 지키라고 우리에게 요구한 하나님에게 있는 것"이라고 선언하는 거나 마찬가지였다.[70]

여기서 한 가지 분명히 해두어야 할 것은, 이처럼 형성하는 사랑에 대한 개념을 거부하고 오직 믿음만을 옹호하면서 루터가 의도한 것은 단순히 믿

---

[68] *WA* 40/1. 227. 27-29; *LW* 26:129.
[69] *WA* 40/1. 228. 23-25; *LW* 26:129.
[70] *WA* 40/1. 227. 29-228. 17; *LW* 26:129.

음과 사랑 간에 경쟁을 붙여 놓고, 사랑을 믿음으로 대체하는 것이 아니라는 점이다. 루터가 꿰뚫어 본 본질적 문제는 이보다 훨씬 더 심각한 데 놓여 있다.

III. 법과 그리스도 간의 결투

루터는 우선 스콜라 신학자들과의 논쟁에서 다음과 같은 질문들을 던진다. 만약 그들이 주장하는 바와 같이 인간 안에 주입된 초자연적 자질이든 혹은 인간의 선천적 자질이든 간에 사랑이라는 것이 믿음을 형성하며, 인간이 법의 행위를 통해 의를 획득하기 위한 공로를 얻을 수 있다면, 성자의 성육신은 어떤 의미를 지니는가? 예수 그리스도의 구속론적 기능은 무엇인가? 예수 그리스도는 왜 십자가 위에서 처형당했는가? 그의 부활은 무엇을 의미하는가? 인간의 구원을 위한 하나님의 약속, 즉 법, 죄, 죽음 그리고 악마로부터의 구원, 그리고 축복받은 후손인 예수 그리스도를 통한 은혜, 의, 구원, 그리고 영생의 선물이라는 아브라함에게 주어진 하나님의 약속은 어떻게 되는 것인가?[71]

믿음이 사랑에 의해 형성되고 완성된다는 이 사고방식에서 루터가 직시한 것은 단순히 사랑과 믿음이라는 두 신학적 덕 간의 우월성을 재는 논란이 아니었다. 표면적으로는 믿음과 사랑이라는 두 개의 초자연적인 신학적 덕들 간의 경쟁적 논란인 것처럼 간주될 수 있는 이 문제에서 루터는 다름 아닌 생과 사를 가르는 인간의 구원문제에 관련된 예수 그리스도와 법 간의 문제를 꿰뚫어 보고 이 문제를 파고든다.

성경에서 발견되는 인간 구원에 관한 하나님의 약속에 따르면, 하나님은 인간의 구원 문제에 관한 한 예수 그리스도 이외의 다른 방법을 약속한 적이 없다는 점에 루터는 방점을 찍는다. 또한 바울의 가르침에 의하면 인

---

71) WA 40/1. 515. 25-27; LW 26:334.

간은 오직 예수 그리스도를 믿음에 의해서만 의롭게 된다(갈 2:16). 그런데 믿음이 사랑에 의해 형성되고 완전해진다고 가르치는 것은 곧 죄인이 의롭게 됨에 있어서 하나님의 은혜와 더불어 인간의 행위와 법 준수가 협력하여 유효한 가치를 갖는다고 주장하는 셈이 된다.

여기서 루터는 그의 입장을 이해하는 데 있어서 매우 중요한 그리고 강력한 이미지를 지닌 개념을 들고 나오는 데, 그것은 바로 "법과 그리스도 간의 결투"다.[72] 루터는 인간의 법 준수라는 행위가 구원을 획득하는 데 있어서 하나님의 은혜와 협력하면서 유효한 가치를 갖고 있다고 말하는 것은 곧 그 근본에 있어서 인간의 구원 문제를 놓고 법이 그리스도에게 결투를 신청한 것과 매일반이라고 꼬집는다. 그리고 이러한 법과 그리스도 간의 결투는 다른 한편으로 법의 준수를 통해 자기 의 혹은 행위 의를 얻고자 헛되이 애쓰는 죄인들이 그리스도와 경쟁하는 것이 된다고 루터는 지적한다.

하지만 루터가 법과 그리스도 간에 벌어지고 있는 것으로 본 이 결투의 심층에는 보다 본질적인 신학적 논점이 놓여 있다. 그것은 루터의 예수 그리스도에 대한 이해, 즉 그리스도론에 관한 것이다. 이 대결의 핵심적 문제를 간파하기 위해서 루터는 하나님이며 인간인 그리스도가 갖고 있는 두 가지 기능을 신중하게 구별해야 한다고 단언한다. 그 하나는 "그리스도의 고유 기능"이고 다른 하나는 "그리스도의 부수 기능"이다. 여기서 죄인의 의롭게 됨과 직결되어 있는 것은 그리스도의 부수 기능이 아닌 그리스도의 고유 기능이다. 비록 다음의 인용문이 조금 길기는 하지만 이 두 기능에 대한 루터의 생각을 이해하는 데 있어서 매우 중요하므로 그대로 인용해 본다.

> 그리스도가 복음서에서 계명을 주시고 법을 가르치실 때, 혹은 보다 정확히 말해서, 법을 해석하실 때, 이것은 의에 관한 교리에 해당하는 것이 아니라 선행에 관한 교리에 해당한다. 더욱이 법을 가르치는 것은 그리스도가

---

[72] WA 40/1. 567. 14: "Hoc duellum gestum est inter Legem et Christum."; LW 26:371.

세상에 오셨던 이유가 되는 그의 고유 기능이 아니다. 그것은 그리스도가 병든 자들을 고치시고, 죽은 자들을 살리시며, 가난한 자들을 도우시고, 또한 고통 받는 자들을 위안하셨던 때와 같이 부수 기능이다. 물론 이러한 것들은 영광스럽고도 신적인 행위들이다. 그럼에도 불구하고 그것들은 그리스도 특유의 것들이 아니다. 왜냐하면 예언자들 또한 법을 가르쳤고, 기적들을 행했기 때문이다. 그러나 그리스도는 참된 하나님이시며 인간이시다. … 따라서 온 세상의 법, 죄, 그리고 죽음과 분투한 것, 그리고 그분이 그것들을 경험하고, 그것들을 경험함으로써 그것들을 정복하시고 그분 안에서 그것들을 폐지하시고, 그렇게 함으로써 우리들을 법과 모든 악으로부터 해방시켜 주신 그런 방식으로 분투한 것이 그리스도의 참된 그리고 고유 기능이다.[73]

루터가 이렇게 그리스도의 기능을 두 가지로 구별하면서, 죄인들의 구원의 문제는 그리스도의 고유 기능, 즉 그리스도의 구세주로서의 기능에 속한다는 것을 강조하는 이유는 인간 구원의 문제는 어느 누구도 다룰 수 없는 심각한 문제로서, 참 신이며 참 인간인 그리스도만이 책임질 수 있고, 해결할 수 있는 문제라는 것을 명시하기 위해서다. 루터는 예수 그리스도를 단지 다른 위대한 선지자들이나 혹은 교사들도 했던 일을 행한 인물로 초점을 맞추게 될 경우, 그것은 곧 그를 통해서만 약속되고 성취된 하나님의 인간 구원을 이해하는 데 있어서 완전히 핵심을 벗어나는 오류를 범하는 것이라고 역설한다.

루터는 바울에 의존하여 인간의 죄에 대한 문제는 오직 하나님만이 다룰 수 있다는 점에 관한 한 타협하지 않는다. 그리스도는 참 인간이자 동시에 참 하나님이었기 때문에 죄와 죽음, 그리고 영원한 저주를 이길 수 있었

---

[73] WA 40/1. 568. 25–569. 23; LW 26:372–373. 참조, WA 40/1. 91. 28–29: "Interpretatur quidem legem Christus, sed hoc non est proprium et principale ipsius officium."("물론 그리스도는 법을 해석하기도 한다. 하지만 이것은 그의 고유한, 주된 일이 아니다."); LW 26:38.

던 것이고, 이것은 또 역으로 그리스도가 죄와 죽음, 그리고 영원한 저주를 이긴 승리자라는 것은 그가 참 하나님이라는 것을 증거한다.[74] 이 구세주로

---

[74] 한 예로서 갈라디아서 1:3을 해석하면서 루터는 다음과 같이 언급한다. "여기서 바울이 우리에게 가르쳐주는 두 번째 것은 그리스도는 참된 하나님이시라는 우리의 믿음에 대한 입증이다. 그리스도의 신성에 관한 이 같은 진술들은 과거 혹은 미래의 아리우스주의자들과 다른 분파주의자들에 대항하여서뿐만 아니라 우리 자신의 믿음에 대한 입증을 위해서도 모아 정리되고 주의 깊게 기록되어야 한다." WA 40/1. 80. 17-21; LW 26:30-31. 루터는 계속해서 다음과 같이 기술한다. "그리스도의 참된 신성은 이 결론에 의해 입증된다: 바울은 그분에게 성부가 수여하는 것과 동일한 것들, 즉 은혜, 양심의 평화, 죄의 용서, 생명, 그리고 죄, 죽음, 악마, 지옥에 대한 승리를 수여할 수 있는 능력이 있다고 본다. 이것은 만약 그리스도가 참된 하나님이 아니라면 부조리한 것, 사실 신성모독적인 것이 될 것이다. … 성부는 생명, 은혜, 평화, 등등을 창조하시고 주신다. 성자도 동일한 것들을 창조하시고 주신다. 은혜, 평화, 영생, 죄의 용서, 의롭게 됨, 생명, 그리고 죽음과 악마로부터의 구원을 주는 것은 어떤 피조물의 일이 아니라 오직 하나님의 일이다. 천사들은 이러한 것들을 창조할 수도 없고 줄 수도 없다. 그러므로 이러한 일들은 오직 주권적인 하나님, 만물의 창조자의 영광에만 속한다. 그리고 바울은 이 모든 것을 창조하고 주는 동일한 능력이 성부에게 만큼이나 그리스도에게도 있다고 보고 있으므로, 필연적으로 그리스도는 본성에 있어 참된 하나님이시라는 결론이 나온다." WA 40/1. 80. 25-81. 22; LW 26:31.

루터는 또 다음과 같이 말한다. "그러한 주장들이 요한복음에 많이 등장한다. 거기서 성부와 성자의 신성이 하나라는 것이 성부에게 뿐만 아니라 성자에게도 속하는 것으로 간주되는 일들로부터 입증되고 결론 맺어진다. 그러므로 우리가 성부로부터 받는 선물들은 바로 우리가 성자로부터 받는 선물들이다. 동일한 것들이 성부와 성자 모두로부터 온다." WA 40/1. 81. 23-26; LW 26:31. "나는 오늘날 많은 그릇된 생각들과 다양한 종파들 가운데 일종의 아리우스주의자들(Arians), 유노미우스주의자들(Eunomians), 마세도니우스주의자들(Macedonians)이, 그리고 다른 그런 유형의 이단들이 발흥하여 그들의 미묘함을 가지고 교회들에게 해를 끼칠 것이라는 위험 때문에 이 문제에 관해서 매우 진지하게 너희에게 경고하고 있는 것이다. 아리우스주의자들은 정말로 예리했다. 그들은 그리스도가 두 가지 본성을 가지고 있다는 것, 그리고 그가 '참된 하나님의 하나님'으로 불린다는 것을 인정했다. 하지만 단지 이름으로만 그렇다고 인정했다. 그들은 그리스도가 천사들보다 높은 가장 고귀하고 완전한 피조물이라고, 그리고 그를 통해서 하나님이 천지와 다른 모든 것을 창조하셨다고 말했다. … 하지만 이 모든 것은 단지 듣기 좋고 조리 있는 사람을 현혹시키는 논법과 말들일 뿐이다. 이것에 의해서 열광주의자들은 사람들이 조심하지 않으면 그들

서의 그리스도의 고유 기능은 어떤 피조물에 의해서도 모방되거나, 보충되거나, 혹은 대체될 수 없다.[75] 따라서 루터는 다음과 같이 주장한다. 그리스도의 고유 기능의 관점에서 드러나는 "축복하시고 구원하시는 그리스도"는 그의 부수 기능의 관점에서 나타나는 "귀감으로서의 그리스도와는 엄청나게 다르다."[76]

그리스도의 이 두 가지 기능과 관련하여 루터는 또 성경이 그리스도가 주어진 이중 방식을 제시한다고 지적하는데, 그것은 곧 수동적으로 받아야 할 선물로서의 그리스도와 능동적으로 모방해야 할 귀감으로서의 그리스도다: "성경은 그리스도를 두 가지 방식으로 제시한다. 첫 번째, 선물로서…. 두 번째, 성경은 그분을 우리가 모방해야 할 귀감으로서 제시한다."[77] 귀감으로서의 그리스도는 불의한 인간이 의로운 인간이 되는 문제와는 무관하다. 불의한 인간이 의롭게 되는 문제와 직결되어 있는 그리스도는 선물로서의 그리스도다. 불의한 죄인으로서의 인간은, 인간을 의롭게 하기 위해서 하나님이 조건도 값도 없이 준, 축복하고 구원하는 그리스도를 선물로 받아들임으로써만 의롭게 된다.[78]

을 속인다. 하지만 바울은 그리스도에 관해서 다르게 말한다." *WA* 40/1. 82. 14-23; *LW* 26:31-32.

75) *WA* 40/1. 441. 31-33: "그러므로 사람들이 그리스도를 통해서 의롭게 된다고, 그리고 그리스도는 죄, 죽음, 그리고 영원한 저주를 이긴 승리자라고 가르칠 때, 우리는 동시에 그는 본성에 있어서 하나님이라고 증언하고 있는 것이다."; *LW* 26:283. 참조, *WA* 40/1. 441. 19, 27; *LW* 26:282, *WA* 40/1. 80. 18, 25, 81. 20-22, 82. 28-29; *LW* 26:30-32.

76) *WA* 40/1. 390. 17-18: "longe aliud est Christus benedicens et redimens quam exemplum."; *LW* 26:247.

77) *WA* 40/2. 42. 19-25: "Scriptura proponit Christum dupliciter, Primum ut donum …. Deinde scriptura proponit etiam eum ut exemplum nobis imitandum."; *LW* 27:34. 그리스도가 인간에게 주어진 이 이중 방식은 5장에서 보다 구체적으로 다루어질 것이다.

78) *WA* 40/1. 389. 19-20: "여기에서[의롭게 됨에 관한 토의에서]는 죄를 위해 죽고 우리의 의를 위해 다시 사신 그리스도만이 내세워져야 한다. 그는 귀감으로서가 아니라 선물로서 믿음에 의해서 꼭 붙잡아져야만 한다."; *LW* 26:246-247.

이 같은 그리스도의 고유 기능과 부수 기능에 대한 루터의 생각을 고려해 볼 때, 형성되지 않은 믿음과 형성하는 사랑에 관한 스콜라 신학의 가르침에 대한 루터의 반대는 그가 갖고 있는 보다 깊은 우려를 드러낸다. 루터가 사랑에 의해 형성된 믿음, 재량공로와 적정공로, 그리고 믿음을 형성하고 완성시키는 사랑―그것이 본래 타고난 것이든 혹은 초자연적으로 주입된 것이든 상관없이―이라는 개념들을 거부하는 이유는 이와 관련된 문제가 본질적으로 하나님에 관련된 문제라고 보기 때문이다. 즉 루터는 이 개념들이 그리스도를 통해서 인간의 구원을 이루겠다는 하나님의 약속과 그 성취, 이를 위한 성자 하나님의 죽음과 부활, 그리고 약속을 지키는 하나님의 진실성과 성실성과 같은 하나님에 관련된 문제에 심각한 도전을 던진다고 지적한다. 이에 대해 루터는 다음과 같이 기술한다.

이 사악하고 불경스러운 가르침에 의해서 그들은 복음을 애매하게 했을 뿐만 아니라 그것을 전적으로 제거해 버리고 그리스도를 완전히 묻어 버렸다. 왜냐하면 만약 대죄 혹은 죽을죄의 상태에서 내가 어떤 것이 되었든 하나님 앞에서 외적으로 그리고 그 자체로서 만족스러울 뿐만 아니라 심지어 '재량공로'에 의해서 은혜도 받을 가치가 있을 법한 작은 일을 할 수 있다면, 그리고 만약 일단 내가 은혜를 받은 다음 은혜에 따라서, 즉 사랑에 따라서 일을 수행할 수 있고 당연히 영생을 얻을 수 있다면, 그렇다면 나에게 하나님의 은혜, 죄의 용서, 약속, 그리고 그리스도의 죽음과 승리가 왜 필요한가? 그렇다면 그리스도는 나에게 전적으로 쓸모없게 되었다. 왜냐하면 나는 자유의지와 선행을 할 수 있는 능력을 갖고 있고, 이것을 통해서 나는 '재량공로'에 의해서 은혜를, 그리고 결국에 가서는 '적정공로'에 의해서 영생을 얻게 되기 때문이다.[79]

의롭게 됨에 있어서의 인간의 수동성에 관하여 루터는 다음과 같이 말한다: "그러므로 우리는 이러한 영원한 것들―죄의 용서, 의, 부활의 영광, 영생―에 능동적으로가 아니라 수동적으로 나아간다." *WA* 40/1. 597. 20-21; *LW* 26:392.
79) *WA* 40/1. 220. 20-29; *LW* 26:124-125.

루터의 판단에 형성되지 않은 믿음, 형성하는 사랑, 그리고 재량공로와 적정공로에 관한 생각들은 하나님과 그리스도에게만 고유하게 속한 것들을 법과 인간 행위에도 속한 것으로 돌리기 때문에 잘못된 것이다.[80] 이것은 곧 법과 인간 행위가 그것들의 관할권을 넘어서는 것을 의미한다. 예수 그리스도의 십자가 처형은 "죄와 악마와 죽음이 내 안에서가 아니라 그리스도 안에서 십자가에 처형된 그런 숭고한 십자가 처형"이었고, 인간의 구원에 관한 한 "그리스도는 홀로 모든 것을 한다."[81] 법이 그 역할을 질서를 유지하는 것에 제한하는 한, 그것은 대단히 장려되고 절찬된다. 하지만 만약 법이 인간 구원의 문제에 있어서 그리스도의 역할을 자신의 역할이라고 부분적이라도 주장한다면, 그래서 법이 죄인을 의롭게 한다고 인정된다면, 그때 법과 법의 행위는 그것들의 영역을 넘어서서 하나님과 그리스도의 영역을 침범하는 것이 된다. 더 나아가서 이러한 오류는 그리스도만의 고유한, 모방될 수 없고 반복될 수 없는 구속의 기능을 강탈하는 것이요, 마치 그 기능이 인간에 의해서 공유되고, 모방되고, 되풀이될 수 있는 것처럼 왜곡하는 것을 의미하게 된다.

　　더 나아가서 루터는 형성되지 않은 믿음, 형성하는 사랑, 그리고 재량공로와 적정공로 사상은 인간의 본성 안에서 작용하고 있는 죄와 죄의 힘이 얼마나 심각한지, 그리고 의롭게 되기 위해서 법이 어느 정도까지의 준수를 요구하는지가 제대로 파악되지 못한 데서 초래된 것이라고 지적한다. 불의한 자의 의롭게 됨을 위해서 법이 요구하는 것은 부분적 준수가 아닌 법 전체의 준수다. 그래서 루터는 다음과 같이 강조한다: "바울에게서 '법의 행위들'은 법 전체의 행위를 의미한다. 따라서 십계명과 의식법(ceremonial law)을 구별해서는 안 된다."[82] 그러면서 루터는 바울이 언급하는 "법의 행위들"

---

[80] WA 40/1. 248. 20-30; LW 26:142, WA 40/1. 406. 17-26; LW 26:258-259, WA 40/1. 441. 34-442. 30; LW 26:283.

[81] WA 40/1. 281. 18-20; LW 26:165.

[82] WA 40/1. 218. 12-13; LW 26:122. 참조, WA 40/1. 268. 26; LW 26:156, WA 40/1. 302. 26; LW 26:181, WA 40/1. 329. 26-29; LW 26:203, WA 40/1. 671. 30-

은 일반적으로 "하나님의 은혜에 대립되는 모든 것"을 의미하는 것으로, "시민법이 되었든, 의식법(ceremonial law)이 되었든, 혹은 십계명이 되었든, 은혜가 아닌 것은 모두 법"으로 간주될 수 있다고 설명한다.[83]

이러한 문맥 속에서 루터는 심지어 하나님과 이웃에 대한 사랑의 계명(마 22:37)을 준수하는 것이라 할지라도 이것이 의를 획득하기 위한 법의 행위라는 취지하에서 이루어 진 것이면 하나님의 면전에서 의를 획득하는 데 무용지물이라고 주장한다.[84] 즉 바울이 법 혹은 법의 행위에 의해서 의롭게 되는 것이 아님을 가르쳤을 때, 그는 "믿음의 의와 법 전체의 의, 즉 신적 능력에 의한 것이든 인간적 능력에 의한 것이든 법에 근거하여 행해질 수 있는 모든 것과 대비하고 있는 것"이라고 루터는 해석한다.[85]

또 루터는 법의 준수에 의해서 의를 획득할 수 있다는 사고는 법 전체의 준수가 모든 법 항목의 준수뿐만 아니라 법의 내적 준수까지도 의미한다는 것을 제대로 인식하지 못한 데서 초래된 것이라고 지적한다. 이런 이유로 루터는 스콜라 신학자들이 법의 내적 성취에 관해서 충분히 진지하게 고려하지 않는다고 비판한다. 다시 말해서 법을 외적으로 준수하지 못하는 것에서 더 나아가서, "마음속에서 탐지되는 하나님에 대한 무지, 미워함, 경멸, 배은망덕, 하나님께 투덜대는 것, 그리고 하나님의 뜻에 대한 저항 또한 용서받을 수 없는 죽음에 이르는 죄"라는 것에 대한 심각성을 충분히 파악하지 못하고 있다는 것이다.[86] 그들은 "이러한 엄청난 역병들이 인간 본성 안에 뿌리 내리고 있다."는 것, 그리고 어떠한 합리화도 재량공로와 적정공로와 같은 사고들을 고안해낸 것을 정당화할 수 없다는 것을 보지 못하고

---

672. 12; *LW* 26:447.
83) *WA* 40/1. 218. 6-8; *LW* 26:122.
84) *WA* 40/1, 218. 8-11; *LW* 26:122.
85) *WA* 40/1. 218. 17-18; *LW* 26:122. 특히 루터가 구원을 위해서 필요하다고 인간에 의해 고안된 법들, 즉 로마교황에 의해 제정된 법들에 대해 가한 강력한 비판에 관해서는 다음의 글들 참조, *WA* 40/1. 162. 19-25; *LW* 26:87, *WA* 40/1. 358. 17-359. 13; *LW* 26:225-226, *WA* 40/1. 618. 29-619. 31; *LW* 26:407-408.
86) *WA* 40/1. 221. 15-19; *LW* 26:125.

있다고 규탄한다.[87] 그러면서 루터는 인간 본성에 있어서 절대로 가볍게 여길 수 없는 죄의 중대한 힘으로 인해서, 죄인인 인간이 내적으로 법을 준수하는 것은 말할 것도 없고, 외적으로도 법을 온전히 준수하는 것은 불가능하다고 말한다.

이처럼 죄의 중대성, 그리고 인간 본성과 삶의 전 영역에 있어서의 죄의 영향력을 고려해 볼 때, 인간이 하나님의 은혜와 의롭다 함을 얻기 위해 공로를 쌓을 수 있는 역량을 갖고 있다고 보는 것은 어불성설이라고 루터는 주장한다. 이러한 인간의 운명에 관한 한 "모든 사람이 다 죄에 구속되어 있고 노예이기 때문에" 예외가 없으며, 따라서 아무도 모든 것 위에 하나님을 사랑하고 섬길 자유의지를 소유하고 있지 않다.[88] 인간 구원에 관한 한 인간의 자유의지라는 것은 제대로 작동하고 있지 않기 때문에 쓸모가 없는 것이나 마찬가지며, 하나님과의 관계 속에서 선을 알거나 행하고자 하는 의지에 있어서 자유의지는 전혀 자유롭지 못하다고 루터는 간주한다. 이러한 이유로 인해서 루터는 인간이 잘못된 자기 확신과, 행함에 의한 의 혹은 자기 의를 헛되이 추구하는 태도로부터 속히 벗어나야 한다고 촉구한다.[89] 하나

---

87) *WA* 40/1. 221. 20-22; *LW* 26:125. 참조, *WA* 40/1. 453. 22-454. 17; *LW* 26:291.
88) *WA* 40/1. 84. 25-26: "omnes homines captivi et servi sint Peccati."; *LW* 26:33.
89) 자유의지 문제와 불의한 자들의 의롭게 됨의 문제는 상호 밀접하게 연관되어 있다. 루터의 반대자들 중에는 인간이 자유의지를 가지고 있다는 것을 강조하면서, "네 안에 있는 능력껏 행하라. 하나님이 그가 해야 할 부분은 하실 것이다."라고 선포하는 자들이 있었다. *WA* 2. 247. 29-30; *LW* 51:58. 이 자유의지의 문제는 행위 혹은 자기 의의 문제와 연결되어 있다. 루터는 자신의 입장을 다음과 같이 밝힌다. "이것으로부터 나오는 결론은 인간의 자유의지는 … 스스로 절대적으로 아무것도 할 수 없고, 선을 알거나 혹은 행하는 데 있어서 그 자체의 의지에 있어서 전혀 자유롭지 않으며, 오직 하나님의 은혜 안에서만 자유롭다. 하나님의 은혜가 그것을 자유롭게 한다. 하나님의 은혜 없이 그것은 죄와 오류 안에서 속박된 채로 있으며 혼자 풀려날 수 없다." *WA* 2. 247. 3-7; *LW* 51:57.
　　루터는 이와 같이 자유의지가 사실 하나님의 은혜 없이는 참된 자유의지가 될 수 없음에도 불구하고 자유의지라는 이름을 유지해 온 것에 대해서 다음과 같이 기술한다. "어느 누구도 자유의지가 하나님의 은혜에 의해서 장식되지 않는 한 올바르게 그것에 관하여 말하고 있거나 혹은 이해하고 있지 못하다. 하나님의 은혜 없이 자유의

님을 경멸하며 자기 의를 추구하는 부정한 마음이 법을 행하고자 노력할 때, 그것은 "위선적"인 것일 뿐만 아니라, 더 나아가서 "이중의 죄"가 되는데, 그 이유는 사실상 법을 준수하고 있는 것이 아니라 외적으로 준수하고 있는 척만 하고 있기 때문이다.[90] 그러한 가장은 "하나님이 보시기에 이중의 사악함"이다.[91]

여기서 한 가지 짚고 넘어가야 할 사항은 자유의지를 놓고 논란이 되는 문제인데, 그것은 인간이 지킬 수 없는 것이라면 왜 하나님이 법을, 특히 하나님을 사랑하라는 계명을 주었는가라는 질문이다. 하나님이 이 계명을 주었을 때는, 인간이 그것을 지킬 것에 대한 기대가 있었던 것 아닌가? 그리고 그것은 곧 인간이 그럴 능력이 있다는 것을 의미하는 것 아닌가? 이 질문들에 대하여 루터는 비록 인간에게 이 계명이 이상적인 것으로 주어진 것은 사실이지만, 인간 본성의 타락으로 말미암아 인간은 이 사랑의 계명을 하나님이 의도한 방식으로 완수할 능력을 상실한 상태에 있다고 설명한다. 즉 죄가 인간으로 하여금 하나님으로부터 주어진 법, 특히 사랑의 계명을 준수하는 것을 방해하고 있기 때문에, 법이 주어졌으므로 고로 인간이 그것을 준수할 수 있고 준수하고 있으며, 사랑의 계명이 주어졌으므로 고로 인간이 사랑할 수 있고 사랑하고 있다는 것을 의미하는 것은 아니라고 언급한다. 이에 관하여 루터는 다음과 같이 기술한다.

물론 우리는 법을 준수해야만 하고, 그것을 지킴으로써 의롭게 되어야 한다. 하지만 죄가 방해가 된다. 법은 우리가 우리의 온 마음을 다해서 … 하

지는 오히려 자유의지라기보다는 어떤 사람 자신의 의지라고 불려야 한다. 왜냐하면 은혜 없이 그것은 하나님의 의지를 행하지 않고 절대로 선하지 않은 그 자신의 의지를 행하기 때문이다. 자유의지가 아담 안에서는 자유로웠다는 것은 사실이다. 하지만 이제 그의 타락을 통해서 자유의지는 타락했고 죄 가운데 얽매였다. 그렇지만 그것은 한때 자유로웠고, 또 은혜를 통해서 다시 자유롭게 될 것이기 때문에 자유의지라는 이름을 보유해왔다." WA 2. 247. 15-21; LW 51:57.

90) WA 40/2. 168. 18: "hypocriticum est et duplex peccatum."; LW 27:131.
91) WA 40/2. 168. 31-32; LW 27:132.

나님을 사랑하고 우리 자신처럼 우리 이웃을 사랑해야만 한다(마 22:37-39)고 규정하고 명령한다. 하지만 이것으로부터 다음의 것이 뒤따라오는 것은 아니다: "이것이 쓰여 있다. 그러므로 이것은 행해졌다. 법이 사랑을 명령한다. 그러므로 우리는 사랑한다." 당신은 이 세상에서 법이 요구하는 것처럼 하나님과 이웃을 사랑하는 사람을 어느 누구도 제시할 수 없다.[92]

루터가 인간의 본성에 의해서 다른 어느 무엇보다도 하나님을 사랑할 수 있다는 가브리엘 비엘의 입장을 비판하는 이유도 이 때문이다. 루터가 이해한 성경에 의하면 인간은 전적 타락으로 인해서 그 사랑이 순수하지 못하다. 심지어 하나님을 온전히 사랑한다고 할 때에도, 인간은 은밀히 자기 자신의 유익을 추구하고 있다는 것을 인정해야만 한다. 사랑의 계명에 따라서 인간이 하나님을 사랑하고 이웃을 사랑하는 것처럼 보여도, 비록 정도의 차이는 있을지라도 계명을 지키지 않음으로써 초래될 처벌에 대한 두려움 혹은 계명을 지킴으로써 받기를 원하는 보상에 대한 기대감과 같은 것으로 오염되어 있다고 루터는 지적한다.

바로 이러한 이유로 인해서 루터는 하나님의 사랑에 대한 인간의 응답 혹은 반응을 설명할 때 섣불리 사랑이라는 용어를 사용하지 않고 있는 것이다. 루터에게 있어서 죄인이 스스로 하나님을 향하여 사다리를 타고 올라갈 수 있는 방법은 그 어떤 것이 되었든 존재하지 않는다. 왜냐하면 하나님의 사랑에 대한 응답으로서 인간의 하나님에 대한 사랑을 논하기에는 인간의 사랑은 너무나 불순하기 때문이다. 다만 인간이 하나님의 사랑에 대한 응답으로서 진실로 하나님을 사랑한다고 말할 수 있는 것은 한 가지 조건을 충족시킬 때에만 가능하다. 그 조건은 바로 죄인인 인간을 하나님 자신에게로 화해시키고 하나님의 자녀들로 만들기 위해서 하나님이 보낸 성자 그리스도를 믿음으로 영접하는 것이다.

오직 믿음으로 가슴속에 꼭 모셔진 그리스도 혹은 믿음 안에 현존하는

---

92) *WA* 40/2. 79. 22-26; *LW* 27:63-64.

그리스도가 하나님을 향한 죄인들의 관계를 정립하고, 이 죄인들을 하나님의 자녀들로 만들고, 죄의 포로가 된 자유의지를 해방하고, 그리고 구원의 문제를 놓고 두려움이나 보상을 기대하는 성향을 정화한 후에야, 인간은 순수한 마음으로 하나님을 온전히 사랑할 수 있기 때문이다. 하나님을 사랑하라는 계명은 믿음을 통해서 그리스도가 인간 안에 현존할 때에만 그 그리스도로 인해서 외적인 차원에서뿐만 아니라 내적인 차원에서도 성취되는 것이다.

따라서 이 모든 것들을 고려해 볼 때, 스콜라 신학자들이 의롭게 되기 위해서 믿음이 사랑에 의해 형성되고 완전해져야 한다고 주장하는 것은 "법과 은혜를 혼동하는, 그리고 그리스도를 모세로 변화시키는" 왜곡이라고 루터는 간주한다.[93] 이 혼동으로 인해서 "법은 그리스도가 되는데, 그것은 그들[스콜라 신학자들]이 그리스도에게만 고유하게 속하는 것을 법의 것으로 돌리기 때문이다."[94] 즉, 루터가 보기에 그들은 그리스도에게 고유하게 해당하는 것을 법의 것으로 돌리고, 또 믿음에 고유하게 해당하는 것을 사랑의 것으로 돌리는 과오를 범하고 있다. 이로 인해서 루터는 그들이 주장하는 바는 "모세가 그리스도고, 그리스도가 모세다."라는 명제를 내세우는 것과 매한가지라고 표현하면서, 이러한 입장이 내포하고 있는 위험성을 우려한다.[95]

동일한 이유로 루터는 스콜라 신학자들이 법과 은혜를 혼동하고 있다고 지적한다. 비록 그들은 형식적으로는 은혜를 법으로부터 구분하고 있지만, 그들은 믿음이 획득된 것이든 혹은 주입된 것이든 사랑에 의해 수반되어야 한다고 가르치며 결과적으로 믿음에 행위를 더함으로써, 실제에 있어서 그들은 은혜를 사랑이라 부른다.[96] 루터에 의하면 이것은 은혜와 법을 잘못 혼동하는 것이다. 왜냐하면 "그리스도 혹은 믿음은 법도 법의 행위도

---

93) WA 40/1. 251. 15; LW 26:144.
94) WA 40/1. 248. 23-24; LW 26:144.
95) WA 40/1. 250. 15; LW 26:143.
96) WA 40/1. 251. 24; LW 26:144.

아니기" 때문이다.⁹⁷⁾ 그리스도의 구원은 "법의 행위에 근거한 나의 공로와는 전적으로 다른 것"이다. 왜냐하면 "그리스도는 우리가 하는 행위와는 전적으로 다른 것"이기 때문이다.⁹⁸⁾ 따라서 인간의 행위가 의롭게 됨에 공헌을 한다는 견해를 갖고 있는 자들은 그들 자신의 행위를 그리스도로, 즉 신-인인 그리스도로 만들고 있는 셈이다.⁹⁹⁾

IV. 그리스도에 의해 형성된 믿음

루터는 인간의 공로에 관한 견해들에 있어서 토마스 아퀴나스의 입장을 따르든 혹은 가브리엘 비엘의 입장을 따르든 이러한 입장들을 비판하면서 "오직 그리스도만이 우리의 재량공로요 적정공로"라고 역설한다.¹⁰⁰⁾ 루터가 보기에 만약 법과 사랑의 행위들이 선택된다면, 그리스도는 헛되이 죽었고, 하나님의 은혜는 모독되었고, 인간의 구원을 위한 하나님의 약속은 공허한 것이 되었고 무효화되었다.¹⁰¹⁾ 그리고 이처럼 법에 의해서 의롭게 되고자 추구하는 자들은 "그리스도를 부인하는 자들이요 살인자들일 뿐만 아니라 예수를 십자가에 처형한 죄가 가장 엄중한 자들이다."¹⁰²⁾

만약 그리스도가 죄인의 의롭게 됨을 위해서 모든 것을 성취했다면, 죄

---

97) *WA* 40/1. 229. 32; *LW* 26:130.
98) *WA* 40/1. 446. 25-29; *LW* 26:286.
99) *WA* 40/1. 446. 30-31: "얼마나 제정신이 아니든지 간에 상관없이 어떤 교황주의자도 자신이 궁핍한 자에게 베푸는 자선 혹은 수도사의 순종이 그리스도와 같다(a Christ)라고 뻔뻔스럽게 말하지 않을 것이다."; *LW* 26:286.
100) *WA* 40/1. 572. 33-573. 11; *LW* 26:375. 참조, *WA* 40/1. 232. 29-31: "참된 정의에 의하면 그리스도는 입법자가 아니다. 그분은 화해자요 구세주다. 믿음은 이것을 꼭 붙잡고, 그분이 과잉의 재량공로들과 행위들 그리고 적정공로들과 행위들을 수행했다고 의심하지 않고 믿는다."; *LW* 26:132.
101) *WA* 40/1. 300. 23-305. 13; *LW* 26:179-183, *WA* 40/1. 307. 22-308. 18; *LW* 26:185, *WA* 40/1. 436. 24-437. 17; *LW* 26:279, *WA* 40/2. 11. 22-26; *LW* 27:10.
102) *WA* 40/1. 324. 37-325. 12; *LW* 26:199.

인이 의롭게 되는 데 있어서 어떤 인간적인 사랑의 행위도 필요하지 않으며, 하나님은 오직 예수 그리스도를 통해서 인간 구원을 이루겠다는 약속을 지킨 것이 된다. 죄인의 의롭게 됨의 문제와 관련하여 인간은 하나님이 하나님 자신의 계획과 약속에 따라서 혼자 일하게 해야 하며, 이것이야말로 하나님을 하나님 되게 하는 것이요 예수 그리스도를 하나님 되게 하는 것이다.[103] 하나님은 죄인의 의롭게 됨에 관한 한 죄인들과 협력하지 않는다. 하나님은 이 문제에 있어서만은 홀로 일한다. 이러한 주장을 루터는 법과 그리스도 간의 결투라는 극적인 표현을 사용하여 전달하고 있는 것이다. 이 결투에 있어서 중립적 위치는 없다고 강조하면서 루터는 다음과 같이 단언한다: "그리스도가 살고 법이 죽든지, 법이 살고 그리스도가 죽든지 이다."[104]

이러한 일련의 주장들을 선이해로 갖고 있을 때에만 우리는 루터의 믿음 개념이 무엇인지를 올바르게 파악할 수 있다. 사랑에 의해 형성된 믿음이라는 스콜라 신학의 공식을 전적으로 거부하면서 루터는 자신이 이해한 바울의 믿음 개념에 초점을 맞춘다. 루터는 갈라디아서 3:11("의인은 믿음으로 말미암아 살리라")을 다루면서 바울이 그가 전달하고자 하는 메시지를 위해서 일반적 진술인 하박국 2:4의 말씀("보라 그의 마음은 교만하며 그 속에서 정직하지 못하나 의인은 그의 믿음으로 말미암아 살리라")을 매우 특정한 상황에 적용시키고 있다(예를 들어서 롬 1:17과 갈 3:11)는 것을 발견한다.[105]

---

103) 이 주장이 루터 신학에 있어서 차지하고 있는 핵심적 위치는, 왓슨(Watson)이 루터 신학을 해석하고 있는 그의 책 제목으로 『하나님을 하나님 되게 하라』(*Let God be God!*)를 선택한 것에서도 잘 나타난다. Philip S. Watson, *Let God Be God: An Interpretation of the Theology of Martin Luther* (Eugene, OR: Wipf and Stock, 2000).
104) *WA* 40/1. 114. 13-14; *LW* 26:54. 참조, *WA* 40/1. 669. 15-16; *LW* 26:445.
105) 롬 1:17 – "복음에는 하나님의 의가 나타나서 믿음으로 믿음에 이르게 하나니 기록된 바 오직 의인은 믿음으로 말미암아 살리라 함과 같으니라." 갈 3:11 – "또 하나님 앞에서 아무도 율법으로 말미암아 의롭게 되지 못할 것이 분명하니 이는 의인은 믿음으로 살리라 하였음이라." 참조, *WA* 31/2. 497. 8-34; *LW* 17:307.

바울은 선지자 하박국에 의해서 사용된 것처럼 "믿음"을 "배타적이고 대조적인 의미에서", 즉 법과 사랑의 행위를 배제하며 이들에 대조되는 믿음으로 해석하고 있다고 루터는 설명한다.[106] 이러한 관점에서 루터는 스콜라 신학자들이 바울이 사용하고 있는 믿음 개념을 제대로 이해하지 못하고 있다고 지적한다. 왜냐하면 루터가 보기에 그들은 갈라디아서 3:11을 다음과 같은 식으로 해석하고 있기 때문이다. "'의인은 믿음으로 말미암아 살리라', 즉 능동적이고, 일하고, 혹은 사랑에 의해 '형성된' 믿음으로 말미암아 살리라. 하지만 만약 이 믿음이 형성되지 않은 믿음이면, 그것은 의롭게 하지 못한다."[107] 루터는 바울이 가르치고 있는 믿음은, 우선적으로 사랑에 의해 형성되어야만 하거나 혹은 법의 행위, 즉 초자연적으로 주입된 사랑의 행위들에 의해 보충되어야만 하는 형성되지 않은 믿음이라는 스콜라 신학의 개념과 아무런 공통점이 없다고 본다.

반대로 루터는 불의한 죄인이 의롭게 되는 문제에 있어서 그리스도를 믿는 믿음이 필요조건일 뿐만 아니라 또한 충분조건이기도 하다는 점에 방점을 찍는다. 왜냐하면 믿음은 한 개인의 가슴속에 구세주 예수 그리스도를 꼭 붙잡을 수 있는 유일한 수단이요, 그런 의미에서 구원에 이르는 유일한 길이기 때문이다.[108] 스콜라 신학이 아닌 바울에게 의존함으로써 루터는 법 혹은 사랑의 행위에 의해 완성되어야만 하는 믿음은 어떤 것이 되었든 예수 그리스도만의 본유적이며 고유한 구원사역을 부인하기 때문에 참된 믿음이 아니라고 역설한다. 진정한 믿음은 인간행위에 대해서는 전적인 저항력을, 오직 예수 그리스도에 대해서는 전적인 수용력을 갖고 있다. 그리고 오직 예수 그리스도에게만 전적으로 접착해 있다. 오직 그리스도만이 믿음을 진

---

106) *WA* 40/1. 421. 13; *LW* 26:268.
107) *WA* 40/1. 421. 15-16; *LW* 26:268.
108) *WA* 40/1. 255. 15-35; *LW* 26:146-147. 루터에 의하면 이것이 바울이 이 서신을 쓴 목적이다. "이 서신에서 그[바울]의 목적은 믿음에 의해서 오는 의를 논의하고 방어하는 것이며, 법과 행위에 의해서 오는 의를 반박하는 것이다." *WA* 40/1. 64. 16-17; *LW* 26:21.

정한 믿음으로 만들고, 그리스도는 오직 믿음에 의해서만 꼭 붙잡아지고 믿는 자의 가슴속에 받아들여진다.[109]

그리스도를 믿는 믿음 혹은 믿음 안에 현존하는 그리스도와 같은 표현들은 이와 같이 상호 떼려야 뗄 수 없는 믿음과 예수 그리스도 간의 관계를 잘 묘사한다. 그리스도를 믿는 믿음에 관하여 루터는 또 다음과 같이 기술한다. "그 약속은 … 어떤 공로, 법, 혹은 행위에 의해서도 획득되지 않는다. 그것은 주어진다. 누구에게? 믿는 자들에게. 누구를 믿는 자들에게? 복된 자손인 예수 그리스도를 믿는 자들에게."[110] 이 그리스도를 믿는 믿음에 대한 사고가 자신의 신학에 있어서 얼마나 중요한 것인지를 루터는 다음과 같이 고백한다. "나의 가슴속에는 *이 한 가지 교리, 즉 그리스도를 믿는 믿음*이라는 교리가 통치한다. *그것으로부터, 그것을 통해서, 그리고 그것에로 나의 모든 신학적 사고가 밤이나 낮이나 흘러나오고 되돌아간다.*"[111]

---

109) *WA* 40/1. 297. 30-31; *LW* 26:177.
110) *WA* 40/1. 515. 27-30; *LW* 26:334.
111) *WA* 40/1. 33. 7-9(필자의 강조); *LW* 27:145. 이러한 루터의 사고는 그의 그리스도론 중심적인 믿음의 개념과 구원론 지향적인 그리스도론을 잘 보여준다. 루터는 그리스도와 믿음이 중심이 되어야만 한다고 역설한다. "믿음은 말하자면 원의 중심이다. 만약 누군가 그 중심으로부터 벗어난다면 그는 그의 주변에 그 원을 갖는 것이 불가능하며, 그는 머뭇거려야만 한다. 그 중심은 그리스도다."("Fides autem est sicut centrum circuli. Quando quis aberrat a centro, so ists unmuglich, das man den cirkel hab, so mus man fehlen. Centrum est Christus.") *WA, TR* 1:135(no. 327, 1532 여름 혹은 가을); *LW* 54:45. 루터는 또 다음과 같이 언급한다: "모든 것은 중심 주변을 돈다. 그 중심은 그리스도다." *WA, TR* 1:169(no. 388, 1532. 11. 30); *LW* 54:61. 루터에 의하면 "오직 한 가지 신학의 조항이 있고 한 가지 규정이 있을 뿐이다. 이것은 진정한 믿음 혹은 그리스도에 대한 신뢰다. 누구든지 이 조항과 이 규정을 붙잡지 않는 자는 신학자가 아니다. 다른 모든 조항들은 이 조항 안으로 흘러들이기고 이 조항으로부터 흘러나온다. 이것 없이 다른 것들은 무의미하다." *WA, TR* 2:140-141(no. 1583, 1532. 5. 20-27); *LW* 54:157. 루터에게서 보이는 그리스도론과 구원론의 이러한 밀접한 관계에 관하여 로제는 다음과 같이 매우 적절한 설명을 제공하고 있다: "그리스도론의 목적은 구원론이며, 역으로 구원론은 그리스도론에 그 근거를 두고 있다." Bernhard Lohse, *Luthers Theologie*, 241; ET *Martin Luther's Theology*, 224.

루터의 믿음 개념에 있어서 그 출발점은 그리스도, 정확히 말해서 고유 기능의 관점에서 본 그리스도이다. 또한 그 종착점도 그리스도, 정확히 말해서 고유 기능의 관점에서 본 그리스도이다. 고유 기능의 관점에서 본 그리스도야말로 루터의 믿음 개념에 있어서 믿음의 유일한 요구요 대상이요 내용이요 형상이다. 따라서 루터에게서 믿음이 고유 기능의 관점에서 본 그리스도로 시작하지 않고, 그 그리스도로 채워져 있지 않고, 그 그리스도로 끝나지 않으면 그 믿음 개념은 잘못된 것이다. 이런 믿음만이 참된 믿음이요, 살아 있는 믿음이다. 그렇지 않은 모든 믿음은 가짜 믿음이요, 죽은 믿음이다.

그리스도와 믿음 간의 이러한 개념적 순환성, 즉 그리스도와 믿음 간에 확립된 이 부동의 상호연계성은 믿음에 대한 루터의 재개념화에 있어서 핵심적 성격 중 하나다. 믿음이 의롭게 됨을 위해서 필요조건일 뿐만 아니라 또한 충분조건이기도 한 이유는 오직 그리스도만이 하나님에 의해서 죄인들을 의롭게 하는 자요 구원자로 약속되었고, 오직 믿음만이 이 그리스도를 믿는 자의 가슴속에 꼭 붙잡을 수 있는 유일한 수단이기 때문이다. 이러한 이유로 인해서 루터는 사랑에 의해 형성된 믿음이라는 개념은 "그리스도가 믿음의 대상인 그런 방식으로, 혹은 오히려 대상이 아니라 말하자면 그리스도가 믿음 그 자체에 현존하는 분이라는 그런 방식으로 그리스도를 꼭 붙잡는" 진정한 믿음을 놓치게 한다고 규탄한다.[112]

스콜라 신학자들은 성령의 선물로 주입된 믿음이 되었든 혹은 그리스도인들이 많은 믿음의 행위들을 통해 획득한 믿음이 되었든 둘 다 형성되지 않은 믿음이라는 입장을 취한다. 그들에 의하면 이 믿음들은 사랑에 의해 형성되어야만 한다.[113] 루터는 스콜라 신학자들이 "믿음은 몸, 껍질, 혹은

---

112) WA 40/1. 228. 34-229. 15: "Sed si est vera fides, est quaedam certa fiducia cordis et firmus assensus quo Christus apprehenditur, Sic ut Christus sit obiectum fidei, imo non obiectum, sed, ut ita dicam, in ipsa fide Christus adest."; LW 26:129. 참조, WA 40/1. 378. 29-379. 17; LW 26:239-240.
113) WA 40/1. 422. 14-16; LW 26:269.

색깔이지만, 사랑은 생명, 씨, 혹은 형상"이라고 주장한다고 말한다.[114] 그래서 "사랑은 믿음의 형상이요, 믿음은 단지 사랑의 '질료'이다. 이러한 방식으로 그들은 믿음보다 사랑을 선호하고, 의를 믿음이 아닌 사랑의 덕으로 돌린다."[115]

이를 수긍하지 않으면서, 루터는 굳이 스콜라 신학자들처럼 아리스토텔레스의 철학적 용어들을 빌려 사용한다면 사랑이 아닌 그리스도가 믿음의 형상이라고 주장한다.

간단히 말해서 소피스트들이 사랑이 믿음을 형성하고 훈련한다고 말하는 것처럼, 우리는 믿음을 형성하고 훈련하는 분 혹은 *믿음의 형상인 분은 바로 그리스도*라고 말한다. 그러므로 믿음에 의해서 꼭 붙잡히고 그로 인해서 믿는 자들의 가슴속에 사는 분인 그리스도가 그리스도인의 진정한 의요, 이 의로 인해서 하나님은 우리를 의롭다 생각하시며 우리에게 영생을 베푸신다.[116]

이런 관점에서 볼 때 스콜라 신학자들은 "믿음으로부터 그것의 과업을 박탈하여 그것을 사랑에게 준다. 그래서 믿음은 '형상' 즉 사랑이 그것에 더해지지 않으면 결국 아무것도 아니다. … 이 가련한 덕인 믿음은 어떤 일, 효능, 혹은 생명도 없는 일종의 형성되지 않은 혼돈, 순전히 수동적인 질료일 것이다."[117] 이같이 스콜라 신학자들은 사랑을 그리스도인의 형식적 의로

---

114) *WA* 40/1. 228. 25-26; *LW* 26:129.
115) *WA* 40/1. 422. 18-20; *LW* 26:269.
116) *WA* 40/1. 229. 26-30(필자의 강조); *LW* 26:130. 참조, George Hunsinger, "*Fides Christo Formata*: Luther, Barth and the Joint Declaration," in *The Gospel of Justification in Christ: Where Does the Church Stand Today?*, ed. Wayne C. Stumme (Grand Rapids, MI: William B. Eerdmans, 2006), 69-84, 특히 73-79. 참조, Heiko A. Oberman, *The Dawn of the Reformation*, 120.
117) *WA* 40/1. 422. 27-423. 18; *LW* 26:270.

칭한다.[118] 이에 반하여 루터는 믿음을 그리스도인의 형식적 의로 제시한다.[119] 그리고 루터는 다음과 같이 선포한다: "그들이 사랑에 관하여 말하는 곳에서 우리는 믿음에 관하여 말한다."[120]

루터에 의하면 그리스도를 믿는 믿음에 의해서 그리스도인들은 값없이 완전한 형태로 단번에 주어지는 의롭게 됨뿐만 아니라 또한 거룩하게 됨도 얻는다. 루터는 이것을 성인들(거룩한 자들)이 무엇인가에 대한 그의 정의를 통해서 설명한다. 성인들이란 다른 인간들이 보기에 굉장한 것처럼 보이는 행위들을 한 사람들이 아니라 "복음에 의해서 부름 받고, 세례 받고, 그들이 그리스도의 피와 죽음에 의해서 성화되고 정화되었다는 것을 믿는" 자들이다.[121] 루터는 계속해서 다음과 같이 말한다. "그러므로 성인들은 … 남자든 혹은 여자든, 종이든 혹은 자유인이든 상관없이 그리스도를 믿는 모든 자들이다. 그리고 그들은 그들 자신의 행위에 근거해서가 아니라 그들이 믿음에 의해서 받아들이는 하나님의 행위에 근거해서 성인들이다. … 다른 말로 표현해서 그들은 능동적 거룩함에 의해서가 아니라 수동적 거룩함에 의해서 성인들이다."[122]

이러한 성인 개념의 정의를 통해서 루터가 전달하고자 하는 메시지의 요지는 간단하다: 그리스도인이라는 존재(being)의 정체성은 예수 그리스도를 믿는 것(believing)에 입각해 있다. 이 세상의 다른 그 어떤 것도 그리스도인의 정체성을 형성하고 구성하지 못한다. 결론적으로 만약 그리스도를 믿는 믿음이 없다면, 그리스도인이라는 것이 애당초 존재할 수 없고, 그리스도교도 존재할 수 없다. 또 그리스도를 믿는 믿음이 상실된다면, 그리스도인의 정체성의 핵심을 이루고 있는 것이 붕괴되는 것이요, 그리스도인

---

118) WA 40/1. 228. 24: "사람은 그의 형식적 의에 의해서 의롭다. 이 형식적 의는 곧 사랑인 은혜다."; LW 26:129. 참조, WA 40/1. 226. 13-14; LW 26:127.
119) WA 40/1. 229. 19: "그것[우리의 형식적 의]는 바로 믿음이다."; LW 26:130.
120) WA 40/1. 228. 27-28; LW 26:129.
121) WA 40/2. 103. 21-23; LW 27:82.
122) WA 40/2. 103. 24-28; LW 27:82.

을 온전히 의롭고 거룩한 자로 만드는 근원이 제거되는 것이다.

하나님에 의해서 약속된 인류의 유일한 구세주인 예수 그리스도를 꼭 붙잡을 수 있는 유일한 수단이 믿음이기에 오직 예수 그리스도를 믿는 믿음에 의해서만 의롭게 된다는 것을 강조하면서 루터는 다음과 같이 선포한다. "만약 믿음이 이 점에서 굴복한다면 하나님의 아들의 죽음은 헛된 것이 될 것이다. 그렇다면 그리스도가 세상의 구세주라는 것은 단지 하나의 꾸며낸 이야기다. 그렇다면 하나님은 약속을 지키지 못했기 때문에 거짓말쟁이다." 그 때문에 "만약 우리가 이것을 잃으면 우리는 하나님, 그리스도, 모든 약속들, 믿음, 의, 그리고 영생을 잃는다."[123] 루터는 자신의 성경 이해에 근거하여 온 세상의 구세주로서의 예수 그리스도를 잃는 것에 결코 동의할 수 없으므로, 의롭게 됨의 문제와 관련하여 예수 그리스도의 구세주의 역할을 침범하는 것으로 간주되는 모든 것, 예를 들어서 스콜라 신학자들이 말하는 법, 사랑, 인간의 공로들과 같은 것을 거부하는 쪽을 선택한다고 말한다.

이러한 이유로 인해서 루터는 강력하게 "오직"이라는 단어를 사용하여 오직 믿음에 의해서만 의롭게 됨, 아니 더 정확하게 표현해서 오직 예수 그리스도를 믿는 믿음에 의해서만 의롭게 됨을 주장하고 있는 것이다. 이 같은 루터의 사상은, 흔히 루터가 믿음으로 의롭게 됨을 가르친다고 하는데, 이보다는 오직 예수 그리스도를 믿는 믿음으로 의롭게 됨을 가르친다고 말해야 정확한 표현이 된다는 것을 알려준다. 왜냐하면 루터는 의롭게 됨과 구원의 원인은 예수 그리스도요 믿음은 의롭게 됨과 구원의 수단이라는 점을 분명히 짚고 넘어감으로써, 예수 그리스도와 믿음을 떼어놓지 않으면서도 이 둘의 차이점을 분명하게 구별하고 있기 때문이다.

이 같은 루터의 입장들을 이해할 때 우리는 루터가 말하고자 하는 믿음에 올바로 접근할 수 있게 된다. 뿐만 아니라 이러한 루터의 입장들을 제대로 파악할 때에만 우리는 다음과 같이 극단적으로 들리는 사랑에 대한 루터의 언급을 곡해하지 않을 수 있다. "모든 것이 굴복해야만 하는 믿음의 교리

---

123) *WA* 40/1. 167. 30-168. 14; *LW* 26:90-91.

를 희생하여 준수되고 있는 사랑에 저주가 있을지어다."[124] 여기서 루터가 언급하고 있는 사랑은 특정한 개념을 갖고 있는 사랑으로서, 루터의 논쟁적 상황 속에서 다루어지던 사랑, 즉 의롭게 됨에 있어서 인간이 스스로의 능력과 행위로 주체가 되든지 혹은 하나님과의 협력으로 동참할 수 있다는 공로사상과 밀착되어 있는 그런 사랑이다. 또 완전하지 않은 믿음을 형성한다는 스콜라 신학의 사랑이다.

바로 이런 사랑을 거부하면서 루터는 다음과 같이 강조한다. "우리는 의롭게 하는 힘을, 하나님에게 사람을 만족스러운 것으로 만드는 '형상' 덕분으로 돌려서는 안 된다. 우리는 그것을 구세주이신 그리스도를 꼭 붙잡고 그분을 가슴속에 소유하는 믿음의 덕분으로 돌려야만 한다. 이 믿음은 사랑 없이 그리고 사랑 이전에 의롭게 한다."[125] 믿음이 가슴속에 꼭 붙잡은 그리스도야말로, 그리고 그 그리스도만이 진정한 그리스도인의 의며, 그분으로 인해서 죄인이 의인이 되고 영생을 얻는다. "여기에는 어떠한 법의 행위도, 사랑도 없다[*nulla dilectio*]; 여기에는 전적으로 다른 종류의 의[*longe alia iustitia*], 법 위에 있는 법을 넘어서 있는 새로운 세상이 있다."[126]

V. 내부 논적들에 대한 비판

불의한 죄인의 의롭게 됨에 관한 문제에 있어서 스콜라 신학자들과 벌어진 논쟁은 종교개혁의 내부 논적들에 의해 더욱 강렬해진다. 프로테스탄트 개혁 운동이 진전되어 감에 따라 루터는 이전에 형제자매들이라고 불렀던 개혁가들, 예를 들어서 츠빙글리의 추종자들, 재세례파들, 그리고 다른 소위 급진적 개혁가들로부터의 도전에 직면하게 된다.[127] 이들은 루터에 대

---

124) *WA* 40/2. 47. 26-28; *LW* 27:38.
125) *WA* 40/1. 240. 14-16; *LW* 26:137.
126) *WA* 40/1. 229. 29-32; *LW* 26:130.
127) "성찬 상징론자들"(the sacramentarians)이라는 용어는 로마 가톨릭 교회의 성만찬

항하면서 그가 시작했던 과업을 철저하게 추진하면서 완수하지 못하고 있다고 그를 비난한다.[128]

이러한 다양한 논적들로부터의 육체적 위협들과 성난 구두공격들 가운데서도 루터는 오직 예수 그리스도를 믿는 믿음에 의해서만 의롭게 된다는 문제에 있어서만은 어떤 요동의 표시도 보이지 않는다. 이와 같이 죄인들의 의롭게 됨에 관한 문제에 있어서 스콜라 신학자들뿐만 아니라 프로테스탄트 개혁 내부 반대자들도 연루된 상황 속에서 루터는 비록 자신이 다른 종류의 반대자들에 의해 둘러싸여 있는 것처럼 보이지만 실제로는 동일한 문제의 핵심을 놓고 싸우고 있다는 생각을 직감적으로 갖게 된다. 그 문제의 핵심은 바로 죄인이 의롭게 되는 문제에 있어서 유일무이한 존재인 예수 그리스도와 이 값없이 의롭게 하는 그리스도를 꼭 붙잡을 수 있는 유일한 수단으로서의 믿음에 관한 것이다.

이러한 문제들에 있어서 루터가 보기에 "교황주의자들"(papists)이나 "열광주의자들"(fanatics)이나 피차일반이다. 루터는 이러한 자신의 판단을 다음과 같이 기술한다.

론과 루터파의 성만찬론 둘 다를 인정하지 않으면서, 성례전의 상징성에 초점을 맞춘 자들, 특히 재세례파와 츠빙글리파 사람들에 대해 루터가 사용했던 명칭이다. 참조, Roland H. Bainton, *Studies on the Reformation: Collected Papers* (Boston: Beacon Press, 1963), 119-120.

128) 루터는 "열광주의자들"이 자신과 자신의 추종자들 혹은 보다 폭 넓은 의미에서 소위 관료적 프로테스탄트 개혁가들을 "신교황주의자들"(neopapists)이라고 부르면서 이들이 구교황주의자들보다 두 배는 더 나쁘다고 주장한다고 말한다. *WA* 40/1. 118. 28-29; *LW* 26:57. 루터는 당시 종파주의자들이 루터파를 공공연하게 비난할 수 없을 때, 다음과 같이 말한다고 언급한다: "이 루터파 사람들은 비겁한 정신을 가지고 있다. 그들은 감히 진리를 솔직하고 자유롭게 말하지 못하고 그것으로부터 결과들을 끌어내지 못한다. 우리는 이 결과들을 끌어내야만 한다. 물론 그들은 토대, 즉 그리스도를 믿는 믿음이라는 토대를 놓았다. 하지만 시작, 중간, 그리고 끝이 함께 연결되어야만 한다. 하나님은 그들에게 이것을 완수할 과업을 맡기지 않으셨다. 그분은 그것을 우리에게 위임하셨다." *WA* 40/1. 109. 23-26; *LW* 26:50. 참조, *WA* 40/2. 136. 8-13; *LW* 27:107, *WA* 40/1. 353. 13-16; *LW* 26:221, *WA* 40/1. 610. 26-611. 25; *LW* 26:402.

그러므로 교황주의자들, 츠빙글리파, 재세례파, 그리고 그리스도의 의에 관하여 알지 못하거나 혹은 그것에 관하여 올바르게 믿지 않는 모든 자들이 그리스도를 모세와 법으로 바꾸고 법을 그리스도로 바꾸는 것은 피할 수 없는 일이다. 왜냐하면 그들이 가르치는 것은 이것이기 때문이다: 그리스도를 믿는 믿음은 참으로 의롭게 한다. 하지만 동시에 하나님의 계명들을 준수하는 것이 필요하다.[129]

이 같은 이유로 인해서 루터는 "교황주의자들"과 "열광주의자들"이 "비록 다른 머리들을 가지고 있기는 하지만 꼬리가 결합된" 두 마리의 이리들이라고 묘사한다. "그들은 공공연하게는 치열한 적수들인 것처럼 행세하지만, 내적으로는 실제로 우리의 유일한 의가 되시는 둘도 없는 구세주 그리스도에 반대하여 동일한 교리를 믿고, 가르치고, 변호한다."[130] 루터가 보기에 양측 모두 근본적으로 죄인이 의롭게 되는 것을 전적으로 예수 그리스도 덕분으로 돌리지 않는다. 프로테스탄트 개혁 그룹 내의 논적들이 의롭게 됨과 구원의 문제에 있어서 다시 인간의 참여와 협력을 들고 나오는 것은, 루터 자신이 개혁을 주도하게 된 핵심 요인이었던 오직 예수 그리스도를 믿는 믿음에 의해서만 의롭게 된다는 사상을 거스르는 것이다. 더 나아가서 이러한 성향은 그 근본에 있어서 로마 가톨릭 교회의 가르침으로 다시 돌아가는 것과 같았기에 루터에게 매우 절망적인 경험을 초래한다.

믿음에 관하여 루터의 강한 비판을 촉진시킨 한 경우는 재세례파 논쟁과 연관되어 있다. 재세례파들은 세례를 받는 자가 믿는 자가 아니면 세례가 무의미하다는 입장을 취한다.[131] 이들의 가르침에서 루터가 발견한 문제는 믿는 자들의 믿음이 그리스도, 즉 귀감으로서의 그리스도를 따르는 그들의 열정적 행위에 의해서 증명되어야 한다는 주장이다. 이러한 입장에서 루

---

129) *WA* 40/1. 249. 10-13; *LW* 26:143. 참조, *WA* 40/1. 296. 23-297. 14; *LW* 26: 176-177.
130) *WA* 40/1. 36. 21-24; *LW* 27:149.
131) *WA* 40/1. 36. 3-4; *LW* 27:148.

터는 믿음이 사랑, 즉 그들이 말하는 십자가, 고난, 그리고 피 흘림이 없이는 의롭게 할 수 없다는 생각을 감지한다. 루터는 이와 같이 하나님의 구속사역이 인간이 얼마나 준비되어 있는가라는 인간의 예비적 가치에 의존한다는 사고방식은 신학적으로 문제가 된다고 본다.[132] 루터가 보기에 비록 그들은 복음과 그리스도를 믿는 믿음에 대한 루터 자신의 가르침을 말하고 있을지라도 실제에 있어서는 법의 교사들과 다를 바가 없다.

재세례파들이 의롭게 됨을 위하여 인간의 행위를 요구하는 믿음을 주장하고 나올 때, 루터는 그들이 의롭게 하는 자로서 그리고 구세주로서의 그리스도를 귀감으로서의 그리스도와 혼동하고 있는 것이라고 지적한다. "재세례파들의 가르침 전체에서 가장 인상적인 것은 그리스도의 본보기와 십자가를 지는 것을 강조하는 방식이다. … 그러므로 우리는 이 사탄이 그자신을 천사의 모습으로 가장 할 때(고후 11:14) 이 사탄을 저지할 수 있는 방법, 즉 그리스도가 선물로서 선포될 때와 귀감으로서 선포될 때를 구별함으로써 이 사탄을 저지할 수 있는 방법을 배워야만 한다."[133] 그들은 "의롭게 하는 그리스도를 바라보고 꼭 붙잡지 않고 행위를 하는 그리스도를 바라보고 꼭 붙잡는" "교황주의자들"과 동일한 실수를 범하고 있다.[134] 이러한 이유로 인해서 루터는 재세례파들을 "신아리우스파들"이라 칭한다.[135]

프로테스탄트 개혁 내부의 논적들에 의해서 초래된 또 다른 갈등 상황은 성찬논쟁과 관련되어 있다.[136] 비록 논쟁의 상황들은 다를지라도 이 상

---

132) WA 40/1. 251. 34-37; LW 26:144. 왈도파에 대한 루터의 언급도 참조. 루터는 왈도파 신자들이 의롭게 됨의 신조를 순수한 형태로 가지고 있지 못하다고 지적한다. 그들은 인간이 믿음과 은혜에 의해서 구원받는다고 고백하지만 중생을 생산해내는 성질로서의 믿음에 대한 그들의 이해는 의롭게 됨을 위한 모든 것을 오직 그리스도를 믿는 믿음에 돌리지 않는다는 문제점을 갖고 있기 때문이다. WA, TR 3:37(no. 2864b, 1533. 1. 2); LW 54:176.
133) WA 40/2. 43. 8-13; LW 27:34-35.
134) WA 40/1. 389. 22-23; LW 26:247.
135) WA 40/1. 485. 13; LW 26:312.
136) WA 40/2. 45. 23-28; LW 27:36-37.

황들에 대한 루터의 대응은 동일한 판단, 즉 그들의 믿음은 그 안에 구세주 예수 그리스도를 갖고 있지 않기 때문에 공허한 믿음이라는 판단에 의해서 이루어진다. "오늘날 열광적 영혼들은 소피스트들의 방식으로 그리스도를 믿는 믿음에 관하여 말한다. 그들은 믿음이 그리스도와는 관계없이 가슴에 달라붙어 있는 자질이라고 상상한다."[137] 더 나아가서 루터가 보기에 소위 급진적 종교개혁가들에게서 믿음과 그리스도는 진정한 의미에서 서로 접착해 있지 않다. 왜냐하면 그들은 그리스도는 그리스도인들 안에 단지 영적으로만 현존하며 실제로는 하늘에 있다고 가르치기 때문이다. 이같이 그리스도는 오직 하늘에만 참으로 현존한다는 그들의 견해에 근거하여 루터는 그들이 말하는 "영적인" 것은 단지 "사변적인" 것이라고 명명한다.[138]

이러한 견해를 견제하면서 루터는 그리스도를 꼭 붙잡는 유일한 수단으로서의 믿음, 그리고 그리스도가 현존하는 믿음이라는 개념에 근거하여 믿음에 의해서 그리스도가 그리스도인들 안에 실제로 현존한다는 것을 강조한다. "그분[그리스도]는 하늘에 한가하게 앉아계시지 않는다. 그분은 전적으로 우리와 함께 현존하시며, 우리 안에서 활동하고 살아계신다."[139] "그리스도와 믿음은 완전히 결합되어야만 한다. … 그분은 우리 안에 사변적으로가 아니라 정말로, 실재와 능력을 가지고 살아계시고 활동하신다."고 루터는 역설한다.[140] 하지만 열광주의자들은 "이 사람[예수 그리스도]와는 관계없이 하나님을 다룬다."[141] 이에 대해 루터는 의롭게 됨의 문제와 법, 죄, 죽음, 그리고 악마의 문제를 다루는 데 있어서 "자기 자신을 우리에게 중개자로서 주는"[142] 분인 "이 성육신한 그리고 인간인 하나님 외에 다른 어떤

---

137) WA 40/1. 545. 24-25; LW 26:356.
138) WA 40/1. 546. 23-25: "그리스도는 우리 안에 '영적으로', 즉 사색적으로 임재하고 실제로는 하늘에 임재한다고 종파주의자들이 상상할 때 그들의 사변은 헛된 것이다."; LW 26:357.
139) WA 40/1. 545. 27-29; LW 26:356.
140) WA 40/1. 546. 25-28; LW 26:357.
141) WA 40/1. 78. 19-20; LW 26:29.
142) WA 40/1. 79. 16-17; LW 26:30.

하나님도" 바라보아서는 안 된다고 강조한다.[143] 그러므로 이 성육신하고 인간인 하나님인 예수 그리스도가 없는 믿음은 공허한 믿음이요, 의롭게 하는 믿음이 아니다.

오직 예수 그리스를 믿는 믿음 만에 의해 의롭게 된다는 신념 때문에 로마 가톨릭 교회로부터의 파문도 감내했던 루터는 근본적으로 동일한 신학적 문제로 인해 종교개혁 내부의 논적들로부터 "선동적"이라는, 혹은 "분파" 그리고 "분쟁을 야기하는 자"라는 폭언을 들으면서도 이 문제에 대해서만은 결코 자신의 입장을 굽힐 수 없다는 단호한 태도를 취한다.[144] 그러면서 루터는 이런 적대적이고 불신에 찬 태도들로 인한 자신의 신세를 다음과 같이 탄식조로 표현한다. "오늘날 루터의 이름은 세상에 완전히 경멸할 만한 것이다. 누구든 나를 칭찬하는 자는 어떤 우상숭배자, 신성 모독자, 위증자, 간음자, 불륜자, 살인자, 혹은 절도자보다 더 중대한 죄를 짓고 있다."[145] 하지만 루터는 의롭게 됨의 문제는 예수 그리스도의 신성, 하나님의 약속과 성취, 그리고 무엇보다도 하나님을 하나님 되게 하는 문제들과 직결되어 있다고 확신하고 있었기 때문에 단순히 비방을 모면하고자 자신의 입장을 철회할 생각은 안중에도 없었다.

이 같은 논쟁들을 통해서 루터가 일관되게 주장하는 핵심은 어김없이 항상 오직 예수 그리스도를 믿는 믿음에 의해 의롭게 된다는 사고로부터 흘러나와 그 사고로 다시 돌아가는 순환적 패턴에서 드러난다. 루터는 이러한 자신의 사고와 논쟁의 패턴을 바울로부터 배운 것이라고 고백한다. "믿음의 매우 좋은 스승으로서 바울은 항상 그의 입술에 이러한 단어들을 달고 있다: 예수 그리스도를 믿는 믿음을 통해서, 예수 그리스도를 믿는 믿음 안에서, 그리고 예수 그리스도를 믿는 믿음에 근거하여 등."[146] 보다 구체적으로

---

143) *WA* 40/1. 78. 24-26; *LW* 26:29.
144) *WA* 40/1. 676. 21-23; *LW* 26:450.
145) *WA* 40/1. 640. 26-28; *LW* 26:423.
146) *WA* 40/1. 539. 14-15: "Paulus ut optimus fidei doctor simper in ore habet istas voces: 'Per fidem,' 'in fide,' 'ex fide, quae est in Christo Iesu' etc."; *LW* 26:351.

루터는 이에 대하여 다음과 같이 기술한다.

> 바울은 항상 그의 입술에 그리스도를 달고 있어서 그리스도를 잊을 수가 없다. 왜냐하면 바울은 세상에서 심지어 그리스도인들이라고 주장하는 사람들 사이에서도 그리스도와 그분의 복음보다 덜 잘 알려지게 될 것은 아무것도 없을 것이라는 것을 내다보았기 때문이다. 그러므로 그는 계속해서 그리스도를 되풀이하여 가르치고 그분을 우리의 눈앞에 제시한다. 바울이 은혜, 의, 약속, 양자신분, 그리고 상속에 관하여 이야기할 때마다, 그는 항상 그리스도 "안에서" 혹은 그리스도를 "통해서"를 덧붙인다. 그리고 동시에 그는 다음과 같이 말하는 것처럼 법을 곁눈질로 본다: "우리는 이러한 것들을 법과 그것의 행위들을 통해서, 더군다나 우리 자신의 능력들 혹은 인간 전통의 행위들을 통해서가 아니라 오직 그리스도를 통해서 얻는다."[147]

이에 더하여 루터는 다음과 같이 언급한다. "그[바울]는 마치 다음과 같이 말하고 있는 것 같다: '비록 너희가 법에 의해서 괴롭힘을 당하고, 겸허하게 되고, 죽임을 당했다 할지라도, 법이 너희를 의롭게 만들지 않았다. 그것이 너희를 하나님의 아들들로 만들지 않았다. 믿음이 그렇게 만들었다. 어떤 믿음? 그리스도를 믿는 믿음. 그러므로 법이 아니라 그리스도를 믿는 믿음이 하나님의 아들들을 창조한다.'"[148] 결과적으로 의롭게 됨을 위해서는 오직 하나의 요구가 있는데, 그것은 바로 믿음이다. 그리고 "단 한 가지 믿음에 대한 요구가 있는데, 그것은 예수 그리스도를 믿는 것이다."[149] 루터는 이러한 믿음을 이 세상에 있는 그 어떤 것과도 타협할 수 없었다. 왜냐하면 그에게서 이 믿음을 타협하는 것은 곧 하나님으로서 성육신한 예수 그리스도를 부인하고 상실하는 것을 의미했기 때문이다.[150]

---

147) *WA* 40/1. 600. 13-20; *LW* 26:394.
148) *WA* 40/1. 539. 22-25; *LW* 26:351.
149) *WA* 40/1. 160. 19-20: "Unicum tantum fidei exemplum sit, scilicet credere in Iesum Christum."; *LW* 26:86.

그래서 루터는 "이 점에 있어서 우리는 아주 기꺼이 우리 논적들에 의해서 '오직 믿음주의자들'(solafideists)이라고 불리겠다."고 공표한다.[151] 오직 예수 그리스도를 믿는 믿음에 의해서만 의롭게 된다는 신념에 관한 한, 루터는 그의 논적들과 타협을 통해서 화평을 도모하는 것이 우선적 목적이 아님을 분명히 밝힌다. 하지만 이 신념이 유지되는 한 루터는 그의 논적들과도 기꺼이 화평하게 지낼 의사가 있음을 명시한다.[152]

---

150) 루터의 이러한 그리스도 중심주의에 관하여 린드버그(Lindberg)는 다음과 같이 말한다. "루터와 루터교 고백들에 의하면 의롭게 됨에 관한 교리의 강조는 예수 그리스도와 그의 구원 행위에 놓여 있지, 신학적 체계의 한 부분인 형식주의적 교리 위에 놓여 있지 않다." Carter Lindberg, "Do Lutherans Shout Justification but Whisper Sanctification? Justification and Sanctification in the Lutheran Tradition," in *Justification and Sanctification: In the Traditions of the Reformation*, 101. 린드버그는 계속해서 다음과 같이 주장한다. 선포의 "메타 언어적 규정"으로서 법의 행위 없이 오직 믿음에 의해 의롭게 됨은 그리스도에 대한 선포를 절대적 약속으로서 제시하며, 이러한 의미에서 "오직 믿음에 의해 의롭게 됨이 교회들에 대한 루터교의 에큐메니칼적 제안"이다. 위의 책. 이 문제에 유의하면서 린드버그는 "의롭게 됨의 교리에 대한 현재의 신학적 잊어버림에 직면하여 이것은 과장될 수가 없다."고 강조한다. 위의 책. 브라아텐(Braaten)도 의롭게 됨의 교리가 현대 신학에서 차지하고 있는 위상에 관하여 다음과 같이 언급한다. "의롭게 됨의 교리는 과정신학들과 종교다원주의 신학들뿐만 아니라 다양한 해방신학과 여성신학 모델들을 포함한 현재 신학의 대부분의 학문적 추세들에 있어서 무색하게 된 것처럼 보인다. 이러한 신학들의 누적하는 영향은 의롭게 됨의 신조에 의해 규범화된 신학들을 상대적으로 변두리 존재로 격하시켰다." Carl E. Braaten, *Justification: The Article by Which the Church Stands or Falls* (Minneapolis, MN: Fortress Press, 1990), 10.
151) 편집자들은 루터의 비방자들에 의해 사용된 라틴어 "*solarii*"에 대하여 웨슬리적 용어인 "*solafideists*"를 사용했음을 각주에서 밝히고 있다. LW 26:138, 각주 57. 참조, WA 40/1. 241. 24-26.
152) WA 40/2. 137. 11-14; LW 27:108. 참조, WA 40/1. 167. 18-168. 14; LW 26:90-91.

제4장 | 믿음
그리스도를 붙잡는 유일한 수단

　불의한 죄인의 의롭게 됨에 관한 문제에 있어서 유일무이한 구세주인 예수 그리스도를 꼭 붙잡아 믿는 자의 가슴속에 거할 수 있게 하는 유일한 수단은 믿음뿐임을 강조하면서, 루터는 의롭게 하는 이 믿음의 특성들을 제시한다. 이 믿음의 특성들은 다음과 같이 특별히 세 가지 측면에서 드러난다: 첫째, 하나님, 예수 그리스도, 그리고 자기 자신에 대한 진리를 아는 것으로서의 믿음, 둘째, 하나님과 예수 그리스도를 신뢰하는 것으로서의 믿음, 셋째, 사랑으로 활동하는 것으로서의 믿음.

I. 예수 그리스도를 믿는 믿음: 세 가지 특성

1. 지식으로서의 믿음

1) 하나님에 대한 지식

　예수 그리스도를 믿는 믿음이라는 루터의 개념은 몇 가지 독특한 특성들을 포함하고 있다. 첫째, 믿음에 대한 루터의 개념에 있어서 중요한 것은 믿음이 가지고 있는 견실하고도 건전한 지적 토대다. 하나님과 예수 그리스도에 대한 참된 지식으로서의 믿음, 즉 '우리가 믿는 믿음'(*fides quam creditmus*)은 믿는 자가 그리스도를 가슴속에 꼭 붙잡아 모시는 데 있어서 결정적인 역할을 한다.

루터는 "믿음이란 다른 어떤 것도 아닌 가슴의 진리, 즉 하나님에 대한 가슴의 올바른 지식"이라고 역설한다.[1] 하나님에 대한 이 가슴의 참된 지식은 인간의 자연적 이성의 파악 능력을 넘어 있기에 단순히 자연적 이성에 의해서 얻어지지 않는다. 죄인인 인간은 오히려 자연적 이성을 갖고 하나님에 관하여 왜곡되고 우상숭배적인 견해들을 헛되이 고안해 낸다. 루터에 의하면 하나님에 대한 올바른 지식으로서의 믿음은 인간의 역량에 의해서 획득되는 것 혹은 인간 안에서부터 생성되는 것이 아니라 밖으로부터 주어지는 것이다. 믿음은 예수 그리스도에 관한 하나님의 말씀을 듣는 자의 가슴 속에서 역사하는 성령을 통해서 하나님의 선물로서 주어진다.[2] 이러한 관점에서 볼 때 성령을 통한 하나님의 선물로서의 믿음은 인간의 자연적 이성과 대조된다. 이에 관하여 루터는 다음과 같이 기술한다. "이성은 하나님에 대하여 올바르게 생각할 수 없다. 오직 믿음만이 그렇게 할 수 있다."[3]

---

1) *WA* 40/1. 376. 23-24: "Fidem nihil aliud esse quam veritatem cordis, hoc est, rectam cogitationem cordis de Deo."; *LW* 26:238.
2) "그리스도와 믿음에 대한 지식은 인간의 행위가 아니라 전적으로 하나님의 선물이다."("Quare perpetuo inculcamus cognitionem Christi et fidem non esse rem aut opus humanum, sed simpliciter donum Dei.") *WA* 40/1. 130. 12-13; *LW* 26:64.
3) *WA* 40/1. 376. 24-25; *LW* 26:238. 이에 관하여 알트하우스는 다음과 같이 설명한다. "루터에게서 스스로 하나님을 발견하고 알고자 하는 인간의 시도와 하나님이 그분의 말씀을 통해 주는 지식과 대면 사이에는 대립이 있다. 그리고 이 대립은 결정적으로 중요하다. 이 주제는 루터 신학 전체를 통해서, 그의 신학의 모든 발전 단계들에서 흐르고 있으며, 루터는 이 주제를 반복해서 논의한다." Paul Althaus, *Die Theologie Martin Luthers*, 31; ET *The Theology of Martin Luther*, 20. 하나님에 대한 철학적이고 스콜라 신학적인 사변들 또한 이 범주에 속한다. 인간의 타락한 본성 때문에 이러한 시도는 실패할 수밖에 없다. 죄인들은 하나님의 절대적인 위엄과 영광을 있는 그대로 대면할 수 없으며, 대면하게 될 때에는 공포에 떨 수밖에 없다. 따라서 하나님에 대한 올바른 지식에 이를 수 있는 유일한 길은 그리스도를 통해서다. 그

하지만 이렇게 말한다고 해서 루터가 인간의 이성 그 자체를 부인하는 것은 결코 아니다. 루터는 믿음에 의해서 계몽되지 않으면 자연적 이성은 그리스도를 꼭 붙잡는 데 있어서 오히려 장애가 된다는 것을 지적하고 있을 뿐이다. 그래서 루터는 그리스도를 꼭 붙잡는 믿음의 지적 차원을 믿음에 의해 계몽된 이성과 결부하여 다음과 같이 서술하기도 한다. "그리스도는 법 혹은 행위에 의해서가 아니라 믿음에 의해서 계몽된 이성 혹은 지성에 의해 꼭 붙잡아진다."[4]

믿음의 개념이 갖고 있는 이 같은 지적 차원에서의 특성에 대하여 루터는 보다 세부적인 설명을 제공하면서, 하나님에 대한 지식에 있어서 일반적(*generalis*) 지식과 특정한(*propria*) 지식 간의 차이를 기술한다. 하나님에 대한 일반적 지식이란 하나님이 존재한다는 것을 안다는 의미에서의 지식이다. 반면에 하나님에 대한 특정한 지식이란 하나님이 인간을 어떻게 여기는지, 그리고 하나님이 불의한 자들을 구원하기 위하여 정확히 무엇을 의도하고 있는지를 안다는 의미에서의 지식이다. 상호 구분되는 이 두 가지 하나님에 대한 지식에 관해서 루터는 다음과 같이 서술한다.

> 하나님에 대한 이중의 지식이 있는데, 그것들은 일반적인 지식과 특정한 지식이다. 모든 사람들은 일반적인 지식, 즉 하나님이 존재하며, 하나님이 하늘과 땅을 창조했으며, 하나님은 공정하며, 하나님은 악한 자들을 처벌한다는 등의 지식을 가지고 있다. 하지만 사람들은 하나님이 우리를 어떻게

리스도를 통해서 하나님은 자신의 자비와 선하심을 드러내기로 결심했으며, 성경은 그리스도에 대해 증거하고 있다. 루터는 하나님 자신과 자신을 드러내시는 하나님 사이의 대조를 보여주는 다양한 표현들을 사용하고 있는데, 이를 위해서는 Paul Althaus, *Die Theologie Martin Luthers*, 33-34; ET *The Theology of Martin Luther*, 23-24 참조. 이 문제는 하나님의 숨겨진 의지와 계시된 의지에 대한 루터의 이해와도 연결되어 있다. 참조, *WA, TR* 4:613-614(no. 5015, 1540. 5. 21-6. 11); *LW* 54:377-378, *WA, TR* 4:641-642(no. 5070, 1540. 6. 11-19); *LW* 54:385.

4) *WA* 40/1. 447. 15-16: "Apprehenditur autem Christus non lege, non operibus, sed ratione seu intellectu illuminato fide."; *LW* 26:287.

생각하고 있으며, 하나님이 죄와 죽음으로부터 우리를 구해내기 위해서 그리고 우리를 구원하기 위해서 무엇을 주고 무엇을 하기를 원하는가 – 이것이 바로 하나님에 대한 특정한 그리고 참된 지식이다. – 는 알지 못한다.[5]

루터의 믿음 개념을 구성하고 있는 이 지적요소는 그 핵심에 있어서 하나님에 의해 계몽되고, 구원론적인 의미로 가득 차 있고, 예수 그리스도 안에서 그리고 그를 통해서 계시된 특별한 지식으로서 특징지어진다. 이것은 곧 루터에게서 믿음의 특성으로 제시되는 하나님에 대한 지식은 그 핵심에 있어서 인간을 향한 하나님의 구원의 의지와 방법에 대한 지식, 즉 신론, 그리스도론, 인간론, 그리고 구원론이 포괄적으로 함축되어 있는 지식이라는 것을 노출한다. 결과적으로 루터에게서 인간의 구원과 관련하여 하나님이 누구이며, 하나님의 뜻이 무엇인지에 대한 올바른 지식을 갖는 것은 결코 사소한 문제가 아니라 영원한 삶과 죽음에 관한 문제가 된다.

예를 들어서 루터는 사람들에게 그들의 죄를 상기시키고, 하나님을 격분한 재판관으로, 그리고 그리스도를 입법자, 심판자, 죄의 선고자로 제시하여 사람들로 하여금 자비에 대한 소망을 상실케 함으로써 그들을 지옥으로 이끄는 것을 사탄의 책략이라고 칭한다.[6] 그리고 이에 맞서 저항하기 위

---

5) WA 40/1. 607. 28-32; LW 26:399. 이와 관련하여 다음의 책 참조, Paul Althaus, *Die Theologie Martin Luthers*, 29-30; ET *The Theology of Martin Luther*, 17-19.
6) 1535년 『갈라디아서 강해』에 나타나는 인간의 영혼과 양심을 놓고 하나님과 악마 사이에 벌어지는 싸움에 대한 루터의 기술은 쉽게 잊혀 지지 않는 인상을 남긴다. 이에 관하여 오버만은 다음과 같이 적고 있다. "종교개혁가 루터는 사탄을 하나님과 마몬만큼이나 실재하는 것으로 여겼던 중세 후기 사람으로서 만 이해될 수 있다." Heiko A. Oberman, *Luther: Man between God and the Devil* (New York: Image Books, 1992), xv. 물론 루터의 기술이 이러한 색채를 띠고 있다고 해서 루터가 한 예로서 마니교 사상에 의해 대표되듯이 이원론적 우주관을 채택하고 있는 것은 분명히 아니다. 불의한 자들을 의롭게 하는 문제와 관련하여 하나님의 의에 대한 개념에 있어서 루터 자신의 영적 시련과 유혹들은 모든 인간은 예외 없이 영원한 생명 혹은 영원한 죽음으로 이끄는 갈림길에 서 있으며, 무능력한 죄인은 자신의 의롭게 됨을 위하여 하나님에게 온전히 굴복하는 것이 결정적으로 중요하다는 것을 말해준다.

해서 루터는 그리스도인들이 죄, 죽음, 그리고 악마를 격파시킬 수 있는 전략과 "그리스도교적 지혜"로 든든히 무장되어 있어야만 한다고 권면한다.[7]

하나님과 그리스도에 대한 잘못된 지식에 항거하는 루터의 모습은 형성되지 않은 믿음, 형성하는 사랑, 그리고 재량공로와 적정공로라는 개념들에 관한 반박에도 잘 드러난다. 이런 개념들에 의하면 일단 한 개인이 재량공로에 의해서 은혜를 획득하면, 그 사람은 적정공로에 의해서 영생을 상급으로 얻을 수 있는 행위들을 수행할 수 있게 된다. 무엇보다도 이러한 신학적 체계 속에서 하나님은 "채무자"가 되고 "당연히 영생을 허락해 주어야만 하는 의무가 생긴다."[8] 스콜라 신학자들은 다음과 같이 주장한다. "이것은 단지 외적으로 수행된 자유의지에 의한 행위만이 아니다. 이것은 사람을 하나님 앞에서 기쁘시게 하는 자로 만드는 은혜 안에서, 다시 말해서, 사랑 안에서 행해진다."[9] 만약 이와 같이 의롭게 됨이 인간의 사랑의 행위들에 비례하여 획득된다면, 인간과 하나님 간의 관계는 상업 혹은 무역 체제에 있어서와 같이 채권자와 채무자의 관계로 이해될 가능성이 크다.

이에 더하여 루터에게 있어서 이 같은 사상이 문제시되는 또 다른 이유는 하나님이 "죄인들에게 천벌을 내리는 노기등등한 심판자"로 그려지기 때문이다.[10] 이러한 이미지를 갖고 있는 하나님의 의는 인간이 유죄임을 꼬집어내어 영원한 죽음으로 선고를 내리게 하는 그런 의로 제시된다. 이 심판자 하나님은 각 죄인으로부터 보속을 기대하며, 각 사람에게 공로에 비례하여 보상으로서의 상급을 베푼다. 하지만 죄인들이 얼마나 많이 노력하는가에 상관없이, 이 심판자가 인간의 행위에 의해서 언젠가 만족할 것이라는 보장은 전혀 없다. 여기서 이 심판자는 사랑의 행위를 수행하는 사람을 의롭게 하기 위한 혹은 구원을 베풀기 위한 어떤 분명한 척도도 갖고 있지 않은, 신뢰할 수 없는 변덕스러운 존재가 될 수 있다. 그리고 이러한 심판자를

---

7) *WA* 40/1. 90. 15-17; *LW* 26:37.
8) *WA* 40/1. 220. 13-14; *LW* 26:124.
9) *WA* 40/1. 220. 15-16; *LW* 26:124.
10) *WA* 40/1. 558. 19-20; *LW* 26:365.

만족시켜 구원을 획득하기 위해서 인간은 끊임없이 자신의 궁극적인 운명에 대한 불확실성과 염려 가운데 갇혀 살게 된다.

루터의 격렬한 영적 고투들을 묘사하는 극적인 기술들에 잘 나타나는 것처럼, 루터 자신이 로마 가톨릭 교회의 참회 체제 안에서 이러한 하나님의 이미지를 갖고 영적으로나 실존적으로 자유롭지 못한 삶을 경험했기에 루터는 이러한 우려가 단순한 기우가 아니라는 것을 잘 알고 있다. 루터를 속박하던 이러한 하나님의 이미지는 하나님의 의에 대한 전혀 다른 깨달음에 의해 극복된다. 그것은 소위 "탑 경험"을 통해 널리 잘 알려져 있다.[11] 루터는 자신이 "탑 경험" 이전에는 "복음에 하나님의 의가 나타나서"라는 로마서 1:17의 말씀이 견디기 힘든, 회피하고 싶은 성경구절이었다고 고백한다. 그리고 심지어 이 말씀으로 인해서 하나님에 대한 미움까지도 자신의 마음속에서 커가고 있었음을 자백한다.

---

11) 이에 관한 루터의 간단한 자서전적 기술을 위하여 다음의 글 참조, WA 54. 185. 12-186. 24; LW 34:336-337. 루터는 또한 그의 수도원 초기 시절에 그리스도에 대해 가지고 있었던 심판자로서의 이미지로 인해서 영적으로 고군분투했던 경험을 이야기하고 있다. WA 40/1. 265. 17-18; LW 26:154. 참조, WA 40/1. 137. 17-138. 8; LW 26:70, WA, TR 4:305-306(no. 4422, 1539. 3. 20); LW 54:339-340. 이 경험이 "탑 경험"이라고 불리는 이유는 비록 이 경험이 정확히 언제 일어났는지에 관해서는 여전히 학자들 간에 합의된 결론이 나오지 않고 있기는 하지만 (일반적으로 1508년에서 1518년 사이 어느 시점으로 본다), 이것이 나중에 루터의 집이 된 비텐베르크에 있는 흑 회랑(Black Cloister)의 탑에서 일어났기 때문이다.

종교개혁을 위한 돌파구를 찾는 계기가 된 주석적 발견으로서의 소위 "탑 경험"에 관한 루터 자신의 기술들을 위해서는 다음의 글들 참조, WA, TR 4:305-306(no. 4422, 1539. 3. 20); LW 54:339-340, WA, TR 3:228-229(no. 3232c, 1532. 6. 9-7. 21); LW 54:193-194, WA, TR 5:210(no. 5518, 1542-1543 겨울); LW 54:442-443. 이 경험의 시기와 성격의 문제에 대해서는 다음의 글들 참조, Bernhard Lohse, *Luthers Theologie*, 97-110; ET *Martin Luther's Theology*, 85-95; Gottfried G. Krodel, "The Lord's Supper in the Theology of the Young Luther," *Lutheran Quarterly* 13/1(1961), 19-24; Alister E. McGrath, *Luther's Theology of the Cross: Martin Luther's Theological Breakthrough* (Malden, MA: Blackwell Publishing, 2004), 141-147.

하지만 "탑 경험" 이후 루터는 "하나님의 의"에 대한 전혀 새로운 해석 방법을 깨닫게 된다. 루터는 로마서 1:17의 "의인은 믿음으로 살리라"는 말씀이 바울이 어떤 종류의 의를 생각하고 있었는지를 깨닫는 데 도움을 주었다고 말한다. 즉 루터는 "하나님의 의"와 "의인"을 연결시켜 해석함으로써, 절대적이고 추상적인 의미에서 해석된 "하나님의 의"에 대한 생각 때문에 고통스러워 할 필요가 없다는 것을 인식하게 된다. 왜냐하면 바울이 말하는 "하나님의 의"에 있어서 분명한 한 가지는 이 "하나님의 의"는 "의인"을 만드는 의이기 때문이다. 바울이 말하는 하나님의 의는 그 절대적 기준에 따라서 죄를 측정함으로써 예외 없이 모든 죄인들을 처벌하는 그런 의가 아니라, 아무런 대가를 요구하지 않으면서 불의한 죄인을 의인으로 만드는 그런 의라는 것을 루터는 보게 된 것이다.[12]

---

12) 루터는 일관성 있게 지속적으로 같은 문법적 구조, 즉 히브리어의 소유격 구조로 이루어진 문구들에 대하여 동일한 해석 규칙을 적용한다. 예를 들어서 로마서 1:16 ("하나님의 능력")에서 루터는 "하나님의 능력"은 하나님이 능력이 있다는 의미에서의 내재적 능력이 아니라, 하나님이 가지고 있는 능력이기는 하지만 그것에 의해 (인간을) 능력 있고 강하게 만드는 그런 능력으로 해석되어야 한다고 설명한다. 또 "하나님의 선물", "하나님의 피조물" 혹은 "하나님의 것들"이라는 표현들을 이해할 때처럼 "하나님의 능력" 또한 "하나님으로부터 나오는 능력"으로 이해되어야 한다고 루터는 말한다. *WA* 56. 169. 29-170. 1; *LW* 25:149. 같은 맥락에서 루터는 "하나님의 의"를 해석하는 데 있어서도 동일한 해석 규칙을 적용하고 있다. "여기서도 역시 하나님의 의에 대하여 우리는 하나님이 그것에 의해서 스스로 의로운 그런 의가 아니라, 우리가 그것에 의하여 하나님에 의해서 의롭게 만들어지는 그런 의로 이해해야만 한다." *WA* 56. 172. 3-5; *LW* 25:151. 또 다른 예로서 루터는 "하나님의 영광"에 대해서도 같은 해석 규칙을 적용하여, 하나님의 의, 지혜, 덕과 같이 하나님에 의해 인간에게 주어진 것으로 이해한다. *WA* 56. 261. 20-22; *LW* 25:248. 참조, *WA* 56. 215. 16-17; *LW* 25:201.

루터는 이와 같이 자신을 자유롭게 해준 깨달음이 바울에 기인하는 것이라고 언급하며, 이러한 생각은 아우구스티누스에 의해서도 긍정된 것이었다고 다음과 같이 기술한다: "따라서 아우구스티누스는 『영과 문자에 관하여』(*On the Spirit and the Letter*)의 11장에서 다음과 같이 쓰고 있다: '… 이것이 하나님의 의라고 불리는 것은 하나님이 그것을 전가함으로써 사람들을 의롭게 만드시기 때문이다.' 아우구스티누스는 동일한 책의 9장에서도 같은 이야기를 한다." *WA* 56. 172. 5-9; *LW* 25:151-

루터가 새롭게 그리고 분명하게 깨달은 하나님의 의는 죄인들을 용서하고, 그들에게 의를 전가하고, 동시에 그들을 의롭게 만드는 그런 의다. 이러한 하나님의 의는 선행적 공로나 사랑의 행위들을 요구하지 않는다. 여기서 루터는 어느 누구도 만족시킬 수 없고 파악할 수 없는 절대적 의를 소유한 심판자 하나님의 이미지와는 전혀 다른 하나님의 이미지를 보게 된다.

---

152. 참조, St. Augustine, *De spiritu et littera* in *Patrologiae cursus completus*, series Latina, 44-45, ed. Jacques-Paul Migne (Paris, 1865), 211.

『탁상담화』에서도 루터는 하나님의 의에 관한 아우구스티누스의 개념이 자신의 깨달음을 재확인해 주었다고 밝힌다: "'하나님의 의'라는 표현은 내 가슴속에 청천벽력과 같았다. 내가 교황청 하에서 '주의 의로 나를 건지소서'(시편 31:1)와 '당신의 진리 안에서'를 읽을 때, 나는 즉각적으로 이 의는 앙갚음하는 분노, 즉 하나님의 진노라고 생각했다. 나는 하나님의 의가 복음에 계시되었다(롬 1:16, 17)는 것을 읽을 때 전심으로 바울을 미워했다. 나중에야 그 다음에 나오는 단어들을 보았을 때, 즉 의인들은 믿음으로 말미암아 살리라(롬 1:17)고 적혀 있는 것을 보았을 때, 그리고 이에 더하여 아우구스티누스를 참고하였을 때, 나는 기운이 났다. 내가 하나님의 의란 그분의 자비라는 것을, 그리고 하나님은 그것을 통해서 우리를 의롭게 만드신다는 것을 알았을 때, 고통 가운데 있던 나에게 치료약이 주어졌다." *WA, TR* 4:72-73 (no. 4007, 1538. 9. 12); *LW* 54:308-309.

하나님의 의에 관한 루터의 이해가 바뀌는 이 변화기에 요한 폰 슈타우피츠(Johann von Staupitz)의 역할에 주목할 필요가 있다. 슈타우피츠는 독일 아우구스티누스 수도회의 총대리가 된 자로서, 루터가 비텐베르크 대학교에서 자신의 자리를 이어받을 때까지 루터의 고해신부요, 스승이요, 후원자 역할을 해주었다. 루터는 슈타우피츠를 1506년 4월에 처음 에어푸르트에서 만난 것으로 보인다. 참조, Martin Brecht, *Martin Luther*, vol. 1, *His Road to Reformation*, trans. James L. Schaaf (Philadelphia, PA: Fortress Press, 1985), 70-71; Heiko A. Oberman, *Forerunners of the Reformation: The Shape of Late Medieval Thought*, trans. Paul L. Nyhus (Cambridge: James Clarke & Co., 2002; Lutterworth Press, 1967), 138-140, 175-200. 하나님의 의에 관한 루터의 개념과 관련하여 다음의 글들 참조, Heiko A. Oberman, "'Iustitia Christi' and 'Iustitia Dei': Luther and the Scholastic Doctrines of Justification," *Harvard Theological Review* 59(1966), 19; Steven E. Ozment, "*Homo Viator*: Luther and Late Medieval Theology," in *The Reformation in Medieval Perspective*, ed. Steven E. Ozment (Chicago: Quadrangle Books, 1971), 142-154. 동일한 논문을 *Harvard Theological Review* 62(1969), 275-287에서도 찾아볼 수 있다.

그것은 아무런 대가도 바라지 않고 의롭게 하는 하나님, 자비롭게 용서하고 사랑하는 하나님의 이미지다. 하나님의 의는 응징 혹은 보복하는 의가 아니라 구원하는 의다. 사랑의 행위들과 공로를 요구하는 대신 이러한 의의 하나님은 축복하기를 원한다. 죄인들에게 사형 선고를 내리는 대신 이러한 의의 하나님은 생명을 주기를 원한다. 그리고 의롭게 됨의 문제에 있어서 인간이 해야 할 유일한 일은, 값없이 죄인을 의롭게 하기 원하는 자비로운 하나님의 선물인 예수 그리스도를 믿고 받아들이는 것이다. 이처럼 끊임없는 번뇌 가운데 씨름했던 "하나님의 의"라는 표현이 이제는 가장 달콤한 말이 되었다고 외치면서 루터는 그 자신의 경험으로부터 하나님에 대한 정확한 지식이 신앙의 삶에 있어서 얼마나 중요한 요소인지를 강조한다.

루터에 의하면 하나님에 대한 이런 참된 지식은 인간 구원의 문제에 있어서 매우 중요하다. 그것은 인간이 스스로를 구원할 수 없는 죄인이라는 점에서뿐만 아니라, 인간은 죄인이지 하나님에 의해 영원히 버림받은 자들, 즉 유기자가 아니라는 점에서도 그렇다. 이것을 제대로 인식하고 자신을 죄인으로 인정하는 한 인간은 절망에 빠지는 대신 자신을 향하여 주도적으로 다가오는 하나님께 올바로 응답할 수 있다. 따라서 인간의 자기 처신에 관한 한 하나님에 대한 참된 지식은 두 가지를 방지하도록 도와준다. 그 하나는 죄의 중대함으로 말미암아 평생을 절망 가운데 보내는 것이요, 다른 하나는 자기 자신의 선한 행위를 과신하면서 교만 가운데 사는 것이다. 이에 반하여 하나님에 대한 참된 지식은, 그리스도인의 소망은 인간의 자기 공로를 비롯하여 "다른 어떤 것도 아닌 전적으로 하나님의 약속 위에 세워지는 것"이라고 복음이 가르치는 것처럼, 하나님의 약속과 이에 단단히 뿌리박고 있는 소망에 의존하고 있다.[13]

2) 예수 그리스도에 대한 지식

루터의 믿음 개념에 있어서 하나님에 대한 참된 지식이 결정적으로 중

---

13) *WA* 10¹/1. 672. 7-10; *LW* 52:243.

요한 것처럼 "그리스도에 대한 잘못된 생각"[14]에 대항하는 "그리스도에 대한 참되고 올바른 정의"도 중요하다.[15] 사실 하나님에 대한 참된 지식과 그리스도에 대한 참된 지식은 상호 분리되어 있지 않다. 왜냐하면 하나님에 관한 참된 지식은 오직 그리스도를 통해서만 계시되기 때문이다.

> 하나님은 그리스도를 통하는 것을 제외하고는 알려지기를 원하지 않으신다; 또한 그분[하나님]은 다른 어떤 방법으로도 알려질 수 없다. 그리스도는 아브라함에게 약속된 자손이다; 그분[그리스도] 위에 하나님은 그분[하나님]의 모든 약속을 세우셨다. 따라서 오직 그리스도만이 우리가 하나님을 보고 그분의 뜻을 아는 수단이요, 생명이요, 거울이다."[16]

여기서 중요한 것은 신론과 그리스도론, 즉 하나님에 대한 이해와 그리스도에 대한 이해가 맞물리고 있다는 점이다. 루터에 의하면 예수 그리스도는 정확하게 유일무이한 구세주 의롭게 하는 자로 제시될 때 핵심적으로 하나님이 참으로 어떤 분인가를 가장 분명하고 올바르게 계시한다: "그리스도를 통해서 하나님은 우리를 향한 그분의 호의와 자비를 공표하셨다. 그리스도 안에서 우리는 하나님이 격노한 감독자와 재판관이 아니라 우리를 축복하는 자비롭고 인정 있는 친절한 아버지라는 것을 본다."[17]

이와 같이 루터에게서 인간이 무엇을 믿어야 하는가라는 질문과 관련하여 하나님의 구원 계획과 결부된 그리스도에 대한 참된 지식은 성부 하나님에 대한 참된 지식 못지않게 결정적으로 중요하다.[18] 만약 인간이 그리스

---

14) *WA* 40/2. 41. 29: "falsam opinionem de Christo."; *LW* 27:33.
15) *WA* 40/1. 93. 18-19; *LW* 26:39. 루터는 또한 지속적으로 "참된 그리스도"(*verus Christus*) 혹은 "그리스도에 관한 참된 지식"(*vera cognitio Christi*)이라는 표현들을 사용한다. 참조, *WA* 40/2. 19. 30, 31-32; *LW* 27:17.
16) *WA* 40/1. 602. 18-21; *LW* 26:396.
17) *WA* 40/1. 602. 22-24; *LW* 26:396.
18) 그리스도에 관한 참된 지식에 대한 루터의 관심은 하나님에 관한 참된 지식에 대한 그의 관심처럼 그의 구원론적 관심과 떼려야 뗄 수 없는 관계를 맺고 있다. "자, 우리

도의 구세주 됨에 관하여 반신반의하면서 인간 자신의 행위에 의존하게 하는 타락한 이성의 합리화에 굴복한다면, 인간은 하나님에 의해서 계획된 구원을 완전히 엉망으로 만들어 놓는 것이 된다고 루터는 강조한다.

이런 관점에서 볼 때 루터는 형성되지 않은 믿음, 형성하는 사랑, 그리고 재량공로와 적정공로라는 개념들이 갖고 있는 또 다른 문제점을 발견하게 되는데 그것은 바로 이러한 사고들이 유일한 구세주요 의롭게 하는 자인 그리스도에 대한 참된 정의를 위태롭게 한다는 점이다. 무엇보다도 그리스도가 행위를 강권하는 법과 혼동될 때, 그리스도는 죄와 분노와 죽음의 앞잡이가 된다. 그러므로 인간은 구원을 위하여 그리스도는 폭군도 아니요 "법률 제정자, 법 선생, 혹은 선행들과 사랑을 가르치는 선생"도 아니라는 것을 확실하게 인식해야 한다.[19] 즉, 그리스도는 "의와 영생을 베풀어 주는 자"요 "법과 죄와 사망의 주"며,[20] "다정한 구원자요 대제사장"이지 "엄격한 재판관"이 아니라는 것을 분명히 깨달아야만 한다.[21]

더 나아가서 루터의 믿음 개념은 죄인이 의인이 되게 하기 위해서, 가장 의로운 예수 그리스도가 "저주와 죄인들 중의 죄인"이 되었다는 것에 대한 분명한 지식을 포함한다.[22] 이 이중적 역설이 믿음에 의해서 파악되고 수용되지 않는다면, 하나님과 그리스도, 그리고 인간 자신에 대한 지식은 피상적인 지식으로만 머물고 구원으로 이끌지 못하게 된다.

오직 인간의 모든 죄를 취할 때 그리스도는 "법에 대한 법, 죄에 대한 죄, 그리고 죽음에 대한 죽음"이 될 수 있고, 이를 통해서 죄인들을 법과 죄와 사망으로부터 구원할 수 있다. 따라서 그리스도는 "법이면서 자유고, 죄

가 가르치는 것이 무엇인가? 하나님의 아들이신 그리스도가 십자가상에서의 죽음에 의하여 우리를 죄와 영원한 죽음으로부터 구원하였다는 것이다." *WA* 40/1. 679. 30-31; *LW* 26:453.
19) *WA* 40/1. 256. 25-26; *LW* 26:148. 참조, *WA* 40/1. 561. 27-563. 26; *LW* 26: 367-369, *WA* 40/1. 568. 25-29; *LW* 26:372.
20) *WA* 40/1. 260. 26-27; *LW* 26:151.
21) *WA* 40/1. 92. 12-15; *LW* 26:38.
22) *WA* 40/1. 434. 35-36; *LW* 26:278.

이면서 의고, 죽음이면서 생명이다."²³⁾ 즉 한 예수 그리스도 안에 두 개의 극단적으로 대립되는 것들이 공존한다.

나와 당신의 죄들뿐만 아니라, 과거와 현재와 미래의 전 세계의 죄들이 그 [그리스도]를 맹공격하고, 그에게 천벌을 내리려 하고, 실제로 천벌을 내린다. 하지만 최고의, 가장 큰, 그리고 유일한 죄인인 바로 그 동일한 인물 안에 또한 영원하고 아무도 꺾을 수 없는 의가 있기에, 이 두 가지, 즉 최고의 가장 큰, 그리고 유일한 죄와 최고의 가장 큰, 그리고 유일한 의가 서로 만난다. … 그러므로 이 둘 사이의 결투에서 죄가 정복되고 끝장나고, 의가 승리하고 사는 것은 필연적이다.²⁴⁾

루터는 이 경쟁을 "매우 즐거운 결투"(*iucundissimum duellum*)라고 명명한다. 왜냐하면 이 결투는 죄인인 "나에게 자유가 되기 위해서 법에 대항하여 투쟁하는 법; 나에게 의가 되기 위해서 죄에 대항하여 투쟁하는 죄; 내가 생명을 가질 수 있기 위해서 죽음에 대항하여 투쟁하는 죽음"인 그리스도의 결투이기 때문이다.²⁵⁾ 그리스도는 "법, 죄, 그리고 죽음에 대항하는 독이요, 동시에 자유, 의, 그리고 영생을 회복하기 위한 치료약이다."²⁶⁾ 그리스도는 죄의 정복자이지 앞잡이가 아니다. 하나님의 은혜는 "고발하는 법을 고발하고, 저주하는 법을 저주하며", "죽음을 죽이는 죽음"으로서 죄인들에게 생명을 가지고 온다.²⁷⁾

이러한 관점에서 루터는 소피스트들이 그리스도론과 관련하여 강조점을 뒤바꾸어 가르치고 있다고 지적한다. 그들은 귀감으로서의 그리스도를 전면에 내세우는데, 이로 인해서 결과적으로 그리스도를 죄의 정복자로서

---

23) *WA* 40/1. 278. 22-25; *LW* 26:163.
24) *WA* 40/1. 438. 32-439. 26; *LW* 26:281.
25) *WA* 40/1. 279. 25-27; *LW* 26:164.
26) *WA* 40/1. 278. 28-29; *LW* 26:163.
27) *WA* 40/1. 267. 18-21; *LW* 26:156. 참조, *WA* 40/1. 278. 12-14; *LW* 26:163.

가 아니라 죄의 대신(minister)으로서 제시한다.[28] 이로써 그들은 최고의 죄인으로서 그리고 모든 인류를 위한 저주로서의 그리스도에 대한 참된 지식을 모호하게 하며, 그리스도가 그의 고유 기능 안에서 신성을 드러내는 즐거운 결투를 과소평가한다.[29] 이러한 오류 때문에라도 그리스도의 고유 기능과 부수 기능 사이에 분명한 선을 긋는 것이 매우 중요하다. 왜냐하면 죄인들을 그들의 죄로부터 구원하는 것은 귀감으로서의 그리스도가 아니기 때문이다. 만약 인간이 이 점을 놓친다면, 인간은 구원을 놓치는 것이다. 그렇기 때문에 그리스도를 올바르고 정확하게 정의하는 것이 극히 중요하다.[30] 이와 같이 루터가 제시하는 믿음의 지적인 측면을 면밀히 분석해 볼 때, 그리스도는 "그에 관하여 우리가 가지고 있는 지식에 의해서 우리를 의롭게 한다."는 루터의 주장이 의미하는 바를 제대로 포착할 수 있다.[31]

3) 자기 자신에 대한 지식

이와 함께 루터의 믿음 개념에 있어서 지적 특성의 또 다른 측면은 인간의 자기 자신에 대한 올바른 지식이다. 이 자신에 대한 지식 또한 영원한 생명과 영원한 죽음의 분기점에 서 있는 인간에게 하나님과 그리스도에 관한 참된 지식만큼이나 중요하다. 만약 인간이 그들 자신이 정확하게 그리고 참으로 누구인가를 알지 못한다면, 즉 하나님 앞에서 죄인으로서의 그들이 어떤 존재이며 무엇을 하는 자들인지를 알지 못한다면, 그들은 하나님의 방법이 아닌 인간적으로 고안된 구원의 방법들을 선택할 것이라고 루터는 경고한다. 인간의 이러한 과신, 자기 의, 그리고 죄의 경시로 빠지는 경향을 인식하면서 루터는 바로 이러한 인간의 본래적 성향과 불신앙 자체가 정확하게 인간의 죄성의 심각함을 있는 그대로 폭로하는 것이라고 지적한다.

인간은 그들 자신의 죄성의 올가미에 걸려들어 그들이 얼마나 많은 죄

---

28) *WA* 40/1. 434. 21-28; *LW* 26:278.
29) *WA* 40/1. 435. 16-20; *LW* 26:278.
30) *WA* 40/1. 563. 27-28; *LW* 26:369, *WA* 40/2. 25-30; *LW* 27:27.
31) *WA* 40/1. 579. 14; *LW* 26:380.

를 짓고 있는지, 그 안에서 얼마나 고통을 당하고 있는지, 그리고 어떻게 이 죄의 문제를 다루어야 하는지조차 깨닫지 못하고 있다. 자연적 이성은 인간의 죄에 관한 지식을 가리거나 애매모호하게 만듦으로써 그것을 인간에게 분명하게 보여주지 않는다. 이처럼 자신들이 어떤 존재인지에 관해 무지한 인간에게 루터는 만약 인간이 스스로 어떠한 죄인인지를 인식하지 못한다면 예수 그리스도를 보고 그에게 어떤 일이 일어났는지에 주목해 보라고 충고한다. 그러면 인간은 예수 그리스도를 통해서 자신이 어떤 존재인지, 자신의 죄가 얼마나 심각한 문제인지, 그리고 어떻게 하나님이 인간의 죄를 다루었는지를 깨닫게 될 것이라고 말한다.

    이것은 곧 인간은 그들 자신의 본성 혹은 이성에 의해서 그들의 정체성과 그들 안에 내재하는 죄에 대한 지식에 이르지 못한다는 것을 알려준다. 인간은 하나님 앞에서 자신이 죄인이라는 것과 죄를 짓고 있다는 지식을 얻기 위해 그리스도를 통해서 어떤 일이 일어났는지를 직시할 필요가 있다. 인간이 십자가에 달린 예수 그리스도를 응시하면, 그들은 그들의 죄 때문에 희생된 것이 얼마나 어마어마한 것인지를 분명히 깨닫게 된다. 왜냐하면 그 희생은 다름 아닌 성자 하나님의 죽음이었기 때문이다. 십자가에 달린 예수 그리스도는 인간의 죄와 그 죄의 중대함, 그 죄에 상응하는 하나님의 정의로운 분노와 심판, 인간의 유기와 사탄의 왕국을 드러낸다.[32] 여기서 인간은 자신이 참으로 어떤 존재인지, 어떤 일들을 행하는 존재인지를 깨닫는 순간, 그리고 죄인임에도 불구하고 하나님에 의해 자신이 얼마나 사랑받는 존재인지를 자각하는 순간, 인간은 하나님의 구원의 방법에 의탁하게 될 것이라고 루터는 언급한다.

    이처럼 하나님, 그리스도, 그리고 자기 자신에 관한 올바른 지식은 루터의 믿음 개념에 있어서 지적인 차원의 핵심을 구성하고 있다. 혹은 보다 정확하게 말해서 그리스도는 하나님과 인간 사이의 중간지점에 서서 거울 역할을 하면서 그 거울에 반영된 하나님, 즉 하나님이 어떤 존재인가를 인간

---

32) WA 40/1. 84. 12-24; LW 26:33.

에게 드러낸다. 또 동일한 방식으로 예수 그리스도는 원래 인간이 어떤 존재로 창조되었는지, 그리고 죄인들로서 그들이 원래 상태로부터 얼마나 멀리 이탈해 있는지를 드러낸다.

지적 차원에 초점을 맞추어 루터의 믿음 개념을 고찰해 볼 때, 루터의 믿음 개념이 사적이고, 주관적이며, 심리적 확신에 관한 것이라는 주장은 오도하기 쉬운 근거 없는 추정이라는 것을 알 수 있다. 이러한 오해는 루터가 마치 객관적 계시의 차원을 담고 있는 탄탄한 개념적 내용물도 없이, 뭘 믿는지도 잘 모른 채, 맹목적이면서도 개인적 열정과 확신만 가지고 있으면 된다는 식으로 믿음을 가르치는 것처럼 들리게 한다. 하지만 루터는 성경적 계시에 분명하게 토대를 둔 믿음의 지적 차원을 확고하게 견지함으로써, 오히려 주관적이고, 사적이고, 심리적인 열정 혹은 확신으로 편향되어 있는 믿음을 강력하게 견제한다.

2. 신뢰로서의 믿음

루터의 믿음 개념은 성경의 계시에 근거한 하나님과 그리스도, 그리고 인간 자신에 대한 올바른 지식을 필수 요소로 갖고 있다. 하지만 이것이 루터가 말하는 믿음 개념의 전부가 아니다. 루터가 말하는 믿음은 또 다른 주된 구성요소를 갖고 있는데, 그것은 마음의 신뢰(*fiducia cordis*)다. 이에 대해서 루터는 다음과 같이 표현한다: "하지만 만약 그것이 진실한 믿음이라면, 그것은 마음속의 분명한 신뢰고 확고한 수용이다."[33] 루터는 단순히 듣는 것을 이해하고 그것에 동의하는 믿음과 내적인 확신으로서, 그리고 "그리스도를 붙잡는 분명한 신뢰"로서의 믿음을 구별할 필요가 있다고 주장한다.[34] 왜냐하면 심지어 악마도 신앙의 진술들 혹은 개조(箇條)들에 대한 지

---

33) *WA* 40/1. 228. 33-34: "Sed si est vera fides, est quaedam certa fiducia cordis et firmus assensus quo Christus apprehenditur."; *LW* 26:129.
34) *WA* 40/1. 533. 30: "certa fiducia quae apprehendit Christum."; *LW* 26:348. 『개인 기도서』(*Betbüchlein*)에서 사도신경에 대한 해설을 할 때 루터는 지적인 동의로

식을 소유하고 이에 동의하는 차원에서의 믿음을 가지고 있지만, 이러한 믿음은 악마를 구원하기는커녕 오히려 악마에게 저주를 가져오기 때문이다.35) 따라서 루터는 마음의 온전한 신뢰가 동반되는 믿음의 지식이 의롭게 할 수 있다고 강조하면서 이에 관하여 다음과 같이 기술한다. "그러므로 내가 하나님의 말씀 안에서 믿음에 의해서 가르쳐진 바와 같이 그리스도를 붙잡을 때, 그리고 내가 나의 마음의 온전한 신뢰를 가지고 그분을 믿을 때 - 이것은 의지 없이는 일어날 수 없는 어떤 것인데, 그때 나는 이 지식을 통해서 의롭다."36)

    루터의 믿음 개념에 있어서 이 신뢰의 측면(*fides qua credimus*)은 한 개인의 주관적 신념(그리스도가 없는 믿음)에 의해서만도, 혹은 그리스도의 죽음과 부활 그 자체가 지니고 있는 우주적 구원의 효력에도 불구하고 그

    서의 믿음과 하나님에 대한 신뢰로서의 믿음을 구별한다: "믿음은 두 가지 방식으로 훈련된다. 첫째, 하나님에 대하여 이야기된 것이 참되다고 내가 믿는 것을 의미하는 하나님에 대한 믿음…. 이러한 종류의 믿는다는 것은 신조라기보다는 지식의 한 항목 혹은 하나의 소견이다. 두 번째 종류의 믿음은 하나님을 믿는 것을 의미한다. - 단지 하나님에 대하여 이야기된 것이 참되다고 믿는 것이 아니라, 그분이 나를 향하여 어떤 분이실 것인지 혹은 나를 어떻게 하실 것인지는 바로 그것들[성경]이 말하고 있는 것과 같을 것이라고 의심하지 않고 믿으면서, 내가 하나님을 신뢰하는 것, 그분과 상대하기 위하여 모험을 하고 위험을 무릅쓰는 것이다." *WA* 10/2. 389. 1-8; *LW* 43:24. 루터는 계속해서 다음과 같이 말한다: "그러므로 'in'이라는 이 짧은 단어는 매우 잘 선택된 것이며 조심스럽게 주목해야 한다. 우리는 성부 하나님을 믿는다(believe), 혹은 성부에 관하여 믿는다(believe about)라고 말하지 않고, 오히려 성부 하나님을, 예수 그리스도를, 그리고 성령을 믿는다/신뢰한다(believe in)고 말한다. 이 믿음은 오직 하나님에 의해서만 주어진 것이요, 우리는 그것을 통해서 그리스도와 성령의 신성을 고백한다." *WA* 10/2. 389. 16-20; *LW* 43:25.

35) "믿음은 행위로서, 혹은 자질로서, 혹은 지식으로서가 아니라 의지의 동의와 하나님의 자비에 대한 군건한 신뢰로서 의롭게 한다. 만약 믿음이 단지 지식이라면, 악마는 하나님, 세상의 창조로부터 시작하여 하나님의 모든 일들과 경이들에 관하여 가장 위대한 지식을 소유하고 있기 때문에 분명히 구원받을 것이다. 따라서 믿음은 지식과는 다른 어떤 것으로서 이해되어야만 한다. 하지만 믿음은 일부분 동의이기도 하다." *WA*, *TR* 4:420(no. 4655, 1539. 6. 16); *LW* 54:359-360.

36) *WA* 40/2. 27. 14-16; *LW* 27:23.

자체로서의 객관적인 사실(그리스도의 십자가의 구속사건)에 의해서만도 죄인들은 의롭게 되지 않는다는 것을 보여준다. 이것은 곧 그리스도의 우주적으로 유효한 구원의 사역과 공적을 믿음을 통해서 개인적으로 전유하지 않고서는 죄인이 의인이 되지 못한다는 것을 의미한다. 그리고 그 어느 누구도 다른 사람의 믿음, 즉 대리적 믿음에 의해서 의롭게 되지 못한다는 것을 뜻한다.

이러한 이유로 인해서 그리스도에 대한 신뢰로서의 믿음 개념을 설명하면서 루터는 "나를 위한"(*pro me*) 혹은 "우리를 위한"(*pro nobis*)이라는 표현들을 반복하여 강조한다.[37] 사실 이 표현들로 인해서 오직 예수 그리스도를 믿는 믿음에 의해서만 의롭게 된다는 루터의 가르침이 잘못 이해되기도 한다. 즉, 이 가르침이 "구원 이기적인 고립된 나"를 생산해 내고, 이로 인하여 사회 혹은 공동체로부터 격리된 채 닫힌 문 뒤에서 사적으로 그리고 개인주의적으로 작용하는 그리스도교 신앙을 만들어 낸다는 것이다.[38] 하지만 이러한 비난은 루터의 의도를 왜곡한 데서 비롯된 것이다.

루터가 "나를 위한" 혹은 "우리를 위한"이란 표현들을 통해서 말하고자 한 바는 그리스도를 믿는 믿음이란 다른 사람이 대신 믿어주는 믿음에 의존하는 것이 아니라는 점이다. 그리고 하나님의 약속과 하나님이 그 약속을 지키는 데 있어서 보여주는 신실함을 한 개인 자신이 직접 올바로 인식하고

---

37) *WA* 40/1. 299. 29-30; *LW* 26:179.
38) Oswald Bayer, "The Being of Christ in Faith," *Lutheran Quarterly* 10/2(1996), 144. 바이어는 "나를 위한"(*pro me*)을 "인식론적 문제"로 해석하는 것은 "칸트 철학의 상당한 영향력 아래" 일어났던 근대 주관성의 문제에 내재해 있다고 강조한다. 바이어에 의하면 칸트에 의해 각인된 신프로테스탄트주의 안에서 종교개혁의 "나를 위한"은 방법론적 원리로서 오용되어왔다. 이러한 오용으로 인해서 믿음이 서술하는 대상에 관한 모든 개관성은 감소되었고, 대신 한 개인이 자기 자신의 확신을 굳게 붙잡는 것이 중대되었다. 이러한 잘못된 해석을 지적하면서, 바이어는 루터가 말하는 믿음은 하나님의 약속을 굳게 붙잡는 것이라고 강조한다. 위의 논문. 참조, Jaroslav Pelikan, "Luther Comes to the New World," in *Luther and the Dawn of the Modern Era: Papers for the Fourth International Congress for Luther Research*, ed. Heiko A. Oberman (Leiden: E. J. Brill, 1974), 4-7.

최대한 신뢰하는 것이라는 점이다. 이러한 신뢰의 측면이 특히나 중요한 것은 하나님의 약속의 내용은 온전히 드러나지 않을 것이고, 믿음을 통해서 마음속에 꼭 붙잡아 모신 그리스도는 인간의 눈에 비가시적이기 때문이다.[39] 더 나아가서 이 믿음은 하나님이 다른 사람들을 위해서뿐만 아니라 바로 나를 위해서도 하나님 자신을 내어주었고, 나의 요청에 의해서가 아니라 하나님 자신의 주도권에 의해서 나를 기꺼이 돌보고 있다는 것에 대한 신뢰요 확신의 문제이기도 하다. 이 믿음은 또한 우주적 하나님이 바로 나를 포함하여 모든 개개인을 위한 하나님임을 가르쳐 준다. 하나님은 단순히 사변적 탐구를 위한 대상이 아니라는 것이다. 하나님은 나를 위한 개인적 관심, 특히 나의 구원을 위한 관심을 가지고 나에게 접근하는 인격적 존재라는 것이다.

하지만 루터는 목회 경험을 통해서 사람들이 보통 다른 사람들의 구원은 그럴 수 있다고 간주하는 반면에 자기 자신의 구원 문제에 이르면 자신의 공로 없이 그리스도가 자신도 구원한다는 것을 믿기 힘들어 하는 경향이 있음을 발견한다. 사람들이 아무런 공로 없이 오직 예수 그리스도를 믿는 믿음에 의해서만 의롭게 되고 구원을 받는다는 것을 다른 사람들에게는 상대적으로 쉽게 적용하지만 자기 자신에게 적용하는 것은 힘들어 한다는 것이다. 이러한 이유로 인해서 루터는 자신도 "우리를 위하여" 혹은 "나를 위하여"라는 표현들을 자신에게 끊임없이 의도적으로 적용한다고 고백하면서, "이 적용이야말로 믿음의 참된 힘"이라고까지 선포한다.[40] 루터는 "나를 위한"이라는 이 표현은 다양한 차원에서 불안 속에 살고 있는 인간에게 위로를 주고, 하나님은 진실로 나를 돕기 원한다는 확신을 준다고 강조한다. 그리고 이것은 삶의 여정 속에서 특히 하나님의 약속과는 상치되는 것처럼 보이는 시련들을 겪을 때 참고 인내할 수 있는 힘도 제공한다고 말한다.

---

39) *WA* 40/1. 229. 19-20: "하지만 그것[그리스도인들의 형식상의 의]는 믿음 자체, 우리 가슴속에 있는 구름, 즉 우리가 보지 못하는 것, 보일 수 없을 때 특별히 현존해 있는 그리스도에 대한 신뢰다."; *LW* 26:130.
40) *WA* 40/1. 297. 21-22; *LW* 26:177.

이처럼 하나님, 그리스도, 그리고 인간 자신에 대한 올바른 지식과 구원에 관한 하나님의 약속과 성취에 대한 온전한 신뢰가 결합된 믿음에 의해서 그리스도가 가슴속에 현존하게 될 때, 그 그리스도로 인하여 죄인들에 대한 하나님의 용납과 그리스도의 의의 전가가 효력을 발휘하게 된다. 반지가 보석을 꽉 둘러싸고 있는 것과 같이, 한 개인이 그리스도를 꼭 붙잡아 자신의 가슴속에 현존하도록 했을 때, 그 사람은 오직 예수 그리스도 덕택에 하나님에 의해서 의롭게 여겨지며, 의롭게 만들어진다.[41]

죄인이 의인이 되는 데 있어서 믿음이 가지고 있는 이런 지적 차원과 신뢰적 차원은 예수 그리스도 없이 믿음 그 자체가 의롭다 함을 생산해내는 자동기계가 결코 아니라는 점을 분명하게 알려준다. 더 나아가서, 믿음이 가지고 있는 이런 지적 차원과 신뢰적 차원은 또한 죄인의 의롭게 됨과 구원에 관한 한, 하나님의 계획에 대한 절대적 순종과 그리스도에 대한 온전한 의존, 즉 인간의 전적인 수동적 수용성을 강조하는 루터의 믿음 개념의 한 특성을 드러낸다. 이에 관하여 루터는 다음과 같이 말한다: "우리는 아무것도 하지 않고, 아무것도 하나님께 바치지 않는다. 우리는 오직 받기만 하고 다른 자, 즉 하나님이 우리 안에서 일하도록 할 뿐이다."[42]

여기서 루터는 심지어 믿음 자체의 이 전적인 수동적 수용성조차도 인간 자신의 행위로 간주되어서는 안 된다고 역설한다. 왜냐하면 이 수동적 수용성도 오직 인간 안에서 역사하는 성령에 의해서만 가능하고, 구세주로서의 그리스도에 대한 내적 확신을 갖는 것도 성령에 의해서만 가능하기 때문이다. 따라서 동의하고 신뢰하는 것은 인간이므로 믿음은 인간의 행위인가라는 질문에 대해 루터는 믿음은 인간의 행위가 아니라 성령의 역사라고 분명하게 단언한다.[43]

이렇게 선물로 주어진 믿음의 수동적 수용성을 통해서 그리스도의 의는 수동적이고 외래적인 의로서 주어진다. 이 수동적 의는 정치적, 의례적,

---

41) WA 40/1. 233. 16-19; LW 26:132.
42) WA 40/1. 41. 18-20; LW 26:5.
43) WA 40/1. 130. 12-14; LW 26:64.

법적, 혹은 행위적 차원에서 말하는 의와는 구별된다. 믿음의 의는 가장 탁월한 의로서 인간의 행위와 무관하게 그리스도를 통해서, 그리고 그리스도 때문에 하나님에 의해서 믿는 자에게 주어진다. 그러므로 믿음의 의는 수동적 의인 것이다. 이와는 대조적으로 정치적, 의례적, 법적, 혹은 행위적 차원에서의 의는 모두 능동적 의다.[44] 하나님에 의해서 주어진 수동적 의를 받아들이고 수용하기 위해서 인간이 해야 하는 것은 오로지 동의하고 신뢰하는 것, 즉 그리스도가 죄인들을 위해서 의, 거룩함, 그리고 구원이 되었다는 것을 올바르게 알고 신뢰하는 것이다.[45]

여기서 우리는 루터가 보고 있는 두 종류의 의, 즉 "법의 의" 혹은 "지상적이고 능동적인 의"와 "그리스도교적" 의 혹은 "천상적이고 수동적인 의" 사이의 중요한 차이점을 발견하게 된다.[46] 인간은 행위를 통해서 전자를 획득할 수 있다. 하지만 후자는 오직 하나님에 의해서 주어지는 것을 받음으로써만 얻을 수 있다. 인간은 행위에 의해서 전자를 수행할 수 있다. 하지만 후자는 오직 믿음에 의해서만 수용할 수 있다. 인간은 자신의 행위를 통해서는 결코 이 수동적, 신적, 천상적, 그리고 영원한 의, 즉 그리스도의 의를 획득할 수 없다. 인간은 그것을 받을 수 있을 뿐이다. 그리고 그것을 받을 수 있는 수단은 오직 믿음뿐이다.[47] 이 수동성과 수용성이라는 개념들은 인

---

44) WA 40/1. 41. 15-18; LW 26:4. 루터에 의하면, "우리 밖에 있다는 것은 우리의 능력으로부터 나온 것이 아니라는 것을 의미한다. 물론 의는 우리의 소유(possession)다. 왜냐하면 그것은 자비로부터 우리에게 주어졌기 때문이다. 그럼에도 불구하고 그것은 우리에게 외래적인 것이다. 왜냐하면 우리는 그것을 우리의 공로로 얻은 것이 아니기 때문이다." WA 39/1. 109. 1-3; LW 34:178.

45) WA 40/1. 47. 19-20; LW 26:8.

46) WA 40/1. 46. 27-29; LW 26:8. 여기서 "iustitiam legis" 혹은 "iustitiam terrenam et activam"과 "iustitiam christianam" 혹은 "iustitia coelestis et passiva"가 대비된다.

47) 이 문제와 관련하여 justification을 의의 분여(impartation, *sanatio*)로 이해하느냐 아니면 의의 전가(imputation)로 이해하느냐에 관한 홀과 리츨의 논쟁은 특별한 주목을 끈다. 칼 홀은 죄인들에 대한 하나님의 justification에 관한 루터의 생각 안에서 분석적 판단을 인지하고 justification을 분여로 본다. 반면에 리츨은 루터파와 개혁

간의 구원은 전적으로 하나님의 약속, 그 약속을 이행해 나가는 하나님의 능력, 그리고 그 약속을 지키는 하나님의 신실성에 관한 것이라는 루터의 사고와 밀접하게 연결되어 있다.

루터 신학에서 널리 알려져 있는 주요 개념들 중 하나인 "행복한 교환" 혹은 "즐거운 교환"(der fröhliche Wechsel)은 이러한 수동적이고 외래적인 의에 대한 그의 생각을 잘 드러낸다.[48] 이 개념에 의하면 믿음이 예수 그리스도를 꼭 붙잡아 믿는 자의 가슴속에 모실 때, 그럼으로써 그리스도가 그리스도인 안에 현존하게 될 때 그리스도는 자신뿐만 아니라 자신이 소유하

주의 신학자들의 justification 개념의 핵심에는 분석적 판단이 아닌 종합적 판단이 놓여 있다고 주장한다. Karl Holl, *Die Rechtfertigungslehre in Licht der Geschichte des Protestantismus* (Tübingen: T.G.B. Mohr (Paul Siebeck), 1906), 9; Albrecht Ritschl, *The Christian Doctrine of Justification and Reconciliation: The Positive Development of the Doctrine*, trans. and ed. H.R. Mackintosh and A.B. Macaulay (Eugene, OR: Wipf and Stock, 2002), 80. 참조, Alister E. McGrath, *Iustitia Dei*, 224-225; Paul Althaus, *Die Theologie Martin Luthers*, 210; ET *The Theology of Martin Luther*, 241-242.

48) *WA* 40/1. 443. 23: "feliciter commutans."; *LW* 26:284. 참조, *WA* 40/1. 454. 26-455. 14; *LW* 26:292. 그리스도와 그리스도인들 간의 이 즐거운 교환에 관한 전거가 있는 글귀는 대표적으로 1520년에 쓰인 『그리스도인의 자유』에서 발견된다. *WA* 7. 25. 28-26; *LW* 31:351-352. 루터의 설명에 의하면 믿음 안에 그리스도를 모시고 있는 것은 신방에 신랑과 신부 외에는 그 어느 누구도 들어오지 못하게 하는 것(*WA* 40/1. 241. 12-16; *LW* 26:137-138) 혹은 그리스도와 그리스도인 간의 운/재산의 교환을 누리는 것과 같다.(*WA* 40/1. 283. 19-284. 33; *LW* 26:167-168) 루터는 이에서 더 나아가 사실 믿음 안에 그리스도를 모시고 있는 것은 그리스도와 그리스도인 사이에 부부간의 관계보다 더욱 밀접한 관계를 창조한다고 말한다. 믿음은 남편이 아내와 결합되는 것보다 더 밀접하게 그리스도와 그리스도 자신의 몸과 뼈로서의 그리스도인을 결합한다.(*WA* 40/1. 285. 27-286. 17; *LW* 26:168) 믿음 안에서 우리는 우리 안에 있는 "외래적 삶, 즉 그리스도의 삶"을 산다(*WA* 40/1. 287. 28-29; *LW* 26:170). 이 개념은 믿음을 통해서 그리스도가 그리스도인들 안에 현존할 때, 그리스도가 그의 신적인 모든 축복들, 즉 자녀의 신분, 영생이라는 유산, 의, 그리고 다른 모든 좋은 것들을 가지고 오고, 그것들을 값을 요구하지 않고 그리스도인들에게 수여한다는 내용을 다룬다.

고 있는 모든 신적 축복들, 즉 하나님의 자녀가 되는 권리, 영생, 의 등의 축복들을 가지고 와서 값없이 그것들을 그리스도인에게 베푼다. 그리고 그리스도인이 갖고 있던 죄, 저주, 불의 등을 아무 조건 없이 자신의 것으로 취한다. 그래서 불의한 죄인이 오직 예수 그리스도를 믿는 믿음에 의해서 의롭게 되는 것은 "즐거운 교환"이요, 이를 통해서 얻은 의는 전적으로 예수 그리스도의 의이기 때문에 외래적 의요, 이 의는 전적으로 주어진 의이기 때문에 수동적 의인 것이다.

여기서 한 가지 꼭 짚고 넘어가야 할 것이 있다. 그것은 가슴속에 모셔진 그리스도와 그리스도인 간의 "즐거운 교환"에 의해서 그리스도의 의와 그리스도인의 불의가 교환될 때, 이 교환은 상상 속에서 일어나는 교환이 아니라는 점이다. 그리스도의 의가 실제로 그리스도인의 의로 주어진다. 그리스도인은 실제로 그리스도의 의를 얻는다. 이런 문맥에서 루터가 가르치는 justification은 단순히 칭의론이 아니라, 칭의론을 포괄하는 득의론으로 번역해야 더 정확하다고 할 수 있는 것이다. 하지만 서론의 "3. 필자의 연구"에서 언급한 것과 같이 득의론이라는 용어가 초래할 수 있는 오해의 여지 때문에 본 저서에서 필자는 justification에 대한 루터의 가르침을 의롭게 됨에 관한 가르침으로 번역하여 사용한다.

3. 사랑으로 열매 맺는 믿음

루터는 경건의 행위들은 아무리 해도 결국 죄의 용서를 낳지 않는다고 가르침으로써 그의 논적들로부터 그와 그의 추종자들이 선행을 비난하고 무효화한다는 맹공을 받았다. 하지만 루터는 이러한 고발들이 전적으로 자신에 대한 오해로부터 기인한 것이고, 그의 논적들의 비방임을 역설하면서 그러한 고발들을 논박한다. 그는 또한 심지어 그의 추종자들 중에서도 많은 수가 오직 그리스도를 믿는 믿음에 의해 의롭게 된다는 자신의 가르침을 잘못 이해하고 있다고 지적한다.[49] 루터는 자신이 이 의롭게 됨에 관해 가르치든지 가르치지 않든지 어느 쪽을 선택하더라도 위험에 처하는 딜레마에 빠져 있음을 인식하면서 다음과 같이 말한다.

만약 은혜 혹은 믿음이 설교되지 않는다면 어느 누구도 구원받지 못한다. 왜냐하면 믿음만이 의롭게 하고 구원하기 때문이다. 다른 한편으로 만약 믿음이 설교된다면 — 그것은 반드시 설교되어야만 하므로, 대다수의 사람들은 믿음에 대한 가르침을 육적인 방식으로 이해하고 영의 자유를 육의

---

49) 오직 예수 그리스도를 믿는 믿음으로 의롭게 된다는 그의 가르침에 관하여 그의 생애 동안 루터가 이미 직면했었던 딜레마는 그의 죽음 이후에도 계속 되었다. 그의 추종자들은 이 가르침을 놓고 상호 의견의 일치를 보지 못했으며, 루터의 사후 몇 십 년 동안 루터파를 거의 분열시켜 놓았던 내부적인 논쟁들은 대부분 이 가르침의 세부 사항들을 놓고 벌어지는 논쟁들이었다. 1577년 『일치신조』를 통해서 이루어진 합의는 비밀 칼빈주의 논쟁 이후 보다 급진적인 필립파들을 배제함으로써만 가능했다. 이러한 루터파 내부의 논쟁들은 현재까지도 지속되어왔다. 루터파 전통 속에서 주로 의롭게 됨과 성화에 관한 다양한 해석들을 둘러싸고 이루어진 이러한 논쟁들에 대한 역사적 개요를 위해서는 다음의 글 참조, Carter Lindberg, "Do Lutherans Shout Justification but Whisper Sanctification? Justification and Sanctification in the Lutheran Tradition," in *Justification and Sanctification: In the Traditions of the Reformation*, 97–112. 루터파들은 의롭게 됨은 크게 소리쳐 외치면서 성화는 소곤거리기만 하느냐는 질문에 대하여 그렇지 않다는 대답을 던지면서 린드버그는 루터는 "값싼 은혜"를 설교했다는 수세기 동안의 의혹은 잘못된 것이라고 주장한다. 위의 책, 98, 112.
의롭게 됨과 성화에 관한 루터의 가르침과 루터파의 수용 간의 관계에 대해서, 그리고 이 주제와 관련된 현대 에큐메니칼 운동 차원에서의 노력들에 대해서는 다음의 글 참조, Michael Root, "The Implications of the *Joint Declaration on Justification* and Its Wider Impact for Lutheran Participation in the Ecumenical Movement," in *Justification and the Future of the Ecumenical Movement: The Joint Declaration on the Doctrine of Justification*, ed. William G. Rusch (Collegeville, MN: Liturgical Press, 2003), 47–60, 특히 47–56. 믿음과 사랑의 행위 혹은 의롭게 됨과 성화의 관계를 어떻게 올바르게 연결시킬 것인가에 관한 루터파 내부의 논쟁들에 관하여 루트(Root)는 이 논쟁들이 최소한 1520년대 후반의 작센 시찰의 시점으로 거슬러 올라간다고 지적한다. 위의 책, 54. 참조, Günther Gassmann and Scott Hendrix, *Fortress Introduction to the Lutheran Confessions* (Minneapolis, MN: Fortress Press, 1999), 173.

자유로 변형시켜 놓는다.[50]

이러한 상황을 깨달으면서 루터는 특히 두 종류의 위선자들이 있음을 탐지한다. 한 종류의 위선자들은 근면하고 진지하기는 하지만 사랑을 통한 행위들 안에서 자신의 의를 추구한다. 다른 종류의 위선자들은 게으름, 태만, 나태 가운데서 사랑의 선행들을 무시한다. 이들은 믿음이 행위 없이 의롭게 하므로 자신들은 모든 행위로부터 면제되었다고 오판한다. 그리고 자신들이 참된 믿음을 갖고 있다고 착각하면서 값비싼 그리스도인의 자유를 싸구려 방종으로 둔갑시킨다.[51]

루터는 특히 후자의 경우를 통해서 소위 그리스도인이 참된 그리스도인의 자유를 남용하면서 탐욕, 자만, 시기, 폭력, 그리고 파괴 등과 같은 악한 욕망들에 쉽게 응하는 모습들을 목격한다. 이들은 의무를 충실히 수행하고, 자제, 겸손, 공감, 평화, 그리고 관용을 가지고 사랑 안에서 서로를 섬기는 대신 방탕에 탐닉한다. 루터는 이러한 자유를 참된 그리스도인의 자유가 아닌 육의 자유요 "비행"(*indignitas*)이라고 지칭하면서 "진주를 발밑에 밟

---

50) *WA* 40/2. 60. 27-31; *LW* 27:48.

루터는 요한복음 15:12("내 계명은 곧 내가 너희를 사랑한 것 같이 너희도 서로 사랑하라 하는 이것이니라")에 대한 해석에 있어서도 동일한 우려를 다음과 같이 표현한다. "믿음이 설교되지 않고 그것의 최우선의 중요성이 부여되지 않는 곳에서는 어디든지, 그리고 어떻게 우리가 그리스도와 연합되고 그분 안에서 가지들이 되는지를 배움으로써 시작하지 않는 곳에서는 어디든지, 온 세상은 오직 그 자체의 행위들에만 초점을 맞춘다. 반면에 다만 믿음만 가르쳐지는 곳에서는 어디든지 이것은 잘못된 그리스도인들로 이끈다. 그들은 그들의 믿음에 대하여 자랑하고, 세례 받고, 그리스도인들 중의 한 사람으로 쳐지기는 하지만, 열매와 능력의 증거는 전혀 제시하지 못한다. 이것은 사람들에게 설교하는 것을 어렵게 만든다. 어떻게 설교하든지 상관없이 일은 그릇되고 사람들은 항상 빠져나갈 구멍을 만들어 둔다. 만약 믿음에 관하여 설교하지 않는다면 오직 위선적인 행위만 발생한다. 하지만 설교를 믿음에만 국한시키면, 어떠한 행위도 뒤따르지 않는다. 요약하자면 성과는 믿음 없는 행위거나 혹은 행위 없는 믿음이다. 그러므로 설교는 믿음과 행위 둘 다를 수용하고 파악하는 자들에게 향해져 있어야 한다." *WA* 45. 688. 31-689. 4; *LW* 24:249.

51) *WA* 40/2. 36. 24-37. 23; *LW* 27:30.

아 뭉개는 돼지"(마 7:6)처럼 비행을 저지르는 자들을 가차 없이 책망한다.[52] 그들에게 루터는 바울의 말을 빌려 다음과 같이 강력하게 외친다: "'그러지 말지어다, 너희 사악한 자들이여'라고 바울이 말했다. 행위 없이 믿음만이 홀로 의롭게 한다는 것은 사실이다. 그렇지만 나는 여기서 *참된 믿음에 대해* 이야기하고 있는 것이다. 이 *진정한 믿음*은 의롭게 한 후 잠자러 가지 아니하고 *사랑을 통해 활동한다*."[53] 그리스도인의 삶은 "비록 육 안에서의 삶이긴 해도 육의 삶이 아니다. 그리스도인의 삶은 하나님의 아들이시며, 그리스도인들이 믿음에 의해 모시고 있는 그리스도의 삶이다."[54]

이처럼 믿음은 사랑을 통해서 활동한다는 것을 강조하면서, 루터는 "현재 우리가 가르치는 것보다 누군가 선행에 관해 더 경건하고 건전한 가르침을 베푼 지 오래되었다."고 말한다. 그리고 루터는 그 자신을 진정한 사랑 혹은 선행의 참된 옹호자로 제시한다.[55] 이와 함께 루터는 "진정한 선행들에 대한 사탄의 증오"에 대항하여 "충실한 설교자들이 믿음에 대한 가르침만큼이나 선행을 강력히 권고할 필요가 있는데, 그것은 사탄이 이 둘 다에 의해서 분노하며 그것들에 격렬하게 저항하기 때문"이라고 설명한다.[56] 루터에 의하면 행위를 통해 자기 의를 추구하는 사람이 아니라, 오직 예수 그리스도를 믿는 믿음에 의해 의롭게 된다는 가르침을 올바로 이해하고 그 위

---

52) *WA* 40/2. 60. 35-37; *LW* 27:48.
53) *WA* 40/2. 37. 23-25(필자의 강조): "Non sic, impii, dicit Paulus. Verum est sine operibus solam fidem iustificare, Sed *de fide vera* loquor, *quae*, postquam iustificaverit, non stertet ociosa, Sed est *per Charitatem operosa*."; *LW* 27:30. 루터는 또 진정한 믿음에 대해서 다음과 같이 언급한다: "[믿음은] 참되며 살아 있다. 그것은 사랑을 통해서 선행을 자극하고 선행에게 동기를 준다."("[fides est] vera et vivax. Ea est, quae exercet et urget bona opera per Charitatem.") *WA* 40/2. 37. 14-15; *LW* 27:30. 루터에 의하면 믿음은 "이웃을 향한 선행 혹은 사랑의 추진력이며 자극이다."("Hic dicit eam[fidem] esse impultricem et effectricem bonorum operum seu Charitatis erga proximum." *WA* 40/2. 38. 9-10; *LW* 27:30.
54) *WA* 40/1. 290. 30-31; *LW* 26:172.
55) *WA* 40/1. 157. 30-31; *LW* 26:84.
56) *WA* 40/2. 66. 28-33; *LW* 27:53.

에 굳건하게 서 있는 사람이 진실한 사랑을 할 수 있다. 이와 같이 자신에 대한 비난에 반론을 제기하면서, 그리고 자신을 참된 믿음과 참된 사랑 둘 다의 대변자로 내세우면서, 루터는 믿음과 사랑을 그리스도인의 삶의 두 개의 필수 구성요소로 선포한다: "그리스도인의 주요 특성들, 즉 그리스도인의 전 삶과 존재는 믿음과 사랑이다."[57]

믿음과 사랑을 그리스도인의 삶 전체를 구성하는 두 요소로 주장하면서 루터가 자신을 믿음과 사랑의 참된 대변자로 부각할 때, 한 가지 주목할 사항은 갈라디아서 5:6에 대한 해석에서 드러나는 것처럼, 그가 이러한 입장을 자신의 고안이 아닌 바울의 가르침으로 제시한다는 점이다.

> 그러므로 내가 말한 것처럼, 바울은 이 구절에서 그리스도인의 삶 전체를 묘사하고 있다. 즉 그것은 내적으로는 하나님을 향한 믿음이요, 외적으로는 이웃을 향한 사랑 혹은 행위다. 따라서 한 사람은 [다음과 같은] 총체적 의미에서 그리스도인이다: 말하자면 내적으로는 믿음을 통해서, 우리의 행위를 필요로 하지 않으시는 하나님 앞에서; 그리고 외적으로는 [우리의] 믿음으로부터는 아무런 혜택도 얻지 못하지만 우리의 행위 혹은 사랑으로부터는 혜택을 얻는 사람들 앞에서.[58]

여기서 믿음에 대한 루터의 가르침의 세 번째 핵심적 요소가 부상하는데, 그것은 바로 사랑 안에서 역사하는 믿음이라는 개념이다.[59] 이 개념은

---

57) WA 10/3. 13. 16-17: "Lieben freünd, ir habt gestern gehört die haüptstuck eins Christenlichen menschen, wie das ganze leben und wesen sei glauben und lieben."; LW 51:75.
58) WA 40/2. 37. 26-30: "Igitur sicut dixi, totam vitam Christianam Paulus hoc loco pingit, scilicet esse Fidem erga Deum intus et Charitatem seu opera erga proximum foris, Ut sic homo absolute sit Christianus, intus coram Deo per fidem, qui operibus nostris non indiget, foris coram hominibus, quibus fides nihil prodest, sed opera seu Charitas."; LW 27:30.
59) 참조, Carter Lindberg, *Love: A Brief History through Western Christianity*, 117-132.

죄인이 의롭게 됨에 있어서 결정적인 믿음의 수동적 수용성이 의롭게 된 그리스도인의 삶에도 그대로 적용되는 것이 아님을 분명하게 보여준다. 죄인이 의롭게 되는 차원에서는 믿음이 수동적으로 하나님의 선물인 구세주 예수 그리스도를 수용해야 한다. 하지만 의롭게 된 자가 그리스도인으로서 존재하고 살아가는 차원에서도 믿음이 계속 수동적으로, 그리고 수용만 하면서 남아 있다면 이것은 곧 그 믿음이 가짜라는 것을 입증한다. 루터가 말하는 진짜 믿음은 가슴을 새롭게 하고 변화시킨다. 진짜 믿음은 새 사람을 창조한다. 진짜 믿음은 이전과 다른 새로운 관점과 생활방식을 만들어 낸다. 만약 그렇지 않다면 그것은 가짜 믿음이다. 가짜 믿음은 오히려 사람들에게 해를 끼친다. 그러한 믿음은 차라리 갖지 않는 것이 낫다. 이에 관하여 루터는 다음과 같이 기술한다.

> 가짜 믿음은 하나님, 그리스도, 그리고 성육신과 구원의 신비들에 관해 듣는 믿음이다. 또 가짜 믿음은 그것이 들은 것을 파악하고 그것에 관하여 멋지게 이야기할 수 있는 믿음이다. 하지만 오직 단순한 견해와 헛된 들음만이 남는다. 그것들은 가슴속에 복음에 관한 공허한 소리만을 남긴다. 복음에 관해서는 상당한 수다만이 있다. 사실 이것은 전혀 믿음이 아니다. 왜냐하면 그것은 가슴을 새롭게 하지도 변화시키지도 않기 때문이다. 그것은 새로운 사람을 만들어 내지도 않는다. 그것은 그 사람을 이전의 견해와 생활방식 가운데 그냥 남겨둔다. 이것은 매우 유해한 믿음이다. 이러한 믿음은 차라리 갖지 않는 것이 더 나을 것이다.[60]

루터에 의하면 진짜 믿음에 의해서 변화된 가슴을 갖게 되고, 새로운 사람이 된 그리스도인의 삶은 사랑을 행하는 능동적 삶이다. 참된 믿음은 그리스도 안에서 그리고 그리스도를 통해서 수동적으로 하나님께 받은 모든 것을 능동적으로 준다.[61] 여기서 한 가지 주목할 만한 것은 루터가 사랑 안

---

[60] *WA* 40/1. 421. 21–27; *LW* 26:269.

에서 역사하는 믿음이라는 개념에 근거하여 행함이 없는 믿음은 무가치하고 쓸모없다는 성경 구절을 자신과 로마 가톨릭 교회가 어떻게 해석하는지, 그 둘 간의 근본적인 해석의 차이를 다음과 같이 서술하고 있다는 점이다.

> 교황 추종자들과 광신자들은 이 말이 행함이 없는 믿음은 의롭게 하지 않는다 혹은 만약 믿음이 행위를 갖고 있지 않으면 그 믿음은 아무리 참된 것이라 할지라도 아무런 소용이 없다는 것을 의미하는 것으로 받아들인다. 이것은 잘못된 것이다. 하지만 행함이 없는 믿음 — 이것은 기상천외한 생각이고 단순히 무의미 한 것이고 마음의 망상에 불과한 것인데 — 은 가짜 믿음이고 의롭게 하지 못한다.[62]

이 언급은 루터가 어떻게 자신의 해석과 그의 논적들의 해석을 대조하

---

61) 루터는 사랑의 선행들을 하나님의 은혜와 선택의 유효성의 표징이라고 본다. "한 사람을 의롭게 하는 것은 행위들이 아니다. 의로운 사람이 의로운 행위들을 하는 것이다. 하지만 행위들은 믿음이 실천되고 있으며, 행위들을 통해서 믿음이 증가하고 있음을, 말하자면 살고 있음을 보여준다. 아브라함이 이 순종의 행위를 하고 그의 가족과 더불어 할례를 받는 동안, 믿음은 우리에게 약속을 주시고 우리를 수용하신 하나님에 대하여 생각하고 있다. 따라서 베드로는(벧후 1:10) 우리에게 우리가 선택받았음을 선행을 함으로써 증명하라고 말한다. 왜냐하면 선행은 우리 안에서 은혜가 효력을 발휘하고 있으며 우리가 부르심과 택하심을 받았다는 것을 증거 하기 때문이다. 반면에 활동하지 않는 믿음, 즉 실행에 옮겨지지 않은 믿음은 빠르게 죽고 소멸한다. 믿음이 소멸했을 때 우리가 택하심을 받았는지는 의심스러워진다. 그러나 믿음을 중단하지 않고 훈련함에 있어서 향상하는 자는 다음과 같은 결론을 내린다: '나는 그리스도에게 대항하는 무리 가운데 있지 않다. 나는 그리스도 쪽이다. 나는 말씀을 부인하지 않는다. 그리고 나는 교회를 박해하지 않는다. 그러므로 나는 하나님 나라에 부르심을 받았고 택하심을 받았다.'" WA 42. 669. 22-33; LW 3:169-170.
62) WA 40/1. 266. 15-19; LW 26:155. 사랑이라는 열매를 맺지 않는 가짜 믿음에 관하여 루터는 또 다음과 같이 언급한다: "어리석은 자들은 믿음이 무엇인지 알지 못한다. 그들은 믿음이 단지 생명이 없는 아이디어라고 추정한다." WA, TR 3:692(no. 3895, 1538. 6. 20); LW 54:290.

는지를 보여준다. 교황 추종자들과 광신자들은 "행함이 없는"을 믿음의 불충분성을 의미하는 것으로 해석하며, 따라서 이 불충분한 믿음은 사랑에 의해 형성될 필요가 있다고 주장한다. 이들은 사랑에 의해 형성되지 않은 믿음은 불완전하고 불충분한 믿음이요, 따라서 의롭게 하지 못한다고 말한다.

이와는 대조적으로 "행함이 없는"이라는 구절에 대한 루터의 해석에 의하면, 진정한 살아 있는 믿음은 이미 그 안에 참된 사랑을 포함하고 있다는 것을 전제로 한다. 물론 루터는 이 사랑 혹은 사랑의 행위가 의롭게 하는 원인 혹은 수단으로 기능하는 것은 아님을 분명히 밝힌다. 또한 이 사랑 혹은 사랑의 행위가 죄인의 의롭게 됨을 위해서 믿음을 형성함으로써 완성시키는 것도 아니다. 사랑은 외래적, 수동적, 완전한 의와 거룩함의 차원에서 믿음의 한 필수적인 구성요소로서 잠재하며, 사용되지 않는다. 이런 맥락에서 외래적, 수동적, 완전한 의와 거룩함의 차원에서 죄인을 의롭게 하는 믿음은 사랑을 그 안에 이미 포함하고 있을지라도 사랑과 사랑의 행위를 배제한다고 말할 수 있는 것이다. 하지만 자신의, 능동적, 점진적 의와 거룩함의 차원에서는 상황이 바뀐다. 이 차원에서 사랑의 행위는 그리스도인의 존재와 삶에서 참된 믿음의 내적 필연성과 활성화된 힘의 결과물로서 구체적인 형태로 나타나며, 나타나야만 한다. 이런 의미에서 비록 사랑이 죄인을 의롭게 하는 데 기여하지는 않지만, 사랑은 가짜 믿음으로부터 참된 믿음을 구별해 내는, 즉 믿음의 진위를 가리는 기준이 된다. 이러한 문맥 속에서 루터는 행함이 없는 믿음은 애당초 믿음이라고 불릴 자격초자 없으며, 그러한 믿음은 가짜 믿음이고, 따라서 그러한 믿음은 당연히 의롭게 하지 못한다는 논리적 결론이 나온다고 해석하고 있는 것이다.[63]

루터가 형성되지 않은 믿음, 주입된 믿음(infused), 획득된 믿음 등 믿음에 관해 다양하게 구별된 스콜라 신학의 전문적 용어들을 거의 활용하지

---

63) 루터는 믿음과 열매의 관계에 대하여 다음과 같이 말한다: "믿음의 열매들이 믿음을 믿음으로 만드는 것"이 아니고 "믿음이 열매를 열매로 만드는 것이다." *WA, TR* 1:199(no. 458, 1533년 초); *LW* 54:74.

않고 있다는 것은 루터의 믿음 개념을 이해하는 데 있어서 주목할 만하다. 이 같이 지나치게 세심한 분류를 거부하면서 루터는 단지 두 종류의 믿음만을 다루는데, 그것은 참된 믿음과 가짜 믿음이다. 참된 믿음은 계몽된 이성과 정화된 가슴을 갖고 그리스도를 꼭 붙잡으며 사랑을 통해 열매를 맺는 반면, 가짜 믿음은 그렇지 못하다. 루터가 제시하는 믿음의 열매로서의 사랑에 관해서는 제5장과 제6장에서 구체적으로 다룰 것이다.

여기서 제5장으로 넘어가기 전에 한 가지 짚고 넘어가야 할 것이 있다. 그것은 믿음과 법의 관계, 아니 보다 정확하게는 그리스도와 법의 관계의 또 다른 측면이다. 위에서 살펴본 것과 같이 루터의 믿음 개념은 외래적, 수동적, 완전한 의와 거룩함의 차원에서 법 혹은 법에 따른 사랑의 행위가 그리스도를 대신 한다거나 혹은 그리스도와 협력할 수 있다는 논리로 해석될 때, 법과 법에 따른 사랑의 행위를 철저히 배제한다. 루터는 다루어지는 주제가 그리스도, 믿음, 의, 영생, 구원 등일 때 법과 사랑과 행위는 의롭게 됨의 원인으로서 취급될 수 없음을 분명히 한다. 하지만 그렇다고 해서 루터의 이러한 입장에만 근거하여 루터를 법폐지론자로 판단한다면 그것은 선부른 판단이다. 왜냐하면 루터는 의롭게 되는 문제에 관하여 조건 없이 법의 전폐 혹은 법의 거부를 주장하는 것이 아니기 때문이다. 법이 그리스도와 결투하는 역할을 하고 있지 않는 한, 루터는 법이 그리스도를 믿는 믿음으로 나아가게 하는 자극제 역할을 한다고 말한다. 이것이 다음에 다룰 내용이다.

II. 법과 그리스도: 수동적 의와 거룩함의 차원

루터의 법 이해에 있어서 두드러지게 강조되어온 것은 "법의 이중 용법" (a double use of the law)으로서, 법의 제1용법(*primus usus legis*)은 "시민적 용법"(*usus civilis*) 혹은 "정치적 용법"(*usus politicus*)이고, 제2용법은 "신학적 혹은 영적" 용법이다.[64] 이 법의 두 가지 용법에 대해서 루터는 다음과 같이 자신의 입장을 간결하게 표명한다: "우리는 법이 좋은 것이며 유용하다고 말하는데, 단지 그것의 적절한 사용법 내에서 그렇다고 말한다. 다시 말해서, 첫 번째, 우리가 이미 말한 바와 같이, 시민의 범죄를 제지하기 위해서, 그리고 두 번째, 영적 범죄를 드러내기 위해서."[65]

법의 문제와 관련하여 루터의 주된 관심은 영원한 하나님의 노여움과 죽음에 종속되어 있고, 그 노여움과 죽음을 받아 마땅한 죄인으로서의 인간의 정체성을 노출하는 법의 신학적 혹은 영적 용법에 있다. 이 용법은 법과 법에 따른 사랑의 행위를 통해서 인간이 자신의 의를 획득할 수 있는 능력이 있는 것이 아니라, 오히려 완전히 그 반대의 상황에 처해 있다는 것을 드러낸다. 이로 인해서 준수하라고 하나님이 준 법의 명령 앞에서 인간은 오히려 하나님이 원하는 방법대로 법을 준수할 수 없는 철저하게 무력한 존재라는 자의식에 부딪히게 된다. 루터는 법의 이러한 영적 기능 혹은 사역을 모세에 의해서 주어진 법의 주된 목적이라고 해석한다. 그리고 이것을 "죄의 사역" 그리고 "노여움과 죽음의 사역"이라고 명명한다. 즉 "법이 죄를 폭로하는 것처럼, 그와 마찬가지로 인간에게 하나님의 노여움을 불어 넣고 그를 죽음으로 위협한다."는 것이다.[66]

---

64) WA 40/1. 479. 17: "duplicem esse legis usum. Alter ciilis est."; LW 26:308. WA 40/1. 480. 32: "Alter legis usus est Theologicus seu Spiritualis."; LW 26:309. 참조, WA 40/1. 551. 17-552. 15; LW 26:361.
65) WA 40/1. 485. 26-28: "dicimusque legem bonam et utilem, sed in suo usu, scilicet Primum ad cohercendas, ut diximus supra, civiles transgressiones, Deinde ad revelandas spirituales transgressiones."; LW 26:312-13. 루터는 이처럼 법의 다른 용법들에 대해서 다음과 같이 설명한다. "다른 한편으로 사회에서는 법에 대한 순종이 엄격하게 요구되어야만 한다. 거기에서는 복음, 양심, 은혜, 죄의 용서, 천상의 의, 혹은 그리스도에 판해서는 아무것도 알려지지 않게 하라. 오직 모세, 법, 그리고 법의 행위들에 관한 지식만이 있게 하라. 법과 복음이라는 이 두 주제들이 이런 방식으로 분리될 때, 둘 다 각각의 범위 안에만 머물게 될 것이다. 법은 하늘 밖, 즉 가슴과 양심 밖에 머물 것이다. 다른 한편으로 복음의 자유는 이 땅 밖, 즉 육체와 그 사지들 밖에 머물 것이다." WA 40/1. 208. 14-20; LW 26:116.
66) WA 40/1. 260. 15-17; LW 26:150.

더 나아가서 법의 신학적 혹은 영적 용법은 죄를 배가하고 증대하는 기능을 포함하는데, 루터에 의하면, 특히 인간의 양심에서 그러한 역할을 한다. 일단 한 죄인이 자신에게 임박한 영원한 죽음을 깨닫게 되면, 그는 자신의 영원한 죽음을 대면할 수 없어 고민하면서 하나님이 존재하지 않기를 갈망하게 된다. 이런 방식으로 법은 하나님에 대한 강한 주관적 증오심을 불러일으키는데, 이로 인해서 법을 통하여 죄가 "증대하고, 팽창하고, 자극되고, 커진다."고 루터는 설명한다.[67]

이처럼 루터가 "법의 본연의 그리고 절대적 용법"이라고 부르는 신학적 혹은 영적 용법은 기본적으로 죄인인 인간을 정확한 자기인식으로 이끈다.[68] 아주 강력하고 튼튼한 망치와 같이 법은 죄인이 완전히 자포자기의 한계점에 이를 때까지 "그릇된 확신, 지혜, 의, 그리고 힘을 가지고 있는 이 야수[죄인]을 부수고, 멍들게 하고, 분쇄하고, 그리고 완패시키기 위해서" 사용된다.[69]

하지만 강력한 망치로서의 법이 완고한 인간의 과신을 굴복시키고, 해치고, 격파해버리는 목적은 무엇인가? 루터는 이 질문에 대해서 다음과 같

---

67) *WA* 40/1. 487. 23-27; *LW* 26:314. 어얼링(Erling)은 "The Role of Law in How a Christian Becomes What He/She Is"에서 루터가 제시하는 법의 신학적 혹은 영적 용법이 과연 이러한 기능을 다루기에 아직 양심이 충분히 성숙하지 못한 어린아이들과 관련하여 이해될 수 있겠는가라는 흥미로운 주제를 취급한다. 어얼링에 의하면 루터는 아이들이 세례시 믿음으로 이끌려지기는 하지만 법에 대한 의식, 법의 본격적인 영향력 아래 놓임, 의식적 믿음, 그리고 믿음이 촉진하는 순종심 등은 후에 나타난다고 본다. 이러한 주장을 뒷받침하기 위하여 어얼링은 한 예로서 로마서 7:8에 대한 루터의 해설을 인용한다. "법이 인식되기 시작하면 법은 소생하고 죄가 나타나기 시작한다. 그러면 유아기 동안 조용했던 정욕이 치솟고 분명하게 나타난다. 이 정욕이 사춘기에 치솟아 오를 때 이것은 즉각적으로 무엇이 어린 아이에게 숨어 있었는지를 보여준다." (*WA* 56. 348. 8-10; *LW* 25:337). Bernhard Erling, "The Role of Law in How a Christian Becomes what He/She is," in *Freiheit als Liebe bei Martin Luther*, 63-78.
68) *WA* 40/1. 482. 12: "proprius et absolutus legis usus."; *LW* 26:310.
69) *WA* 40/1. 488. 22-24; *LW* 26:314.

이 대답한다. 그렇게 함으로써 "은혜가 우리에게 접근할 수 있다."[70] 은혜가 접근하는 데 방해가 되는 이성과 인간이 소유하고 있는 능력들을 비롯하여 인간의 옛 본성 전체를 부수고 그 오만한 콧대를 꺾기 위해서 하나님은 법이라는 망치를 사용한다는 것이다. 그러면 인간은 자신의 타락한 본성에 의해서 스스로가 파괴되었고 저주받았음을 깨닫게 된다. 자신의 구원에 있어서 자신은 하나님 앞에 그저 철저하게 무력한 죄인이라는 자의식에 도달할 때, 인간은 하나님 앞에서 겸손하게 된다.[71] 일단 겸허한 마음을 갖게 되면, 인간은 한숨을 쉬며 구원자의 도움을 목말라하며 한탄하게 된다. 그러다 보면 적시에 그리스도를 계시하고 있는 복음이라는 구원의 말씀이 들리게 된다. 왜냐하면 "하나님의 천성은 겸손한 자들을 높이고, 배고픈 자들을 먹이며, 눈먼 자들에게 빛을 비추고, 불행하고 괴로워하는 자들을 위로하며, 죄인들을 의롭게 하고, 죽은 자들에게 생명을 주며, 절망적이고 저주받은 자들을 구원하는 것"이기 때문이다.[72]

이처럼 법의 신학적 혹은 영적 용법에서 발견되는 주목할 만한 사항은 "법은 은혜를 위한 사역자며 또한 은혜를 위한 예비"라는 루터의 사고다.[73] 이런 맥락에서 루터는 법이 "몹시 주린 자들을 그리스도에게로 이끄는 자극제와 같은 것"이며,[74] "우리로 하여금 그리스도를 위하여 준비되게 만든다."고 설명한다.[75] 믿음 안에서 그리스도에게 피난한 자들은 이제 더 이상 "법 아래" 있지 않고 "은혜 아래" 있다.[76] 루터에 의하면 이것이 "구원의 시작이

---

70) *WA* 40/1. 488. 13-14; *LW* 26:314.
71) *WA* 40/1. 231. 21-22; *LW* 26:131.
72) *WA* 40/1. 488. 16-19; *LW* 26:314.
73) *WA* 40/1. 488. 14: "Sic ergo lex ministra et praeparatrix est ad gratiam."; *LW* 26:314.
74) *WA* 40/1. 529. 9-10: "Lex est quasi impulsor quidam qui impellit esurientes ad Christum."; *LW* 26:345.
75) *WA* 40/1. 509. 22; *LW* 26:329.
76) *WA* 40/1. 45. 19-20: "nec amplius est sub lege, sed sub gratia."; *LW* 26:7. 회개는 죄인이 그리스도의 의를 받는 것에 대한 루터의 이해에 있어서 필수적인 역할을 한다. 비록 회개 자체가 그리스도의 의를 받기 위한 필수 조건으로 간주되지는 않지

다."⁷⁷⁾ 법은 하나님이 죄인들 안에서 새로운 생명을 창조할 수 있도록 죄인, 즉 옛 사람을 죽인다. 따라서 법이 죄인을 고발하고 죽이는 기능은 새로운 생명의 창조를 위한 것이다.⁷⁸⁾ 그래서 루터는 법을 가장 잘 사용하는 것은 "겸손과 그리스도를 향한 열망을 불러일으키는 상태에까지 도달하도록 법을 고용"하는 것이라고 말한다.⁷⁹⁾ 결과적으로 법이 이처럼 올바른 역할로 사용되면, 법은 "복음을 통하여 의롭게 됨의 원인에 이바지한다. 그리고 이것이 법의 최고의 그리고 가장 완벽한 용법"이다.⁸⁰⁾ 엄격하게 오직 이런 의미에서, "이러한 기능을 가지고 법은 의롭게 됨에 기여하는데, 그것은 법이 의롭게 하기 때문이 아니라, 인간을 은혜의 약속으로 재촉해 나아가게 하며 그 은혜의 약속을 감미롭고도 갖고 싶은 것으로 만들기 때문이다."⁸¹⁾

이런 사고의 맥락 속에서 우리는 루터가 왜 어떤 곳에서는 "법과 은혜가 공존하는 것은 불가능하다."고 주장하고,⁸²⁾ 또 법, 약속, 믿음, 그리고 행위라는 이 네 가지는 상호 분명하게 구분되어야 한다고 단호하게 말하면서,⁸³⁾ 동시에 또 어떤 곳에서는 법이 하나님의 약속을 거스르는 것이 전혀

만, 그것을 받는 데 있어서 필요한 전단계의 역할을 한다. 여기서 제기될 수 있는 질문은 회개가 인간의 행위냐는 것이다. 이에 관하여 루터는 심지어 탄식할 수 있는 것조차도 회개하는 사람 안에 성령이 임재하는 증거라고 말한다. 이런 의미에서 회개는 믿음과 마찬가지로 인간의 행위가 아닌 하나님의 선물이다.

77) *WA* 40/1. 232. 21: "Hoc initium est salutis."; *LW* 26:132. 비록 구원의 질서라는 표현이나 개념을 사용하는 데 있어서 신중한 접근이 요구되기는 하지만, 루터는 많은 곳에서 법의 고유한 용법은 겸손하게 된 죄인들을 그리스도에게로 이끄는 것이라고 설명하면서, 이것을 구원의 시작이라고 언급한다. *LW* 26:126-127, 131-132, 208, 215, 260, 380, 389-390, 401. 참조, *WA* 2:591; *LW* 27:371-372.
78) *WA* 40/1. 517. 26: "Legis ergo officium est tantum occidere, sic tamen, ut Deus possit vivificare."; *LW* 26:335.
79) *WA* 40/1. 509. 27-28: "Ille ergo usus legis optimus est, eatenus scilicet ea posse uti, quatenus humiliat et facit sitire Christum."; *LW* 26:329.
80) *WA* 40/1. 490. 22-24; *LW* 26:316.
81) *WA* 40/1. 489. 27-29; *LW* 26:315.
82) *WA* 40/1. 669. 15-16; *LW* 26:445.
83) "그러므로 이 네 가지는 철저하게 구별되어야만 한다. 왜냐하면 법이 그 자체의 고유

아니라고 말하는 이유를 이해할 수 있다.[84] 즉 위와 같은 신학적 논리에 근거하여, 루터는 오직 그리스도를 믿는 믿음으로 의롭게 됨과 관련하여 한편으로는 법을 철저히 배제해야 할 것을 주장하면서도, 다른 한편으로는 법의 유용성에서 더 나아가, 법의 필요성까지도 인정하고 있는 것이다.[85]

이러한 관점에서 볼 때 한 가지 분명히 해야 할 것은, 루터가 법을 거부할 때 그것은 위에서 상술한 바와 같이 특정한 문맥 속에서 법의 특정한 역할에 대한 거부이지, 법 자체에 대한 반대나 폐지를 의도한 것이 아니라는 점이다. 루터의 본 의도는 법의 올바른 용법을 선포하는 일에 열심을 내는 것이지, 반법주의자 혹은 법폐지론자가 되는 것이 아닌 것이다. 즉 루터는 법을 마치 의롭게 됨을 위한 원인이 될 수 있는 것처럼 취급하는 것도, 또한 법을 완전히 폐지하는 것도 거부하면서, 자신이 생각하는 법의 올바른 사용을 주장하고 나온 것이다. 루터에게서 법의 제대로 된 기능은 궁극적으로 법이 인간으로 하여금 그리스도 혹은 그리스도를 믿는 믿음으로 나아가게 하는 것이며, 법을 이렇게 사용하는 것이 법을 올바르게 사용하는 정석이다. 이러한 입장에 근거하여 루터는 법에 대한 자신의 입장을 다음과 같이 표현한다. 법은 그것이 정당한 방법으로 사용되는 한 "좋고, 거룩하고, 유용하고, 그리고 필요하다. 법의 시민적 용법은 좋고 필요하다. 하지만 법의 신학적 용법이 가장 중요한 것이고 최고다."[86]

따라서 루터에 의하면 다음과 같은 경우에는 법이 오용되고 있는 셈인데, 그 첫 번째는 법이 죄인을 의롭게 할 수 있는 힘을 갖고 있다고 간주하는 경우고, 두 번째는 법이 그리스도가 오실 때까지만 관리인 노릇을 한다

한 임무를 가지고 있는 것처럼, 약속도 그 자체의 고유한 임무를 가지고 있기 때문이다. 행위는 법에, 믿는 것은 약속에 속하는 것으로 돌리라. 법과 약속이 최대한 다른 만큼 믿음과 행위도 그만큼이나 멀리 떨어져 있다.—비록 당신이 '행위들을 하는 것'을 신학적 의미에서 이해한다고 하더라도 말이다." *WA* 40/1. 426. 22-26; *LW* 26:272.

84) *WA* 40/1. 510. 13: "Igitur lex non est contra promissa Dei."; *LW* 26:329.
85) *WA* 40/1. 517. 15: "legis utilitatem et necessitatem."; *LW* 26:335.
86) *WA* 40/1. 534. 12-14; *LW* 26:348.

는 것을 모르고 절망하는 경우다. 그래서 루터는 다음과 같이 말한다. "법은 우리를 해롭게 하기 위해서가 아니라 우리를 구원하기 위해서 우리를 겸손케 한다. 왜냐하면 하나님은 치료하기 위해 상처를 내고, 살리기 위해 죽이기 때문이다."[87] 그러므로 사람들이 과신하지도 않고 그렇다고 절망하지도 않도록 "하나님의 노여움 앞에서 두려움과 전율을 느끼면서 동시에 그분의 불변하는 사랑 안에서 소망을 가지는 것"이 함께 결합되어 유지되어야만 한다고 루터는 역설한다.[88]

특별히 법의 통치가 얼마나 오랫동안 지속되는가에 관한 질문에 대해서 루터는 이 통치가 예수 그리스도의 오심 때까지 유지된다고 말한다.[89] 여기서 법의 지속기간은 두 가지 의미에서 설명되는데 그 한 가지는 문자적 의미에서고 다른 한 가지는 영적 의미에서다.[90] 문자적 의미에서 "성부 하나님에 의해 정해진 시기에 육체 안으로의 그리스도의 오심을 통하여"[91] "법과 모세의 전 예배체제는 끝났다."[92] 영적 의미에서, 법의 지속기간은 그것의 영적이고 신학적인 기능, 즉 죄인들의 불법 행위들을 드러내고, 그들을 고발하고, 하나님의 분노와 심판을 계시하고, 그들의 범죄를 증가시키고 강렬하게 만들고, 그들을 두려움에 떨게 하고 절망스럽게 하며, 그렇게 함으로써 결과적으로 복음의 말씀에 붙잡혀 그리스도에게로 피난할 수 있게 하는 기능과도 관련되어 있다. 죄인이 믿음을 통해 그리스도를 꼭 붙잡아 가슴속에 모시게 될 때, 그때는 법이 그것에 "지령된 방식, 시간, 그리고 목적"을 달성한 때이며, 이제는 물러나 예수 그리스도가 들어서게 할 때이다.[93]

이제까지 제3장과 제4장에서 필자는 외래적, 수동적, 완전한 의와 거룩함의 차원에서 믿음에 대한 루터의 개념을 탐구했다. 이 믿음은 사랑, 특히

---

87) *WA* 40/1. 534. 16-17; *LW* 26:348. 참조, *WA* 40/1. 528. 35-529. 14; *LW* 26:345.
88) *WA* 40/1. 523. 15-16; *LW* 26:340.
89) *WA* 40/1. 491. 23-24; *LW* 26:316-317.
90) *WA* 40/1. 492. 11; *LW* 26:316.
91) *WA* 40/1. 550. 20-21; *LW* 26:360.
92) *WA* 40/1. 492. 15-16; *LW* 26:317.
93) *WA* 40/1. 492. 20-21; *LW* 26:317.

스콜라 신학의 사랑을 배제하며, 법이 불의한 죄인의 의롭게 됨의 문제에 있어서 예수 그리스도의 구속 사역의 영역을 침범하는 한 이러한 법을 거부한다. 그럼에도 불구하고, 루터는 법이 죄인들로 하여금 그리스도에게로 도피하게 하는 자극제로 작용하는 한 이것을 법의 신학적 혹은 영적 용법이라고 칭하면서 죄인이 의롭게 됨의 문제에 있어서 법에 특정한 기능을 부여한다. 이 기능에 있어서 법은 죄인들로 하여금 그리스도를 담고 있는 복음을 갈망하도록 촉진함으로써 그리스도와 그를 믿는 믿음으로 향하는 길을 트는 역할을 한다.

이와 함께 제3장과 제4장에서 필자는 루터가 스콜라 신학의 공로사상, 사랑에 의해 형성된 믿음 개념 등을 반박하고, 믿음과 사랑에 관한 프로테스탄트 개혁 내부의 급진주의자들의 입장에 반론을 제기한 논쟁적 정황들을 고찰했다. 그리고 논적들을 비판하면서 루터가 시종일관 믿음과 예수 그리스도 간의 밀착된 관계를 강조하고 있음을 부각했다. 제4장에서는 특히 루터의 믿음 개념의 세 가지 주된 내용들을 분석해 보았다. 첫째는 하나님, 그리스도, 그리고 자기 자신에 대한 진리를 아는 것으로서의 믿음이요, 둘째는 하나님과 그리스도에 대한 신뢰로서의 믿음이요, 셋째는 사랑으로 열매를 맺는 믿음이다. 이 믿음의 세 번째 특성이 제5장과 제6장에서 연구할 주제다.

제5장 | 믿음과 사랑
능동적 의와 거룩함의 차원

　죄인이 의인이 되는 문제와 관련된 외래적, 수동적, 완전한 의와 거룩함의 차원에서 믿음이 사랑을 배제하는 이유는 오직 예수 그리스도를 믿는 믿음만이 죄인을 의인으로 만들기 때문이다. 따라서 이 차원에서는 루터가 생각하는 참된 성경적 사랑조차도 죄인이 의인이 되는 문제에 기여하지 않으며, 원인이 되지 않는다. 이와 같이 볼 때 외래적, 수동적, 완전한 의와 거룩함의 차원에서 루터가 자신이 이해하기에 참된 성경적 사랑도 아닌, 공로사상과 연결되어 있고, 믿음을 형성한다는 스콜라 신학의 사랑을 참된 믿음과 첨예하게 대립시키는 것은 놀라운 일이 아니다. 이제 루터는 의인이 존재하고 살아가는 문제와 관련된 자신의, 능동적, 점진적 의와 거룩함의 차원에서 참된 성경적 사랑이 무엇인지를 제시하면서, 믿음은 사랑으로 육화하고, 사랑이라는 열매를 맺으며, 또 그래야만 한다는 것을 차근차근 설명해 나간다.
　자신의, 능동적, 점진적 의와 거룩함의 차원에서 중심주제로 부상하는 참된 사랑 개념의 핵심을 파악하는 데 있어서 가장 중요한 사항은 이 사랑이 예수 그리스도를 믿는, 그래서 죄인을 의롭게 하는 믿음의 열매 그 이상의 것도 그 이하의 것도 아니라는 점이다. 그래서 자신의, 능동적, 점진적 의와 거룩함의 차원에서 이 둘은 명시적으로 상호 조화로운 관계로 나타나게 된다. 이 새로운 사랑 개념에 대한 루터의 설명은 외래적, 수동적, 완전한 의와 거룩함의 차원에서 관찰되는 믿음, 사랑, 그리스도, 그리고 법 간의 역학관계와는 매우 다른 역학관계를 노출한다. 본 장에서는 우선 이 새로운 역학관계의 특성들을 살펴보기 위하여 그리스도인의 자유, 사랑의 법으로서의 예수 그리스도의 법, 법을 성취할 수 있는 이중 방식, 그리고 사랑과 믿음의 조화로운 관계의 근거로서의 그리스도론적 용어들과 개념들에 대한 루터의 설명들을 고찰해볼 것이다. 그리고 나서 자신의, 능동적, 점진적 의와 거룩함의 차원에서 믿음과 사랑의 조화로운 관계의 본질을 보여주기 위해서 루터가 애용했던 세 가지 주된 비유들을 살펴볼 것이다.

I. "~으로부터의 자유"에서 "~을 향한 자유"

루터가 제시하는 사랑 개념을 파악하는 데 있어서 받게 되는 도전적인 신학적 질문 중 하나는 왜 혹은 무엇을 위해서 예수 그리스도가 죄인을 구원했느냐는 것이다. 왜냐하면 루터는 예수 그리스도를 믿는 믿음으로 인해서 법, 죄, 그리고 죽음으로부터 자유를 얻는 것이 그것 자체로써 끝이 아니라는 것을 분명하고도 강력하게 보여주기 때문이다. 루터의 사고 속에서 오직 예수 그리스도를 믿는 믿음 안에서 가능한 "~으로부터의 자유"는 반드시 "~을 향한 자유", 즉 사랑의 섬김을 위한 그리스도인의 자유로 이어진다. 이 두 자유는 상호 떼려야 뗄 수 없는 관계로 엮여져 있으며, 루터가 생각하는 그리스도인의 자유는 이 두 차원을 다 가지고 있는 자유다. 이와 같이 예수 그리스도를 믿는 믿음에 토대를 둔 그리스도인의 자유는, 이 믿음의 열매로 맺어지는 사랑으로서의 그리스도인의 자유와 불가분리의 관계를 맺고 있다. 그렇기 때문에, 자신의, 능동적, 점진적 의와 거룩함의 차원에서 믿음과 사랑은 두 개의 그러나 한 쌍으로 묶여진 조화로운 관계로 등장한다.

상기한 바와 같이 루터는 바울이 갈라디아서 전체를 통해서 두 종류의 주제들을 다루는데, 갈라디아서 4:8, 9가 두 번째 주제가 시작되는 기점이라고 해석한다. 그 첫 번째 종류의 주제들은 오직 예수 그리스도를 믿는 믿음을 통해 의롭게 된다는 것을 다루는 믿음, 의롭게 됨, 그리스도, 그리스도의 의, 그리고 그리스도인의 외래적, 수동적, 완전한 의와 거룩함이다. 두 번째 종류의 주제들은 믿음의 열매로서의 사랑, 사랑의 행위로서의 법의 행위, 그리고 그리스도인 자신의, 능동적, 점진적 의와 거룩함이다.

갈라디아서 5:6의 "사랑으로써 역사하는 믿음"이라는 구절에 초점을 맞추면서 루터는 이 구절을 자신의, 능동적, 점진적 의와 거룩함의 차원에서의 믿음과 사랑에 관한 가르침의 핵심을 설명하기 위해서 활용한다.[1] 그러고 나서 "그리스도인의 삶에 관한 결론"을 내리면서 그것은 곧 "사랑으로써 역사하는 믿음"이라고 언급한다.[2]

이 구절에 대한 루터의 해석에 있어서 주목할 만한 것은 여기서 제시되는 믿음과 사랑에 관한 설명이 『그리스도인의 자유』에서 발견되는 믿음과 사랑의 개념, 그리고 문학적 구조의 축소판과 같다는 점이다. 이 구절은 특히 믿음과 사랑의 주제를 둘러싸고 로마 가톨릭 교회와 루터가 다른 해석을 취함으로써 상호 격렬한 논쟁을 야기한 성경 구절들 중 하나이기도 하다. 이 구절을 통해서 루터는 믿음과 사랑에 대한 자신의 가르침의 중심 요지를 표현할 기회를 포착하면서 『그리스도인의 자유』에서의 믿음과 사랑에 관한 가르침과 상응하는 내용과 구조를 간명하게 제시한다.[3]

---

1) 루터는 바울에게서 찾은 믿음과 사랑의 관계에 대해서 다음과 같이 설명한다. "갈라디아서 5:6의 '사랑으로써 역사하는 믿음'이라는 구절과 관련하여 우리는 또한 믿음은 행위 없이 존재하지 않는다고 말한다. 하지만 바울의 견해는 다음과 같다: 믿음은 사랑 안에서 활동하고 있다. 다시 말해서, 행위로 그 자체를 표현하는 믿음이 의롭게 한다. 어떤 사람들은 믿음의 열매들이 믿음을 믿음으로 만든다고 가정한다. 하지만 바울은 그와는 다른 것을 의도하고 있다. 즉 믿음이 열매를 열매로 만든다. 믿음이 먼저 오고, 그러고 나서 사랑이 따른다." *WA*, *TR* 1:199(no. 458, 1533년 초); *LW* 54:74.

2) *WA* 40/2. 37. 11-13: "brevi velut Epiphonemate concludit, quid sit ipsa Vita Christiana … fides per Charitatem operosa."; *LW* 27:30.

3) 이 글에서 "어느 누구에게도 종속되어 있지 않은, 완전히 자유로운, 모든 사람의 주"

믿음, 사랑, 그리고 그 관계성의 핵심은 "~으로부터의 자유"에서 "~을 향한 자유"라는 그리스도인의 자유의 두 차원에 대한 루터의 사고에서 분명하게 발견된다. 루터에 의하면 예수 그리스도를 믿는 믿음에 의한 죄, 즉 불신앙, 자기본위, 속박된 의지로부터의 자유는 그 내적 필연성으로 인해서 반드시 하나님, 이웃, 그리고 자기 자신과의 관계 속에서 사랑이라는 믿음의 열매들을 맺는 자유로 나타난다. 오직 예수 그리스도를 믿는 믿음을 통한 그리스도인의 자유에 대한 루터의 설명들은 이 자유 개념의 특성들을 다음과 같이 보여준다.

첫째, 그리스도인의 자유는 "죄, 죽음, 저주, 지옥, 그리고 하나님의 진노와 심판으로부터의 자유"를 의미한다.[4] 둘째, 그리스도는 모든 법의 완성이기 때문에 예수 그리스도를 믿는 믿음을 통해서 그리스도인은 법으로부터 자유롭다. 이 자유하게 하는 믿음을 설명하면서 루터는 죄인을 구원하는 사역을 수행하기 위해서 성육신하고, 정해진 시간에 단 한번 인간의 역사 안으로 꿰뚫고 들어온 그리스도에게 초점을 맞춘다. 죽음과 부활을 통해 법을 성취함으로써 그리스도는 법과 그 효과들을 폐지했으며, 그에 따라서 전 인류를 죄와 법 아래서 선고 받았던 영원한 죽음으로부터 구원했다.[5]

요 또한 "모든 사람에게 종속되어 있는, 완전히 의무를 다하는, 모든 사람을 섬기는 자"로서의 그리스도인들에 관한 루터의 주장은 고린도전서 9:19, 로마서 13:8, 갈라디아서 4:4, 그리고 빌립보서 2:6-7까지를 중심으로 하여 다루어진다. 루터는 다음과 같이 언급한다: "[바울은] 고린도전서 9:19에서는 '내가 모든 사람에게서 자유로우나 스스로 모든 사람에게 종이 되었다.'고, 그리고 로마서 13:8에서는 '피차 사랑의 빚 외에는 아무에게든지 아무 빚도 지지 말라.'[고 말한다.] 사랑은 그 본성에 의하여 사랑 받는 자를 섬기고, 또 사랑받는 자에게 그 자체를 복종시킬 준비가 되어있다. 그래서 그리스도는 비록 모든 사람들의 주(主)셨지만 '여자에게서 나시고, 율법 아래에 나셨다.'(갈 4:4) 그리하여 그분은 자유인이었으면서 동시에 종이었고, '하나님의 형체이면서' 또 '종의 형체'를 갖고 있었다(빌 2:6-7)." WA 7. 49. 27-50. 4; LW 31:344. 이 글 전체를 통해서 루터는 주와 종이라는 두 개의 상극적인 관계에 있는 것처럼 보이는 개념들이 실제로 상호 조화로운 관계에 있다는 것을 성경의 예들을 통해서 입증하고자 시도한다.

4) WA 40/1. 455. 32-34; LW 26:293. 참조, WA 40/2. 4. 13-14; LW 26:4.

셋째, 법의 본연의 기능은 인간을 유죄로 만들고 피고로 세우는 것인데 그리스도인은 법으로부터 자유롭기 때문에, 법의 유죄선고로부터, 그리고 원고 혹은 법의 고발로부터도 자유롭다.[6]

넷째, 양심과 감정에 관한 한 예수 그리스도를 믿는 믿음을 통해서 그리스도인은 의롭게 됨과 구원을 얻는 문제와 관련하여 법에 의해 양심에 두려움과 괴로움을 겪는 것으로부터 자유롭다. 갈라디아서 4:7을 설명하면서 루터는 다음과 같이 언급한다. "노예가 되는 것은 … 법 아래서, 하나님의 진노 아래서, 그리고 죽음 아래서 선고받고 투옥되는 것을 의미한다. 그것은 하나님을 하나님 혹은 성부로 인정하는 것이 아니라 괴롭히는 자, 적, 독재자로 인정하는 것을 의미한다. 이것은 참으로 노예 신분으로, 바빌론 유수 상태로 사는 것이요, 그 안에서 잔인하게 고통을 받는 것이다."[7] 또 루터는 "누군가 법 아래서 행위를 하면 할수록 그 사람은 더욱 그것의 노예 신분에 의해서 억압받는다."고 지적한다.[8] 법을 통해서 의롭게 되고 구원받기를 추구하는 자칭 의로운 사람들은 한동안만 지속되는 육체적 노예 신분으로가 아니라 "영구적인 노예 신분"으로 머물러 있게 된다.[9] 그들은 하나님의 뜻에 관하여 항상 의심 가운데 있기 때문에 결코 마음속에 고요함과 평화로움을 누리지 못하며 죽음, 그리고 하나님의 진노와 심판을 두려워한다.[10] 하지만 그리스도인은 이러한 것들로부터 자유롭다. 따라서 예수 그리스도를 믿는 믿음에 의해 의롭게 된다는 것은 다름 아닌 "무한하고 영원한 자유냐 혹은 노예상태냐의 문제"와 직결되어 있다.[11]

다섯째, 그리스도인은 자신의 수고에 대한 보상 혹은 상급을 목적으로

---

5) WA 40/1. 534. 35-536. 12; LW 26:349.
6) WA 40/1. 529. 11; LW 26:345.
7) WA 40/1. 594. 16-19; LW 26:390.
8) WA 40/1. 594. 19-20; LW 26:390.
9) WA 40/2. 8. 26-28; LW 27:8.
10) WA 40/2. 8. 28-29; LW 27:8.
11) WA 40/2. 8. 23-24; LW 27:8.

하나님을 기쁘게 하기 위하여,[12] 혹은 처벌과 끔찍한 형벌을 피하기 위하여 법을 준수하는 모든 형태의 의무로부터 자유롭다.[13] 여섯째, 법은 심지어 의롭게 된 그리스도인까지도 끊임없이 양심에 죄책감을 증가시키면서 괴롭히는데, 루터는 이것을 가혹한 "신학적 노예 상태"라고 부른다.[14] 그리스도인의 자유는 이러한 한 개인의 양심의 죄책감으로부터의 자유도 포함한다. 루터에 의하면 법의 협박과 사로잡음 속에서 발생하는 모든 종류의 죄책감과 갈등으로부터의 자유는 아무리 강조해도 지나치지 않다. 신학적 노예 상태에 있는 자들은 점점 더 심화되는 죄책감과 이를 무마하기 위한 뉘우침의 행위들, 하지만 아무런 소용도 없는 행위들 간의 악순환에 말려들게 된다. 이러한 관점에서 볼 때, 양심에서 경험된 영원한 하나님의 진노로부터의 자유는 신학적 차원에서뿐만 아니라 심리적이고 도덕적인 차원에서 볼 때에

---

[12] 예수 그리스도를 믿는 믿음으로 의롭게 된 자들이 믿음의 열매로 맺는 사랑의 행위들 때문에 공로를 쌓는 것이라고 기대할 수 있는지에 관해서 루터는 다음과 같이 두 가지를 지적한다. 첫째, 의롭게 된 자들도 여전히 죄인들이다. 그러므로 그들은 죄의 용서라는 은혜 아래 산다. 둘째, 물론 하나님은 행위를 하는 자들에게 보상을 약속한다. 그러므로 그들은 무엇인가를 얻는다. 하지만 이 모든 것들은 죄의 용서 아래 놓여 있다. 죄를 용서하는 은혜, 그리고 오직 예수 그리스도를 믿는 믿음에 의해 의롭게 됨, 믿음의 열매로서의 사랑 간의 관계를 설명하기 위하여 루터는 다음과 같이 묘사한다. "하늘(즉, 의롭게 됨)이 은혜 아래 있는 것과 같이, 별들은 더욱 그렇다. 별들이 하늘을 만들지 않고, 오직 그것을 장식할 뿐인 것처럼, 행위들도 하늘을 공로로 받지 못하고 오직 의롭게 하는 믿음을 장식할 뿐이다." 오직 그리스도만이 모든 것을 공로로 얻는다. 우리는 아무것도 공로로 얻지 못한다. 모든 것이 그리스도의 것이요, 우리의 것은 아무것도 없다. 그리스도 안에서는 공로로 얻은 것이 아니라 선물들만이 있다. 그러므로 의롭게 된 자들은 단지 선물만을 가지고 있을 뿐이다. 아우구스티누스가 주장한 바와 같이 하나님은 단지 당신의 선물에만 면류관을 씌우신다. *WA, TR* 4:227(no. 4331, 1539. 1. 15-21); *LW* 54:328-329.

[13] "그러한 것이 바로 법의 힘이요, 법에 근거한 의롭게 됨이기에, 그것은 그것이 응보와 처벌을 가지고 범죄자들을 위협하는 한 우리로 하여금 외적으로 선하도록 강요한다. 그러면 우리는 처벌에 대한 두려움에서 법에 따른다. 하지만 우리는 마지못해 하고, 커다란 분노를 가지고 한다." *WA* 40/1. 519. 13-15; *LW* 26:336. 참조, *WA* 40/1. 604. 22-26; *LW* 26:397.

[14] *WA* 40/1. 553. 21-22; *LW* 26:362.

도 매우 중요한 문제다.[15] 이러한 그리스도인의 자유는 "정치적 자유 혹은 육체적 자유"가 아니라 "신학적 혹은 영적 자유, 즉 우리의 양심을 자유롭고 즐겁게 해주며, 다가올 진노(마 3:7)를 두렵지 않게 해주는 자유다." 루터에 의하면 이러한 자유야말로 "가장 진정한 자유며, 헤아릴 수 없는 자유다."[16]

일곱째, 예수 그리스도를 믿는 믿음을 통해서 그리스도인은 또 법을 준수하도록 의무화하는, 특히 의롭게 되기 위해서 공로를 축적하려는 의도로 법을 지키도록 강요하는 그러한 형태의 법의 남용이나 오용으로부터 자유롭다. 이러한 입장에서 볼 때 형성되지 않은 믿음, 형성하는 사랑, 그리고 재량공로와 적정공로와 같은 사상들은 매우 잘못된 것이다. 왜냐하면 이러한 사상들은 그리스도의 몸과 피라는 엄청난 값을 치루고 확보되었으며, 믿음 안에서 값없이 주어진 그리스도인의 자유를 빼앗아 가기 때문이다. 더 나아가서 이러한 사상들은 그리스도인으로 하여금 하나님의 자비를 쉽고도 경솔하게 포기한 채 절망의 상태로 빠지게 하거나 혹은 하나님의 은혜를 얻기 위해서 무의미하고 소모적인 노력을 하면서 자만의 상태로 다시 빠져들게 한다.

여덟째, 예수 그리스도를 믿는 믿음을 통해서 그리스도인은 또한 우상숭배로부터 자유롭다.[17] 하나님과 그리스도에 대한 잘못된 지식이 있는 곳에는 단지 "순전한 우상숭배, 하나님에 대한 우상과 잘못된 허구"만 있을 뿐이다.[18] 루터에 의하면 자칭 의로운 자들이 하나님의 이름과 말씀을 가지고 행하는 것은 영적 우상숭배이기 때문에, 하나님에 대한 정확한 지식을 소유하고 있지 못한 무지한 자들이 저지르는 우상숭배보다 더 큰 해를 끼친다.[19] 교황이 법의 행위들, 특히 그가 제정한 법들을 수행하는 것을 의와 구원을

---

15) WA 40/2. 3. 20-21; LW 27:4.
16) WA 40/2. 3. 22-25; LW 27:4.
17) WA, TR 3:402-403(no. 3551, 1537. 3. 19); LW 54:231, WA, TR 4:306(no. 4422, 1539. 3. 20); LW 54:340.
18) WA 40/1. 609. 19; LW 26:401.
19) WA 40/1. 607. 16-17; LW 26:399.

위해 필요한 것으로, 그리고 양심을 속박하는 것으로 강요할 때, 그는 거짓말을 하고 있는 것이요 악을 행하고 있는 것일 뿐만 아니라 우상숭배를 행하고 있는 것이라고 루터는 판단한다.[20] "의, 경외, 구원에 대한 확신, 그리고 죽음에 대한 두려움을 그러한 것들에 결부하는 것은 신성을 의식들에 귀착시키는 것이다."[21] 이것은 분명히 하나님에 대한 신성모독이요, 우상숭배다. 그리스도인의 자유가 갖고 있는 이러한 측면은 하나님의 본성에 대한 사변적 탐구에 있어서 분명하게 탐지되는 지적 오만으로부터의 자유와도 연결되어 있다. 이것은 곧 하나님과 하나님의 뜻을 오직 성육신한 인간 예수 그리스도 안에서 추구하는 지적 겸손을 유지하는 자유이기도 하다. 또 이것은 자기 의의 허영심으로부터의 자유와 자기 자신을 하나님과 이웃에 대한 섬김에 복종시키는 실천적 차원에서의 겸손을 위한 자유와도 결합되어 있다.

아홉째, 예수 그리스도를 믿는 믿음을 통해서 그리스도인은 순수한 마음과 자유의지를 가지고 하나님의 계명을 준수하지 못하는 무능력으로부터 자유롭다. 그리스도는 인간의 죄성의 선천적인 자기중심성으로부터의 자유를 가능케 한다. 새로운 창조로서의 의롭게 함을 통해서 그리스도는 인간이 자기 자신의 이익을 위하여 하나님과 이웃을 이용하는 타락한 성질을 대체하는 새로운 본성과 성향을 창조한다. 그리고 이를 통해서 그리스도인은 하나님, 이웃, 그리고 자기 자신과 질서가 올바르고 적절한 관계를 맺게 된다. 더 나아가서 이러한 그리스도인의 자유는 죄를 지을 수밖에 없는 부패한 의지에의 속박으로부터, 그리고 하나님의 뜻에 따라서 살지 못하는 무능으로부터의 자유를 의미한다.[22] 그러므로 그리스도인의 자유는 인간의 자유의

---

20) WA 40/1. 620. 16-22; LW 26:409.
21) WA 40/1. 170. 18-19; LW 26:92.
22) "왜냐하면 법은 성령 없이는 성취될 수 없고, 성령은 그리스도 없이는 받아질 수 없기 때문이다. 성령이 받아지지 않으면, 인간의 영은 부정한 채로 남아 있다. 즉 그것은 하나님을 경멸하고, 그 자신의 영광을 추구한다. 그러므로 그것이 법의 어떠한 부분을 수행한다 할지라도 그것은 위선적인 것이며 이중의 죄다. 왜냐하면 부정한 마음은 법을 지키는 것이 아니라 단지 외적으로 그것을 지키는 것만 하기 때문이다. 그

지가 사실상 그것의 타락한 상태에 속박되어 있는 것으로부터의 자유를 의미한다. 새로운 창조물로서 그리스도인은 순수한 마음, 불순하지 않은 동기, 그리고 하나님이 주신 계명들을 실행에 옮길 수 있고 그것들을 따르는 데서 참된 기쁨을 발견할 수 있는 새로운 능력을 얻는다.

이와 같이 그리스도가 참으로 누구이며 어떤 일을 행했는지, 의롭게 됨

렇기 때문에 그것은 그것의 악함과 위선 안에서 더 철저히 굳어질 뿐이다." WA 40/2. 168. 15-20; *LW* 27:131.

루터는 하나님과의 관계에서 인간의 자유의지를 인정하지 않는다. 즉 구원의 문제와 관련하여 하나님이 인간에게 요구하는 것을 인간은 혼자의 힘으로 성취할 수 있는 능력이 없다는 것이 루터의 입장이다. 하지만 여기서 분명히 해야 할 것은 그렇다고 해서 루터가 인간의 일반적인 삶에 있어서 활용되는 자유의지까지 완전히 부인하고 있는 것은 아니라는 점이다. 이에 관해서 루터는 다음과 같이 말한다. "하지만 만약 우리가 이 용어[자유의지]를 완전히 없애버리기를 원하지 않는다면 — 비록 그렇게 하는 것이 가장 안전하고 가장 하나님을 두려워하는 일이기는 하지만 — 최소한 사람들에게 그것을 정당하게 사용하도록 가르치자. 그래서 인간보다 위에 있는 것 말고 인간보다 아래에 있는 것에 관해서만 자유선택이 사람들에게 허용되도록 말이다. 말하자면, 사람은 그의 능력들과 소유물들에 관하여 그 자신의 자유선택에 따라서 그가 사용하고, 행하고, 혹은 방치할 권리가 있다는 것을 알아야만 한다. 비록 심지어 이것조차도 오직 그가 원하는 방식에 의해서만 행하시는 하나님의 자유선택에 의해서만 통제되기는 하지만 말이다. 반면에 하나님과의 관계에 있어서, 혹은 구원 혹은 저주에 관계된 문제들에 있어서, 사람은 전혀 자유선택을 가지고 있지 않고, 하나님의 의지 혹은 사탄의 의지 둘 중 하나의 포로, 피지배자, 종이다." WA 18. 638. 3-11; *LW* 33:70.

"그러므로 가장 덜 중요하기도 한 첫 번째 주장은 다음과 같다. 인간은 무엇인가를 공로로 얻게 하는 혹은 공로로 얻는 데 실패하게 하는 자유의지를 받았다. 대답은 이렇다. 은혜 없이 자유의지는 절대적으로 의를 획득할 능력을 전혀 가지고 있지 않으며, 필연적으로 죄 가운데 있다. 그렇기 때문에 아우구스티누스가 그의 책 『율리아누스 반박론』(*Contra Julianum*)에서 자유의지를 '자유의지라고 부르기보다는 속박된 의지'라고 불렀을 때 그는 옳았다. 왜냐하면 우리가 은혜를 소유할 때, 의지는 실제로 자유롭게, 특별히 구원과 관련하여 자유롭게 된다. 물론 그것은 자연적 방식에 있어서는 항상 자유롭다. 하지만 그것의 능력보다 아래 있고 그 자체보다 낮은 것들에 관해서만 자유롭고, 그것보다 위에 있는 것들에 관해서는 자유롭지 않다. 왜냐하면 그것은 죄 가운데 포로로 잡혀 있으며, 하나님이 보시기에 선한 것을 택할 수가 없기 때문이다." WA 56. 385. 13-22; *LW* 25:375.

을 위하여 죄인들과의 관계 속에서 법이 무엇을 의미하는지, 그리스도인의 자유가 무엇을 의미하는지에 관한 개념적 토대를 쌓은 뒤, 루터는 이 토대 위에 그리스도인의 삶을 세우는 다음 단계로 넘어간다. 이제 루터는 "~으로부터의 자유"에서 "~을 향한 자유"로의 움직임이 가지고 있는 내적 필연성이 어떻게 신학적으로 적합한 사랑 담론으로 이끄는지, 그리고 그리스도인들을 위한 법의 유용성과 필요성으로 이끄는지를 다음과 같이 제시한다.

우리가 그리스도를 믿는 믿음을 이러한 방식으로 가르쳤을 때, 그 다음에 우리는 또한 선행들에 관하여 가르친다. 당신이 믿음에 의해 그리스도를 붙잡았기 때문에 그분으로 인해서 당신은 의로운 자이고 이제 당신은 나아가서 하나님과 당신의 이웃을 사랑해야만 한다. 하나님을 부르라. 그분께 감사하라. 그분에 관해 설교하고, 그분을 찬양하고, 그분을 고백하라. 당신의 이웃에게 선을 행하고 그를 섬기고, 당신의 의무를 행하라. 이러한 것들이야말로 우리가 그리스도를 통해서 값없이 죄의 용서함을 받았기 때문에 가슴속에 잉태된 이 믿음과 기쁨으로부터 흘러나오는 참으로 선한 행위들이다.[23]

또 루터는 바울이 예수 그리스도 혹은 그리스도의 의라는 그리스도교 가르침의 기초를 놓은 뒤 "선행을 세운다."고 언급한다.[24] 루터는 갈라디아서 5:13을 언급하면서 그리스도인들이 믿음으로 인해서 그들에게 값없이 주어진 자유를 독점하고 비밀로 감추기 위해서, 그래서 그들 자신의 사적 욕망과 육체적 정욕만을 만족시키기 위해서 속박된 의지로부터 자유롭게 된 것이 아니라고 강조한다.[25] 정 반대로 이 그리스도인의 자유는 그리스도

---

23) WA 40/1. 234. 18-23; LW 26:133. "~으로부터의 자유"와 "~을 향한 자유" 간의 이러한 분리할 수 없는 상관관계를 고려해 볼 때, 루터의 의롭게 됨에 관한 교리에 있어서 전자와 후자 사이의 균형 잡힌 강조가 아닌 전자에 대한 일방적 강조는 오히려 루터의 사고를 왜곡하는 결과를 낳게 된다.
24) WA 40/2. 64. 26-28; LW 27:51.

인들이 하나님, 이웃, 그리고 자기 자신과의 관계 속에서 언제 어디서나 기회가 주어질 때마다 믿음의 열매를 맺는 참된 섬김을 할 수 있도록 하나님이 그들에게 주신 것이다. 그리스도인들의 삶은 육체의 삶이 아니라 믿음이 가슴 안에 꼭 붙잡은 그리스도의 삶이다. 이 그리스도는 그리스도인들의 가슴속에 현존하면서 그들의 삶의 원동력과 추진력이 되어 그들로 하여금 사랑이라는 믿음의 열매들을 끊임없이 맺어가게 한다.26) 이처럼 루터의 사고

---

25) "형제들아 너희가 자유를 위하여 부르심을 입었으나 그러나 그 자유로 육체의 기회를 삼지 말고 오직 사랑으로 서로 종 노릇 하라"
26) 루터가 어떻게 오직 그리스도를 믿는 믿음의 토대 위에 그리스도인의 삶과 경건의 실천으로서 사랑을 세우는지를 고려해 볼 때, 다음과 같은 헨드릭스의 주장에 긍정적으로 동의할 수 있다. "만약 영성이 경건 혹은 그리스도인의 삶을 사는 것의 의미에서 취해진다면, 나는 루터가 영성의 개혁을 일으켰다고 확신한다. 혹은 다른 말로 표현하자면 루터가 시작했던 종교개혁은 또한 영성의 개혁으로 의도된 것이기도 했다." Scott H. Hendrix, "Martin Luther's Reformation of Spirituality," *Lutheran Quarterly* 13/3(1999), 250. 헨드릭스는 루터가 라틴어 *spiritualitas*와 대등한 독일어 *Geistlichkeit*를 요한복음 강해에서 사용하는 한 경우에 주목하면서, 이 용어가 부정적 의미에서 사용되고 있다고 언급한다. 위의 논문, 251. 참조, 24:229; WA 45. 670. 9-12. 그리고 나서 헨드릭스는 루터의 서신들 중 한 부분을 지적하면서, 루터가 후기 중세 경건에 나타나는 신앙심의 외적 모양들을 그리스도인의 삶의 본질적인 것으로 간주하는 경향을 거부하면서, 그리스도인이 된다는 것이 무엇을 의미하는지의 본질을 보여주기 위해서 "영적인 삶"(*vita spiritualis, geistliches Leben*)에 대하여 이야기하고 있다고 설명한다. Hendrix, "Martin Luther's Reformation of Spirituality," 256.

루터의 종교개혁 영성과 중세 그리스도교의 외적인 종교적 활동들, 특히 직업적으로 종교적인 사람들의 활동들 간의 비연속성에 초점을 맞추면서 헨드릭스는 루터의 영성 개혁이 얼마나 급진적인 것이었는지를 분명하게 제시한다. 헨드릭스에 의하면 새로운 영성, 경건, 그리고 복음적 삶의 전망에 대한 루터의 개념은 다음과 같은 특징들을 가지고 있다. (1) 루터의 영성 개념의 핵심에는 그리스도와 그리스도인들 간의 결합관계가 있다. (2) 그리스도인의 삶의 자연적 혹은 자발적 흐름은 외적 요소들과 내적 요소들 모두를 가지고 있다. (3) 성령이 그리스도인의 영성에 있어서 핵심적 역할을 하며, 따라서 루터의 영성이 그리스도 중심적이라고 할 때 그것은 그리스도 일원론적인 것을 의미하는 것이 결코 아니다. (4) 그리스도와의 결합관계는 신비적 연합의 상태라기보다는 새로운 현실 속에서 성령을 통해 그리스도와 함께 하는 그리스도인들의 실제적이며 지속적인 삶이다. 위의 논문, 254-263. 루터가 제시한

에서 그리스도인의 "~으로부터의 자유"에서 "~을 향한 자유"로의 필연적 움직임은 자신의, 능동적, 점진적 의와 거룩함의 차원에서 믿음과 사랑 간의 조화로운 관계를 설명하는 한 핵심적인 신학적 근거로 제시된다.

이에 더하여 이 관계의 또 다른 근거를 찾아볼 수 있는데, 그것은 바로 법을 성취할 수 있는 이중 방식에 대한 루터의 견해다. 예수 그리스도가 법을 완성하였기 때문에 의롭게 됨의 문제에 있어서 인간에 대한 법의 지배권은 종료되었다. 믿음으로 가슴속에 그리스도를 꼭 붙잡음으로써 의롭게 된 자는 법의 성취자인 예수 그리스도 덕택에 법을 성취한다. 이것이 외래적, 수동적, 완전한 의와 거룩함의 차원에서 루터가 끊임없이 강조했던 그리스도인이 법을 성취하는 방식이다.

하지만 자신의, 능동적, 점진적 의와 거룩함의 차원에서 루터는 법을 성취하는 것과 관련하여 또 다른 방식을 표명하는데, 그것은 바로 의롭게 된 사람 자신에 의한 것으로 간주될 수 있는 성격의 법의 성취다. 이 두 번째 요지를 오해 없이 올바로 이해하기 위해서 먼저 다음의 질문을 다룰 필요가 있다: 법이 루터가 제시하는 사랑 개념과 무슨 상관이 있는가?

II. 그리스도가 준 사랑의 법

루터는 자신의, 능동적, 점진적 의와 거룩함의 차원에서 법이 예수 그리스도를 믿는 믿음으로 의롭게 된 그리스도인들과 어떤 상관이 있는지를 다음과 같은 언급을 통해서 설명한다: "일단 우리가 믿음으로 의롭게 되면, 우리는 그리스도를 붙잡지는 않지만, 이웃에 대한 사랑의 행위를 연습하는 법(the Law)으로부터 추구되어야 할 능동적 삶을 시작한다."[27] 루터의 이러

영성 개혁에서 "그리스도인은 세상에서 신비주의자로 혹은 수도사로 사는 것이 아니라, 손님으로서 산다." 그래서 헨드릭스는 흥미롭게도 영성에 대한 루터의 견해를 "손님 영성"(guestly spirituality)이라고 부른다. 위의 논문, 262.

[27] WA 40/1. 447. 22-28; LW 26:287.

한 주장은 다음과 같은 질문을 던지지 않을 수 없게 만든다. 왜 루터는 외래적, 수동적, 완전한 의와 거룩함의 차원에서 법과 법의 행위를 강력하게 거부하고, 또 엄밀하게 한정된 법의 신학적 용법만을 인정하면서, 자신의, 능동적, 점진적 의와 거룩함의 차원에서 사랑을 논하면서 다름 아닌 법의 긍정적 역할을 다시 들고 나오는 것인가? 이 질문은 달리 표현하자면 루터는 믿음에 의해 의롭게 된다는 사고 위에 어떤 새로운 법주의적 체계를 형성하려고 시도하는 것인가라는 질문이 된다. 이러한 질문은 다음과 같은 또 다른 질문과 연결되어 있다: 왜 루터는 자신의, 능동적, 점진적 의와 거룩함의 차원에서 사랑이 토론의 핵심주제가 될 때 두드러지게 행위들에 관해서 이야기하는가?

위의 두 질문들을 기억하면서 우리는 루터가 형성되지 않은 믿음, 믿음을 형성하는 사랑, 재량공로, 그리고 적정공로와 같은 스콜라 신학의 용어들을 무비판적으로 수용하는 대신 이러한 용어들과 개념들을 성경적 용어들과 개념들로 대체하면서 믿음과 사랑에 대한 재개념화를 시도했다는 것을 기억할 필요가 있다. 즉 루터는 그의 신학에 있어서 사랑 자체를 거부한 것이 아니라 믿음을 형성하는 사랑이라는 스콜라 신학의 사랑 개념을 거부한다. 루터는 이제 자신이 터득한 성경적 이해에 근거하여 사랑의 재개념화를 시도하면서 새롭게 참된 사랑에 관한 이야기를 풀어 나가기 시작한다.

여기서 루터는 무엇보다도 "너희는 짐을 서로 지라 그리하여 그리스도의 법을 성취하라"는 갈라디아서 6:2의 말씀을 숙고하면서, 이웃 혹은 서로를 사랑하라는 예수 그리스도의 사랑의 계명(마 22:39; 요 13:34-35, 15: 12, 17)과 상응하는 갈라디아인들에 대한 바울의 상호사랑의 계명을 소중하게 취급한다. 이 구절에서 바울은 그의 권면에 대한 권위의 원천으로서 그리스도에게 호소하고 있는데, 루터는 이러한 바울에게 의존하면서 그리스도의 뜻을 제시할 절호의 기회를 놓치지 않고 포착한다.

그리스도가 자신을 믿는 믿음을 통해서 자신을 가슴속에 꼭 붙잡는 자들에게 완전한 의와 거룩함을 값없이 부여할 때 죄인은 그리스도인이라는 새로운 존재로 태어나게 되고, 그리스도인이라는 정체성을 확립해주는 명칭도 얻게 된다. 이에 따라서 그리스도인은 그 이름과 존재에 합당한 삶을 살도록 요청받는다. 그러한 삶은 다름 아닌 그리스도의 뜻을 따르는 삶이요, 그것은 바로 사랑의 삶이다. 그래서 루터는 그리스도의 뜻을 의미하는 "그리스도의 법은 사랑의 법"이라고 강조한다.[28] 이것은 사랑에 대한 루터의 재개념화에 있어서 중요한 사상이다. 이 사상은 자신의, 능동적, 점진적 의와 거룩함의 차원에서 사랑을 다룰 때, 즉 그리스도인이 하나님, 이웃, 그리고 자기 자신과의 관계에서 어떻게 사랑이라는 믿음의 열매를 맺는가를 다룰 때 다양한 형태들로 계속 등장한다.

또한 레위기 19:18과[29] 요한복음 13:34-35까지를 언급하면서 루터는 다음과 같이 확언한다:[30] "우리를 구원하고 거듭나게 하고, 또 우리를 그의 교회로 제정 한 뒤, 그리스도는 상호 사랑의 법 이외에 우리에게 어떤 새로운 법도 주지 않았다."[31] 이 "그리스도의 법"이라는 표현은 물론 루터가 세

---

28) WA 40/2. 144. 16(필자의 강조): "*Lex Christi est lex charitis.*"; *LW* 27:113. 참조, Johannes Heckel, *Lex Charitatis: A Juristic Disquisition on Law in the Theology of Martin Luther*, trans. and ed. Gottfried G. Krodel (Grand Rapids, MI: William B. Eerdmans, 2010), 84-93.
29) "원수를 갚지 말며 동포를 원망하지 말며 네 이웃 사랑하기를 네 자신과 같이 사랑하라 나는 여호와이니라." 참조, 마 19:19 - "네 부모를 공경하라, 네 이웃을 네 자신과 같이 사랑하라 하신 것이니라."
30) "새 계명을 너희에게 주노니 서로 사랑하라 내가 너희를 사랑한 것 같이 너희도 서로 사랑하라. 너희가 서로 사랑하면 이로써 모든 사람이 너희가 내 제자인 줄 알리라."
31) WA 40/2. 144. 16-18: "Christus postquam redemit, renovavit et constituit nos suam Ecclesiam, nullam nobis legem dedit praeterquam illam de mutua charitate."; *LW* 27:113.

이러한 주장은 루터의 1529년 성주간과 부활절 설교들 중 하나에도 나타난다. "발을 씻겨주는 것이 따라온다[요 13:1-11]. 여기서 당신은 주님이 떠날 분처럼 이야기하고, 그들[제자들]에게 말씀과 행위를 가지고 서로 사랑하고 섬길 것을 명령하시는 것을 본다. 왜냐하면 섬기는 것이 사랑의 본성이기 때문이다. 이러한 이유로 인해서 그분은 말씀하신다. '이로써 모든 사람이 너희가 내 제자인 줄 알리라'(요 13:35). 이것이 그분의 마지막 명령이었다. 그러므로 그리스도 자신이 그러셨던 것처럼, 사람은 자신이 사랑하는 것을 섬긴다는 것은 맞는 말이다. … 그렇기에 그리스도는 모든 명령을 버리고 마지막 명령으로서 오직 사랑만을 주셨다: 아 사랑하는 제

세한 법률적인 규정들 혹은 약정들을 마음에 두고 한 표현이 아니다. 이것

자들이여, 나는 너희에게 많은 명령들, 법들, 그리고 책들을 주지 않겠다. 사랑만이 홀로 너희에게 무엇을 해야 하는지 잘 가르쳐 줄 것이다. '내가 너희를 사랑한 것 같이 서로 사랑하라'(요 13:34). 나는 너희를 섬기는 자다. 그분이 그들의 발을 씻는 것, 이것이 '본보기'다(요 13:15). 이것이 '새로운 계명'이 될 것이다." Martin Luther, "Maundy Thursday Afternoon March 25, 1529, The Passion: Anointing in Bethany, Last Supper, and Footwashing," in *The 1529 Holy Week and Easter Sermons of Dr. Martin Luther*, trans. Irving L. Sandberg [from "Predigten D. Martin Luthers auf Grund von Nachschriften Georg Rörers und Anton Lauterbachs," ed. Georg Buchwald (Gütersloh: Bertelsmann, 1925)] (Saint Louis, MO: Concordia Publishing House, 1999), 84.

또한 요한복음 14:15("너희가 나를 사랑하면 나의 계명을 지키리라")에 대한 해설에서 루터는 다음과 같이 기술한다. "이것들은 그리스도가 '나의 계명들'이라고 부르는 간결한 계명들이다. 그분은 말씀하신다: '오직 만약 너희가 나를 사랑하고 기꺼이 나를 위하여 그것들을 지키겠다면 이것들을 너희에게 부과하노라. 왜냐하면 나는 협박과 공포를 가지고 너희들을 내몰아치고 괴롭히는 또 하나의 모세가 되고 싶지는 않기 때문이다. 나는 만약 너희가 조금이라도 나를 사랑한다면 강요 없이 너희가 분명히 준수할 수 있고, 또 준수할 계명들을 너희에게 주노라. 만약 사랑이 없으면, 내가 너희에게 많은 계명을 주는 것이 쓸모없노라. 왜냐하면 그것들은 어차피 준수되지 않을 것이기 때문이다. 그러므로 만약 너희가 나의 계명들을 지키기를 원한다면, 네가 나를 사랑하는지 보아라. 그리고 내가 너희를 위하여 무엇을 했는지를 생각해 보아라. 너희가 나를 사랑하는 것은 타당한 것이다. 이제 나는 너희를 위하여 나의 생명을 주려고 하며, 너희를 위하여 나의 피를 흘리려고 하노라. 나를 위하여 이것을 행하라. 서로 화평과 친목 가운데서 살라. 동시에 너희의 설교에서 확고부동하게 나에게 꼭 붙어 있고, 사랑 안에서 서로 참아 주고, 분열과 분파를 들여오지 말아라." *WA* 45. 553. 28-554. 3; *LW* 24:102.

사실 이 성경 구절에 대한 루터의 해석을 읽으면서 우리는 루터가 예수 그리스도의 입을 통해서 루터 자신의 독자나 청중에게 이야기하고 있는 것 같다는 강한 느낌을 떨쳐 버릴 수가 없다. 루터가 예수 그리스도의 말씀들을 설명하면서 자신의 생각을 피력하고 있을 가능성이 매우 높은 것은 사실 그가 이 설교를 1537년 3월 14일 슈말칼덴으로부터 비텐베르크로 돌아온 지 얼마 안 되어서 썼고, 심각하고도 매우 고통스러운 병을 치른 후였기 때문이다. 따라서 루터는 이제 막 세상을 뜨려고 준비하고 있는 예수 그리스도의 입장이 되어 예수가 그의 제자들에게 주었던 사랑의 계명을, 분열과 분파를 예측하면서 루터 자신의 추종자들에게 다시 한 번 강조하고 있는 것일 가능성이 매우 높다고 추측해 볼 수 있다.

은 오히려 근본적으로 믿음을 통해서 그리스도인들의 가슴속에 현존하는 그리스도가 그들을 이끌어가는 가장 중요한 원리로서의 법이라는 의미를 갖고 있다. 이 그리스도의 법은 곧 그리스도의 뜻을 의미하는 것으로서, 그리스도가 그리스도인들이 내면화하고 그러고 나서는 매일 그들의 삶의 모든 영역에서 외면화하고 구현하기를 원하는 뜻이다. 따라서 믿음을 통해서 그리스도가 정말 그리스도인의 가슴속에 현존할 때, 그리스도인의 동기와 행위는 그리스도의 사랑의 의지를 반영하며 실천으로 보여주게 된다. 그리고 그리스도인의 전 존재와 삶은 이 그리스도의 사랑의 법에 순응하여 살아가는 능동적인 것이 된다.

여기서 다시 한 번 짚고 넘어가야 할 점은 이 사랑은 불의한 죄인을 의롭게 하기 위해서 지시되거나 요청된 사랑이 결코 아니라는 것이다. 이 사랑은 오직 예수 그리스도를 믿는 믿음에 의해 의롭게 된 그리스도인들이 그리스도를 사랑하고 존경하고 그의 뜻을 추종하는 자들로서 그 이름과 존재에 합당하게 당연히 맺어야 하는 믿음의 열매로서의 사랑이다.[32]

사실 이것은 옛 법, 예를 들어서 모세의 법을 대체하는 것 혹은 그것에 첨가된 것이라는 의미에서 새로운 법이 아니다. 그리스도의 사랑의 법은 그

---

32) 예를 들어서 마태복음 5:17에 대한 루터의 해석을 참조하라. 여기서 루터는 법을 폐지하기 위하여 온 것이 아니라는 예수 그리스도의 주장과, 오직 그리스도를 믿는 믿음에 의해 의롭게 된다는 가르침을 통해서 법을 폐기하려고 의도했던 것이 아니라는 바울의 주장(롬 3:31)을 함께 끌어 온다. 그리고 이것을 통해서 루터는 자신에 대한 "교황주의자들"(papists)의 고발을 그리스도와 바울을 오해했던 자들의 고발과 비교한다. WA 32. 356. 15-357. 12; LW 21:69-70. 로마서 3:31에 대한 주석에서도 루터는 오직 법이 믿음과 은혜를 통해서 참된 의미에서 성취될 때에만 법은 승인되었다고 말할 수 있다고 설명한다. WA 56. 40. 4-5; LW 25:34.

루터는 또한 다음과 같이 언급한다. "이 법은 오직 믿음의 영을 통해서만 제정되었다. 왜냐하면 법에게 불가능한 것이 믿음에게는 가능하고, 법은 가능한 것 위에 제정되고, 승인되고, 입각하고 있기 때문이다. 바울이 3:31에서 말한 것처럼 말이다: '도리어 믿음을 통해서 율법을 굳게 세우느니라.'" 여기서 루터는 믿음으로 말미암아 법을 폐지하는 것이 아니라 오히려 굳게 세우는 것임을 강조하고 있다. WA 56. 74. 17-20; LW 25:67.

것이 그리스도인들에게 완전히 새로운 취지를 갖고 제시된 것이라는 의미에서 새로운 법이다. 그리스도가 그리스도인들에게 사랑하라고 권면하고 격려할 때, 그리스도는 이미 그들로 하여금 그렇게 행할 수 있는 능력을 부여했다. 그러므로 그리스도의 사랑의 계명은 그리스도인들이 아직 믿음에 의해서 그리스도를 가슴속에 모시지 못하고 있을 때, 즉 아직 그리스도인의 자유를 누리지 못하고 있을 때 다루던 법과는 전혀 다른 의미를 가지고 있다. 왜냐하면 그리스도를 모신 상태에서 그리고 그를 통하여 자유를 얻은 상태에서 그리스도의 사랑의 계명은 그리스도가 이미 그것을 준수할 능력까지도 주었다는 점에서 단순한 법이 아니라 복음의 성격을 그 안에 품고 있기 때문이다.

그리스도인들은 그리스도에 의해서 확보되고 자신들에게 값없이 주어진 자유를 누리며, 이제 정화되고, 계몽되고, 그리고 진정한 자유의지를 갖고 하나님의 뜻을 분별하면서 기꺼이 그것에 자발적으로 순종한다. 그리스도인들은 하나님이 요구하는 대로 하나님의 계명들에 규정된 하나님의 뜻을 지킬 능력을 받았다. 이러한 새로운 능력 안에서 그리스도인들은 이제 하나님의 계명에 따르는 것의 진정한 기쁨을 맛보게 된다.[33] 루터의 표현에

---

33) 참조, Eric W. Gritsch, "Martin Luther's Commentary on Gal 5, 2-24, 1519 (*WA* 2. 574-597) and Sermon on Gal 4, 1-7, 1522 (*WA* 10 I 1, 325-378)," in *Freiheit als Liebe bei Martin Luther*, 105-111. 자유, 사랑, 그리고 그리스도인들이 기꺼이 행해야만 하는 것들을 자발적으로 수행하는 것 간의 긴밀한 연계성에 관해서는 다음의 글 참조, Dennis Bielfeldt, "Freedom, Love, and Righteousness in Luther's Sermo de Duplici Iustitia," in *Freiheit als Liebe bei Martin Luther*, 19-34.

자유, 사랑, 그리고 하나님의 계명들을 지키는 것 간의 관계에 대해서는 다음의 글 참조, Tuomo Mannermaa, "Freiheit als Liebe: Einführung in das Thema," in *Freiheit als Liebe bei Martin Luther*, 9-18, 특히 11-12. 이 글에서 만네르마아는 루터가 자유의지의 문제를 다룰 때 그것은 곧 하나님의 계명들, 즉 뒤틀어진 자기애를 포기하고 순수한 마음으로 하나님과 이웃을 사랑하라는 계명을 성취할 수 있는 인간의 능력에 관해 다루는 것이라고 설명한다. 또 만네르마아는 인간이 오직 의롭게 하는 믿음을 통하여 그리스도와 연합하여 하나님의 본성 혹은 이름에 참여 할 때만, "네 안에 있는 최선을 다하라"(facere quod in se est)는 명령 혹은 권고가 의미를 갖

따르면 이것은 마치 그리스도가 그리스도인들을 향하여 '내가 너희에게 사랑할 능력을 주었으니, 이제 단지 그 능력을 보여주기만 하라.'고 이야기하는 것과 같다.

이와 유사한 방식으로 루터는 "율법은 믿음에서 난 것이 아니니"라는 갈라디아서 3:12에 대한 해석에서 사랑을 모든 법의 요약으로 표현하는 성경 구절들을 언급한다. 비록 이 해석의 주된 주제는 의롭게 됨에 관한 것이기는 하지만, 이 언급들을 포함하고 있는 루터의 설명은 그가 사랑과 법의 연계를 어떻게 생각하고 있는지 이해하는 데 도움을 준다.

> *법이 무엇인가? 그것은 또한 사랑의 계명이지 않은가?* 사실 법은 마태복음 22:37이 말하고 있는 것처럼 사랑 외에 다른 어떤 것도 명령하지 않는다: "네 마음을 다하고 … 주 너의 하나님을 사랑하라." 또 신명기 5:10은 다음과 같이 말한다: "나를 사랑하는 자에게는 천대까지 지속적인 사랑을 보이느니라." 또 마태복음 22:40은 다음과 같이 말한다: "이 두 계명이 온 율법과 선지자의 강령이니라."[34]

사랑과 법 간의 이러한 상관성에 관하여 루터는 다시 "하나님의 계명의 탁월한 해석자"로서의 바울에게 호소하면서 갈라디아서 5:14의 "온 율법은 네 이웃 사랑하기를 네 자신 같이 하라 하신 한 말씀에서 이루어졌나니"라는 말씀에 주의를 기울인다.[35] 루터는 이 바울의 말을 다음과 같이 풀이한

게 된다고 지적한다. 하지만 만네르마아는 하나님의 본성 혹은 이름에 참여함으로써 인간에게 수여된 이 자유가 인간 자신의 소유물이라고 주장할 수는 없다고 말한다. 그에 의하면 인간은 복음의 말씀 혹은 성례전을 통해서 하나님의 자유가 인간 안에 현존하는 한 이 자유 안에 참여하는 것이라고 말하는 것이 더 적절하다. 위의 책, 11.

34) *WA* 40/1. 423. 34–424. 15(필자의 강조): "*Quid autem est Lex? An non est etiam charitatis praeceptum?* Imo *Lex nihil aliud praecipit quam charitatem*, ut textus ipse habet: 'Diliges dominum Deum tuum ex toto corde tuo'; Item: 'Faciens misericordiam in multa milia his qui diligunt me'; Item: 'In his duobus mandatis tota Lex et Prophetae pendent.'"; *LW* 26:270.

다. "모든 법이 완전히 이 한 단어에 요약되어 있다: '네 이웃을 네 자신과 같이 사랑하라.'"[36] 결과적으로 사랑에 대한 루터의 재개념화에서 다음과 같은 다섯 가지 핵심적 생각들을 발견할 수 있다. (1) 그리스도인의 삶은 그리스도의 삶이요 그리스도인의 육체의 삶이 아니다. (2) 그리스도의 삶은 그리스도의 법에 의해서 통치된다. (3) 그리스도의 법은 곧 사랑의 법이다. (4) 그리스도의 사랑의 계명은 모든 법의 요약이다. (5) 그리스도를 믿는 믿

---

35) WA 40/2. 70. 24: "Paulus optimus est interpres praeceptorum Dei."; LW 27:56. 루터는 또한 로마서 13:8-10까지를 언급하면서 바울이 사랑을 법의 완성으로서 확고히 하고 있다고 확언한다. 예를 들어서 루터는 『성상과 성례전 문제에 있어서 하늘의 예언자들에 대항하여』(Wider die himmlischen Propheten, von den Bildern und Sakrament, 1525)에서 다음과 같이 기술한다. "바울은 … 로마서 13:9에서 … 자연법도 '네 이웃을 네 자신처럼 사랑하라'는 말들에서 가르치고 있는 그 사랑 안에 모세의 모든 계명을 요약한다. 만약 그것이 자연적으로 인간의 마음속에 쓰이지 않았다면, 사람들은 그것이 양심의 관심거리가 되기 전에 오랫동안 법을 가르치고 설교해야 할 것이다. 마음 또한 그 자신 안에서 법을 찾고 느껴야 할 것이다. 그렇지 않으면 그것은 어느 누구를 위해서도 양심의 문제가 되지 않을 것이다." WA 18. 80; LW 40:97.

또 다른 예는 그의 『개인 기도서』에 나타난다. "이 모든 행위 안에서 우리는 동일한 것을 볼 수 있다. 자기 자신의 이익을 추구하는 자기애는 하나님과 이웃 모두로부터 그들에게 당연히 주어야 할 것들을 도둑질 하며, 그들이 가지고 있는, 혹은 현재의 그들을 규정하는, 혹은 할 수 있었고 혹은 될 수 있었던 어떤 것도 하나님이나 인간의 덕분으로 시인하지 않는다. 아우구스티누스는 '자기애는 일만 악의 시작이다.'라는 말로 이것을 매우 간명하게 표현했다. 이 모든 것의 결론은 계명들은 단지 사랑만을 요구하거나 혹은 금한다는 것이다. 오직 '사랑'만이 계명들을 성취하고 오직 '사랑'만이 계명들을 깬다. 그러므로 성 바울은 마치 '악한 사랑'이 모든 계명을 깨버리는 것과 같이, '사랑은 율법의 완성'[롬 13:8-10]이라고 선포한다." WA 10/2. 385. 14-386. 2; LW 43:21. 참조, WA 10/2. 387. 25-388. 7; LW 43:23.

36) WA 40/2. 70. 16-17; LW 27:55-56. 여기서 루터는 물론 사랑 계명의 첫 번째 부분인 히나님 사랑을 빠뜨리고 있는 것은 아니다. 이 문맥 속에서 이웃 사랑에 대한 루터의 강조는 바울이 사랑을 통하여 서로 섬기는 자들이 되라고 갈라디아 사람들을 권면하고 있는 상황이라는 점을 고려하여 이해되어야 한다. 루터는 이웃, 즉 인간이 피조물들 중 가장 사랑을 받을 가치가 있는 대상으로서 이해된다는 의미에서 이웃사랑이 최고의 덕이라고 말하고 있는 것이다. 참조, WA 40/2. 72. 27-36; LW 27:58. 이 문제는 제6장에서 더 구체적으로 다루어질 것이다.

음의 열매로서의 사랑 안에서 살아지는 그리스도인의 삶은 그리스도의 법, 곧 사랑의 법을 성취하는 삶이다.

여기서 네 번째 주장은 특히 십계명을 모든 법의 간명한 요약이면서 동시에 예수 그리스도의 사랑의 계명에 대한 확대 혹은 부연 설명이라고 간주하는 루터의 이해와 연결해 볼 때 잘 나타난다. 루터에 의하면 바울이 그리스도 혹은 그리스도의 의의 토대 위에 참된 선행을 세울 때, 바울은 사랑을 통해서 이웃을 섬기라는 간략한 계명 안에 모든 선행을 다 포함시키고 있으며, "십계명에 근거하여 사랑을 통해서 섬기는 자가 된다는 것이 무엇을 의미하는지"를 보여주고 있다.[37]

이러한 루터의 견해는 매우 중요하다. 왜냐하면 이것은 원래 특정한 역사적 정황 속에서 유대인들에게 주어진 십계명이 법의 성취자인 그리스도의 오심과 함께 그 권위와 권한을 상실했지만, 또 동시에 법의 성취자인 그리스도 때문에 새로운 취지와 기능을 가지고 그리스도인들에게 주어졌다는 루터의 입장을 보여주기 때문이다. 이러한 루터의 사고를 올바로 파악할 때, 다음과 같은 루터의 언급을 대하면서 법에 관해 혹독한 입장을 취했던 그가 법과 관련하여 상충된 언급들을 한다는 성급한 판단을 피할 수 있다: "의롭게 됨의 문제를 제외하고는 다른 한편으로 우리는 바울과 같이 법을 소중하게 생각해야만 한다. 우리는 그것을 극찬해야 할 것이요, 그것을 거룩하고, 의롭고, 좋고, 영적이고, 신적이고, 등등으로 불러야 할 것이다."[38]

이와 같이 루터는 사랑에 관한 그의 재개념화에 있어서 법의 핵심을 그리스도가 준 사랑의 계명으로 재정립하고, 그리스도가 그 계명을 준수할 수 있는 능력을 준다는 사실을 강조하면서, 의롭게 된 그리스도인들을 위한 법, 즉 사랑의 법을 소개한다. 믿음에 의해 가슴속에 현존하는 그리스도는 그리스도인들을 통해 순수하고 자유롭게 사랑이 넘쳐 흘러나가게 할뿐만 아니라, 또한 이 사랑을 자신의 뜻으로, 자신의 의지로 그리스도인들에게

---

37) *WA* 40/2. 64. 22-29; *LW* 27:51.
38) *WA* 40/1. 558. 24-26; *LW* 26:365.

남긴다.

이런 루터의 사고에 있어서 주목할 사항은 그가 그리스도인의 사랑이 갖고 있는 자발성을 중시하면서 동시에 이 사랑이 갖고 있는 당위성을 강조한다는 점이다. 그리스도에 의해서 계명으로 주어진 이 사랑은 반드시 실행으로 옮겨져야만 한다. 이러한 맥락 속에서 루터는 다음과 같이 그리스도인의 사랑의 특성을 제시한다. 그리스도인은 자발적으로 사랑한다. 그러나 사랑이 자발적이라는 것이 곧 사랑이 선택적이라는 것을 의미하지는 않는다. 그리스도인의 사랑은 자발적이지만 동시에 명령된 것이다. 즉 그리스도 때문에 그리스도인의 사랑은 자발적이고, 동시에 그리스도 때문에 그리스도인의 사랑은 의무적이다.

어떻게 자발성과 당위성이 동일한 사랑의 성격을 규정할 수 있을까? 루터의 사고 속에서 이 사랑의 역설적 성격은 다음과 같이 이해된다. 전적으로 그리스도 때문에 그리스도인이 된 자는 그리스도를 본받고 따르고 싶은 마음에 자발적으로 그리스도에게 질문한다. 무엇을 할까요? 그리스도는 답변한다. 하나님을 사랑하고 네 이웃을 사랑하라. 그리스도인은 즐거운 마음으로 대답한다. 예, 알겠습니다. 물론입니다. 이러한 사고의 흐름 속에서 그리스도인의 사랑의 자발성과 당위성은 상호 모순된 것 같이 보일지 모르나, 믿음으로 그리스도인의 가슴속에 모셔진 그리스도 때문에 이 둘은 상호 모순되지 않는다. 바로 여기에 루터가 새롭게 제시하는 사랑 개념의 핵심이 놓여 있다. 이 같은 그리스도의 사랑의 계명, 혹은 법에 관한 루터의 담론은 다음에 살펴볼 법을 성취할 수 있는 이중 방식에 대한 그의 사고와 연결되어 있다.

III. 법을 성취하는 이중 방식

그렇다면 그리스도의 사랑의 법에 의거하여 그리스도인의 삶을 산다는 것은 무엇을 의미하는가? 이 질문에 대한 루터의 답변을 찾아내는 데 다시

한 번 성인(saint)에 대한 루터의 정의를 살펴보는 것이 도움이 된다. 루터의 신학적 인간관의 핵심을 드러내는 이 정의는 다음과 같이 두 가지 연계된 질문을 중심으로 풀어 볼 수 있다. 누가 진정한 성인인가? 어떤 종류의 삶이 성인답다고 혹은 거룩하다고 불릴 수 있는가?

이 질문들에 대한 답변은 성인을 정의하는 데 있어서 두 차원을 지적하는 루터의 설명에서 찾아볼 수 있다. "만약 그들이 무엇보다도 그리스도가 그들의 지혜요, 의요, 성화요, 그리고 구원이라고 선포한다면(고전 1:30), 그리고 두 번째로 만약 그들이 그리스도를 위하여 육체의 정욕들과 악들을 삼가면서 하나님의 말씀의 명령에 근거하여 그들의 소명을 통해서 맡은 바 의무를 행한다면", 이들이야말로 성인들이다.[39] 여기서 우리는 성인에 대한 정의의 첫 번째 차원은 믿음에 대한 가르침과, 두 번째 차원은 사랑에 대한 가르침과 직결되어 있다는 것을 쉽게 간파할 수 있다. 즉 첫 번째 차원은 그리스도인의 외래적, 수동적, 완전한 의와 거룩함의 차원과 상응하고 있고, 두 번째 차원은 그리스도인의 자신의, 능동적, 점진적 의와 거룩함의 차원과 상응하고 있음을 알 수 있다.

첫 번째 차원과 관련하여 루터는 그리스도가 그를 믿는 믿음을 가지고 있는 자들에게 "영원한 의와 거룩함"을 선사한다고 강조한다.[40] 그래서 루터는 다음과 같이 경고한다: "누구든지 자신이 그리스도의 죽음, 말씀, 그리고 성례 등에 의해서 의롭게 되고 성화되었다는 것을 믿는 경의를 그[그리스도]에게 표하지 않는 자는 저주를 받을지어다."[41] 이러한 확신에 근거하여 루터는 믿음을 통해서 그리스도를 가슴속에 꼭 붙잡은 자는 모두 의롭게 된 자로뿐만 아니라 거룩한 자, 즉 성인으로 불릴 자격이 있다고 선포한다.

이와 같이 그리스도인인 것(being), 다시 말해서 그리스도인의 정체성은 오로지 믿는 것(believing)에 입각해 있기 때문에, 그리스도를 믿는 믿음

---

39) WA 40/2. 103. 30-104. 7; LW 27:82.
40) WA 40/2. 104. 23-24: "iusticiam et sanctificatem aeternam."; LW 27:83.
41) WA 40/2. 104. 24-26; LW 27:83.

을 가지고 있는 자는 누구든지 그리스도인이요 성인이라는 정체성을 얻게 된다. 생물학적, 사회적, 정치적, 그리고 경제적인 모든 인위적 정체성과 신분에 있어서의 차이들은 그리스도인으로서 그리고 성인으로서의 신학적 정체성과 무관하며, 전자는 후자에 전혀 영향을 끼치지 않는다. 마찬가지로 그리스도인이 어디에서, 어느 위치에서, 어떤 역할을 통해서 소명을 추구하고 있는 가도 어떻게 성인이 되는가의 문제와 무관하다. 이 원리에 근거하여 루터는 다음과 같이 말한다. "이러한 진정한 성인들은 말씀의 사역자들, 정치 행정 관료들, 부모들, 아이들, 교사들, 시종들 등을 다 포함한다."[42]

두 번째 차원과 관련하여 루터는 하나님이 믿음으로 그리스도를 꼭 붙잡는 자들이 그들 안에서 정말로 의롭고 거룩하게 되도록 만드는 사역을 시작한다고 말한다. 이 차원은 오직 예수 그리스도를 믿는 믿음만이 성인을 만들어 낸다는 첫 번째 차원을 절대적인 조건으로 삼고 있다. 이 차원과 관련하여 루터는 그리스도인들을 정말로 의롭고 거룩하게 만드는 하나님의 사역은 자연적 혹은 도덕적 행위가 아니라 그리스도를 믿는 믿음으로부터 유래하는 신학적 행위임을 강조한다.

성인을 정의하는 이 두 차원들은 하나의 성경적 개념 안에 농축되어 있는데 그것은 바로 새로운 창조라는 개념이다. 루터에게서 믿음은 의롭게 됨뿐만 아니라 새로운 창조와도 관련되어 있다. 태초에 하나님은 창조사건을 통해서 무로부터 인간을 창조했다. 인간의 타락 이후 하나님은 새 창조 사건을 통해서 무에 비유될 수 있는 죄인으로서의 인간을 새롭게 창조했다. 즉 루터는 예수 그리스도가 구원의 문제에 있어서 스스로의 능력이 무(*nihil*)와 같은 죄인들로부터 의인을 만들어 내는 것을 새로운 창조에 비교한다. 따라서 새로운 창조로서의 의롭게 됨의 사건은 무로부터의 또 다른 하나님의 창조 사건이기도 하다. 특별히 루터는 의롭게 됨을 "영적 탄생"이라고 칭하며, "영적 탄생은 다름 아닌 믿음"이라고 설명한다.[43] "하나님의

---

42) WA 40/2. 103. 29-30; LW 27:82.
43) WA 40/1. 668. 35-669. 14; LW 26:445. 이 새로운 창조를 영적인 새로운 탄생으로 보면서 루터는 다음과 같이 설명한다. "그러므로 사회 속에서 아들이 단지 태어남에

형상이 갱신되게 하는" 이 새로운 창조는 믿음을 통해서 그리스도와 함께 주어지는 성령의 역사를 나타낸다.[44] 이 새로운 창조는 "속임 혹은 단지 새로운 외형"이 아니며, "무엇인가가 정말로 일어난다."[45]

이것은 스콜라 신학자들이 주장하는 식의 인성 본체(substance)의 변화 같은 것을 의미하는 것은 아니다. 그렇다고 해서 이것이 외적행위를 통한 외적 변화만을 의미하는 것도 아니다. 이것은 "성령에 의한 마음의 갱신"이다.[46] 이것은 새로운 태도, 새로운 영적 판단, 그리고 새로운 동기를 낳는다. 이 같은 실제적인 내적 변화는 "육체에 있어서, 몸의 각 부분에 있어서, 그리고 감각들에 있어서의 외적 변화를 수반한다."[47] 이러한 설명들을 통해서 루터는 믿음을 통한 마음 혹은 가슴의 내적 갱신을 외래적, 수동적, 완전한 의와 거룩함의 차원에서, 그리고 육체에 있어서의 외적 갱신을 자신의, 능동적, 점진적 의와 거룩함의 차원에서 이야기하고 있는 것이다.

성인에 대한 정의의 이 두 차원은 법을 성취할 수 있는 이중 방식에 대한 루터의 사고와도 연결되어 있다: "'행하는 것'은 먼저 믿는 것이고, 그리고 그렇게 믿음을 통해서 법을 준수하는 것이다."[48] 이에 관해서 루터는 또 다음과 같이 말한다: "우리는 성령을 받아야만 한다. 성령에 의해서 계몽되고 다시 새롭게 되었을 때 우리는 법을 준수하고, 하나님과 이웃을 사랑하

의해 상속인이 되는 것과 같이, 여기에서는 믿음만이 인간들을 우리가 잉태되어지고, 배고 있어지고, 태어나지고, 양육되어진 신적 음부인 말씀으로부터 태어난 하나님의 아들들로 만든다. 우리를 그리스도인들로 만든 이 탄생과 이 인내 혹은 수동성에 의해서 우리는 또한 아들들과 상속인들이 된다. 하지만 상속인들로서 우리는 죽음과 악마로부터 자유롭고, 의와 영생을 가지고 있다. 이것은 우리에게 순전히 수동적인 방식으로 온다. 왜냐하면 우리는 어떤 것도 하지 않고, 말씀에 대한 믿음을 통해서 우리 자신이 새로운 창조물로 만들어지고 형성되게 했기 때문이다." WA 40/1. 597. 23-29; LW 26:392.
44) WA 40/2. 178. 16; LW 27:139.
45) WA 40/2. 178. 24-25; LW 27:140.
46) WA 40/2. 178. 31; LW 27:140.
47) WA 40/2. 178. 32; LW 27:140.
48) WA 40/1. 400. 31; LW 26:255.

기 시작한다."⁴⁹⁾ 이 성령은 믿음이 그리스도를 꼭 붙잡을 때 그 그리스도 때문에 주어진다. 그러면 하나님과 이웃을 사랑하고, 선행을 수행하고, 십자가를 지게 된다. "이것이 정말로 법을 지키는 것이며, 만약 그렇지 않다면 법은 영구히 지켜지지 않은 채로 남는다."⁵⁰⁾ 즉, "'행하는 것'은 단순하게 예수 그리스도를 믿는 것이다. 그리고 그리스도를 믿는 믿음을 통해서 성령이 받아졌을 때 법 안에 있는 것들을 행하는 것이다."⁵¹⁾ 그러므로 "법을 진실로 행하는 자"는 "그리스도를 믿는 믿음을 통해서 성령을 받고, 그러고 나서 하나님을 사랑하고 이웃에게 선을 행하기 시작하는" 자다.⁵²⁾

이와 같이 그리스도인들은 외래적, 수동적, 완전한 의와 거룩함의 차원에서 모든 법을 성취한 그리스도로 인하여 법을 성취한다. 그리고 더 나아가서 이 그리스도와 그가 주는 성령으로 인해서 그리스도인들은 자신의, 능동적, 점진적 의와 거룩함의 차원에서 그들 자신도 법을, 보다 정확하게 말해서 그리스도의 사랑의 법을 성취하도록 권면 받고 또 힘을 부여받는다. 보다 명시적으로 루터는 그리스도인들이 법을 성취하는 이 이중 방식에 대해서 다음과 같이 기술한다. "그리스도인은 믿음에 의해서 내적으로 법을 성취한다. 왜냐하면 그리스도가 믿음을 가지고 있는 모든 자에게 의를 위한 법의 완성이기 때문이다(로마서 10:4). 그리고 [그리스도인은] 행위들과 죄의 용서에 의해서 외적으로 법을 성취한다."⁵³⁾

이 시점에서 우리는 다음과 같이 원래 제기되었던 질문으로 되돌아가 그 문제를 다루어 볼 수 있다. 그렇다면 자신의, 능동적, 점진적 의와 거룩함의 차원에서 그리스도의 법, 즉 그리스도의 사랑의 법에 의거하여 그리스도인의 삶을 산다는 것은 무엇을 의미하는가? 이제 우리는 이 질문에 대해서 루터가 다음과 같은 답을 제시한다는 것을 알 수 있다: 그리스도를 믿는

---

49) *WA* 40/1. 400. 31-33; *LW* 26:255.
50) *WA* 40/1. 401. 18-20; *LW* 26:255.
51) *WA* 40/1. 401. 20-22; *LW* 26:255.
52) *WA* 40/1. 401. 30-402. 13; *LW* 26:255.
53) *WA* 40/2. 121. 21-23; *LW* 27:96.

믿음에 의해, 그리고 그리스도의 완전한 의와 거룩함에 의해 이미 완전하게 의롭고 거룩한 그리스도인들을, 하나님은 그들 스스로도 실제로 의롭고 거룩하게 만들기 위해서 그들 안에서 끊임없이 일한다.[54] 따라서 자신의, 능동적, 점진적 의와 거룩함의 차원에서 그리스도의 사랑의 법에 의거하여 그리스도인의 삶을 산다는 것은 곧 그리스도의 영의 인도함에 따라 그의 사랑의 법을 준수함으로써 그리스도인 스스로도 의롭고 거룩해지는 삶을 사는 것을 의미한다. 그리스도의 영은 그리스도인의 행위 안에서, 특히 하나님, 이웃, 그리고 자기 자신과의 관계 속에서 열매들을 맺는다. 그리고 그리스도인이 자기 자신과의 관계 속에서 사랑이라는 믿음의 열매를 맺는다는 것은 무엇보다도 옛 사람(육)을 죽이고 새 사람(새로운 창조물)을 살리는 것을 의미한다.

그리스도인 자신의 능동적 의와 거룩함의 매일 매일의 성장은 특별히 루터의 죄 개념의 관점에서 볼 때 중요하다. 비록 그리스도인들은 이미 그리스도를 믿는 믿음에 의해 완전한 의, 거룩함, 영생, 그리고 죄와 죽음으로부터의 자유를 누리고 있지만, 그럼에도 불구하고 루터는 그들조차도 육 가운데 살고 있는 한, 죄의 잔여에 의해 여전히 영향을 받고 있다는 사실을 충분히 의식하고 있다. 이러한 죄의 잔여가 존재하는 것은 물론 예수 그리스도의 구원 사역에 결함이 있기 때문이 아니라, 인간이 육 가운데 사는 동안 지속되는 불완전함 때문이라는 것을 루터는 분명히 한다.[55]

---

54) 이 새롭게 됨에 관한 루터의 사고에 관해서 로제는 다음과 같이 말한다. "오랫동안 루터에게서 의롭게 됨은 단지 죄의 용서 혹은 면죄뿐만 아니라 새롭게 됨도 포함하고 있었다는 사실이 충분히 인정되지 못해 왔다. 멜랑히톤은 이 교리를 전적으로 그리스도의 의의 전가에 한정했다. 그를 따라 루터교 신학은 오랫동안 단순히 의롭게 됨의 '법정적' 관점만 옹호했다." Bernhard Lohse, *Luthers Theologie*, 278-279; ET *Martin Luther's Theology*, 262.
55) *WA* 40/1. 535. 30-536. 11; *LW* 26:349. 루터는 또 다음과 같이 언급한다: "세례 이후 원죄는 치유되기 시작한 상처와 같다. 그것은 참으로 상처다. 하지만 비록 그것이 여전히 곪고 있고, 고통스럽다 하더라도, 그것은 점점 나아지고 있고 계속해서 치유의 과정 중에 있다. 그렇게 원죄는 비록 뿌리 채 뽑히는 과정 중에 있기는 하지만 세례 받은 자들 안에 그들이 죽을 때까지 남아 있다. 그것은 해가 없게 되었고, 그래서

따라서 육 가운데 사는 동안 그리스도인들은 그들 안에서 두 가지 상반된 지도 원리들을 발견하게 된다. 그 하나는 성령에 의한 지도 원리요, 다른 하나는 육에 의한 지도 원리다.[56] "성령은 그것이 무엇이 되었든지 성령을 통해서 우리 안에서 행해지는 모든 것이다. 반면에 육은 그것이 무엇이 되었든지 우리 안에서 성령과는 관계없이 육에 따라서 행해지는 모든 것이다."[57] 그러므로 그리스도인들의 삶은 성령의 사역을 방해하고 저항하는 육에 대항하는 항구적 전투이기도 하다. 그리스도의 영은 성인으로서의 그리스도인들이 자신의, 능동적, 점진적 의와 거룩함의 차원에서 점점 더 의롭고 거룩해질 수 있도록, 이 육에 저항하는 매일의 전투에서 승리할 수 있도록 도와준다. 그리고 이와 같은 그리스도인들의 매일의 전투에서 지도 원리로 작용하는 것은 바로 그리스도의 법, 즉, 사랑의 법이다.

이 그리스도의 사랑의 법에 따른 근면한 실행을 통해서 자신의, 능동적, 점진적 의와 거룩함은 각각의 그리스도인 안에서 점차적으로 성장한다. 그리스도인의 외래적, 수동적, 완전한 의와 거룩함은 하나님의 은혜에 대한 전적인 수동적 수용성 안에서 하나님에 의해 값없이 수여된다. 반면에 그리스도인의 자신의, 능동적, 점진적 의와 거룩함은 하나님의 은혜의 도움을 받아 매일매일 점점 더 증진되고, 더 많은 결실을 맺는다. 믿음은 그것의 전적인 수동적 수용성에 있어서 진가를 발휘한다. 반면에 "사랑은 받는 데 있어서가 아니라 수행하는 데 있어서 감미롭고, 친절하고, 인내심이 있다. 왜

그것은 우리를 고발하거나 저주할 수 없다." *WA, TR* 1:60(no. 138, 1531. 11. 30–12. 14); *LW* 54:20.
56) *WA* 40/2. 82. 15; *LW* 27:65.
57) *WA* 40/1. 348. 15–17; *LW* 26:217. 외래적, 수동적, 완전한 의와 거룩함의 문제에 있어서 '육'(flesh)은 단지 "성적 욕망, 동물적 정욕, 혹은 육체적 욕구"만을 의미하는 것이 아니라, "육의 의와 지혜 그리고 법을 통해서 의롭게 되기를 원하는 이성의 판단"을 의미한다. *WA* 40/1. 347. 21–29; *LW* 26:216. 다른 한편으로, 자신의, 능동적, 점진적 의와 거룩함의 문제에 있어서, '육'은 보다 폭 넓은 의미에서 사용되며, 의롭게 된 그리스도인들 혹은 성인들 안에서 새 사람의 매일의 소생을 방해하는 것은 무엇이든지 포함한다. 이 문제는 본 장 뒷 부분의 "옛 사람의 매일의 죽음"에서 보다 구체적으로 다루어질 것이다.

냐하면 사랑은 부득이 많은 것을 너그럽게 봐주고 그것들을 참아주어야 하기 때문이다."[58] 이러한 루터의 믿음과 사랑 개념의 핵심은 다음과 같이 요약될 수 있다. 믿음은 수동적으로 그리스도의 완전한 의와 거룩함을 받는 것에 관한 것이다. 사랑은 능동적으로 불완전한 의와 거룩함을 성장시키면서 주는 것에 관한 것이다.

이러한 일련의 사고는 루터의 잘 알려진 의인인 동시에 죄인(*simul iustus et peccator*)이라는 신학적 인간관의 핵심적인 두 가지 차원을 드러낸다. 한편으로 믿음과 관련하여 외래적, 수동적, 완전한 의와 거룩함의 차원에서 볼 때 그리스도인은 완전히 의인이면서 동시에 완전히 죄인이다. 왜냐하면 그리스도의 완전한 의가 죄인을 의인으로 만들기 때문이다. 완전히 의인이면서 동시에 완전히 죄인이라는 것은 그리스도인들의 역설적인 정체성을 보여준다: "그러므로 그리스도인은 의롭고 동시에 죄인이며, 거룩하고 동시에 비속하며, 하나님의 적이면서 동시에 하나님의 자녀다. 소피스트들은 어느 누구도 이 역설을 인정하려 들지 않을 것이다."[59] 다른 한편으로 사랑과 관련하여 자신의, 능동적, 점진적 의와 거룩함의 차원에서 볼 때 그리스도인은 "*부분적으로* 죄인이고 *부분적으로* 의롭다."[60] 그리스도인을 의인이면서 동시에 죄인으로 보는 루터의 입장이 이와 같이 완전하고 또 부분적인 두 차원에서 다루어지고 있는 것은 루터가 그의 신학 안에서 자가당착

---

58) WA 40/2. 144. 25-26; LW 27:113.
59) WA 40/1. 368. 26-27; LW 26:232.
60) WA 40/2. 86. 14-15(필자의 강조): "Atque ita *partim* peccatores, *partim* iusti sumus."; LW 27:68. 루터는 또 "그들[믿음이 있는 자들]은 부분적으로는 육을 그리고 부분적으로는 영을 가지고 있다."고 말한다.("pii … quod norint se *partim* carnem *partim* Spiritum habere.") WA 40/2. 93. 19-20; LW 27:74(필자의 강조). 로제는 루터의 신학적 인간론에 있어서 '전적'인 측면과 '부분적'인 측면의 역동성을 명백하게 설명해 준 사람은 윌프리드 외스트(Wilfried Joest)였다고 지적한다. "전적인 의미에서 그리스도인은 죄인이고 또한 의롭다. 하지만 마찬가지로 하나님에 의한 의롭게 함과 의롭게 만듦을 통해서 그리스도인은 '부분적' 의미에서 여전히 죄인이고 '부분적' 의미에서 이미 의롭다." Bernhard Lohse, *Luthers Theologie*, 280; ET *Martin Luther's Theology*, 264.

에 빠지는 진술을 하고 있기 때문이 아니라, 의와 거룩함이 다루어지는 두 차원에서 그의 신학적 인간관을 설명하고 있기 때문이다. 따라서 이 두 차원을 구별하지 못한 채 루터가 자기모순의 진술을 하고 있다고 주장하면 그것은 루터의 입장에 대한 불충분한 이해에서 초래된 왜곡이 된다.

사랑에 대한 루터의 논의를 조심스럽게 고찰해 보면 다음과 같은 두 가지 전제를 발견할 수 있다: 산다는 것은 불가피하게 법을 수반하며, 법을 준수한다는 것은 법 규정들에 따라 행위를 한다는 것을 의미한다. 하지만 이러한 법의 요구는 다음과 같은 질문들을 제기한다. 그리스도인들은 어떤 종류의 법을 그리스도인의 삶의 표현으로서 준수할 의무가 있는가? 누가 법을 지킬 수 있는가? 그리스도인들은 어떻게 법을 성취할 수 있는가? 무엇이 진정한 법의 준수로서 참된 선행을 가능케 하는가? 이에 대하여 이제 우리는 루터의 대답을 알 수 있다.

그리스도인들이 준수하도록 명령받은 법은 그리스도의 법이다. 루터에 의하면 믿음으로 가슴속에 그리스도를 꼭 붙잡은 자들을 제외하고는 어느 누구도 이 법을 그 의도에 맞추어 참된 의미에서 지킬 수 없다. 그리스도인들은 오직 그리스도에 의해서 그리고 그리스도 안에서 이 법을 성취할 수 있다. 이러한 논리에서 찾아볼 수 있는 요지는 간단하다: 그리스도인은 그들의 행함(doing)이 아닌 그들의 믿음(believing) 덕분에 그리스도인이라는 존재가 된다. 그리스도인의 삶을 사는 것(living)은 그 이름에 걸맞게 사는 것, 즉 그리스도의 법에 따라 사는 것을 의미한다. 그리스도의 법은 사랑의 법이다. 그러므로 그리스도인의 삶을 사는 것(living)은 곧 사랑하는 것(loving)이다. 그리고 이 사랑(loving)은 다름 아닌 믿음(believing)의 열매다.

그러므로 간추려 보면 그리스도인의 삶 전체는 다음의 두 가지 명령으로 집약된다. "그리스도를 믿으라." 그리고 "네 자신과 같이 네 이웃을 사랑하라."[61] 루터는 갈라디아서 5:14에 언급된 바울의 권면을 다음과 같은 의미로 해석한다. "무엇보다도 믿음의 교리 안에서 인내하라. … 그 후에 만약

---

61) *WA* 40/2. 70. 28-29; *LW* 27:56.

당신이 선행을 하기를 원한다면, 내가 당신에게 가장 고귀하고 위대한 행위들을, 그리고 모든 법을 지킬 수 있는 방법을 한 문장으로 알려 주겠다: 사랑을 통해 서로에게 헌신하라."[62] 루터에 의하면 "이것이 믿음과 사랑 모두에 대한 완벽한 교리다. 이것은 또한 가장 짧으면서도 가장 긴 종류의 신학이다. 이것은 단어들과 문장들에 관한 한 가장 짧다. 하지만 이것은 실천과 사실에 관한 한 온 세상보다 더 넓고, 더 길고, 더 깊고, 더 높다."[63]

이제 우리는 더 나아가서 루터의 사고 속에서 드러나는 자신의, 능동적, 점진적 의와 거룩함의 차원에서의 믿음과 사랑 간의 역동적 관계성을 그리스도와 법과의 역학 관계 속에서도 분별할 수 있다. 믿음뿐만 아니라 사랑에 대한 재개념화를 통해서 자신의, 능동적, 점진적 의와 거룩함의 차원에서 그리스도, 믿음, 사랑, 그리고 법의 역학 관계는 외래적, 수동적, 완전한 의와 거룩함의 차원에서 발견되는 역학 관계와는 다른 모습으로 부상한다. 의롭게 됨과 영생은 더 이상 스콜라 신학자들이 하나님의 은혜로서 한 개인 안에 주입되고, 한 개인의 영혼 안에 내재하게 되는 습성(habitus)으로서 간주하는 사랑 개념에, 혹은 주입된 사랑/은혜에 의한 행위를 통해서 얻는 공로 개념에 의존하지 않는다. 의롭게 됨은 더 이상 형성되지 않은 믿음을 형성하는 사랑에 의존하지도 않는다. 인간 스스로의 행위들은 더군다나 하나님으로부터의 초자연적 사랑 혹은 은혜의 주입을 확보할 수 없다. 루터는 믿음과 사랑의 재개념화를 통해서 스콜라 신학의 논리를 다음과 같이 뒤집어 놓는다. 믿음이 그리스도를 꼭 붙잡는다. 그리스도는 그리스도인 안에서 그의 법인 사랑을 통해 활동한다. 그리스도인은 믿음의 열매로서의 사랑을 실천할 자유와 능력을 얻었기 때문에 법을 준수한다.

이와 같이 어느 차원에서 이야기하고 있느냐에 따라서 믿음, 사랑, 그리스도, 그리고 법은 고정된 관계가 아니라 역동적 관계로 나타난다. 만약 이 역동성을 감지하지 못한다면 루터의 신학은 일관성이 없다거나 자가당착에

---

62) *WA* 40/2. 74. 20–23; *LW* 27:59.
63) *WA* 40/2. 74. 25–27; *LW* 27:59.

빠진다는 오해를 할 수 있다. 이 역동성을 올바로 파악할 때 우리는 루터가 어떻게 구원과 그리스도인의 삶에 대한 개념적이고 실천적인 체제 자체를 재구성하고 재정리했는지를 이해할 수 있게 된다.

의롭게 된 그리스도인들의 삶에서 법의 용법에 대한 루터의 입장을 이해하는 데 요한 아그리콜라(Johann Agricola)의 반법주의에 대한 그의 대응은 중요한 역할을 한다.[64] 이 갈등은 다음과 같은 질문에 대한 둘 간의 이견에 의해서 초래된다. 어떤 의미에서 그리고 어느 정도까지 법을 설교하는 것이 교회의 지속적인 의무인가? 루터의 제자이자 친구였던 아그리콜라는 법은 믿음으로 이끌 수 없으며, 회개가 복음의 열매라고 주장한다. 아그리콜라의 주장에 의하면 그리스도가 법을 성취했기 때문에 결과적으로 법은 완전히 폐지되었다.[65] 아그리콜라는 심지어 법은 하나님의 말씀이라고 불리어지지 말아야 한다고 주장하면서 교회가 여전히 법을 설교해야 한다는 입장에 동의하지 않는다.[66]

이러한 아그리콜라의 견해에 반대하면서 루터는 "법을 폐지하는 자는 누구든지 복음도 또한 폐지하는 것이다."라는 주장을 들고 나온다.[67] 비록 법이 의롭게 하지는 않는다 할지라도, 그렇다고해서 곧 법이 거부되어야 하는 것은 결코 아니라고 루터는 역설한다. 의롭게 함을 위한 법의 필요성에 관해서는 이미 상기한 바와 같이 다음과 같이 신중하게 구별된 답변이 요구된다: "한편으로 이 문제는 부정적으로 답변되어야 하며, 다른 한편으로

---

[64] *WA, TR* 4:72-73(no. 4007, 1538. 9. 12); *LW*, 54:309, *WA, TR* 4:101(no. 4050, 1538. 10. 11); *LW* 54:314, *WA, TR* 4:105(no. 4057, 1538. 10. 13); *LW* 54:314-315. 두 번째 반법주의 논쟁에서 루터는 다음과 같이 언급한다: "악마도 그리스도도 모두 두렵게 하기 위하여 법을 사용한다. 하지만 그 목적들은 완전히 다르며, 전적으로 상반된다." *WA* 39/1, 426, 31-427, 21.

[65] Bernhard Lohse, *Luthers Theologie*, 197; ET *Martin Luther's Theology*, 179.

[66] Bernhard Lohse, *Luthers Theologie*, 199; ET *Martin Luther's Theology*, 181.

[67] Bernhard Lohse, *Luthers Theologie*, 200; ET *Martin Luther's Theology*, 181에서 재인용. 참조, *WA, TR* 3:483(no. 3650c, 1537. 12. 21): "Qui tollit legem, et evangelium tollit."

[이 문제는] 긍정적으로 답변되어야 한다."⁶⁸⁾ 아그리콜라는 그리스도의 오심과 법의 성취, 그리고 그 결과로서 그리스도인들에게서의 법의 폐지 간의 이분법적 접근을 강조하는 반면, 루터는 복음과 법 간의 지속적인 내적 역학 관계를 강조한다. 그리스도인의 삶에 있어서 법의 필요성에 대한 루터의 입장은 복음의 자유는 사람들을 모든 종류의 법으로부터 면제한다고 선포하면서 농민반란을 부추겼던 사람들에 대항하여 분투하는 모습에서도 잘 드러난다.

법에 관한 논적들과의 논쟁을 통해서 루터는 두 가지 그릇된 견해들을 분별한다. "두 그룹 모두 법에 대하여 죄를 짓고 있다. 그들은 법을 통해서 의롭게 되기를 원하는 우편에 있는 자들과 법으로부터 완전히 자유롭게 되기를 원하는 좌편에 있는 자들이다."⁶⁹⁾ 두 그룹 모두 법을 부당하게 취급하고 있다고 주장하면서 루터는 "따라서 우리는 왕도를 걸어야만 한다. 그래서 우리는 법을 완전히 거부하지도 않고 우리가 그래야 하는 것보다 더 많은 것을 법의 덕분으로 돌리지도 않는다."고 피력한다.⁷⁰⁾

법을 둘러싸고 치러지는 이러한 논쟁의 상황들은 결과적으로 법을 오용하는 세 부류의 사람들을 노출한다. 첫째는 법에 의해 의롭게 됨을 추구하는 자칭 의인들과 위선자들이다. 둘째는 그리스도인들로부터 법을 완전히 면제하기를 원하는 자들이다. 셋째는 그리스도에게 피난함으로써 안식처를 찾지 않고 법에 의해 겁먹는 자들이다. 첫 번째 부류의 사람들에게는 법의 오용이 "자만과 무례의 원인"이 되는 반면, 두 번째 부류의 사람들에게는 법의 오용이 반법주의의 원인이 되고, 세 번째 부류의 사람들에게는 법의 오용이 "절망의 원인"이 된다.⁷¹⁾ 그러므로 루터는 이 중 어떤 부류에도 속하지 않도록, 그리스도인들은 법에 대한 정확한 정의와 지식뿐만 아니라

---

68) Berhnhard Lohse, *Luthers Theologie*, 200; ET *Martin Luther's Theology*, 182.
69) *WA* 40/1. 528. 2-3; *LW* 26:343.
70) *WA* 40/1. 528. 4-5; *LW* 26:343.
71) *WA* 40/1. 528. 21-34; *LW* 26:344-345. 참조, *WA* 40/1. 534. 14-17; *LW* 26:348.

그것을 올바르고 정당하게 사용할 수 있는 기술도 갖추어야 함을 강조한다.

이처럼 의롭게 됨을 위해 법에 의존하는 것 혹은 법을 폐지하는 것 혹은 법에 의해 억눌리는 것에 반대하면서, 루터는 서로 다른 상황들에 따라서 법의 기능들을 논의할 필요를 강조한다. 하지만 루터의 사고 속에서 법의 기능들은 근본적으로 한 가지 공통점을 갖고 있다. 그것은 하나님의 약속이 갖고 있는 특성과 대조되는 것으로서, 루터는 이에 대해서 다음과 같이 기술한다. "법은 요구한다: '이것을 해라!' 약속은 준다: '이것을 받아들여라!'"[72] 법은 명령은 하지만 그 명령을 성취할 능력은 제공하지 않는다.

이와는 반대로 믿음은 사람들에게 법을 준수할 능력을 주는 그리스도를 받아들일 것을 요청한다. 이에 관하여 루터는 다음과 같이 논리를 전개한다. "믿음은 … 일을 행하지 않는다. 그것은 의롭게 하는 자인 그리스도를 믿는다. 따라서 사람은 그의 행위 때문에 살지 않는다. 그는 그의 믿음 때문에 산다. 하지만 믿는 자는 법을 지킨다."[73] 이러한 입장 표명을 통해서 루터는 자신이 법의 폐지를 옹호하는 자가 아니라 법을 참되게 지지하는 자임을 강조한다.

이와 같이 법을 성취할 수 있는 이중 방식에 대한 루터의 설명은 그가 새로운 개념들을 부여한 믿음과 사랑이 자신의, 능동적, 점진적 의와 거룩함의 차원에서 상호 조화로운 관계를 형성하고 있음을 알려준다. 믿음과 사랑 간의 이러한 조화로운 관계는 루터가 활용하고 있는 그리스도론적 용어들과 개념들에서도 발견된다. 이것이 다음에 다룰 내용이다.

---

72) *WA* 40/1. 472. 18; *LW* 26:303.
73) *WA* 40/1. 428. 20-22; *LW* 26:274.

IV. 그리스도론적 용어와 개념 활용

1. 절대적 믿음과 육화된 믿음

자신의, 능동적, 점진적 의와 거룩함의 차원에서 믿음과 사랑 간의 관계성을 제시하기 위해서 루터가 제공하는 설명들 중 특히 그리스도론적 용어들과 개념들을 채용한 설명들은 매우 흥미롭다. 비록 그 설명이 논리적으로 완전하지는 않다고 할지라도, 가장 주목을 끄는 것 중 하나는 절대적 신성과 육화된 신성의 관계, 그리고 "추상적인, 있는 그대로의, 순전한 믿음"과 "구체적인, 혼합된, 육화된 믿음"의 관계, 이 두 관계 간의 그리스도론적 유비다.[74]

이러한 그리스도론적 유비를 도입할 수 있는 논리적 근거를 해명하기 위해서 루터는 우선 성경이 그리스도를 묘사하는 두 가지 방식에 관하여 다음과 같이 기술한다.

> 성경은 그리스도에 관하여 하나님으로서 그리고 사람으로서 다른 방식들로 말하고 있는데, 그렇다면 왜 믿음에 관해서는 이처럼 다른 방식들로 말하지 말아야 하는가? 즉, 때로 그것[성경]은 전체로서의 그분에 관해 이야기하고, 때로는 그분의 두 본성들에 관해 따로따로, 즉 신성 혹은 인성에 관해 이야기한다. 만약 그것이 이 본성들에 관해 따로따로 이야기하고 있다면, 그것은 절대적으로 그분에 관해 이야기하고 있는 것이다. 하지만 만약 그것이 한 인간 안에 인성과 연합되어 있는 신성에 관해 이야기하고 있다면, 그것은 혼합된, 그리고 육화된 그리스도에 관해 이야기하고 있는 것이다.[75]

---

74) WA 40/1. 417. 12–13: "loquatur [Spiritus] in Scripturis vel de fide abstracta, nuda, simplici, vel de concreta, composita, incarnata."; *LW* 26:266.
75) WA 40/1. 415. 26–31; *LW* 26:265.

비록 루터는 육화라는 문맥 안에서 그리스도를 다루는 것의 중요성을 망각하지 않지만, 동시에 그는 신성이 홀로 인성의 협조 없이 만물을 창조한 것과 같이 의롭게 함 혹은 새 창조도 근본적으로 인성과 결합된 그리스도의 신성 때문에 가능한 것임을 강조한다.

신성의 왕적 권능이 인간 그리스도에게 주어졌다. 그것은 그의 인성 때문이 아니라 그의 신성 때문이었다. 왜냐하면 신성이 단독으로 인성의 협조 없이 만물을 창조했기 때문이다. 또한 인성이 죄와 죽음을 정복하지 않았다. … 그러므로 인성은 자력으로 아무것도 성취하지 않았을 것이다. 하지만 인성과 연합한 신성이 그것을 단독으로 행하였고, 인성은 신성 때문에 그것을 행하였다.[76]

---

76) WA 40/1. 417. 29-418. 10; LW 26:267.
 이 그리스도론적 비유와 관련하여 우리는 루터의 그리스도론에 있어서 예수 그리스도의 인성이 과소하게 다루어지는 것이 아니냐는 성급한 판단을 내려서는 안 될 것이다. 루터의 요지는 그리스도는 본성에 있어서 참 하나님이라는 것이다. 이러한 관점에서 보았을 때 드러나는 문제점은 "유대인들이 오직 행위를 하는 아브라함에 대해서만 자랑을 하는 것과 같이 교황도 오직 행위를 하거나 혹은 귀감이 되는 그리스도만을 내세운다."는 점이다. WA 40/1. 389. 12-13; LW 26:246. 이와 함께 부각되는 또 다른 문제점은 로마 교황청이 하나님에게 속하는 것을 오히려 인간에게 속하는 것처럼 설명함으로써 인간을 하나님으로 만드는 오류를 범하고 있다는 것이다: "의를 창조하고 생명을 수여하기 위해서 죄를 멸하고 죽음을 폐하는 것은 오직 하나님의 능력에만 속하기 때문이다. 그들은 이 하나님의 능력을 우리 자신의 행위들에 속하는 것"으로 만들어 놓았고, 그렇게 함으로써 인간을 "본성에 있어서 참된 하나님"으로 만들어 놓았다. WA 40/1. 442. 21-24; LW 26:283.
 이 문제를 다루는 데 있어서, 죄인이 의롭게 되는 문제와 관련하여 그리스도인들 안에 그리스도가 거주하는 방식 혹은 그리스도와 그리스도인들 간의 연합의 방식에 대한 루터이 입장이 안드레아스 오시안더(Andreas Osiander)의 입장과 어떻게 다른가를 살펴보는 것도 도움이 된다. 그리스도인들은 정말로 의롭게 된 것이 아니라 단지 의롭게 된 '것처럼' 하나님에 의해 간주되는 것뿐일 수 있다는 생각을 피하기 위해서, 오시안더는 믿음의 의는 우리 밖에(extra nos) 있는 것이 아니라 우리 안에 거주하는 의로운 그리스도 덕분에 우리 안에(in nobis) 있다고 주장한다. 이 주장에 있어서 주된 문제들 중 하나는 우리 안에 거주하는 그리스도는 나사렛 예수, 즉 참된 루터는 예수 그리스도의 절대적 신성과 인성이 이와 같이 구별되어 취급될 수 있는 것처럼, 유비적으로 믿음도 때로는 추상적 혹은 절대적 믿음으로서, 또 때로는 구체적, 혼합된, 그리고 육화된 믿음으로서 취급될 수 있다고 설명한다. 즉 믿음이 때로는 "행위와 별개로, 또 때로는 행위와 더불어" 이야기될 수 있다는 것이다.[77] 계속해서 루터는 다음과 같이 설명한다.

성경이 절대적으로 의롭게 됨 혹은 의롭게 된 자들에 관해 이야기하고 있을 때 믿음은 절대적인 것 혹은 추상적인 것이다. … 하지만 성경이 보상과 행위들에 관해 이야기하고 있을 때, 그것은 혼합된, 구체적인, 혹은 육화된 것으로서의 믿음에 관해 이야기하고 있는 것이다.[78]

더 나아가서 루터는 그리스도의 신성과 인성 간의 관계와 믿음과 사랑

신이며 동시에 참된 인간인 예수 그리스도와는 아무 관계가 없다는 점이다.
  오시안더가 말하고 있는 우리 안에 거주하는 그리스도는 인성이 제거된 신적 로고스다. 오시안더에 의하면 이 신적 로고스는 우리 안에 그 자신과 함께 성부 하나님과 성령을 데리고 오는데, 이 하나님(godhead)은 우리 안에 신적 본질과 성질을 주입한다. 이 하나님은 이제 우리 안에 본질적 의가 생기게 하여 우리를 본질적으로 의롭게 만든다. 이 같은 오시안더의 입장으로부터, 믿음을 가지고 예수 그리스도를 우리 가슴속에 꼭 붙잡음으로써 예수 그리스도 덕분에 의롭게 된다는 루터의 입장은 분명하게 분리될 필요가 있다. 루터에 의하면 믿음에 의해 꼭 붙잡은 예수 그리스도는 인성이 제거된 하나님(godhead)이 아니다. 또 루터는 이 하나님(godhead)이 본질적 의를 주입함으로써 인간을 본질적으로 의롭게 한다는 입장을 취하지 않는다. 루터는 칭의와 함께 예수 그리스도와 죄인 간의 즐거운 교환을 통해서 불의한 죄인이 그리스도의 의를 얻고, 더 나아가서는 가슴속에 모셔진 그리스도의 영에 의해서 의롭게 되는 것을 이야기한다. 오시안더의 입장에 대한 보다 자세한 기술을 위해서는 다음의 글들 참조, John Calvin, *Institutes of the Christian Religion I*, 1559, ed. John T. McNeill and trans. Ford L. Battles (Philadelphia, PA: Westminster, 1960), III. 11. 5-12; Julie Canlis, "Calvin, Osiander and Participation in God," *International Journal of Systematic Theology* 6/2(2004), 169-184.
77) *WA* 40/1. 414. 24-25; *LW* 26:264.
78) *WA* 40/1. 415. 13-17; *LW* 26:264-265.

의 행위 간의 관계를 유비하면서 다음과 같이 기술한다. "그리스도의 신성이 인성의 구석구석에까지 있는 것과 동일한 방식으로 신학에서 믿음이 항상 행위들의 구석구석에까지 퍼져 있는 행위들의 신성이 되게 하라. … 그러므로 믿음이 행위들에 있어서 '모든 것을 다하는 것'(do-all)이다."[79] 루터는 또 다음과도 같이 설명한다. "따라서 믿음은 의롭게 됨의 유일한 원인으로서 보편적으로 행위, 한 인간, 그리고 몸의 지체들에 있어서 신성이다. 그 후에 이것은 형상으로 인해서 질료의 것으로도, 즉 믿음으로 인해서 행위의 것으로도 돌려진다."[80] "그러므로 여기서 믿음은 단독으로 의롭게 하고 모든 것을 행하지만, 그럼에도 불구하고 이것은 믿음으로 인해서 행위들의 덕분으로 돌려진다."[81] 믿음과 행위, 즉 믿음과 사랑의 행위들의 관계에 대한 이러한 그리스도론적 유비에 근거하여 루터는 "믿음이 선재할 때, 아름다운 육화가 일어날 수 있다."고 주장한다.[82]

이와 같은 사고의 흐름은 무로부터의 하나님의 원래 창조와 죄인으로부터 의인을 만들어 내는 하나님의 새 창조 간의 중요한 관계를 제시한다. 즉 루터는 원래 창조를 가능케 한 능력이 오로지 하나님에게만 있다고 간주하는 것과 같이, 의롭게 됨의 새 창조를 가능케 하는 능력도 근본적으로 그리스도의 신성에 있다고 간주한다. 그리고 이러한 논리에 근거해서 루터는 유비적으로 다음과 같이 말한다. "창조가 신성에[만] 속하는 것과 같이 의롭게 함은 믿음에만 속한다. 그럼에도 불구하고 인간 그리스도에 관하여 그가 만물을 창조했다고 말하는 것이 틀리지 않는 것처럼, 의롭게 함도 육화된 믿음 혹은 충실한 '행함'의 덕분으로 돌려진다."[83]

---

79) WA 40/1. 417. 15-19; LW 26:266. 참조, WA 42. 612. 29-30: "그리스도가 모든 것을 다 하시는 분(Do-all)이다: '그분 안에 신성의 모든 충만이 육체로 거하시고'(골 2:9); '우리가 다 그의 충만한 데서 받으니 은혜 위에 은혜러라'(요 1:16)."; LW 3:90.
80) WA 40/1. 417. 26-29; LW 26:267.
81) WA 40/1. 418. 10-11; LW 26:267.
82) WA 40/1. 426. 31-32; LW 26:272.
83) WA 40/1. 416. 23-25; LW 26:266.

2. "새로운 신학적 문법"

여기서 루터는 '행하기'나 '일하기'라는 용어가 갖고 있는 의미를 근본적으로 세 가지 다른 방식으로 분류한다. 그 첫 번째는 본질적 혹은 본성적 방식, 두 번째는 도덕적 방식, 그리고 세 번째는 신학적 방식이다.[84] 본질적, 그리고 도덕적 방식은 이 용어들이 일상적으로 사용되는 방식이다. 하지만 신학적 방식은 이 용어들이 오직 예수 그리스도를 믿는 믿음의 관점에서 완전히 새로운 의미로 해석되어 새로운 용어로서 사용되는 방식이다. 이 방식에 따르면, 법과 인간 행위에 근거하여 의롭게 되고자 하는 자들은 누구든지 도덕적 행위를 하고 있는 것이요, 믿음을 포함해야만 하는 신학적 행위를 하고 있는 것이 아니다.

이처럼 루터는 사랑 혹은 행위들에게 돌려진 모든 것이 근본적으로는 믿음에 속하므로, 사랑 혹은 사랑의 행위들은 "도덕적 의미"에서가 아니라 "신학적이고 믿음의 의미에서" 보아야 한다는 것을 강조한다.[85] "그러므로 우리의 반대자들은 성인들의 모든 행위에 있어서, 행위들을 만족스러운 것으로 만들어주는 믿음이 전제된다는 것을 인정하도록 강요된다. 따라서 신학에는 도덕적 '행위'와는 다른 새로운 '행위'가 있다."[86] 루터는 이러한 입장을 단호하게 고수하면서, 다음과 같이 말한다: 사람들은 "철학과 신학을 혼동하면서 신학적 행위들을 도덕적 행위들로 만든다. 신학적 행위는 믿음 안에서 행해진 행위다. 그렇기 때문에 신학적 사람은 믿음의 사람이다."[87]

이 같은 입장을 갖고 루터는 매우 중요하고도 흥미로운 표현을 제시하는데, 그것은 히브리서 11장을 언급하는 부분에 등장한다. 여기서 루터는

---

84) WA 40/1. 418. 12-14: "Sunt igitur ista vocabula: 'Facere', 'operari', tripliciter accipienda, Substantialiter seu naturaliter … moraliter et Theologice."; *LW* 26:267.
85) WA 40/1. 417. 15-16; *LW* 26:266.
86) WA 40/1. 414. 20-23; *LW* 26:264.
87) WA 40/1. 417. 23-26; *LW* 26:266.

성경이 의로운 일들을 행하고, 죽은 자들을 살리고, 왕국들을 정복하는 자들로서 묘사하고 있는 족장들, 선지자들, 그리고 왕들의 행위들은 "*새로운 신학적 문법*",[88] 즉 "믿음 안에서의 행위"라는 문법에 따라서 해석되어야만 한다고 단언한다.[89]

루터에 의하면 신학의 영역에서 이 새로운 문법은 "도덕적 문법"을 대체한다.[90] 따라서 참된 행위와 위선적 행위 혹은 신학적 행위와 도덕적 행위는 서로 혼동되어서는 안 된다. 신학에 도덕적 문법을 적용하는 자들은 진정한 행위를 위해서 필수 조건인 믿음에 의해 조명된 "신학적인 올바른 이성"과 믿음에 의해 정화된 "선한 의지" 없이 "인간적 의지와 이성"을 고용하고 있는 것과 같다.[91] 루터는 사람들이 일단 이 새로운 그리고 신학적인 문법에 익숙해지면, "그들은 행위 의를 주장하고 있는 것처럼 보이는 [성경의] 모든 구절들을 쉽게 설명할 수 있을 것"이라고 언급한다.[92]

루터가 실제로 이 "새로운 신학적 문법"을 성경해석의 원리로 적용하는 몇몇 예들을 다음과 같이 열거해 볼 수 있는데, 그 성경구절들은 주로 믿음과 사랑에 관한 그의 논적들과의 논쟁에 관련된 것들이다: "사랑으로써 역사하는 믿음"(갈 5:6); "깨끗한 자들에게는 모든 것이 깨끗하나"(딛 1:15); "네가 생명에 들어가려면 계명들을 지키라"(마 19:17); "율법을 행하는 자는 그 가운데서 살리라"(갈 3:12); "악에서 떠나 선을 행하라."(시 37:27)[93]

---

88) WA 40/1. 418. 24(필자의 강조): "*secundum novam et Theologicam Grammaticam.*"; LW 26:267.
89) WA 40/1. 413. 19-20: "Itaque facere ⋯ non est naturale aut morale, sed fidele."; LW 26:263. 예를 들어서 루터는 믿음에 의해서 드린 아벨의 제사가 가인의 제사보다 더 나은, 하나님께 드려진 제사로 설명한다(히 11:4). 또 에녹은 믿음에 의해서 하늘로 들려 올려졌고(히 11:5), 아브라함은 믿음 안에서 순종했다(히 11:8). 이러한 예들에 근거하여 루터는 오직 믿음을 가지고 있는 자들만이 하나님을 기쁘시게 해드릴 수 있다고 강조한다(히 11:6). WA 40/1. 418. 24-27; LW 26:267.
90) WA 40/1. 419. 18: "Grammaticam morale."; LW 26:268.
91) WA 40/1. 419. 14-20; LW 26:268.
92) WA 40/1. 419. 10-11; LW 26:268.
93) WA 40/1. 415. 17-20; LW 26:265.

동일한 맥락에서 루터는 누가복음 10:28의 "이를 행하라 그러면 살리라" 그리고 이와 유사한 성경구절들이 제시하는 명령들은 "믿음 안에서 행하는 것",[94] 즉 "추상적 의미에서라기보다는 구체적 의미에서, 있는 그대로의 혹은 순전한 의미에서라기보다는 혼합된 의미에서의 믿음"에 관해서 말하고 있는 것이라고 해석한다.[95] 그러므로 루터에 의하면 이와 같은 성경구절들은 다음과 같이 해석되어야 옳다. "우선적으로 당신이 충실하도록, 당신이 올바른 이성과 선한 의지, 즉 그리스도를 믿는 믿음을 지니고 있도록 신경 써라. 당신이 이것을 가질 때, 당신은 행할 수 있다."[96] 이같이 성경이 보상이나 행위들에 관하여 이야기하고 있을 때 그것은 육화된 믿음에 관하여 이야기하고 있는 것이다. 따라서 "공로나 보상이 오직 믿음 안에서 행해진 행위들에게만 약속되었다기보다 도덕적 행위들에게 약속되었다"고 생각하는 것은 오류다.[97]

루터가 믿음과 사랑의 개념에 이와 같이 그리스도론적 유비를 공들여 의도적으로 적용하는 것은 그가 바울의 믿음과 사랑의 가르침을 넘어서는 모습들 중 하나를 보여준다. 이 그리스도론적 유비는 믿음, 사랑, 그리고 이 둘의 관계에 대한 루터의 재개념화가 근본적으로 그리스도를 중심으로 이루어지고 있다는 것을 드러낸다. 믿음에 대한 루터의 개념은 그리스도를 그의 신학의 살아 있는 심장이요 구심력으로 제시한다. 그리고 그리스도에 대한 루터의 이해는 그의 신학에 있어서 사랑의 절대적 필요성과 함께, 믿음과 사랑이라는 떼려야 뗄 수 없는 한 쌍의 주제를 부각한다.[98]

---

94) *WA* 40/1. 415. 21; *LW* 26:265.
95) *WA* 40/1. 416. 20-21; *LW* 26:266.
96) *WA* 40/1. 415. 22-24; *LW* 26:265.
97) *WA* 40/1. 416. 25-28; *LW* 26:266.
98) 다스(Das)는 바울의 갈라디아서에서 의롭게 됨(justification)과 거룩하게 됨(sanctification) 간의 분리할 수 없는 연계(*nexus indivulsus*)를 갈라디아서 3:28에 나타나는 "그리스도 안에서 하나 됨"(oneness in Christ)이라는 주제를 갖고 풀이하는데, 그의 논문은 본 저서에서 다루어지는 내용과 관련하여 참고할 만하다. A. Andrew Das, "*Oneness in Christ*: The *Nexus Indivulsus* between Justification and Sancti-

이와 같은 그리스도론적 유비에 근거하여, 루터가 말하고 있는 믿음과 사랑 간의 관계를 연합(unity), 구별(distinction), 질서(order)라는 칼케돈 공식(Chalcedonian formula)의 핵심적 개념들을 빌려와서 분석해 볼 수 있다. 루터가 말하는 믿음과 사랑은 연합의 관계를 형성하고 있다. 이 둘은 서로부터 분리되지 않는다. 하지만 동시에 믿음과 사랑은 상호 혼돈되지 않는다. 이 둘은 서로로부터 구별된다. 그리고 믿음이 사랑에 우선한다.

보다 구체적으로 믿음이 사랑에 우선한다는 것은 다음과 같은 의미들로 풀어 볼 수 있다. 믿음은 인간의 의롭게 됨과 구원의 수단이요, 사랑은 의롭게 된 자가 믿음의 열매로 맺는 것이라는 점에서 믿음은 사랑에 우선한다. "신학에 있어서 행위는 믿음 없이는 아무것도 아닌 것과 매한가지"며, 따라서 "행위를 할 수 있기 전에 믿음이 앞서야만 한다."는 점에서 믿음은 논리적으로 사랑에 우선한다.[99] 또 믿음은 존재(being)에 직결된 문제고, 사랑은 존재로부터 비롯되는 행위(doing)에 직결된 문제라는 점에서도 믿음은 논리적으로 사랑에 우선한다. 이와 함께 십계명의 경우에서와 같이 사랑과 연계되어 있는 것들은 믿음에 연계되어 있는 것들에 의해 인도되어야만 한다는 의미에서 믿음은 사랑에 우선한다.[100]

---

fication in Paul's Letter to the Galatians," *Concordia Journal* 21/2(1995), 173-186.

99) WA 40/1. 414. 13; LW 26:264. 『소요리 문답』(*The Small Catechism*)에서 십계명에 대한 루터의 해석은 사랑에 대한 믿음의 우선성을 보여주는 가장 명백한 예들 중의 하나다. 루터는 각 계명에 대한 설명을 자신의 믿음에 대한 개념을 가지고 시작한다. 루터가 열 개의 계명을 해석해 나가면서 사용하는 동일한 패턴은 내용적 차원에서뿐만 아니라 구조적 차원에서도 믿음이 사랑에 우선한다는 것을 시각적으로 잘 보여준다. Martin Luther, "The Ten Commandments," *The Small Catechism*, trans. James Schaaf et al., in *The Book of Concord*, ed. Robert Kolb and Timothy J. Wengert (Minneapolis, MN: Fortress Press, 2000), 352-354. "Wir sollen Gott fürchten und lieben, daβ…." ("Debemus Deum timere et diligere, ut ne/ne….") *Die Bekenntnisschriften der evangelisch-lutherischen Kirche*, 12th ed. (Göttingen: Vandenhoeck & Ruprecht, 1998), 508-509. 참조, WA 40/1. 400. 31-402. 28; LW 26:255-256.

더 나아가서 이러한 믿음의 우선성은 하나님, 이웃, 그리고 자기 자신과의 관계에 있어서 지켜져야 할 올바른 순서가 있다는 것을 의미한다. 우선적으로 인간을 향한 하나님의 관계, 즉 하향적인 수직적 관계가 첫 번째가 되며, 모든 관계의 절대적인 토대가 된다. 인간과의 관계를 개시하고 이끌어가는 하나님의 주도권 없이 하나님과 인간과의 올바른 관계가 형성될 수 있는 가능성은 없다. 인간은 이와 같이 관계 형성에 있어서 주도권을 갖고 있는 하나님에게 오직 예수 그리스도를 믿는 믿음에 의해 응답할 수 있을 뿐이다. 하나님에 대한 이러한 인간의 관계는 상향적인 수직적 관계다. 예수 그리스도를 중개자로 하여 수직적 차원에서 하나님의 주도와 인간의 응답이라는 이 하향적이고 상향적인 쌍방향의 관계가 올바로 형성될 때 비로소 그리스도인은 올바르게 진정한 사랑을 가지고 이웃에게 접근할 수 있다. 이것은 수평적 차원에서 이루어지는 관계에 관한 것이다. 이와 같은 질서는 다음과 같은 논리적 질서의 또 다른 측면을 드러낸다: 자신의, 능동적, 점진적 의와 거룩함의 차원이 처음부터 끝까지 외래적, 수동적, 완전한 의와 거룩함의 차원에 의존하고 있으며, 그래야만 한다. 하지만 후자는 전자에 의존하지 않는다. 그래서 루터는 "믿음의 결과로 나오는 이 사랑 혹은 행위들은 나의 믿음을 형성하거나 혹은 장식하지 못한다. 하지만 나의 믿음은

---

100) 소위 "성찬 상징론자들"(the sacramentarians)과 루터가 가졌던 대립의 한 측면 또한 사랑에 대한 믿음의 우선성을 잘 드러내는데, 루터는 이러한 자신의 입장을 십계명의 두 돌판 간의 관계에 대한 설명을 통해서 뒷받침한다. "성찬 상징론자들은 그들의 책들과 글들에서 '사랑'을 가지고 우리를 괴롭혔다. 그들은 우리에게 '너희 비텐베르크 사람들은 사랑을 전혀 가지고 있지 않다.'고 말한다. 하지만 만약 누군가 '사랑이 무엇인가?'라고 묻는다면, 우리는 사랑이란 교리 안에서 연합되고 종교적 논쟁들을 그만두는 것을 의미한다고 듣는다. 그렇다. 당신은 듣고 있는가? [십계명]의 첫 번째와 두 번째 돌 판이 있다. 사랑은 두 번째 돌 판에 속한다. 사랑은 거기에 있는 다른 모든 행위들보다 우월하다. 다른 한편으로 [첫 번째 돌 판에는] '하나님을 두려워하라. 그분의 말씀을 경청해라.'고 명령되어 있다. 성찬 상징론자들은 이것에 신경 쓰지 않는다. '아버지나 어머니를 나보다 더 사랑하는 자는 내게 합당하지 아니하다'[마 10:37]고 그리스도가 말씀하셨다." *WA, TR* 5:273(no. 5601, 1543 봄); *LW* 54:463.

사랑을 형성하고 장식한다."고 주장한다.[101]

민음과 사랑에 관한 루터의 재개념화에 있어서 그리스도가 중심을 차지하고 있는 것과, 자신의, 능동적, 점진적 의와 거룩함의 차원에서 민음과 사랑이 조화로운 관계를 형성하고 있다는 것은, 그가 제시하고 있는 다른 여러 가지 '이중 ~'(twofold)들에 대한 설명에서도 잘 나타난다. 대표적인 예를 간추리자면 다음과 같은 것들을 들 수 있다: (1) 그리스도가 주어진 이중 방식; (2) 그리스도가 오는 이중 방식; 그리고 (3) 그리스도를 입는 이중 방식.[102]

3. 그리스도가 주어진 이중 방식

이미 상기한 바와 같이 루터는 성경이 그리스도가 주어진 방식을 두 가지로 제시한다고 지적한다. 그 첫 번째는 선물로서의 그리스도이고, 두 번째는 모방해야 할 귀감으로서의 그리스도이다.[103] 모든 사람을 위해서 그리스도는 "성부가 우리에게 우리를 의롭게 하는 자, 우리에게 생명을 주는 자, 그리고 우리의 구원이 되도록 주신 하나님의 측량할 수 없는 선물"이다.[104]

---

101) WA 40/1. 275. 15-16; LW 26:161.
102) 민음과 사랑에 관한 그리스도론적 비유와 관련하여 루터는 그리스도의 죽음과 부활의 이중 의미를 외적 사람(옛 사람)과 내적 사람(새로운 창조물)의 죽음과 부활의 의미와 연결하여 살펴본다. 루터는 그리스도가 내적 사람을 위해서는 신비한 것(sacrament)이요 외적 사람을 위해서는 귀감이라고 설명한다. 이 설명은 로마서 6:3에 대한 루터의 해석에 나오는데, 여기서 루터는 아우구스티누스의 『삼위일체론』(IV. 3. 6)을 다루고 있다. WA 56. 321. 23-322. 9; LW 25:310. 참조, St. Augustine, De trinitate in Patrologiae cursus completus, Series Latina, 42-43, ed. Jacques-Paul Migne (Paris, 1865), IV. 3. 6; ET The Trinity, trans. Edmund Hill, O.P., ed. John E. Rotelle, O.S.A. (Brooklyn, NY: New City Press, 2000), IV. 3. 6.
103) WA 40/2. 42. 19-25; LW 27:34. 참조, Bengt Hoffman, "Lutheran Spirituality," in Spiritual Traditions for the Contemporary Church, ed. Robin Maas and Gabriel O'Donnell, O. P. (Nashville, TN: Abingdon Press, 1990), 156-157.

그리스도는 "하나님에 의해서 나의 지혜, 의, 성화, 그리고 구원이 되도록 만들어졌다."[105] 더 나아가서 그분 자체로서 하나님의 선물인 그리스도는 그분에게 속해 있는 다른 모든 선물을 믿음을 통해서 자신을 가슴속에 꼭 붙잡은 자들에게 가지고 온다. 따라서 루터는 믿음이 "귀감으로서가 아니라 선물로서"의 그리스도를 꼭 붙잡아야만 한다고 강조한다.[106] 그리고 "이 뭐라 형언할 수 없는 선물을 우리, 자격이 없는 우리에게 값없이 수여하는 것은 하나님을 기쁘시게 한다."고 루터는 덧붙인다.[107] 이 선물로서의 그리스도는 선포된 복음의 말씀이 들려질 때 선물로서의 그분을 꼭 붙잡을 수 있는 믿음 외에 다른 어떤 것도 요청하지 않는다.

이러한 선물로서의 그리스도는 모든 그리스도인이 모방하도록 권고 받은 귀감으로서의 그리스도로부터 구별된다.[108] "그러므로 그리스도의 행위들에 있어서 그분의 본보기를 모방하고, 이웃을 사랑하고, 악을 받아 마땅한 사람들에게 선을 행하고, 적을 위해 기도하고, 그리고 선을 악으로 보답하는 자들의 은혜도 모르는 태도를 인내심을 갖고 참는 것은 칭찬할 만하고 행복한 일이다."[109]

그리스도를 모방하는 방식들 중 하나는 "그와 함께 십자가에 못 박히는 것, 즉 육과 관계된 십자가 위에서의 처형"이다.[110] 하지만 여기서 분명히 짚고 넘어가야 할 점이 있다. 그것은 루터가 그리스도와 함께 십자가에 못 박히는 것을 이야기하는 것이 외래적, 수동적, 완전한 의와 거룩함의 차원에서 불의한 죄인을 의롭게 하고 구원하기 위해 그리스도가 유일무이한 사건으로서 십자가에 못 박혔던 것을 그리스도인들이 모방해야 한다고 말하

---

104) *WA* 40/1. 541. 16-17; *LW* 26:353.
105) *WA* 40/2. 42. 22; *LW* 27:34.
106) *WA* 40/1. 389. 20; *LW* 26:247.
107) *WA* 40/1. 344. 14-15; *LW* 26:214.
108) *WA* 40/1. 539. 35-540. 11; *LW* 26:352.
109) *WA* 40/1. 389. 29-31; *LW* 26:247.
110) *WA* 40/1. 280. 25-281. 16; *LW* 26:165.

는 것이 절대로 아니라는 점이다. 이 차원에서의 예수 그리스도의 못 박힘은 "내 안에서가 아니라 그리스도 안에서 죄, 악마, 그리고 죽음이 십자가에서 처형당했던 그런 고귀한 십자가 위에서의 못 박힘"이다. 왜냐하면, 이 문제에 관한 한 "그리스도가 모든 것을 단독적으로" 하기 때문이다.[111] 따라서 예수 그리스도가 죄인의 의롭게 됨과 구원을 위해서 십자가에 못 박힌 것은 그 어느 누구도 모방하고자 시도해서는 안 되는 것이며, 사실상 그 어떤 존재도 모방 할 수 없는 독자적 성격의 사건이다. 루터가 그리스도인들이 그리스도를 본 받아 십자가에 못 박혀야 한다고 말하는 것은 자신의, 능동적, 점진적 의와 거룩함의 차원에서 육과 관련하여, 특히 죄의 잔재와의 전투와 관련하여 그리스도인들이 매일 십자가에 못 박혀야 한다는 것을 의미하는 것이다.

이처럼 선물로서 그리고 귀감으로서 주어진 그리스도는 인간에게 많은 혜택을 베푸는데, 루터는 그중에서도 특히 그리스도가 주는 이중 혜택을 중시한다. 그것은 수동적이고 완전한 의와 거룩함, 그리고 능동적이고 점진적 의와 거룩함이다. 따라서 루터가 새로운 창조를 논할 때, 그것은 두 가지 의미를 가진다. 하나는 그것의 주어짐 안에서 이미 완전한 새로운 창조요, 다른 하나는 여전히 진행 중인 새로운 창조다.

4. 그리스도가 오는 이중 방식

루터는 비록 아담을 비롯하여 그리스도 이전의 모든 충실한 자들이 구원을 위해 유효한 형태로서의 복음과 믿음을 가지고 있었다 할지라도, 의롭게 됨에 관련된 모든 것은 정해진 때에 단 한 번 발생했던 그리스도의 오심에 절대적으로 의존한다고 강조한다. 이와 마찬가지로 "믿음은 사도들이 온 세상에 걸쳐 복음을 설교했을 때 한 번만 왔다."[112] 하지만 이와 함께 루터

---

111) *WA* 40/1. 281. 18-19; *LW* 26:165.
112) *WA* 40/1. 538. 29-30; *LW* 26:351. 참조, *WA* 40/1. 550. 20-24; *LW* 26:360.

는 그리스도가 그리스도인들에게 "영적으로 매일" 온다는 것도 강조한다. 이에 관하여 루터는 "우리가 그리스도에 의해서 무엇이 우리에게 수여되었는지를 점차적으로 더욱 많이 깨닫고 이해하게 됨에 따라서 그리스도가 영적으로" 오며, "믿음 또한 복음의 말씀을 통해서 매일 온다."고 설명한다.[113]

그리스도의 매일 오심과 그 의미는 물론 그리스도의 단 한 번 오심의 사건과 그 의미에 항상 의존하고 있다. 상기한 바와 같이 의롭게 된 그리스도인들에게서도 죄의 잔재는 여전히 육에 남아 있다. 그렇기 때문에 그리스도인들은 여전히 육 안에서, 특히 그들의 양심과 감정들 안에서 죄의 잔재에 의해서, 그리고 죄의 잔재들의 영향을 거울처럼 비추면서 정죄하는 법에 의해서 괴롭힘을 받는다. 하지만 그리스도는 부활과 함께 그리스도인들을 떠나지 않았다. 그리스도인들은 매일매일의 죄의 잔재와의 전투에서 스스로 알아서 싸우도록, 그리고 양심과 감정에서의 갈등을 스스로 처리하도록 방치되지 않았다. 그리스도는 매일 영적으로 그들에게 찾아와 자신의, 능동적, 점진적 의와 거룩함의 차원에서 그들을 도와준다. 이에 대하여 루터는 다음과 같이 설명한다.

> 하지만 그것[양심]은 항상 그리스도의 매일 오심에 의해서 격려받는다. 그분이 우리 관리인[법]의 엄한 통치로부터 우리를 구원해 주기 위해서 특정한 때에 이 세상에 한 번 오셨던 것처럼, 그렇게 그분은 믿음과 그분에 대한 우리의 지식에 있어서 우리로 하여금 성장하게 하면서 매일 영적으로 우리에게 오신다. 그러므로 양심은 그리스도를 매일매일 더 완전하게 붙잡는다. 그리고 육과 죄의 법, 죽음에 대한 두려움, 그리고 무엇이 되었든지 간에 법이 그것과 함께 가지고 오는 다른 모든 악은 매일매일 줄어든다.[114]

---

113) WA 40/1. 538. 30-34; LW 26:351. 그리스도의 매일 오심에 관해서는 다음의 글들 참조, WA 40/1. 536. 25-26; LW 26:349, WA 40/1. 550. 24-29; LW 26:360.
114) WA 40/1. 536. 25-537. 16; LW 26:349-350. 루터는 그리스도의 오심에 관해서 또 다음과 같이 언급한다. "오늘 그리스도는 어떤 자들에게는 여전히 현존하신다. 하지만 다른 자들에게는 여전히 오셔야만 한다. 믿는 자들에게 그분은 현존하시며

5. 그리스도를 입는 이중 방식

위에서 언급한 것들과 관련하여 루터는 또 갈라디아서 3:27에 근거하여 그리스도를 입는 이중 방식, 즉 "법에 따른 그리고 복음에 따른" 방식을 언급한다.[115] 복음에 따르면 그리스도를 입는다는 것은 믿음을 통해서 가슴 속에 그리스도를 유일한 구세주요 의롭게 하는 자로 꼭 붙잡는 것을 의미한다. 이것은 인간의 관여나 협조하고는 무관하다. 이것은 "모방의 문제가 아니라 새로운 탄생과 새로운 창조의 문제다. 즉 그리스도 그분을 입는 것, 다시 말해서, 그분의 순결, 의, 지혜, 능력, 구원, 생명, 그리고 영을 입는 것이다."[116] 인간은 바울이 "옛 사람"이라고 부르는 "죽음과 같은 옷이요 죄의 옷인 아담의 가죽 옷"을 입고 있을 때, 세례를 통해서 그리스도라는 새로운 옷을 입게 된다.[117]

또 루터는 로마서 13:14에 근거하여 예수 그리스도를 입는 것은 그리스도가 보여 준 모범과 그의 덕들을 모방하는 것을 의미한다고 가르친다. "그리스도 안에서 우리는 인내, 온화, 사랑, 그리고 모든 일에 있어서 감탄할 만한 중용의 극치를 본다. 우리는 이러한 그리스도의 장신구를 착용해야만 한다. 즉 이러한 그분의 덕들을 모방해야만 한다."[118] 이처럼 법과 복음에 따라서 그리스도를 입는 이중 방식에 관하여 설명하면서, 루터는 또 그리스도를 두 종류의 옷에 비유한다. 우선 그리스도는 세례에 의한 새로운 탄생에 의해서 그리스도인들이 입는 "의와 구원의 옷"이다. 이와 더불어서 그리스도는 의와 구원의 옷으로서의 그리스도를 입고 난 후 그리스도인들

오셨다. 믿지 아니하는 자들에게 그분은 아직 안 오셨고, 그들을 돕지도 않으신다. 하지만 만약 그들이 그분의 말씀을 듣고 믿으면, 그리스도는 그들에게 현존하게 되시며 그들을 의롭게 하고 구원하신다." WA 40/1. 379. 14-17; LW 26:240.

115) WA 40/1. 539. 34; LW 26:352.
116) WA 40/1. 540. 17-19; LW 26:352.
117) WA 40/1. 540. 19-541. 20; LW 26:352-353.
118) WA 40/1. 540. 13-16; LW 26:352.

이 입는 "모방의 옷"이다.[119]

이러한 그리스도론적 용어들과 개념들에 의한 설명들은 루터의 사고 속에서 믿음과 사랑이 상호 밀접한 관계를 형성하고 있다는 것, 그리고 루터가 믿음과 사랑, 그리고 그 둘의 관계를 매우 세심하게 다루고 있다는 것을 잘 보여준다. 이와 함께 다음에서 살펴볼 다양한 비유들 또한 믿음과 사랑, 그리고 그 관계에 대한 루터의 구체적 사고를 드러낸다.

V. 비유들

루터는 자신의, 능동적, 점진적 의와 거룩함의 차원에서 믿음과 사랑의 관계를 묘사하기 위해서 다양한 비유들을 활용하는데, 그중 대표적으로 그리스도와 그리스도인들, 행위자와 행위, 그리고 나무와 열매에 대한 언급들이 주목할 만하다. 하나의 쌍으로 연결된 이 개념들은 믿음과 사랑이 형성하고 있는 역동적 관계성을 구체적으로 보여준다.

1. 그리스도처럼 그리스도인도

믿음에 대한 루터의 개념에 있어서와 마찬가지로 사랑의 개념에 있어서도 그리스도가 중추적 역할을 한다. 특별히 능동적 의와 거룩함의 차원에서 루터의 사랑 개념은 사랑과 관련된 예수 그리스도의 두 가지 역할들을 제시한다. 첫째, 믿음의 유일한 요구, 대상, 내용, 그리고 형상이 그리스도인 한, 그리고 진정한 그리스도인의 사랑은 이 믿음으로부터 흘러나오며 믿음의 열매인 한, 예수 그리스도야말로 이 사랑을 시작하는 자요, 활성화하는 자요, 구현하는 자다. 둘째, 예수 그리스도는 모든 그리스도인이 사랑을 통해 모방해야 할 귀감이다. 특별히 이러한 그리스도의 역할을 루터는 그리스

---

119) *WA* 40/1. 541. 32-35; *LW* 26:353.

도의 부수 기능이라고 칭한다. 이 기능은 능동적 의와 거룩함의 차원에서 그리스도인들의 삶과 사랑이라는 관점에서 볼 때 중요한 위치를 점유하고 있다. 예수 그리스도는 의롭게 하는 자일 뿐만 아니라 귀감이다. 믿음은 구세주인 그리스도를 믿는다. 사랑은 귀감인 그리스도를 모방한다.

여기서 혼동하지 말아야 할 것은 어떤 법도, 어떤 인간의 행위도, 어떤 인간도 그리스도의 고유 기능에 관한 한 그리스도가 된다거나 그리스도를 모방할 수 없고 모방하려고 해서도 안 된다는 점이다. 그리스도를 믿는 믿음에 의해 의롭게 된 그리스도인들이 이웃에게 "작은 그리스도들"이 되어야 한다고 표현할 때, 루터는 분명하게 그리스도의 고유 기능이 아닌 부수 기능과 관련하여 이야기하고 있는 것이다. 이 둘 사이를 분명하게 구분하지 못할 경우 다음과 같은 심각한 문제들이 초래될 수 있다. 무엇보다도 만약 누군가 그리스도의 고유 기능과 관련하여 그리스도를 모방하고자 시도한다면, 그 사람은 죄인을 의롭게 할 수 있는 신-인으로서의 예수 그리스도만의 권능을 찬탈하고자 시도하는 것과 마찬가지다. 이와 함께 만약 누군가 그리스도의 부수 기능과 관련하여 그리스도를 모방하면서 그 모방을 통해 죄인으로서의 자신이 의롭게 될 수 있고 구원을 획득할 수 있다고 확신한다면, 그 애씀이 아무리 헌신적인 것이라 할지라도 그 사람은 인간의 행위를 통해 구원을 추구하고 있다는 점에서 큰 착각을 하고 있는 것이다. 그렇기 때문에 루터는 그리스도의 두 기능과 함께 믿음과 사랑을 올바르게 구별할 줄 아는 것이 삶과 죽음의 문제, 단지 잠시적인 삶과 죽음이 아닌 영원한 삶과 죽음의 문제라고 반복해서 강조한다.

이러한 루터의 입장은 자신의, 능동적, 점진적 의와 거룩함의 차원에서 다루어지는 사랑 개념의 가장 핵심적인 특성들 중 두 가지를 노출한다. 첫째, 그리스도인의 사랑은 그리스도를 모방하는 것이다. 이 모방은 능동적이고, 지속적이고, 헌신적이다. 이 모방은 언제 어디서나 그리스도의 선례를 따라 실천할 수 있는 기회들을 포착한다. 둘째, 이 모방은 어떤 경우에 있어서도 그리스도의 고유 기능을 모방하는 것이 아니다. 이 모방은 본보기를 보여주는 그리스도의 부수 기능을 모방하는 것 그 이하도 그 이상도 아니다.

'그리스도가 ~ 것처럼, 그리스도인들도 또한 ~'과 관련된 표현들은 이같은 귀감으로서의 예수 그리스도와 그로부터 정체성과 명칭을 갖게 된 모방자로서의 그리스도인들 간의 관계성의 핵심을 잘 짚어낸다.[120] 이 관계성은 본받아야 할 대상으로서의 그리스도와 그 본보기를 충실하게 모방하도록 권면 받은 그리스도인 간의 관계성이다. 이 모방을 위한 전형은 그리스도 안에서 그리고 그를 통하여서 하나님이 인간을 대하는 태도와 방법이다. 이것은 곧 하나님에 의해서 능동적으로 개시되고, 그리스도를 믿는 믿음을 통해서 인간에 의하여 수동적으로 응답된 수직적 관계 속에서 계시된 것이 그리스도인들의 수평적 사랑의 삶을 위한 전형이 된다는 것을 의미한다.

하나님이 인간을 대하는 수직적 관계가 인간이 인간을 대하는 수평적 관계의 전형이 되고, 그리스도가 그리스도인의 귀감이 된다는 루터의 사고 속으로 들어가면, 피할 수 없이 경험하게 되는 것이 있다. 그것은 두 종류의 상징적이면서도 실제적인 공간적 움직임이다. 하나는 '밖으로의' 움직임이고, 다른 하나는 '아래로의' 움직임이다. 이러한 경험을 통해 루터는 그리스

---

120) 루터의 설교문들은 이러한 표현들을 잘 보여준다. "사랑은 하나님이 우리를 대하신 것과 동일한 방식으로 우리 이웃을 대해야만 한다." WA 10/3. 14. 20-23; LW 51:75. "그리스도에게 모든 영광을 드린 후, 그리스도가 그에게 행했던 것처럼 [그도] 그의 이웃에게 그렇게 해야 한다는 것을 항상 기억하고 있다." WA 10/3. 351. 22-24; LW 51:116. 루터는 또 『선행에 관하여』에서 다음과 같이 말한다. "그러므로 그리스도인은 더 높이 일어나야만 합니다. 그리고 그의 친절을 받을 자격이 없는 자들, 즉 악인들, 적들, 그리고 은혜를 모르는 자들까지도 그의 친절로 하여금 섬기도록 해야 합니다. 하늘에 계신 그의 아버지께서 그분의 태양으로 하여금 선한 자나 악한 자나 그들 위에 차별 없이 떠오르게 하시고, 그분의 비로 하여금 은혜를 아는 자나 은혜를 모르는 자나 그들 위에 차별 없이 내리게 하시는 것처럼 말입니다[마 5:45]." WA 6. 272. 31-35; LW 44:109. "십자가 위에서 그리스도가 '아버지시여, 저들을 용서하여 주시옵소서. 저들이 자기들이 하는 일을 알지 못하나이다.'[눅 23:34]라고 말하면서, 자기 자신만을 위해서가 아니라 오히려 우리를 위해서 기도했던 것과 같이, 우리도 또한 서로를 위해서 기도해야만 한다." WA 6. 242. 30-33; LW 44:71.

도인들에게 성자 하나님이 친히 보여준, 그리고 나사렛의 예수 그리스도가 몸소 실천한 '밖으로의' 그리고 '아래로의' 공간적 움직임의 패턴을 모방하도록 영감을 불어넣는다.

'밖으로의'라는 단어는 그리스도인의 자유에 관한 루터의 사고, 즉 신학적으로 의미심장한 "~으로부터의 자유"에서 "~을 향한 자유"로의 움직임에 대한 루터의 사고의 정수를 보여준다. 루터에게서 그리스도인의 자유는 무엇보다도 인간의 자유의지가 죄에의 구속과 자기본위적인 타락한 본성으로부터 해방되는 것을 의미한다. 그리스도인들이 예수 그리스도를 믿는 믿음에 의해서 이같이 속박된 의지로부터 자유롭게 놓임을 받게 되면, 이 해방은 만사에 있어서 "그 자체의 안쪽을 향하여 너무나 깊게 굽어져 있는" 인간의 본성이 반대로 작동하도록, 즉 자기 자신 밖으로 향하도록 변화를 가져온다.[121]

루터가 타락한 인간 본성의 자기본위가 근본적으로 모든 실제적 죄의 근원이라고 본다는 점을 기억해 볼 때, 자기 '안으로의' 움직임으로부터 자기 '밖으로의' 움직임으로의 전환은 의미심장하다. 인간 세계로 나아간 성자의 '밖으로의' 움직임은 그리스도를 모방할 거룩한 의무를 가지고 있는 그리스도인들의 존재와 삶이 근본적으로 자기 안으로 향하는 자기본위에서 이웃을 향한 '밖으로의' 움직임으로 재조정되어야 한다는 것을 분명히 알려준다. 성자가 그 자신의 완전한 자유와 사랑으로부터 인간을 구원하고 섬기기 위해서 '밖으로의' 움직임을 행했던 것처럼, 그리스도인들도 또한 그들에게 오직 예수 그리스도를 믿는 믿음에 의해서만 값없이 수여된 자유 안에

---

[121] "우리의 본성은 원죄의 사악함 때문에 그 자체를 향하여 안쪽으로 너무나 깊게 굽어져 있어 그것은 하나님의 가장 좋은 선물들을 그 자체를 향해 안으로 향하게 하고, 그것들을 즐기고(법주의자들과 위선자들의 경우에 분명한 것과 같이), 그리고 참으로 이러한 목적들을 성취하기 위해서 그것은 심지어 하나님을 이용하기도 할 뿐만 아니라, 또한 너무나 간악하게, 너무나 뒤틀어지게, 그리고 너무나 타락한 방식으로 행동하는 가운데, 심지어 그것 자신을 위하여 하나님을 추구하고 있다는 사실에도 무지한 것처럼 보인다." WA 56. 304. 24-29; LW 25:291. 참조, WA 56. 325. 19-21; LW 25:313, WA 56. 518. 6-7; LW 25:513.

서 이웃을 구원으로 이끌고 섬기기 위하여 '밖으로의' 움직임을 실천해야 한다고 루터는 역설한다.

이와 함께 '아래로의'라는 용어 또한 그리스도가 보여주는 귀감의 한 측면을 드러낸다. 이 용어의 많은 함축적 의미들 중 하나는 자신을 겸손하게 낮추어 인간과 대등한 처지가 됨으로써 그들과 공생하고 그들의 삶과 고충을 체험함으로써 참된 의미에서 그들을 섬기는 그리스도의 자세다.[122] 자신의 영광의 자리로부터 내려옴으로써 죄인인 인간의 세계 안으로 들어와 죄인 중의 죄인이 되고, 죄인들과 엉길 필요가 전혀 없었던 성자 하나님이 죄인들의 괴수가 되고, 기꺼이 죄인들과 엉겼다. 이 '아래로의' 움직임과 인간 만사에 연루되는 것은 삼위일체 하나님 자신을 위해서 필요한 일이 아니었다. 이것은 영원한 삶과 영원한 죽음의 기로에 서 있으면서도 어느 길로 발을 내디뎌야 하는지 알지 못해 주춤거리고 있는, 아니 전자가 아닌 후자의 길을 주저하지 않고 선택하는 죄인들을 위하여, 성자의 자유로운 선택에 의해 이루어진 것이었다.

이러한 '아래로의' 움직임은 예수 그리스도의 삼년간의 공생애를 통해서도 잘 나타난다. 루터가 예수 그리스도에 관한 이야기들 중 특히 두드러지게 주목하는 부분은 그가 사회적으로 소외되고 무시당하고 배제된 자들에게 남다른 관심과 연민을 보였으며, 그들을 섬겼다는 점이다. 그는 그들의 필요에 응답했고, 그들과 친분을 형성하고 나누었다. 이러한 섬김의 자

---

122) 한 예로서 루터는 다음과 같이 말한다. "하나님의 아들인 그리스도는 또한 고귀하고 숭고한 분이었다. 하지만 그분은 자신을 우리 불쌍한 인간과 동등하게 만들었다. 아니 좀 더 확실히 말하면, 그분은 모든 사람보다 낮게 자신을 낮추었다." *WA* 49. 612. 21-22; *LW* 51:352. 루터는 또 다음과 같이 기술한다: "그 어느 누구도 그렇게 낮게까지 미천하게 된 자가 없고, 그 어느 누구도 그리스도가 그랬던 것보다 더 자기 자신을 작게 만든 자가 없다. 이러한 이유로 인해서 그만이 "내게 배우라 나는 마음이 온유하고 겸손하니"라고 말할 수 있다. 어떤 성인들도 이러한 말을 한 적이 없고, 혹은 할 수 없었다. 그들은 또한 자신들을 그분의 완전한 겸손과 온유와 비교할 수 없었다. 그들 모두는 이 스승의 제자들로 남아 있다." *WA* 10^1/1. 3. 2-7; *LW* 52:4.

세와 모습에서 예수 그리스도는 두 가지 '아래로의' 움직임을 보여준다. 그 하나는 하늘로부터 땅으로의 움직임이요, 다른 하나는 가장 영광스러운 자리에서 가장 비천한 자리로의 움직임이다.

루터는 예수 그리스도로부터 발견할 수 있는 이러한 '밖으로의' 그리고 '아래로의' 움직임을 통하여 다음과 같은 가르침들을 찾아낸다. 성자 하나님이 그의 조건 없는 사랑으로 인해서 죄인들 가운데 오기 위해 '밖으로의' 그리고 '아래로의' 움직임을 행했던 것처럼, 그렇게 의롭게 된 그리스도인들도 이타적이고 조건 없는 사랑 가운데 그들의 이웃을 향하여 '밖으로의' 그리고 '아래로의' 움직임을 실천해야 한다. 또한 예수 그리스도가 동료 인간들을 향해서, 특별히 사회적으로 소외된 자들을 향해서 그의 연민에 찬 가슴과 돌봄의 손길을 뻗쳐 주었던 것처럼, 그렇게 의롭게 된 그리스도인들도 그들의 이웃을 향해서 '밖으로의' 그리고 '아래로의' 움직임을 실천해야 한다. 루터는 무엇보다도 어느 누구에 대해서도 선입견이나 편견을 가지고 조급하게 판단을 내리지 말고 겸손하면서도 대접하는 마음을 가지고 근면하게 이웃, 그중에서도 특히 가난이나 다른 인생고를 겪고 있는 이웃을 섬겨야 한다고 강권한다.[123]

이와 같이 '밖으로의' 그리고 '아래로의' 움직임의 문자적이고 상징적인 개념에는 겸손 혹은 자기를 낮춤이라는 의미가 강하게 내포되어 있다. 그리스도인의 이러한 삶의 자세와 실천은 루터가 영광의 신학에 맞서서 주창하고 나온 십자가 신학을 통해서도 분명하게 발견된다. 십자가 신학을 통해서 루터는 '위로의' 움직임을 추구하는 것의 위험성과 문제점들을 지적하면서, 겸손이라고 불릴 수 있는 '아래로의' 움직임 혹은 낮아짐을 제안한다. 예를 들어서 루터는 인식론적 겸손, 구원론적 겸손, 그리고 윤리적 겸손에 대해서 이야기한다.

첫째, 신학적 인식론의 문제와 관련해서 루터는 그리스도인들, 특히 신

---

123) 이에 관한 내용은 제6장의 "이웃과의 관계에서의 사랑: 소명" 부분에서 구체적으로 다루어질 것이다.

학자들은 하나님의 본성과 뜻을 알기 위해 사변적인 추구, 즉 '위로의' 움직임을 함부로 시도해서는 안 된다는 입장을 취한다. 루터는 이러한 사변적 신학의 고양이 하나님에 대한 지식을 잘못 추론한다고 지적한다.[124] 그리스도의 아래로의 움직임은 하나님이 누구이며, 죄인을 구원하기 위하여 하나님이 무엇을 의도하고 있는지를 천상에서가 아니라 바로 이 지상에서 성육신한 예수 그리스도 안에서, 그리고 그를 통해서 계시하기로 한 하나님의 계획과 의지를 보여준다.[125]

---

[124] 한 예로서 루터는 다음과 같이 언급한다: "나는 천상에 있는 하나님에 대한 모든 사변을 피하고, 그리스도의 인성 안에서 내 입장을 취한다." *WA* 40/1. 93. 24-25; *LW* 26:39. 또 갈라디아서 1:3("하나님 아버지와 우리 주 예수 그리스도로부터 은혜와 평강이 있기를 원하노라")을 해석하면서 루터는 바울이 하나님 아버지로부터 뿐만 아니라 예수 그리스도로부터 오는 은혜와 평화도 원했던 것이 보여주는 두 가지 중요한 측면들을 강조한다. 그 첫 번째 측면은 다음과 같다. "이것이 바울이 예수 그리스도를 하나님 아버지와 그렇게 빈번하게 연결시키는 이유다. 즉 그는 우리에게 무엇이 참된 그리스도교인가를 가르쳐주려고 하는 것이다. 그것은 다른 모든 종교가 그러한 것처럼 꼭대기에서 시작하지 않는다. 그것은 밑바닥에서 시작한다. … 그러므로 당신이 당신의 구원에 관하여 생각하고 행동하고 있을 때마다 당신은 하나님에 대한 모든 사변, 행위에 대한 모든 생각을 치워버려야 한다. … 그리고 당신은 곧바로 구유로, 그리고 성모의 음부로 달려가서 당신의 팔 안에 이 아기, 동정녀의 아기를 포옹하고, 그를 바라보아야만 한다." *WA* 40/1. 79. 24-31; *LW* 26:30.

이와 관련하여 알트하우스는 루터에게서 "하나님에 관한 참된 지식에 대한 관심과 그리스도인의 올바른 윤리적 태도에 대한 관심은 분리되고 구별되어 있지 않고 궁극적으로 동일한 것이다."라고 지적한다. 알트하우스에 의하면 영광의 신학과 십자가 신학 각각 이 두 가지 모두를 위해 함축된 의미들을 가지고 있다. "창조의 작품들로부터 하나님에 대해 아는 것을 배우고자 시도하는 자연신학(natural theology)과 사변적 형이상학은 도덕주의자들의 행위에 의한 의와 같은 범주 안에 있다." Paul Althaus, *Die Theologie Martin Luthers*, 35-36; ET *The Theology of Martin Luther*, 27. 니그렌 또한 천국행 사다리를 통해 "위로 향하는 경향 혹은 상승"의 형태를 취하고 있는 영광의 신학에 반대하는 루터의 십자가 신학의 비판적 기능에 관심을 모은다. Anders Nygren, *Agape and Eros*, 700-709.

[125] 루터에 의하면 "그리스도는 우리를 붙잡기 위해서, 그리고 우리가 그리스도를 응시함으로써 곧장 성부에게로 이끌리고, 그분에게 나아가게 되도록 하기 위해서 이 세상에 오셨다. 우리가 이전에 너희에게 경고했던 것과 같이, 어떠한 것이 되었든 구

둘째, 그리스도인의 믿음에 있어서 필수적인 인식론적 겸손과 낮아짐으로서의 '아래로의' 움직임을 부각하는 루터의 십자가 신학은 또 다른 겸손과 낮아짐의 측면을 보여주는데, 그것은 구원론적 겸손이다. 이것은 그 본질에 있어서 예수 그리스도를 신뢰하는 정서적이고 의지적인 낮아짐과 겸손이다. 루터에 의하면 매일의 삶 가운데서 전적으로 하나님에게 자신을 쳐 순종함을 통해서 그리스도인은 인간에 의하여 고안된 방법들에 대한 신뢰를 포기하고, 그것을 하나님과 하나님의 방법에 대한 신뢰로 대체한다.

이처럼 구원론에 있어서의 겸손과 낮아짐의 필요성은 루터의 십자가 신학 안에서 신학적 인식론에 있어서의 겸손과 낮아짐의 필요성과 밀착되어 있다. 한 예로서 루터는 이 두 가지 필요성을 망각한 대표적인 경우를 사변적인 스콜라 신학에서 발견한다. 이 신학은 예수 그리스도의 구원사역에 전적으로 의존하지 않고 인간의 공로를 끌고 들어온다. 이 신학은 유일무이한, 그리고 그 어느 누구도 모방할 수 없는 구세주로서의 성자가 죄인들의 세상에 내려왔음에도 불구하고, 인간들로 하여금 여전히 하나님과 협력하여 자신의 공로를 쌓음으로써 천국으로 올라가려는 헛된 수고를 마다않고 하게 만든다. 루터는 이러한 신학을 거부하면서 하나님이 어떤 분이고, 하나님이 죄인의 구원을 위하여 무엇을 의도하고 있는지를 제대로 파악하기 위해서는, 그러한 것들을 계시하기 위하여 인간세상으로 내려 온 예수 그리스도에게 시선과 관심을 집중해야 한다고 주장한다. 그렇게 되었을 때 인간

원을 이루는 하나님에 대한 지식이 하나님의 위엄에 대한 사변에 의해서 올 수 있다는 희망은 전혀 없다. 이것은 오직 성부의 뜻에 의해 우리의 죄를 위해서 자기 자신을 죽음에 내어주었던 그리스도를 꼭 붙잡음으로써만 올 수 있다. 너희가 이것을 파악했을 때, 모든 진노는 그치고, 두려움과 공포는 사라진다. 그리고 하나님은 당신 자신의 아들을 아끼지 아니하고 우리 모두를 위해 내어주셨던 자비로운 분으로서만 나타난다(롬 8:32). 하나님의 위엄과 그분의 두려운 심판들에 관하여, 즉 어떻게 그분이 홍수로 온 세상을 파괴했는지, 어떻게 그분이 소돔을 멸했는지, 등등에 관하여 추론하는 것은 극히 위험하다. 왜냐하면 내가 이전에 보여주었던 것과 같이 이것은 사람들을 절망직전으로까지 이끌며 그들을 완전한 파멸 속으로 내던져 버리기 때문이다." *WA* 40/1. 98. 26-99. 20; *LW* 26:42-43.

은 자신의 공로를 쌓고 쌓아 하늘로 올라가는 것이 아니라, 인간의 협조 없이 단독적으로 구원사역을 완수한, 이 땅으로 내려온 예수 그리스도를 발견하고 그를 온전한 구세주로 영접하게 된다는 것이다.

셋째, 더 나아가서 십자가 신학과 관련하여 그리스도의 아래로의 움직임은 그리스도인이 사랑을 실천하는 능동적인 삶 속에서 요구되는, 신학적으로 윤리적인 겸손이 무엇인지 알려준다. 십자가 신학이 알려주는 하나님의 사랑은 그리스도인이 그리스도를 본받아 이웃에게로, 특히 사회의 변두리에 방관된 자들에게로 나아가 그들을 섬기는 사랑을 실천해야 함을 알려준다.[126] 이러한 의미를 통해서 루터는 인간이 자기 자신을 다른 사람들보다 더 낮게 여기는 교만한 본성의 성향과 이에 의하여 굳어진 타성을 내려놓을 것을 가르친다. 이것은 명예, 부, 권력, 그리고 권위와 결탁되어 있는 사람, 사물, 신분, 그리고 직위의 주위에 달려들고 그러한 것들과 사람들을 동경하는 인간의 본래적 경향에 맞서고 오히려 반대되는 태도를 취하는 것을 포함한다.[127] 그리스도인이 실천하는 이러한 겸손은 다른 사람들을 돌보는 능동적 행위들을 통해서 자기 의 혹은 행위에 의한 의를 추구하고 있지 않다는 점에서 진정한 겸손이다. 그리스도인은 자기 의 혹은 행위에 의한 의를 필요로 하지 않는다. 왜냐하면 그리스도인은 이미 오직 예수 그리스도를 믿는 믿음에 의하여 인간의 공로 없이 의롭게 되었고, 따라서 행위에 따른 처벌이나 보상에 대한 두려움이나 집념으로부터 해방되었기 때문이다.

---

126) 이러한 루터의 입장은 "하이델베르크 논쟁"에서 그가 하나님의 사랑을 "십자가에서 태어난 십자가의 사랑"으로 칭한 것에도 잘 나타난다. "사람들 가운데서 사는 하나님의 사랑은 죄인들을, 악한 사람들을, 어리석은 사람들을, 그리고 약한 사람들을 의롭고, 선하고, 지혜롭고, 강하게 만들기 위해서 그들을 사랑한다. 그 자체의 이익을 추구하기보다는 하나님의 사랑은 흘러나와 이익을 베푼다. … 이것이 십자가에서 태어난 십자가의 사랑이다. 이 사랑은 그것이 즐길 수도 있는 이익을 발견하는 곳이 아니라, 그것이 나쁜 그리고 궁핍한 사람에게 이익을 줄 수 있는 곳으로 향한다." WA 1. 365. 9-15; LW 31:57.

127) "겸손은 그들이 이 세상에서 높고 힘 있는 모든 것에 관심이 없고, 천하고, 가난하고, 멸시당하는 자들과 하나가 된다는 것을 의미한다." WA 10¹/1. 133. 7-9; LW 52:35.

그리스도인은 이 자유함 속에서 겸손한 작은 그리스도가 되어 진정 순수한 마음과 자발적인 사랑을 가지고 이웃에게 나아가 도움을 필요로 하는 자들을 섬길 수 있게 되며, 또 섬겨야만 한다.[128] 이것이 루터가 '그리스도가 ~ 것처럼, 그리스도인들도 또한 ~'과 관련된 표현들을 통해서 그리스도인들이 믿음의 열매로 맺어야 하는 사랑에 대하여 가르치는 내용이다.

2. 행위자와 행위

믿음과 사랑 간의 관계성은 행위자와 행위라는 비유에서도 잘 드러난다.[129] 행위와 행위자 간의 관계는 크게 두 가지 관점에서 접근될 수 있다. 하나는 행위가 행위자를 형성한다는 것이다. 다른 하나는 행위자가 행위를 생산해 낸다는 것이다. 믿음과 사랑 간의 관계를 설명하기 위해서 루터는 전자가 아닌 후자를 선택한다. 이에 관하여 루터는 다음과 같이 언급한다: "일단 그리스도를 믿는 믿음을 통해서 존재가 형성된 사람 혹은 행위자가 있으면, 행위들은 따라온다. 왜냐하면 행위가 행위자 이전에 있는 것이 아니라, 행위 이전에 행위자가 있어야 하기 때문이다."[130]

여기서 한 가지 주의할 것은 루터가 행위의 반복적 연습이 그 행위에

---

[128] 루터의 십자가 신학과 그것이 가지고 있는 사회·윤리적 차원에서의 시사점들과 관련하여, 십자가의 인식론을 위한 기반을 제시하고자 루터의 십자가 신학과 여성학적 인식론들 간의 유사성들을 보여주려고 한 솔버그(Solberg)의 흥미롭고도 설득력 있는 시도가 있다. 솔버그의 시도는 엘 살바도르(El Salvador)에서 가난한 자들과 함께 했던 그녀의 개인적 경험에 근거하고 있다. Mary M. Solberg, *Compelling Knowledge: A Feminist Proposal for an Epistemology of the Cross* (New York: State University of New York Press, 1997).

[129] **루터의 믿음과 사랑에 관한 가르침에 있어서, 믿음**과 사랑 간의 특색 있는 관계성을 보여주기 위한 사람과 행위 간의 이러한 구별에 근거하여 융한스는 법에 의해서 요구된 것은 사람이 아니라 행위와 사랑이라고 지적한다. Helmar Junghans, "Martin Luther über die Nächstenliebe," *Luther: Zeitschrift der Luther-Gesellschaft* 62/1(1991), 5, 6.

[130] WA 40/1. 402. 19-21; LW 26:255-256.

따른 행위자를 만들어 내는 경우를 아예 부인하고 있는 것이 아니라는 점이다. 루터 역시 일상의 삶 속에서 흔히 찾아볼 수 있는 이러한 행위자와 행위 간의 관계의 측면을 분명하게 인식하고 있다. 그럼에도 불구하고 그가 믿음과 사랑의 관계를 설명하는 데 있어서 행위에서 행위자의 방향으로 움직이는 접근법을 사용하지 않고 행위자에서 행위로 움직이는 접근법을 사용하는 이유는 이것이 성경적 논리요, 올바른 신학적 논리라고 확신하기 때문이다. 이에 관한 그의 설명은 다음과 같다.

> 그리스도인들은 의로운 행위들을 함으로써 의롭게 되는 것이 아니다. 그들은 일단 그리스도를 믿는 믿음에 의해 의롭게 되면, 의로운 행위들을 한다. 시민생활에 있어서는 상황이 다르다. 여기서는 아리스토텔레스가 말하는 것처럼, 한 개인이 행위들에 근거하여 행위자가 된다. … 하지만 신학에서는 법의 행위들에 근거하여 행위자가 되지 않는다. 우선 행위자가 있어야만 한다. 그리고 나면 행위가 뒤따른다.[131]

이러한 진술은 루터가 아리스토텔레스의 덕 이론을 분명히 인식하고 있었다는 것을 알려준다. 루터가 이해하고 있는 아리스토텔레스의 덕 이론에 의하면 예를 들어서 목수 일을 지속적으로 훈련하는 것(행위)이 목수(행위자)를 만들어 내는 것처럼, 덕을 끊임없이 훈련하는 것(행위)이 그 덕이 있는 사람(행위자)을 만들어 낸다. 습관을 훈련하는 자는 그 훈련하고 있는 혹은 습관화하고 있는 것으로부터 명칭을 부여받은 행위자가 되는 것이다. 이러한 아리스토텔레스의 논리를 따르게 되면 불의한 인간은 계속해서 열심히 의로운 행위들을 훈련함으로써 의로운 사람이 된다. 외적 행위들이 내적 존재를 형성하고 그 존재에 대한 정의를 내리게 되는 것이다. 루터는 죄인의 구원과 관련하여 의롭게 됨의 문제에 있어서는 이와 같은 철학의 논리와는 완전히 반대되는 논리가 성경에 제시되어 있다고 주장한다.

---

131) *WA* 40/1. 402. 24-28; *LW* 26:256.

루터에 의하면 의로운 자에 관한 성경적 의미에 관한 한 의로운 일을 행하는 행위자는 존재 자체가 이미 그런 행위를 할 수 있는 사람이다. 즉 의로운 행위가 의로운 자로부터 나오는 것이지 의로운 행위가 의로운 자를 만드는 것이 아니라는 것이다. 의로운 자는 존재에 있어서 자신의 의로운 행위에 의해서 형성된 자가 아니라, 하나님의 새로운 창조에 의하여 탄생한 새로운 창조물이다. 이것은 곧 신학적 관점에서 볼 때 오직 내적으로 의롭게 된 사람만이 외적으로 의로운 일을 할 수 있음을 의미한다.[132] 이것은 인간의 행위가 아닌 하나님의 행위만이 의로운 일을 행할 수 있는 의로운 자를 창조해 낼 수 있다는 것을 의미한다. 이것은 의로운 일을 행할 수 있는 의로운 자는 인간에 의해서 형성되는 것이 아니라 하나님에 의해서 새롭게 창조되는 것임을 의미한다. 그리고 이것은 존재(being)가 행위(doing)를 생산하는 것이지, 행위가 존재를 형성하는 것이 아님을 의미한다.

이러한 논리에 의하면 형용사 '의로운'과 명사 '행위' 간의 의미론적 관계는 루터의 신학적 의미에 있어서 완전히 다른 결론을 도출해 낸다. 즉 '의로운 행위'라는 표현에 있어서 행위 자체가 의로움의 성격을 갖고 있어서 혹은 의로워서 '의로운'이 '행위'를 수식하는 형용사로 사용되고 있는 것이

---

[132] 참조, WA 56. 171. 26-172. 15; LW 25:151-152. 행위자와 행위의 관계에 대한 루터와 아리스토텔레스 간의 차이점에 관해서는 다음의 책 참조, Theodor Dieter, *Der junge Luther und Aristoteles: Eine historisch-systematische Untersuchung zum Verhältnis von Theologie und Philosophie* (New York: Walter de Gruyter, 2001), 149-175. 행위자라는 존재가 행위에 대하여 갖고 있는 우선권을 루터가 주장한 것은 불의한 죄인이 의롭게 되는 구원의 문제와 관련된 것임을 분명히 해야만 한다. 왜냐하면 루터도 인간의 일상적인 사회생활 속에서 어떤 사람이 특정한 기술을 꾸준히 연마함으로써 그 기술을 가진 사람으로 불릴 수 있다는 것을 부인하지 않기 때문이다. 예를 들어서 사람들은 요리, 사냥, 공부, 연주 등등의 지속적인 연습과 훈련을 통해서 좋은 요리사, 사냥꾼, 학자, 음악가 등등이 될 수 있다는 것을 루터도 인정하고 있다. 이러한 경우의 한 예로서 루터는 자신이 신학자로서 지닌 신학적 지식은 한 번에 발전한 것이 아니라는 것을 고백하면서, 학습은 훈련을 요구한다고 자신의 경험에 근거하여 언급한다. WA, TR 1:146(no. 352, 1532 가을); LW 54:50-51.

아니다. '의로운 행위'라는 표현에 있어서 '의로운'이 '행위'를 수식하는 형용사로 사용될 수 있는 것은 그 행위가 의로운 사람이 한 행위이기 때문이다. 이러한 신학적 논리에 따르면, 비록 동일한 행위가 행해지고 있다고 하더라도 믿음을 통해 의롭게 된 자들의 행위는 의로운 행위라 불릴 수 있는 반면, 불의한 자들, 즉 예를 들어서 자기 의나 행위에 의해 의를 추구하는 자들의 행위는 의로운 행위라고 불릴 수 없게 된다. 이러한 행위는 오히려 불의한 행위다. 왜냐하면 이러한 행위는 아직 예수 그리스도를 믿는 믿음을 갖고 있지 않은 불의한 자에 의해 행해진 행위이기 때문이다.[133]

더 나아가서 행위자(의로운 자)와 (의로운) 행위 간의 관계에 대한 루터의 이런 신학적 논리에 따르면 의로움에 관한 판단 혹은 인정은 인간의 관점에서가 아니라 하나님의 관점에서 이루어진다. 자신의, 능동적, 점진적 의와 거룩함의 차원에서 그리스도인들은 아직 완전하지 못하다. 그러므로 사실 그들의 행위도 완전히 의로운 행위들이라고 불릴 수 없다. 그럼에도 불구하고 그들의 행위는 그리스도 때문에 의롭다고 간주된다. 믿음에 의해 가슴속에 꼭 붙잡은 그리스도 덕분에 그들이 의롭다는 것은 하나님 앞에서 부동의 사실이다. 이 측면에서 볼 때 그들의 행위도 하나님 앞에서 지속적으로 의로운 행위로 수용된다.

---

[133] 이러한 신학적 논리 때문에 루터는 믿음 안에서 살아진 그리스도인의 삶의 성스러움을 인간의 행위가 아닌 그것이 하나님으로부터 주어진 선물이라는 사실 덕분으로 돌린다. 루터에 의하면 그리스도인의 거룩함과 다른 종류들의 거룩함 사이에는 분명한 차이점이 있다. 다른 종류들의 거룩함은 행위들에 의해서 거룩해지려는 행위자의 능동적인 시도에 근거하여 거룩하다고 주장되지만, 그리스도인의 거룩함은 수동적이며 주어지는 것이다. 사람, 교회, 그리고 도시가 거룩한 것은 "그들 자신의 거룩함에 근거해서가 아니라 그들 자신의 것이 아닌 거룩함에 근거해서 이며, 능동적 거룩함에 의해서가 아니라 수동적 거룩함에 의해서다. 그들은 그들이 신적이고 거룩한 어떤 것, 즉 사역, 복음, 세례 등의 소명을 가지고 있기 때문에 거룩한 것이다." *WA* 40/1. 70. 20-22; *LW* 26:25.

3. 나무와 열매

믿음과 사랑의 관계성의 핵심을 보여주기 위해서 루터가 애용하는 또 다른 비유는 나무와 열매다.[134] 행하는 것, 법을 지키는 것, 법을 행하는 자의 참된 의미가 무엇인가를 설명하면서 루터는 다음과 같이 말한다.

"행하는 것"은 동시에 믿음을 포함한다. 믿음은 행위자를 취하여 그를 나무로 만든다. 그리고 그의 행위들은 열매가 된다. 우선 나무가 있어야만 한다. 그러고 나서 열매가 있다. 왜냐하면 사과들이 나무를 만들지 않기 때문이다. [사과]나무가 사과들을 만들어 낸다. 따라서 믿음이 먼저 사람을 만들고, 그 사람이 후에 일들을 수행한다.[135]

이 같은 신학적 논리에 따르면 "믿음 없이 법을 지키는 것은 나무 없이 목재 혹은 진흙으로부터 사과들을 만들어 내는 것"과 같다.[136] 선행은 "의를 만들어 내기 위해서가 아니라, 의의 열매들로서 행해져야만 한다. 의롭게 만들어졌기에 우리는 선행들을 해야만 한다. 그 반대가 아니다. 다시 말해서 우리가 불의했을 때 선행들을 행함으로써 의롭게 되는 것이 아니다. 나무가 열매를 생산해 낸다. 열매가 나무를 생산해 내지 않는다."[137]

---

134) 이 비유와 관련하여 루터가 애용하는 성경구절은 요한복음 15:4-6까지다: "내 안에 거하라 나도 너희 안에 거하리라 가지가 포도나무에 붙어 있지 아니하면 스스로 열매를 맺을 수 없음 같이 너희도 내 안에 있지 아니하면 그러하리라 나는 포도나무요 너희는 가지라 그가 내 안에, 내가 그 안에 거하면 사람이 열매를 많이 맺나니 나를 떠나서는 너희가 아무 것도 할 수 없음이라. 사람이 내 안에 거하지 아니하면 가지처럼 밖에 버려져 마르나니 사람들이 그것을 모아다가 불에 던져 사르느니라." 이 구절과 함께 루터가 주목하는 구절들로는 마태복음 7:16-20; 12:33, 그리고 누가복음 6:43 등이 있다. 요한복음 15:4-6에 대한 루터의 해석을 위해서는 WA 45. 655. 9-678. 32; LW 24:213-238, 마태복음 7:16-20에 대한 해석을 위해서는 WA 32. 514. 21-522. 2; LW 21:259-268 참조.
135) WA 40/1. 402. 13-17; LW 26:255.
136) WA 40/1. 402. 17-18; LW 26:255.

나무와 열매의 비유가 보여주는 논리적 중요성의 또 다른 측면은 열매를 맺는 나무는 반드시 열매를 맺어야 한다는 내적 필연성이다. 나무의 외적 열매는 내적 생명의 증거다. 동일한 방식으로 믿음을 통해서 예수 그리스도를 가슴속에 꼭 붙잡은 자들은 "철을 따라 열매를 맺는, 시냇가에 심은 나무들"(시 1:3)과 같다. 이들은 열매 맺는 나무가 철을 따라 열매를 맺을 수밖에 없는 내적 필연성을 갖고 있는 것과 같이 그들의 가슴속에 있는 그리스도로부터 기인하는 내적 원동력과 능력에 의해 의롭고 선한 일들을 행한다. 따라서 그리스도인은 "게으르지 않고, 건실한 나무와 같이 좋은 열매를 맺을 것이다."(마 7:17) 그리스도의 영은 그리스도인에게 "게으름을 허용하지 않고 그를 모든 헌신의 훈련들로, 하나님에 대한 사랑으로, 고난 가운데서의 인내로, 기도로, 감사로, 그리고 모든 사람을 향한 사랑의 실천으로 강하게 이끈다."[138]

그러므로 비록 열매가 나무를 만드는 것이 아니고 나무로부터 생산되는 것이라 할지라도, 그 열매들은 나무의 생사 상태와 질적 상태를 알려주는 확실한 증거의 역할을 한다. 열매는 나무의 정체성과 내적 상태에 대한 외적 표징이 된다. 따라서 열매는 진품 그리스도인과 모조품 그리스도인을 구별해 낸다. 그리고 그리스도인의 내적인 영적 건강 상태를 입증하는 증거가 된다.

본 장의 주된 관심은 믿음과 사랑이 어떻게 조화로운 관계로 소개되고 있는지, 그리고 그 관계를 뒷받침하고 있는 내적인 신학적 논리들이 무엇인지를 고찰하는 것이었다. 이를 위하여 그리스도인의 자유의 개념, 그리스도가 준 사랑의 계명, 법을 성취하는 이중 방식, 그리고 그리스도론적 용어들

---

137) *WA* 40/1. 287. 20-23; *LW* 26:169. 루터는 또 다음과 같이 언급한다. 바울은 "의를 위해 필수적인 어떤 것이라는 의미에서의 할례를 거부했다. 왜냐하면 족장들 자신들은 그것에 의해 의롭게 된 것이 아니고, 그것을 단지 의의 표징으로서만 갖고 있었기 때문이다(롬 4:11). 그것에 의해서 그들은 그들의 믿음에 대해 증언하고 표현했다." *WA* 40/1. 157. 17-20; *LW* 26:83-84.

138) *WA* 40/1. 265. 31-36; *LW* 26:155.

과 개념들을 활용한 설명들에 초점을 맞추어 살펴보았다. 이러한 것들은 루터가 믿음과 믿음의 열매로서의 사랑, 믿음의 육화로서의 사랑, 그리고 믿음의 진위를 판별하게 하는 증거로서의 사랑의 관계를 매우 신중하고 면밀하게 구조화하고 개념화했다는 것을 드러낸다. 그리고 자신의, 능동적, 점진적 의와 거룩함의 차원에서 조화로운 믿음과 사랑의 관계를 보여준다.

이와 함께 믿음과 사랑을 다루는 두 차원 간의 관계, 즉 외래적, 수동적, 완전한 의와 거룩함의 차원과 자신의, 능동적, 점진적 의와 거룩함의 차원 간의 관계를 제시함으로써 루터의 신학에 있어서 믿음과 사랑은 어느 차원에서 다루어지느냐에 따라서 다른 관계로 나타난다는 것을 강조하고자 했다. 이러한 시도가 매우 중요한 것은 이 두 차원을 해석의 틀로 갖추고 루터 신학에 접근하면, 루터가 그의 신학 안에서 자가당착에 빠지는 진술들을 하고 있다는 오판을 내리는 것을 피할 수 있게 해주기 때문이다. 더 나아가서 믿음과 사랑 간의 관계의 특성들을 분석해 봄으로써 이 둘이 동등한 중요성을 가지고 있다거나 혹은, 단순한 병렬구조를 이루고 있지 않다는 것을 살펴보았다. 이와 함께 믿음과 사랑 간의 관계의 특성을 파악하기 위해서 "그리스도가 ~ 것처럼, 그리스도인도 또한 ~"이라는 표현이나, 행위자와 행위, 그리고 나무와 열매라는 루터가 애용했던 비유들을 다루었다. 다음 장에서는 루터가 새로운 개념을 부여한 사랑이 구체적으로 무엇을 의미하는지를 탐구해 볼 것이다.

제6장 | 사랑
믿음의 진위를 가리는 수단

　루터가 제시하는 믿음은 하나님, 그리스도, 그리고 자기 자신에 대한 올바른 지식, 그리고 하나님과 예수 그리스도에 대한 확고한 신뢰라는 요소들을 가지고 있다. 이와 함께 루터의 믿음 개념은 또 다른 주요한 요소를 내포하고 있는데, 그것은 사랑이라는 요소다. 그리스도인의 사랑은 초자연적으로 주입된 사랑도 아니요, 그렇다고 해서 인간의 본성에 내재하는 사랑도 아니다. 참된 사랑은 그리스도를 믿는 믿음으로부터 자연스럽게 맺히는 열매로서의 사랑이다. 루터는 아리스토텔레스의 철학에 근거하여 스콜라 신학자들이 주장하듯이 사랑이 믿음을 형성한다든지 혹은 완성한다는 가르침을 반대한다. 루터는 사랑이 믿음을 형성하는 것이 아니라 오직 그리스도가 믿음을 형성하며, 그 믿음은 사랑 안에서 육화한다고 주장한다. 따라서 예수 그리스도를 믿는 믿음에 의해 의롭게 된 그리스도인은 사랑의 활성화로 인해서 결코 게으르고 불모의 상태로 머물러 있지 않는다. 또 믿음은 사적인 것으로 머문다든지, 믿는 자 안에 고립된 채 개인주의적이고 이기주의적인 것으로 작용하지도 않는다. 믿음에 의해 가슴속에 꼭 모셔진 그리스도는 죄에 묶여 있는 자유의지를 해방하고, 믿는 자의 성격과 동기를 변화시켜 자발적으로 그리고 자유롭게 사랑의 행위를 할 수 있도록 영감을 준다. 루터는 이 육화된 믿음으로서의 사랑을 특히 의롭게 된 그리스도인들의 삶에 있어서 상호 구별되기는 하지만 연결된 세 가지 차원, 즉 하나님, 이웃, 그리고 자기 자신과의 관계라는 세 가지 차원에서 다룬다.

I. 믿음의 열매 사랑: 세 가지 관계

1. 하나님과의 관계에서의 사랑

루터에 의하면 하나님을 향한 인간의 사랑은 절대로 인간에 의해서 시작될 수도 주도될 수도 없다. 왜냐하면 인간이 타락한 본성을 가지고 하나님에 대한 사랑을 시도해 보았자 그 사랑이 결코 순수한 동기와 목적을 갖고 행해진 참된 사랑일 수 없기 때문이다. 순수하고 참된 사랑은 하나님을 향한 소유적이고 자기본위적인 사랑, 하나님을 이용해서 자기 자신의 이익을 추구하는 그런 사랑과는 전적으로 다르다. 소유적이고 자기본위적인 사랑에서 하나님은 단지 한 개인의 욕망과 욕구들을 충족시키기 위한 수단으로 전락한다.

이처럼 루터는 인간의 타락한 본성 자체로부터는 참된 사랑이 나올 수 없다고 본다. 그래서 루터는 인간으로 하여금 순순한 동기와 목적을 가지고 사랑할 수 있게 만들어 주는 것, 즉 새로운 창조물로 거듭남으로써 참된 사랑을 할 수 있게 만들어 주는 것이 선행되어야 한다고 말한다. 그것은 바로 예수 그리스도요, 이 예수 그리스도를 꼭 붙잡을 수 있는 것은 믿음이기에, 루터는 믿음이 사랑에 선행하고 우선해야만 한다고 주장한다. 이 믿음은 인간을 향한 하나님의 우선적인 사랑에 대한 인간의 전적인 수용이다. 오직 하나님의 우선적이고 주도적인 사랑을 수용한 후에야, 즉 인간의 구원을 위한 하나님의 사랑을 계시하는 구세주 예수 그리스도를 믿음으로 가슴 속에 꼭 모신 후에야, 인간은 순수한 마음으로 하나님의 사랑에 응답하는 사랑을 할 수 있다.

하나님의 주도적 사랑에 대하여 믿음을 통해 응답으로서의 사랑만을 할 수 있다고 보는 루터의 사랑 개념에 따르면 하나님과 인간 사이에 또 다시 그리스도가 서 있다. "나를 구원하기 위하여 온전한 사랑으로부터" 자기 자신을 내어 준 하나님의 아들 그리스도는 새로운 현실을 창조한다.[1] 그리스도가 가져다주는 자유는 하나님으로부터 등을 돌렸던 그리스도인들로 하여금 회개하고 방향을 전환하여, 하나님께로 되돌아갈 길을 찾고 순수한 마음으로 하나님을 사랑할 수 있게 해준다.

하나님을 순수한 마음으로 사랑할 수 있게 하는 그리스도인의 자유라는 새로운 현실을 창조하는 것에 더하여, 그리스도는 하나님을 향한 그리스도인의 사랑에 있어서 또 다른 역할을 한다. 천상으로부터 지상으로 내려옴에 있어서, 그리고 죽음과 부활에 있어서 그리스도는 "우리를 향한 하나님의 사랑의 엄청난 깊이와 불타오르는 열정"을 보여준다.[2] 그리스도에 의해서 인간에게 계시된 하나님의 사랑은 신적 사랑의 위대함을 천명하며, 특별히 인류를 향한 하나님의 구속적 관심을 절실히 느끼게 한다.[3]

---

1) WA 40/1. 297. 32-33; LW 26:177.
2) WA 40/1. 455. 17-18; LW 26:292.
3) 루터는 하나님을 "밝게 타오르는 사랑의 용광로"라고 묘사한다. WA 10/3. 56. 2-3; LW 51:95. 하나님의 사랑은 "순전하고 순수한 사랑"이며 "그분[하나님]의 가슴은 이러한 사랑으로 가득 차 흘러넘친다. 그리고 그분은 그 사랑을 선하건 혹은 악하건, 가치가 있건 혹은 가치가 없건 상관없이 어떤 예외도 두지 않고 모든 자에게 그 사랑을 자유롭게 쏟아 부어 주신다. 이것은 진짜, 신적인, 전적인, 그리고 완전한 사랑이며, 이것은 어떤 사람만 추려내지 않으며, 그 자체를 절단하지도 분할하지도 않고, 모든 자에게 자유롭게 나간다." WA 36. 358. 30-32; LW 51:267. 이 사랑은 특히 성자가 "그렇게 깊숙이 몸과 피 안으로 내려옴으로써" 삼위일체 하나님의 위치로부터 밖으로 나아가는 그리고 아래로 내려오는 움직임을 자발적으로 만들었을 때 분명하게 드러난다. WA 10¹/1. 68. 11-12; LW 52:12. 예수 그리스도 안에서 그리고 그를 통해서 계시된 이러한 하나님의 사랑은 그것이 가지고 있는 구원의 능력 때문에 죄인인 인간에게 특별한 중요성을 가지고 있다: "순전히 그분[하나님]의 사랑과 선하심으로 인하여 우리는 그리스도를 통해서 구원을 받는다." WA 10¹/1. 77. 7-8; LW 52:19. 따라서 루터는 이 하나님의 사랑을 "나의 죄들을 덮어준 그리스도의 사랑"과 동일한 것으로 간주하며, 이 그리스도의 사랑을 "다른 이의 사랑"(another's love)이라고 칭한다. WA 47. 769. 15; LW 51:297. 루터는 반복적으로 죄의 용서와 그리스

만약 하나님의 사랑이 그리스도를 통해서 그리고 그 안에서 접근되지 않는다면 인간은 화해, 의롭게 함, 그리고 구원에 대한 가르침들에 반영되어 있는, 그들에 대한 관심 때문에 하나님이 자신을 비우는(*kenotic*) 그 사랑의 핵심적인 메시지를 놓치게 된다.[4] 하나님에 의해서 주도된 사랑과 그

도의 외래적 의를 공로로 얻는 것은 인간의 사랑의 행위들이 아니라 바로 이 "다른 이의 사랑"이라고 강조한다. 어떻게 법을 준수할 수 있는가의 문제에 관하여 루터는 다음과 같이 기술한다: "당신은 순수한 마음, 거리낌 없는 양심, 그리고 진실한 믿음으로부터 유래하고 흘러나오는 사랑을 가지고 있어야만 한다. 당신은 단지 그것에 꼭 달라붙어만 있어라! 모든 올바른 설교는 거기에서부터 시작하고, 거기에 머문다. … 거기에 있어야만 하는 것은 법이 정말로 요구하는 것, 즉 사랑, 순수한 마음, 거리낌 없는 양심, 그리고 진실하고 거짓 없는 믿음으로부터 나오는 개울, 시내, 혹은 샘과 같이 흐르는 그런 종류의 사랑이다. 만약 상황이 이와 같다면 그것은 옳은 것이다. 만약 그렇지 않다면, 법 전체의 뜻과 의미는 놓쳐진 것이다." *WA* 36. 357. 37-358. 7; *LW* 51:266-267. "참된 사랑은 순수한 마음으로부터 흘러나온다. 하나님은 나에게 나의 이웃에게 나의 사랑을 내어 주고, 우리의 하늘에 계신 아버지께서 그러하시듯이, 모든 사람에게 그들이 나의 친구들이든 혹은 적들이든 상관없이 친절하라고 명령하셨다." *WA* 36. 358. 23-26; *LW* 51:267.

4) 하나님의 사랑에 대한 루터의 묘사는 그의 "하이델베르크 논쟁"의 제28 논제에 잘 나타나 있다. 하나님의 사랑은 사랑의 가치가 있는 것을 사랑하는 혹은 눈을 즐겁게 하는 그런 종류의 사랑이 아니다. 하나님의 사랑은 죄 안에서 완전히 가증스러운 것을 사랑하는 그런 종류의 사랑이다. 이것은 오직 하나님에 의해 사랑받음으로써 사랑을 받을 만한 가치가 있게 된다. "하나님의 사랑은 마음에 드는 것을 찾아내는 것이 아니라 창조해낸다."("Amor Dei non invenit sed creat suum diligibile.") *WA* 1. 365. 2; *LW* 31:57. "그러므로 죄인들은 그들이 사랑받기 때문에 매력적이다. 그들은 매력적이기 때문에 사랑받는 것이 아니다."("Ideo enim peccatores sunt pulchri, quia diliguntur, non ideo diliguntur, quia sunt pulchri.") *WA* 1. 365. 11-12; *LW* 31:57.

하나님의 가시성과 비가시성 사이의 관계에 대해 다루면서 윙엘(Jüngel)은 "하이델베르크 논쟁"의 제20 논제와 제28 논제를 비교한다. 여기서 윙엘은 영광의 신학과는 대조적으로 루터의 십자가 신학은 하나님에 대한 진정한 신학과 지식의 특성을 "사랑의 사건"으로서의 십자가에 처형된 그리스도 안에서 발견한다고 설명한다. Eberhard Jüngel, *Zur Freiheit eines Christenmenschen*, 38; ET *The Freedom of a Christian*, 36. 윙엘에 의하면 루터는 하나님의 사랑(*amor dei*)과 이 하나님의 사랑에 상응하는 십자가의 사랑(*amor crucis*)을 대상의 외관과 가시적 가치로부터 생겨나

사랑을 받을 자격이 없는 죄인들을 위하여 하나님이 그리스도를 통해서 행한 모든 일을 상기할 때, 그리스도인들은 이 말로 형언할 수 없고 측량할 수도 없는 하나님의 사랑에 그들의 가슴이 뭉클해짐을 느끼고, 하나님의 사랑에 사랑으로 응답하게 된다. 이처럼 그리스도는 인류를 향한 하나님의 조건 없는 사랑을 계시함으로써, 그리고 그리스도인들에게 하나님을 향한 애정 어린 사랑과 감사하는 마음을 갖도록 영감을 불어넣어 줌으로써, 하나님과 인간 사이에서 신-인 사랑의 중개인 역할을 한다.[5]

더 나아가서 온전한 하나님이며 온전한 인간으로서의 예수 그리스도는 죄인들을 향한 하나님의 사랑의 화신이 됨으로써, 그리고 하나님을 향한 인간의 사랑의 귀감이 됨으로써 그리스도인들의 사랑의 전형이 된다. 성부 하나님에 대한 예수 그리스도의 순종적인 사랑은 하나님을 향하여 순전하게

는 인간의 사랑의 구조와 완전히 대립되는 것으로 제시한다. Jüngel, *Zur Freiheit eines Christenmenschen*, 38; ET *The Freedom of a Christian*, 36. "그에 따라서 창조된 것 안에서 하나님의 시각은 존재에 의해서보다는 무에 의해서, 가능성들의 전적인 소유에 의해서보다는 그것들의 부재에 의해서 정의되는 것을 주시한다. 이처럼 하나님의 눈이 보는 능력은 뛰어난데, 그것은 창조적 사랑, 즉 먼저 대상물을 아름답고 사랑을 받을 만한 가치가 있게 만듦으로써 사랑하는 대상물을 창조해내는 사랑이 그 안에서 일하고 있기 때문이다. 그러므로 하나님의 사랑의 시선이 향해져 있는 곳이면 어디에서든지 이 사랑을 받을 만한 가치가 있는 대상이 생겨난다. 하나님이 보시기에, 그리고 실제로 이 때문에, 전적으로 사랑을 받을 만한 가치가 없는, 비뚤어지고 추한 죄인이 새로운 의 안에서 올바르고 하나님에게 적합하게 된다." Jüngel, *Zur Freiheit eines Christenmenschen*, 39; ET *The Freedom of a Christian*, 37.

5) 이와 함께 루터는 또 하나님이 그리스도인들을 능동적인 사랑의 행위로 촉진하기 위해서 그들의 사랑의 행위를 보상한다는 언급도 한다. 그리고 이것을 하나님의 교육법이라고 명명하면서 루터는 이에 관해서 다음과 같이 설명한다. 비록 하나님은 그리스도를 믿는 자들에게 값없이 영생을 베풀지만, 하나님은 또한 "영적이고 물질적인 깃들에 대한 약속들을 가지고" 그리스도인들을 잘 설득하여 보다 능동적이 사랑으로 이끈다. 그러므로 "모든 다른 약속의 근원이며 원천인 의롭게 됨의 조항을 다룰 때를 제외하고는 하나님이 선행들에 보답할 것이라는 것이 교회에서 가르쳐져야만 한다. … 그에 따라서 우리는 이러한 약속들과 보상들은 매우 온화한 아버지로서 하나님이 선행을 하고 우리의 이웃을 섬기도록 우리를 초청하고 이끄는 교육법이다." *WA, TR* 3:443-444(no. 3600, 1537. 6. 18); *LW* 54:240.

영광의 찬가를 올리는, 그리고 소유욕에 의하지 않은 사랑을 가르쳐 준다. 따라서 루터는 다음과 같이 선언한다: "당신은 그리스도에 의해서 의로운데, 그 그리스도를 믿음으로 꼭 붙잡았기 때문에 이제 나아가 하나님과 이웃을 사랑해야 한다. 하나님께 요청하고, 하나님께 감사드리고, 하나님에 대해서 설교하고, 하나님을 찬양하고, 하나님을 고백하라."[6)

이와 함께 하나님과 그리스도인들 간의 사랑에 있어서 그리스도는 또 다른 중요한 역할을 한다. 자신의, 능동적, 점진적 의와 거룩함의 차원에서 그리스도인들의 사랑은 하나님의 기준에 훨씬 미치지 못한다. 그럼에도 불구하고 하나님은 믿음에 의해 믿는 자들의 가슴속에 현존하는 그리스도로 인하여 그리스도인들의 사랑을 만족스럽게 받아준다. 여기서도 그리스도는 하나님과 그리스도인들 사이에서 꼭 필요한 중개인 역할을 한다. 그리스도는 그리스도인들의 사랑을 하나님 보기에 완전한 것처럼 만들고, 그들에게 그들의 사랑이 하나님을 흐뭇하게 한다는 것을 확신시켜 준다.

이러한 믿음과 사랑에 대한 개념들을 통해서 루터는 인간이 본성으로부터 하나님을 다른 무엇보다도 사랑할 수 있다는 가르침을 거부한다. 사랑은 그리스도를 통해서 그리고 그분 안에서 하나님이 인간을 위하여 행한 모든 것에 대한 "일종의 감사로서 믿음에 뒤따라야만 한다."[7)] 즉 믿음이 그리스도를 가슴속에 꼭 붙잡고, 그 그리스도의 영에 의해서 가슴이 정화되지 않으면, 인간에게서 정녕코 순수한 사랑이 나올 수 없다. 이것이 바로 루터가 하나님에 대한 인간의 관계를 논하면서 사랑이라는 단어를 사용하기 전에 반드시 믿음이라는 단어를 먼저 사용하는 이유다.[8)

---

6) *WA* 40/1. 234. 19-21; *LW* 26:133.
7) *WA* 40/1. 241. 21; *LW* 26:138.
8) 참조, Berndt Hamm, "Von der Gottesliebe des Mittelalters zum Glauben Luthers: Ein Beitrag zur Bußgeschichte," *Lutherjahrbuch* 65(1998), 42-43. 루터는 하나님에 대한 인간의 응답을 표현하기 위해 우선적으로 '사랑' 대신 '믿음'을 선택한다고 햄은 지적한다. '사랑' 대신 '믿음'을 선택한 목적은 죄인이 의롭게 되는 것을 그것이 무엇이 되었든지 간에 이러한 인간의 내재적 능력 혹은 자질과 연결시키려는 시도를 방지하기 위한 것이다. 햄은 다음과 같이 결론 짓는다: "믿음이 그것의 사랑을 통해

더 나아가서 루터는 하나님을 향한 인간의 사랑은 하나님에 대한 참된 예배에 한정되어 있지 않다는 점을 강조한다. 믿음의 열매로서의 사랑은 그리스도인들의 모든 행동과 활동들에 있어서 기본적인 태도와 성격을 구성한다. 그들이 어디에 있든지 그리고 무엇을 하든지 상관없이 그리스도인들이 존재하고 삶을 살아가는 방식 자체가 근본적으로 사랑의 하나님에 대한 믿음으로부터 넘쳐 나오는 사랑의 표현이다. 수직적 차원에서 하나님의 사랑에 대한 응답으로서 하나님을 향한 사랑을 그리스도인의 사랑의 근저로 확립한 후, 루터는 계속해서 다음에 다룰 수평적 차원에서 이웃을 향한 그리스도인의 사랑에 대해서 이야기한다.

2. 이웃과의 관계에서의 사랑: 소명

사실 그리스도인의 사랑에 대한 루터의 가르침에 있어서 이웃에 대한 사랑은 하나님에 대한 사랑보다 훨씬 빈번하게 등장한다.[9] 여기에는 그럴 만한 이유가 있다. 루터는 사랑에 대한 가르침에 있어서 줄곧 그가 입증된 대가로 간주하는 바울에게, 그리고 바울을 통해서 바울이 계속 의존하고 있는 그리스도에게 호소한다. 그리고 이웃사랑을 논하면서 루터는 주로 마태복음 22:36-40과 십계명의 두 번째 판에 적힌 내용들을 다룬다.

사랑에 대한 바울의 가르침, 그리고 그의 간곡한 권고와 명령은 그리스도인들의 공동체적 삶의 조화를 증진하고, 영적인 덕들과 무기들을 가지고 그리스도인들을 세워주고자 하는 상황 속에서 주로 나타난다. 16세기 종교개혁의 선두에 서서 진두지휘하는 신학교수로, 목사로, 그리고 개혁가로서

서가 아니라 그것의 수용을 통해서 의롭게 하고 구원한다. 사랑하는 인간이 아니라 죄인이 용서를 받는다." 위의 논문, 43. 참조, Berndt Hamm, *The Early Luther: Stages in a Reformation Reorientation*, trans. Martin J. Lohrmann (Grand Rapids, MI: William B. Eerdmans, 2014), 1-25, 59-84. 하나님에 대한 인간의 사랑에 관해서는 다음의 논문도 참조, 이기성, "루터의 「대(大) 갈라디아서 주석」(1531/35)에 나타난 하나님에 대한 인간의 사랑의 이해", 「조직신학연구」 5(2004), 252-278.

9) 루터의 이웃사랑에 관한 연구들을 위해서는 제2장 선행연구 참조.

루터는 다양한 이유로 매일 지도력을 고대하면서 자신을 바라보고 있는 사람들에 의해 둘러싸여 있었다. 많은 사람이 혼란, 혼동, 파괴, 분쟁, 그리고 불화의 한 복판 속에서 갈등을 경험하고 있었다. 바로 이러한 상황 속에서 루터는 바울로부터 배운 사랑에 관한 권위 있는 가르침을 자신의 상황과 연결하고 적용하면서 책임감 있게 이러한 삶의 도전에 응전했다. 이처럼 당시 상황 속에서 루터가 가지고 있었던 특별한 목회적 관심과 돌봄을 기억해 볼 때, 사랑에 대한 가르침에 있어서 이웃 사랑에 대한 부분이 상당 부분을 차지하고 있는 것은 당연한 것이라 할 수 있다.

하지만 그렇다고 해서 사랑에 대한 가르침에 있어서 루터가 하나님에 대한 사랑을 단순히 이웃사랑으로 환원시킨다거나 혹은 이웃사랑을 하나님에 대한 사랑보다 더 중요시 여기는 것은 아니다. 루터가 이웃사랑을 가장 고귀한 사랑인 것처럼 표현할 때도, 그는 이웃사랑을 하나님에 대한 사랑 위에 놓지 않는다. 다만 루터는 모든 피조물 중 가장 고귀한 존재로서 사랑을 받아 마땅한 것이 이웃임을 강조하면서 이웃사랑의 중요성을 이야기하는데, 그 한 예를 다음의 인용문에서 찾아볼 수 있다.

> 당신이 사랑[charitatem]을 실천해야만 할 피조물들 중 그 어떤 것도 당신의 이웃보다 더 고귀한 것은 없다. … 지상에 살고 있는 것들 중 그 어떤 것도 더 기분 좋고, 더 사랑스럽고, 더 도움이 되고, 더 격려가 되고, 혹은 더 필요한 것은 없다. 게다가 그[이웃]은 선천적으로 문명화되고 사회적인 존재에 적합하다. 따라서 우주 전체에 있어서 우리의 이웃보다 더 사랑[amore] 받을 만한 가치가 있는 것으로 간주될 수 있는 것은 아무것도 없다.[10]

이와 같이 루터에 의하면 모든 피조물이 사랑의 대상으로 고려되었을 때 이웃이 대상이 되는 사랑보다 더 고귀한 사랑은 없다. 그럼에도 불구하고 하나님의 사랑에 대한 응답으로서의 하나님을 향한 사랑이 선행하지 않

---

10) *WA* 40/2. 72. 31-36; *LW* 27:58.

으면, 진실한 이웃사랑은 가능하지 않음을 루터는 분명히 한다.

모든 인간 사랑에 있어서 하나님을 향한 사랑을 이웃사랑보다 더 근본적인 것으로 보는 루터의 입장은 십계명의 첫 번째 판과 두 번째 판 간의 관계에 대한 그의 이해에서도 분명하게 탐지된다. 루터에 의하면 이 둘 사이에는 일정한 질서의 원리가 있다. 이 원리는 첫 번째 판이 항상 두 번째 판보다 상위에 있으며 우선권을 갖는다는 것이다. 그리고 예수 그리스도의 사랑의 계명을 십계명 전체를 집약하는 것으로 간주하는 루터는 이 원리를 그리스도의 사랑의 계명에도 적용한다. "가슴을 다하고, 영혼을 다하고, 마음을 다하여" 하나님을 사랑하는 것, 이것이 첫째 되고 위대한 계명이다. 두 번째 계명은 자기 자신과 같이 이웃을 사랑하는 것이다(마 22:37-38). 그 어떤 것도 십계명의 첫 번째 판, 특히 첫 번째 계명의 핵심으로서의 하나님의 자리를 대신 차지할 수 없다.

이처럼 십계명의 첫 번째와 두 번째 판 사이의 구별, 그리고 예수 그리스도의 사랑의 계명의 첫 번째와 두 번째 부분 사이의 구별을 고려해 볼 때, 루터가 생각하고 있는 하나님에 대한 사랑과 이웃에 대한 사랑 사이의 중요한 차이점을 감지할 수 있다. 하나님은 창조주다. 이웃은 피조물이다. 창조주 하나님에 대한 사랑은 감사, 최고의 존경, 전적인 순복, 완전한 신뢰, 경외감, 그리고 하나님의 신비와 초월성에 대한 외경심을 구현하는 사랑이다. 피조물로서의 이웃에 대한 사랑은 창조주 하나님에 대한 사랑의 한 표현이다.[11] 따라서 그리스도인의 사랑에 있어서 그 어떤 피조물도 가장 우선적이고 중요한 사랑의 대상으로서의 창조주 하나님을 대체할 수 없다.

---

11) 물질적 피조물들은 더 말할 것도 없이 그리스도인의 사랑에 있어서 최우선이 되는 창조자 하나님을 대체할 수 없으며, 그래서도 안 된다. 이것은 또한 피조물들이 하나님처럼 사랑받고 경배되어시는 안 된다는 것을 외미한다. 이에 관한 루터의 입장은 갈라디아서에 나오는 할례에 관한 부분을 다룰 때 잘 나타난다. 루터는 빵, 포도주, 옷, 소유물들, 금 등과 같은 하나님의 피조물들은 섬겨지기 위해서, 예배드려지기 위해서, 혹은 신뢰되기 위해서 인간에게 주어진 것이 아니고 오직 사용되기 위해서 주어진 것임을 강조한다. 오직 하나님만이 "사랑 받고, 경외되고, 존경받아야만 한다." WA 40/1. 176. 19; LW 26:96.

물론 그렇다고 해서 사랑에 대한 루터의 가르침에 있어서 이웃사랑의 중요성이 감소하는 것은 아니다. 왜냐하면 바로 그 이웃을 위해 다름 아닌 하나님의 아들이 하늘로부터 지상에 내려와 인간의 몸을 입었기 때문이다. 비록 이웃이 하나님은 아니지만, 이웃은 하나님의 형상에 따라 창조되었고, 하나님의 우선적인 사랑의 대상이다. 더 나아가서 예수 그리스도가 자신이 인간을 사랑하는 것처럼 그리스도인들에게 이웃을 사랑하라고 명한다. 그리스도인들은 이웃을 하나님인 것처럼 사랑하지는 않는다. 그러나 그리스도인들은 하나님이 조건 없이 사랑하는 이웃을 그리스도가 그들을 사랑하는 방식으로 사랑하도록 신적인 계명을 받았다. 만약 그리스도인들이 진실로 그리스도를 사랑한다면, 그리스도가 준 사랑의 계명을 준수하는 것이 마땅하다. 따라서 근원적으로 볼 때 이웃사랑은 다름 아닌 하나님에 대한 그리스도인들의 충성스럽고도 명백한 사랑의 한 구체적 표현이며 실행이다.

    이러한 루터의 이웃사랑 개념에 있어서 빠질 수 없는 주요한 요소는 이미 다루었던 것과 같이 그리스도인의 자유에 관한 사고다. 이웃사랑과 관련하여 특별히 그리스도인의 자유에 대한 루터의 사고는 "~으로부터의 자유"로부터 "~을 향한 자유"로 그 초점이 이동한다.[12] 오직 그리스도를 믿는 믿

---

12) 이러한 사고는 루터의 『그리스도인의 자유』에 가장 분명하게 나타난다. 믿음과 사랑에 관한 루터의 가르침을 올바르게 이해하지 못하면, 이 글이 묘사하는 자유와 노예상태 간의 대립에 의해 결정되는 변증법을 놓치게 된다. 바이어는 루터의 전 작품이 "루터가 갈라디아서에 담겨 있는 바울의 자유로의 부름 – '그리스도께서 우리를 자유롭게 하려고 자유를 주셨으니 그러므로 굳건하게 서서 다시는 종의 멍에를 메지 말라'(갈 5:1) – 을 승인한다는 진술 안에 요약" 될 수 있다고 주장한다. 바이어는 계속해서 다음과 같이 말한다. "루터는 신약 안에 그리고 특히 성 바울에 의해서 분명하게 표현된 것처럼 이 자유로의 부름을 취하여 그것에 강력한 새로운 취지를 부여했다: 너는 자유로 부름 받았다." 바이어는 의롭게 된 그리스도인들은 그들 자신의 육체를 섬기기 위한 자유가 아닌 사랑을 통해서 서로를 섬기는 자가 되기 위한 자유로 부름을 받았다는 루터의 사고를 강조한다. 바이어의 주된 주장은 사랑을 통해서 서로를 섬기기 위한 이 자유로의 부름은 개인적 차원과 사회적 차원 모두에서 그리스도인의 전 삶을 포용하며, 그것에 배어 있다는 것이다. 바이어는 자유로의 부름에

음을 통해서 얻어진 참된 그리스도인의 자유 안에서만 인간은 순수한 가슴과 동기를 갖고 이웃을 사랑할 수 있다. 그리스도를 믿는 믿음으로부터 순수한 사랑의 형태로 흘러나오는 이러한 이웃사랑은 "광신적이고 미신적인 행위들"과 현저한 대조를 이룬다.13) 더 나아가서 그리스도의 법은 사랑의 법이라는 바울의 해석을 따르면서, 루터는 예수 그리스도는 이웃을 사랑하라는 계명을 주었을 뿐만 아니라 어떻게 사랑해야 하는지에 대한 본보기도 보여주었다는 점을 강조한다.

루터는 사랑에 관한 한 특히 예수 그리스도가 보여준 사랑의 두 가지 중요한 본보기의 모습들을 열거한다. 그 첫 번째는 하나님에게 등을 돌리고 그로 인해서 하나님의 관심을 받을 자격조차도 없는 인류를 구원하기 위하여 성자로서 하늘로부터 땅으로 내려온 모습이다. 두 번째는 그의 공생에 기간 중 그의 추종자들과 특별히 사회적으로 멸시받고 소외되었던 자들에게 보여주었던 그의 겸손의 섬김이다. 루터가 이웃사랑의 정수와 전형을 발견한 그리스도의 이 두 가지 모습들은 루터의 이웃사랑 개념의 핵심과 그의 십자가 신학 사이의 개념적이고 실천적인 연결고리를 잘 드러낸다.14)

무엇보다도 루터의 사랑 이해에 있어서 주목할 만한 것은 그 개념 안에

의존하고 있는 루터의 윤리에 있어서 죄와 용서의 문제들은 필요 불가결한 것이라는 점에서 루터의 윤리는 목회적 돌봄을 위한 관심을 반영하고 있다는 것을 보여주고자 시도한다. 바이어에 의하면 이러한 면모는 루터가 수도원의 세 가지 서약인 가난, 순결, 그리고 순종을 가정의 삶, 경제적 삶, 그리고 정치적 삶이라는 삶의 주된 세 가지 영역을 요약하고 있는 것으로 취급하는 데서 드러난다. Oswald Bayer, "Luther's Ethics as Pastoral Care," *Lutheran Quarterly* 4/2 (1990), 125-142. George W. Forell의 *Faith Active in Love*는 루터 윤리의 이러한 측면을 파악하기에 좋은 자료다. 특히 "The Practical Principle"(112-155)을 참조하라.
13) WA 40/2. 69. 20. "phanatica et supersticiosa opera."; *LW* 27:55.
14) 이에 관해서는 제5장 "비유들" 중 "그리스도처럼 그리스도인도"에서 다루었다. 이 상관관계에 대해서는 다음의 글들 참조, Helmar Junghans, "Martin Luther über die Nächstenliebe," *Luther: Zeitschrift der Luther-Gesellschaft* 62/1(1991), 7; Veli-Matti Kärkkäinen, "'The Christian as Christ to the Neighbor'," *International Journal of Systematic Theology* 6/2(2004), 108-109.

포함되어 있는 적극적 능동성이다. 이웃을 사랑한다는 것은 상대방이 잘 되기를 바라는 정도의 수동적 바람을 훨씬 넘어선다. 하늘의 영광의 자리를 버리고 지상으로 내려 온 성자는 천상에 머물면서 인간이 잘 되었으면 좋겠다고 바라는 정도로 그의 사랑을 끝내지 않았다. 그는 적극적이고도 능동적인 행동을 취했고, 자신의 사랑을 구체적인 형태로 증명했다. 그리고 신인으로서의 예수 그리스도는 지상에서 다양한 종류의 사역들을 수행했다. 이와 마찬가지로 그리스도인들의 사랑도 가슴속에만 머물러 있어서는 안 된다. 그들의 내적 사랑은 외적으로 표출되어야만 한다. 그리스도인들은 그리스도를 전형으로 삼아 그가 보여준 본보기들에 근거하여 사랑의 법을 준수해야만 하며, 이웃에 대해서 단순히 수동적으로 좋게 바라는 수준에 그쳐서는 안 된다. 이에 관하여 루터는 다음과 같이 목소리를 높여 호소한다.

"사랑"에 관하여 소피스트들이 갖고 있는 견해는 전적으로 냉담하고 소용이 없는 것이다. 그들은 "사랑하는 것"은 단지 어떤 사람이 잘 되기를 바라는 것을 의미할 따름이라고, 혹은 사랑은 마음속에 있는 자질이라고 말한다. 그 자질에 의하여 한 개인은 그의 가슴속에 동기를 혹은 그들이 "잘 되기를 바라는 것"이라고 부르는 행동을 이끌어 낸다. 이것은 완전히 텅 빈, 메마른, 그리고 수리적인 사랑이다. 이러한 사랑은 말하자면 육화하지 않은, 그리고 일하러 가지 않는 사랑이다. 이와는 대조적으로 사랑은 종이어야만 한다고, 그리고 만약 그것이 종의 위치에 있지 않다면, 그것은 사랑이 아니라고 바울은 말한다.[15]

참된 사랑은 "다른 누군가의 짐을 지어주는 것, 즉 당신에게 부담이 되는 것, 당신이 별로 지고 싶지 않은 것을 지는 것이다. 그러므로 그리스도인은 형제의 육, 즉 형제의 연약함을 감당하기 위해서 넓은 어깨와 튼튼한 뼈를 가지고 있어야만 한다."고 루터는 말한다.[16] 이웃사랑은 반드시 육화된

---

15) WA 40/2. 64. 32-65. 22; LW 27:51-52.

사랑이어야만 하고, 인류를 위한 하나님의 사랑이 성자의 육화에 의해서 구현된 것과 같이 가시적이고 명시적인 형태로 수행되어야만 한다.[17]

이웃사랑에 대한 루터의 사고에 있어서 또 다른 특성은 이웃에 대한 그의 정의에 잘 드러난다. 누가복음 10:30-37을 언급하면서 루터는 "이웃"이

---

16) *WA* 40/2. 144. 21-24; *LW* 27:113.

17) 루터가 이러한 말을 했을 때 그것은 단순히 공허한 실없는 말이 아니었다. 루터의 신학에서 믿음으로부터 흘러나오는 사랑의 원리가 가지고 있는 사회-윤리적 영향들에 초점을 맞추면서 포렐은 이 원리로 인해서 루터가 살던 때에 실제로 일어났던 몇몇 제도 혹은 기관 상의 변화들을 지적한다. 그 예들로서 학교들과 개신교 교회들 개혁, 고리대금 제지, 공정거래 실천에 관한 조언, 그리고 가난한 자들을 위한 재활 단체 등이 있다. 특별히 걸인들과 교회가 후원하는 조직된 구걸 체계를 루터가 어떻게 취급하는지에 대한 포렐의 서술은 주목할 만하다. 포렐이 기술하고 있는 것처럼 루터는 이웃의 고통에 대한 진정한 관심이 개 그리스도인의 이기적인 이익관계와 반대될 지도 모르는 그런 있음직한 상황들을 정확하게 지적해 낸다. 예를 들어서 만약 걸인들이 아무도 없다면 그 걸인들에게 자선을 베풂으로써 공로를 쌓을 기회들이 제거될 수 있다. 믿음으로부터 흘러나오는 사랑을 강조하면서, 그리고 걸인들로 하여금 계속해서 구걸하게 하면서 일시적으로만 그들을 도와주는 고안은 불충분한 것이라고 비판하면서, 루터는 아예 구걸하게 만드는 원인 자체를 없애버리는 것에 관심을 기울인다. 포렐의 설명에 의하면 루터에게서 "한 개인이 걸인이 되는 것을 피하도록 도와주는 것은 최소한 그가 걸인이 된 후에 그에게 자선을 베푸는 것만큼 유익한 섬김이다." George W. Forell, *Faith Active in Love*, 106.

포렐은 다음과 같이 계속해서 언급한다. 루터는 또한 "교회에 의해 후원되며 동냥에 의해 독립생활을 하는 수도회들에 의한 모든 조직화된 동냥은 중단되어야만 한다고 주장했다. 그는 이러한 교회 동냥아치들을 품어준 기관들은 병들고 궁핍한 사람들을 위한 수용시설들로 바뀌어야 한다고 제안했다. 이러한 제안은 그의 윤리적 원리의 매우 구체적인 적용의 표시였다. 루터에게서 이웃은 더 이상 목적을 위한 수단이 아니라 그 자체로서 가장 참되고 중요한 목적이었다. 그러므로 루터가 개인적으로 경멸했던 이러한 수도원들이 해체되는 가운데서도 그는 사랑이 압도해야만 한다고 느꼈다." 위의 책, 107. 이 주제에 관해서 다음의 책들도 참조. Carter Lindberg, *Beyond Charity: Reformation Initiatives for the Poor* (Minneapolis, MN: Fortress Press, 1993), 161-169; idem, "Luther on Poverty," in *Harvesting Martin Luther's Reflections on Theology, Ethics, and the Church*, ed. Timothy J. Wengert (Grand Rapids, MI: William B. Eerdmans, 2004), 134-151; Samuel Torvend, *Luther and the Hungry Poor: Gathered Fragments* (Minneapolis, MN: Fortress Press, 2008).

란 "모든 인간, 특별히 우리의 도움을 필요로 하는 사람"을 의미하며, "심지어 나에게 일종의 손해를 주었거나 혹은 해를 끼친 자라 할지라도 … 나의 이웃이기를 멈추지 않는다."고 말한다.[18] 이처럼 이웃이라는 개념 속에 도움을 필요로 하는 모든 사람을 포함시킬 때 루터가 생각하는 사람들은 단지 특별한 혹은 긴급한 도움을 요구하는 사람들에게 한정되어 있지 않다. 루터에 의하면 인간은 누구든지 일정한 형태의 도움을 필요로 하게 되어 있기 때문에 온 세상은 이웃으로 가득 차 있다. 따라서 도움을 필요로 하는 사람들이 결핍된 상태는 결코 있을 수 없다.[19]

루터의 이웃사랑 개념은 그의 신학에 있어서 다양한 의미들을 지니고 있다. 특히 이웃사랑과 관련하여 그리스도인의 소명에 대한 루터의 신념은 특히 주목할 만하다. 루터가 살고 있던 16세기 사고방식에 의하면 인간 사회는 세 가지의 주요한 영역을 중심으로 운영되는데, 그것은 가정, 국가, 그리고 교회다.[20] 소명의 장들은 근본적으로 그것이 어떤 종류의 것이 되었든 어떤 요구를 갖고 있는 자들과 그 요구를 충족시켜 줄 수 있는 자들이라는 두 집단으로 구성되어 있다. 이것은 곧 소명의 장들이야말로 그리스도인들

---

18) *WA* 40/2. 73. 25-28; *LW* 27:58.
19) *WA* 40/2. 74. 23-25; *LW* 27:59.
20) *WA* 40/2. 144. 26-30: "In Ecclesia…. In Politia…. In Oeconomia…."; *LW* 27:113. 참조, *WA, TR* 3:593(no. 3754, 1538. 2. 18): "창조의 계획에 따르면 모든 사람은 가정 혹은 정치 혹은 교회 사람이다. 이러한 규정들 밖에서 기적적으로 면제되지 않는 한 그는 사람이 아니다."; *LW* 54:268. 루터는 십계명의 네 번째 계명에서 아버지에 대한 언급은 "아버지"라고 불리는 모든 사람을 포함하는 것이라고 해석하면서, 이에 의하면 네 종류의 아버지들이 있다고 설명한다. 그들은 출생에 의한 아버지들, 집안의 아버지들로서의 남자 주인들(*patres familias*), 땅의 아버지들로서의 군주들(*patres patriae*), 그리고 교회의 아버지들로서의 감독들이다. *WA* 30/1. 69-71; *LW* 51:148-149. 바이어는 믿음과 사랑에 관한 루터의 이해가 가정(*oeconomiam*), 정부(*politiam*), 그리고 교회(*ecclesiam*)라는 세 영역들에 대한 그의 가르침과의 연관성 속에서 어떻게 기능하고 있는지를 통찰력 있게 기술한다. Oswald Bayer, "Nature and Institution: Luther's Doctrine of the Three Orders," *Lutheran Quarterly* 12/2(1998), 125-159, 특히 132-141.

이 다른 사람들을 섬기는, 즉 이웃 사랑을 실천하는 기회를 무한정 갖는 장들이 된다는 것을 의미한다.

소명은 그리스도를 믿는 믿음 위에 세워진 그리스도인의 삶의 핵심적 측면이다.[21] 그리고 소명의 수행은 다름 아닌 이웃사랑의 실천이다. 종사하고 있는 일의 특정한 조건들에 상관없이, 즉 그 일이 어떤 종류의 일인지, 급료는 얼마인지, 그 일로 인하여 개인적으로 어느 정도나 만족하고 있는지, 혹은 주인이나 상사에 의해서 어떻게 취급받고 있는지에 상관없이 소명의 원칙적인 정신은 항상 동일하다. 그것은 바로 그리스도인들에 의한 소명 수행은 곧 하나님 사랑과 이웃사랑의 실천이라는 정신이다.[22]

그렇기 때문에 이웃사랑은 인간 삶을 구성하고 있는 모든 소명의 장에서 구현될 수 있다. 그리스도인들은 그들의 소명을 수행하고 있는 곳이면 어디든지, 그리고 그들의 의무를 수행하는 때면 언제든지, 이웃을 사랑하라는 계명을 지키고, 따라서 근본적으로는 하나님을 사랑하라는 계명을 준수하고 있는 것이다. 루터는 이에 관하여 다음과 같이 적고 있다.

내가 내 안에 이 의를 가지고 있을 때, 나는 땅을 비옥하게 만드는 비와 같이 하늘로부터 내려온다. 즉 나는 다른 왕국으로 나간다. 그리고 나는 기회가 생기는 대로 선행을 행한다. 만약 내가 말씀의 사역자라면, 나는 설교하고, 슬픈 마음을 가진 자를 위로하고, 성례전을 집행한다. 만약 내가 아버지라면, 나는 나의 가정과 가족을 다스리고, 나의 자녀들을 경건과 정직함 가

---

21) 참조, *WA* 40/2. 152. 38-153. 29; *LW* 27:119-120.
22) Martin Luther, "Eighteenth Sunday after Trinity, Matthew 22:34-46, 1532," in *The Complete Sermons of Martin Luther*, vol. 7, ed. Eugene F.A. Klug (Grand Rapids, MI: Baker Books, 2000), 51-60. 참조, Gustaf Wingren, *Luther on Vocation*; Karlfried Froehlich, "Luther on Vocation," in *Harvesting Martin Luther's Reflections on Theology, Ethics, and the Church*, 121-133; Robert Kolb, *Martin Luther: Confessor of the Faith* (Oxford: Oxford University Press, 2009), 172-196.

운데 훈련한다.[23]

다양한 소명들에 있어서 가치상의 차이는 하나님 앞에서 원칙적으로 존재하지 않는다. 따라서 소명을 통한 이웃사랑의 실천에 있어서도 어떤 것은 더 훌륭하고 어떤 것은 덜 훌륭하다는 가치상의 차이도 존재하지 않는다. 외형상 아무리 하찮은 것이라 할지라도 믿음 안에서 사랑의 실천으로 행해지는 것은 모두 하나님을 기쁘게 한다.[24]

이러한 신념에 확고하게 서서 루터는 바울이 영을 육에 대비하고 있는 갈라디아서 3:3을 다음과 같이 해석한다.[25] 루터는 우선 교황주의자들이 루터 자신과 자신을 따르는 자들을 비난하기 위해서 이 구절을 이용한다는 점을 지적한다. 그들의 해석에 의하면 루터와 그의 추종자들은 교황 아래에서 영으로 시작했다가 이제는 아내들을 취함으로써 육으로 끝났다는 것이다. 이러한 공격적인 언급에 대하여 루터는 이 성경구절을 다음과 같이 완전히 다른 의미를 부여하여 해석함으로써 그들에게 대응한다. "그리스도인들의 모든 의무, 즉 아내를 사랑하고 자녀들을 양육하고, 가족을 다스리고, 부모를 공경하고, 행정관들에게 순종하는 등과 같은 의무들, 그들[교황을 따르는 자들]은 이것들을 세속적이고 육적인 것이라고 간주하지만, 이것들은 성령의 열매들이다."[26]

이처럼 믿음의 열매로서의 사랑이 소명으로 표현될 때 그 소명은 어떤 종류의 것이 되었든 하나님 면전에서는 모두 동일한 가치를 갖고 있다. 하지만, 다른 한편으로 어떤 사랑의 행위들은 다른 것들보다 더 직접적으로 이웃의 영적인 안녕을 도모한다는 점에서 볼 때, 모든 사랑의 행위들이 다

---

23) WA 40/1. 51. 21-25(필자의 강조); LW 26:11.
24) WA 40/1. 573. 21-574. 22; LW 26:376.
25) 갈 3:3-"너희가 이같이 어리석으냐 성령으로 시작하였다가 이제는 육체로 마치겠느냐."
26) WA 40/1. 348. 17-19; LW 26:217. 루터의 결혼과 가족에 대한 헌신은 그가 자신의 신학적 신념을 어떻게 실행에 옮기며 살았는지를 잘 입증해 준다.

동일한 것만은 아니라고 루터는 부연 설명한다. 이런 관점에서 루터는 가장 최우선적이며 주된, 그리고 최고의 이웃사랑은 복음을 전파하고 용서하는 일이며, 특히 말씀과 상호 간의 용서를 통해서 믿음이 약해진 자들의 양심을 가볍게 해주고 위로해 주는 일이라고 말한다.27) 즉 비록 물질적 박애와

---

27) WA 40/2. 141. 16-142. 26; LW 27:111. 하나님의 말씀이 선포되고 성례전이 집행되는 장소로서 교회는 믿음과 사랑에 관한 루터의 가르침에 있어서 핵심적 역할을 한다. 루터에게 교회는 근본적으로 모든 믿는 자들 집회다. 루터는 믿는 자들을 "성령에 의해서 임신하고 열매를 많이 맺으며, 그리스도교적 출산을 하고, 그리스도교적 삶을 사는" 자들로서 묘사한다. WA 10¹/1. 712. 2-3; LW 52:275-276. 이 같은 비유적 표현들을 사용하여 그리스도인들의 특성을 묘사하는 것은 주목할 만한데, 그 이유는 루터가 그리스도인들을 새롭게 영적으로 모든 믿는 자를 출산하는 존재들로 보고 있기 때문이다. 그리스도의 본을 따르면서 그리스도인들은 개별적으로 혹은 공동체적으로 영적으로 다른 그리스도인들을 출산한다. 이것은 특별히 교회 안에서 그리고 교회를 통해서 일어난다. 하나님이 사랑되고 경청될 뿐만 아니라 그리스도인들이 "하나님의 말씀을 경청함으로써, 그리고 복된 성례전들의 올바르고 완전한 사용을 통해서 매일 믿음 안에서 성장하는" 거처로서, "이 교회 안에는 강하게 힘과 위안이 있다." WA 47. 778. 3-7; LW 51:310.
하나님, 그리스도, 말씀, 설교, 그리고 세례의 거처 안에서 사람들이 하나의 회중으로서 함께 모일 때, 이것들은 모두 "전 그리스도인들의 공동 소유다. 그래서 그들은 또한 모두 함께 기도하고, 노래하고, 감사드린다. 여기에서는 한 사람이 혼자 자신만을 위해 소유하거나 혹은 행하는 것이 아무것도 없다. 각자가 가지고 있는 것은 또한 다른 사람들에게도 속한다." WA 49. 600. 17-21; LW 51:343. 말씀의 선포와 선포된 말씀의 경청에 있어서 루터는 믿음을 강조한다. 다른 한편으로 이 말씀과 성례전의 공동체 안에서 루터는 그리스도인 자매형제들이 또한 사랑을 가지고 있으며, "그것을 유지하고 사랑을 위하여 모든 것을 버린다."고 말한다. WA 47. 778. 17-20; LW 51:311. 설교에 관하여 루터는 예수 그리스도에 관한 말씀을 선포하는 것을 "그리스도인의 삶에 있어서 가장 위대한 일"이라고 지칭한다. WA 10¹/1. 136. 20-21; LW 52:37. "가장 위대한 신적인 섬김은 [하나님의 말씀을] 설교하는 것이다." WA 36. 237. 29; LW 51.232. "말씀이 가슴으로부터 나오는 사랑과 모든 선행의 원인, 토대, 근거, 원천, 그리고 근원이다." 먼저 가슴이 순수하지 않으면 인간의 행위들은 하나님을 기쁘게 할 수 없다. WA 36. 362. 11-13; LW 51:272. 하나님은 "말씀을 위하여 모든 것을 행하는 가슴"을 요구한다. WA 36. 362. 16-17; LW 51:272. "우리가 우리 자신을 우리의 모든 삶과 행위에 있어서 하나님의 말씀에 일치되게 하기 위하여 그분은 그분의 말씀이 설교되게 하는 것이다." WA 36. 362. 17-18; LW 51:272.

자선 혹은 신체적 돌봄도 중요하지만, 영적이고 목회적인 차원에서의 섬김 이야말로 이웃사랑에 있어서 가장 중요한 것이라고 루터는 강조한다.

이처럼 이웃사랑에 관하여 논하면서 루터는 그리스도인들이 예수 그리스도가 보여준 사랑의 본을 따라서 사랑을 실천할 때 주의해야 할 점이 있음을 언급한다. 그것은 다른 사람들에게 억지로 사랑을 실천하도록 강요해서는 안 된다는 점이다. 하나님은 하나님의 뜻을 따르도록 인간에게 억지로 강요하지 않는다. 예수 그리스도와 성령을 통한 하나님의 사역 방식이 보여주는 것처럼, 하나님은 영감을 불어넣고 자유의지를 해방함으로써 자발적으로 사랑을 실천하게 하지 하나님의 뜻을 강요하지 않는다.

참된 그리스도인의 사랑이란 곧 오직 예수 그리스도를 믿는 믿음의 열매라는 점을 고려할 때 사랑에 대한 루터의 개념에 있어서 주목할 또 다른 점이 있다. 그것은 바로 믿음이 사랑의 출발점일 뿐만 아니라 목표점이기도 하다는 사고다. 이것은 다음과 같은 의미를 지니고 있다. 한편으로 믿음이 사랑의 출발점이 되는 것은 이 사랑이 항상 예수 그리스도를 믿는 믿음으로부터 흘러나오기 때문이다. 다른 한편으로 믿음이 사랑의 목표점이 되는 것은 이 사랑이 주된 목표로 삼는 것이 믿음, 즉 다른 사람들을 믿음으로 인도하고 마지막 시점까지 믿음 안에서 함께 지속적으로 성장하는 것이기 때문이다. 이와 같이 믿음이 그리스도인의 사랑의 출발점이요 또한 목표점이기도 하다는 것은, 다른 말로 표현하여 그리스도 안에서 그리고 그리스도를 통해서 하나님이 근원적으로 믿음과 사랑의 출발점이요 종착점이라는 것을 의미한다. 즉, 하나님으로부터 그리스도인의 존재와 삶이 비롯되고, 그리스도인의 존재와 삶은 그리스도를 믿는 믿음을 통해서 그리고 그 믿음으로부터 흘러나오는 사랑을 통해서 하나님을 향하여 방향 지어져 있다는 것이다.

그리스도인의 용서에 관하여 루터는 다음과 같이 말한다. "사람은 신부를 향한 신랑의 사랑만큼이나 순수한 사랑을 가지고 자신의 이웃을 사랑해야만 한다. 이 경우 모든 허물은 감추어지고 가려지며, 오직 미덕들만이 보여 진다." *WA, TR* 1:92-93(no. 217, 1532. 4); *LW* 54:28.

이웃사랑의 실천의 일환으로서 그리스도인들은 궁극적으로 하나님을 향한 그들의 순례의 여정에서 분투를 요하는 걸음걸이를 지속하고 힘을 낼 수 있도록 서로 용기를 북돋워주고 양육하고 세워준다.[28] 무엇보다도 이 순례의 여정에 있어서 그리스도인들은 결코 혼자 남겨지지 않는다. 왜냐하면 그리스도 자신이 모든 자를 위하여 역사의 한 시점에서 인간 가운데로 왔고, 현재도 매일 그리스도인들을 하나님에게로 인도하기 위해서 오고 있기 때문이다. 루터는 이에 관하여 다음과 같이 말한다.

[요한복음의 많은 구절에서] 그리스도는 그에게 위임된 임무를 역설하면서 우리를 성부의 뜻으로 다시 돌려놓기 위하여 부른다. 그래서 그의 말씀과 사역 가운데서 우리가 그가 아닌 성부를 바라보게 되도록 말이다. 왜냐

---

28) 그리스도를 믿는 믿음을 통해서 원래 하나님으로부터 비롯되고 또 하나님에게로 돌아가는 그리스도인의 순례에 대한 이러한 이미지는 루터의 "황금 반지" 비유에 가장 인상 깊게 표현되어 있다. 루터는 그리스도인들에게 믿음 안에 굳건하게 머물고, 믿음을 저버림으로써 행위로 다시 빠져들지 말라고 강권하면서 다음과 같이 언급한다. "이러한 방식으로 우리는 마침내 우리가 출발했던 본국, 즉 우리를 창조하신 하나님에게로 돌아간다. 따라서 끝과 시작은 재결합된다. 마치 하나의 황금 반지와 같이." WA 10^1/1. 727. 20-728. 2; *LW* 52:286.
　더 나아가서 루터는 이 믿음은 결코 한 개인 자신의 구원에만 관심을 가지고 있지 않다고 역설한다. 믿음은 사적이고 개인적인 소유물이 아닌 공동체의 공적인 소유물인 하나님의 말씀을 나누기 위하여 다른 사람들에게로 전진해 나아가야만 하는 내적 필연성을 가지고 있다. 그래서 루터는 그리스도인들에게 하나님에게로 나아가는 순례에 그들의 이웃들을 함께 데리고 갈 것을 권면한다. "엄마가 그녀의 아이에게 무엇을 하느냐? 첫째로, 그녀는 아이에게 우유를, 그리고 나서는 죽을, 그리고 나서는 달걀과 부드러운 음식을 준다. 반면에 만약 그녀가 방향을 바꾸어 아이에게 단단한 음식을 준다면 그 아이는 절대로 잘 자라지 못할 것이다 [참조, 고전 3:2; 히 5:12-13]. 그러므로 우리는 또한 우리 형제들과 관계하고, 한 동안 그를 참고, 그의 연약함을 인내하고, 그가 그것을 견뎌내도록 도와야 할 것이다. 우리는 또한 우리에게 그랬던 것과 같이 그 또한 튼튼하게 성장할 때까지 그에게 우유-음식을 주어야 할 것이다 [벧전 2:2; 참조, 롬 14:1-3]. 이렇게 우리는 하늘을 향하여 홀로 여행하지 아니하고 현재는 우리의 친구들이 아닌 우리의 형제들을 우리와 함께 데리고 간다." WA 10/3. 6. 4-7. 2; *LW* 51:72.

하면 그리스도는 우리를 꼭 붙잡기 위해서, 그래서 우리가 그리스도를 응시함으로써 성부에게로 직접 이끌리고 도달하게 하기 위해서 이 세상 안으로 오셨기 때문이다.[29]

이웃사랑에 있어서 그리스도인들은 그리스도의 발자취를 따름으로써 이러한 그의 사역에 동참한다. 이처럼 첫 번째로 하나님과의 관계 속에서, 그리고 두 번째로 이웃과의 관계 속에서 제시되는 루터의 사랑 개념은 세 번째로 자기 자신과의 관계 속에서도 설명된다. 이것이 다음에 다룰 내용이다.

3. 자기 자신과의 관계에서의 사랑: 의인이면서 죄인

1) 자기사랑의 세 가지 의미

루터의 사랑 개념을 다루는 데 있어서 단순하지 않은 문제 중 하나는 한 그리스도인이 자기 자신과 맺는 관계에 있어서도 사랑이라는 용어를 적용할 수 있는지, 즉 자기사랑이라는 용어를 사용하는 것이 타당한지에 관한 것이다. 일반적으로 루터는 자기사랑을 일고의 여지도 없이 전적으로 거부한다는 생각이 널리 퍼져 있다. 하지만 비록 완전히 틀린 것은 아니지만 이와 같은 생각은 루터의 입장에 대한 편협한 접근을 야기하고, 결과적으로 그의 사고에 대한 오해를 초래하기 쉽다는 문제를 갖고 있다. 더 나아가서 이러한 편견에 채색된 접근은 자기사랑에 대한 루터의 사고를 신중하고 깊이 있게 탐구해 보고자 하는 시도 자체를 가로막을 수 있다는 점에서 보다 근본적인 문제를 지니고 있다.

자기 자신과의 관계에서의 사랑에 대한 루터의 사고는 다음과 같이 상호간에 분리되지는 않지만 구별되는 세 가지 차원에서 탐구해 볼 수 있다. (1) 전적으로 거부해야 할 왜곡된 자기사랑의 차원, (2) 이웃사랑의 가능한 패턴으로서 고려해 볼 수 있는 자기사랑의 차원, 그리고 (3) 오직 그리스도

---

29) WA 40/1. 98. 23-99. 11; LW 26:42.

를 믿는 믿음의 한 열매로서 그리스도인이 자기 자신과의 관계 속에서 맺는 사랑의 차원.[30]

---

[30] 이러한 분류와 관련하여 필자는 아우구스티누스에게서 나타나는 자기사랑의 개념을 세 가지 형태로 제시한 버나비(Burnaby)의 시도가 루터에게서 나타나는 자기사랑 개념에 대한 이해를 도와줄 수 있다고 본다. 아우구스티누스의 잘 알려진 작품 『그리스도교 교리에 관하여』(De doctrina christiana)를 언급하면서 버나비는 어떻게 아우구스티누스가 올바른 자기사랑을 타락한 자기사랑으로부터 구분해 주며, 올바른 자기사랑은 타락한 자기사랑의 부인에 토대를 두고 있다는 것을 보여주는 사랑의 질서(ordo amoris)라는 사고를 발전시키는지를 제시하고자 시도한다. 또 아우구스티누스의 사랑개념을 잘 보여주고 있는 『삼위일체론』(De trinitate)에 의하면 우리가 하나님과 이웃을 사랑할 때의 그 사랑은 자기중심적 사랑이 아니라 바로 성령의 선물 혹은 성령 그 자체다. 아우구스티누스는 내재적 삼위일체 안에서의 성부와 성자 간의 교제를 성부와 성자가 공통적으로 나누고 있는 사랑으로 이해하고 있으며, 이것은 다름 아닌 성령이다. 사랑으로서의 성령은 사랑하는 자로서의 성부와 사랑받는 자로서의 성자를 묶는 띠다. St. Augustine, *De trinitate* (*The Trinity*), VI 1. 7; VIII 5. 14; XV 5. 27, 28, 29, 31, 32, 37. 사랑으로서의 성령은 그리스도인들로 하여금 연합의 띠 안에서 하나님과 이웃을 사랑하도록 동기를 부여한다.

올바른 자기사랑에 대한 아우구스티누스의 개념에 관하여 버나비는 아우구스티누스의 사랑개념에 대한 니그렌의 주된 비판들은 아우구스티누스의 사랑개념이 자기중심적이고 내 것으로 하려는 사랑개념에 근거해 있다는 니그렌 자신의 결론으로부터 나온 것이라고 주장한다. 그리고 버나비는 니그렌이 아우구스티누스의 자기사랑 개념이 세 가지의 형태들로 구분되어 제시되고 있다는 사실을 간과하였고, 이에 따라서 니그렌의 일방적인 비판은 타당하지 않다고 주장한다. 아우구스티누스의 자기사랑 개념에서 버나비가 분별한 세 가지 형태는 다음과 같다: (1) 자기 자신에 대한 선천적이고 도덕적으로 중립적인 사랑, (2) 자기 자신에 대한 도덕적으로 잘못된 사랑, 그리고 (3) 자기 자신에 대한 도덕적으로 올바른 사랑. 선천적이고 도덕적으로 중립적인 자기사랑은 인간의 본성 안에 심겨져 있다. 아우구스티누스는 이러한 형태의 자기사랑을 인간의 자기보존을 위한 본능으로 이해한다. 도덕적으로 타락한 자기사랑은 사랑의 모든 대상으로부터 자기 자신의 이익을 추구하는 사랑이다. 이러한 자기사랑을 가진 자는 하나님의 규율과는 무관하게 살면서 자기 자신의 창조자를 인정하지 않고 자기 자신을 하나님의 자리에 놓고 스스로의 주인이 되고자 한다. 반면에 도덕적으로 타당한 자기사랑은 오직 자기 자신의 이익을 추구하지 않음을 통해서만 자기 자신의 이익을 확실하게 하는 사랑이다. 버나비에 따르면 이 세 번째 형태의 자기사랑이 아우구스티누스가 올바른 자기사랑으로서 강조하는 그런 사랑이다. 올바른 자기사랑은 다름 아닌 하나님의 영광을 위하여 하나님을 사랑하는 그런 사랑이

(1) 왜곡된 자기사랑

예수 그리스도가 준 사랑의 계명의 두 번째 부분, 즉 "네 이웃을 네 자신과 같이 사랑하라"에 대한 루터의 해석은 자기사랑에 관한 그의 부정적 견해 혹은 거부를 이해하는 데 도움을 준다. 루터의 주석은 그와 동시대인들 사이에서 발견되는 전통적 해석으로부터 구분된다. 그 전통적 해석에 따르면 사랑의 계명은 세 부분으로 구성되어 있고, 자기사랑은 이 세 부분, 즉 하나님 사랑, 이웃사랑, 그리고 자기사랑 중 하나다. 이 자기사랑은 논리적으로 이웃사랑에 앞선다. 왜냐하면 그리스도인은 자기 자신을 사랑하는 것처럼 자신의 이웃을 사랑하라고 명령받았기 때문이다. 루터는 이러한 전통적 입장에 동의하지 않는 맥락 속에서 예수 그리스도의 사랑의 계명은 자기사랑을 명령하지 않는다는 입장을 취한다.[31]

루터가 자기사랑과 이에 대한 전통적 설명을 용납하지 않는 것은 다음과 같은 일련의 이유들에 근거해 있다. 첫째, 자기사랑은 실천되기 위해서 별도의 계명을 필요로 하지 않는다. 왜냐하면 자기사랑은 본래부터 타고난 성향이기 때문이다. 외적인 명령이 주어지지 않아도 모든 인간은 선천적으

다. 자기사랑이 하나님에 대한 사랑이 아닐 때, 이 자기사랑은 오히려 자기증오라고 불리는 것이 더 적절하다. 아우구스티누스에 의하면 이러한 잘못된 자기사랑은 오히려 해로우며, 자기파멸을 초래한다. John Burnaby, *Amor Dei*, 116-126. 루터의 자기사랑 개념을 이해하는 데 있어서 다음의 글들도 참조, Mary Gaebler, *The Courage of Faith: Martin Luther and the Theonomous Self* (Minneapolis, MN: Fortress Press, 2013), 117-154; Raymond Canning, *The Unity of Love for God and for Neighbour in St. Augustine*, 117-135; Anders Nygren, *Agape and Eros*, 709-716; Eberhard Jüngel, *Zur Freiheit eines Christenmenschen*, 80-83; ET *The Freedom of a Christian*, 63-65; Gene Outka, *Agape: An Ethical Analysis* (New Haven: Yale University Press, 1972), 56-63.

31) 한 예로서 이러한 루터의 입장은 로마서 13:10("사랑은 율법의 완성이니라")에 대한 그의 주석에서 발견된다. *WA* 56. 482. 20-27; *LW* 25:475. 또 다른 예는 로마서 15:2("우리 각 사람이 이웃을 기쁘게 하되")에 대한 주석에서 찾아볼 수 있다. *WA* 56. 518. 4-12; *LW* 25:513. 이 주석들에 관해서는 뒤에 "이웃사랑을 위한 패턴으로서의 자기사랑"에서 구체적으로 다룰 것이다.

로 자기사랑을 한다. 둘째, 신학적 관점에서 인간본성의 타락의 심각성, 즉 전적인 타락의 상태를 참작해 볼 때, 자기사랑은 타락한 사랑, 비뚤어진 사랑이다. 이 일그러진 자기사랑은 죄를 지을 수밖에 없도록 속박되어 있는 인간의 자유의지 상태를 드러낸다. 셋째, 인간본성의 전적 타락 속에서 자기사랑이라는 것은 이기심, 즉 자기본위, 자기숭배, 그리고 자기만족과 같은 것이다. 항상 자기 자신의 이익을 추구하면서 인간은 하나님과 이웃을 섬기는 대신 자기 자신의 이득을 위해서 이웃뿐만 아니라 심지어 하나님까지 이용한다. 이러한 종류의 자기사랑에 대해서 루터는 다음과 같이 기술한다: "자기사랑은 사악한 것이다. 그것에 의해서 나는 하나님에 대항하여 나 자신을 사랑한다."[32] 루터에 의하면 자기사랑이 이러한 사랑인 한 자기사랑은 사랑의 계명의 일부로 간주될 수 없다. 따라서 예수의 사랑의 계명에 언급되는 "네 자신과 같이"라는 구절은 독립된 명령으로서의 자기사랑을 인정하는 것으로 해석될 수 없다.

비뚤어진 자기사랑에 대한 루터의 거부와 관련하여 한 가지 더 명시되어야 할 사항이 있다. 그것은 바로 왜곡된 자기사랑은 인간 삶에 있어서 모든 악의 원천이라는 루터의 주장을 고려해 볼 때, 그의 믿음 개념이 사적이고 개인주의적이라고 보는 것은 오해라는 점이다. 루터는 일그러진 자기사랑의 특성을 각 개인으로 하여금 모든 이익을 자기 자신 안으로 흡수하게 하고, 자기 자신을 중심으로 모든 일을 진행하게 하는 자기중심성으로 설명한다. 이 뒤틀어진 자기사랑은 밖으로 향하여져 있지 않다. 그것은 안으로 향하여져 있다. 그렇기 때문에 이러한 자기사랑은 하나님과의 관계를 올바로 정립할 수 없게 할 뿐만 아니라, 인간관계도 올바로 맺지 못하게 한다. 이러한 자기사랑은 오히려 모든 관계를 파괴한다. 이러한 자기사랑은 인간으로 하여금 그리스도의 가슴을 가지고 바깥세상을 향해 마음을 열고 그것

---

32) WA 40/1. 461. 23-24: "Quia amor mei est viciosus, quo diligo meipsum contra Deum."; *LW* 26:297. 참조, Arthur S. Wood, "Theology of Luther's Lectures on Romans, I," *Scottish Journal of Theology* 3/1(1950), 5-7.

을 섬길 수 없게 만든다. 따라서 이러한 자기사랑은 그리스도가 준 사랑의 계명의 한 독립된 부분으로 간주될 수 없다는 것이 루터의 입장이다.

(2) 이웃사랑을 위한 패턴으로서의 자기사랑

위와 같이 왜곡된 자기사랑을 전적으로 거부함에도 불구하고, 루터는 때로 자기사랑이 이웃사랑을 위한 하나의 패턴으로 사용될 수 있는 것처럼 설명하는 경우들이 있다. 이러한 경우 자기사랑은 위에서 설명된 것처럼 일그러진 자기사랑이 아닌, 자기보전과 보호, 그리고 자기방위를 위해 인간 안에 새겨져 있는 자연법의 한 형태로서의 자기사랑이라는 의미로 사용된다.[33] 루터는 이러한 측면에서의 자기사랑은 전적으로 배척하지만은 않는다. 루터에 의하면 한 개인이 자기 자신의 보전과 보호, 그리고 방위를 위해서 기본적으로 자기 자신을 돌보는 방식은 이웃사랑을 실천할 때 가장 가까

---

33) 이와 관련하여 바이어의 "Luther's Ethics as Pastoral Care"는 루터가 말하고자 하는 바에 대한 이해를 도와준다. 예를 들어서 바이어는 루터의 *Die Zirkulardisputation über das Recht des Widerstands gegen den Kaisar*(『황제에 대한 저항권에 관한 순회논쟁』, 1539), 특히 논제 11-13(WA 39/2. 39. 23-28), 논제 14(WA 39/2. 40. 1-3), 논제 17(WA 39/2. 40. 8-9), 그리고 논제 18-19 (WA 39/2. 40. 10-13)를 언급한다. 여기서 루터는 탁발수도사들이 모든 것을 팔고 버렸다고 말하면서 사실은 다른 사람들의 소유에 의존하여 살고 있는 모순적인 상황을 지적한다. 그리고 루터는 만약 그들이 정말로 수도원 정신에 입각하여 모든 것을 버리고 팔기를 원한다면, 그들은 이 세상을 떠나야만 한다고 말한다. 루터가 이와 같이 말하는 의도를 잘 살펴보면, 그리스도인이 자기보존과 자기 방위를 위하여 살아가는 것, 먹는 것, 마시는 것, 입는 것 등등과 관련하여 기본적으로 자기 자신을 돌보는 책임을 지는 것은 결코 규탄 받을 일이 아니고 오히려 책임 있는 그리스도인의 태도로서 평가되어야 한다는 것을 알려준다. 참조, WA 47. 353. 10-354. 15. 마태복음 19장에 대한 설교에서 바이어는 루터가 그리스도를 따르는 그리스도인의 제자도가 결코 그리스도인들로 하여금 그들 자신들을 죽이고 하나님이 그들에게 준 모든 것을 부인하도록 강요하지 않는다는 것을 분명히 하고 있다고 언급한다. 그리고 루터는 오히려 그리스도인들에게 그들 자신의 삶에 대하여 책임을 지고 하나님에게 속한 것들이 위태롭게 되지 않도록 그들의 가족과 소유물 옆에 머무르도록 강권하고 있다고 바이어는 강조한다. Oswald Bayer, "Luther's Ethics as Pastoral Care," *Lutheran Quarterly* 4/2(1990), 125-142, 특히 134-139.

운 곳에서 찾을 수 있는 하나의 전형이 된다.

황금률에 대한 루터의 해석은 이 같은 생각의 한 좋은 예를 보여준다. 루터에 의하면 인간은 비록 온전하게 사랑 계명의 의도를 헤아리고 그 계명을 준수하지는 못한다 할지라도, "그것을 그들의 가슴속에 기록된 형태로 갖고 있는데, 왜냐하면 그들은 본성적으로 사람은 자신이 자신에게 행해지기를 원하는 것을 다른 사람들에게 해야만 한다(마 7:12)고 판단하기 때문이다."[34] 이와 같은 입장을 가지고 루터는 계속해서 사랑의 계명("네 이웃을 네 자신과 같이 사랑할지니라")에 관하여 다음과 같이 해설한다.

그 어느 누구도 *자기 자신*보다 더 나은, 더 확실한, 혹은 더 쓸모 있는 *패턴*을 발견 할 수 없다. 사랑보다 더 고귀하거나 혹은 더 진심에서 우러나오는 마음자세도 있을 수 없다. 또 이웃보다 더 우수한 대상도 없다. 따라서 패턴도, 자세도, 그리고 대상도 모두 최상의 것들이다. 그러므로 만약 당신이 어떻게 이웃이 사랑되어야 하는지를 알기 원한다면, 그리고 그것의 탁월한 패턴을 갖기를 원한다면 *어떻게 당신이 당신 자신을 사랑하는지에 조심스럽게 주의를 기울여 보아라.* 무엇인가를 필요로 하거나 혹은 위험에 처해 있을 때 당신은 분명히 간절하게 사랑받고, 모든 사람뿐만 아니라 만물의 온갖 조언과 자원과 능력들을 가지고 도움을 받기를 원할 것이다. 그렇기에 당신은 당신이 어떻게 당신의 이웃을 사랑해야만 하는지를 가르쳐주고 권고해 줄 어떤 책도 필요로 하지 않는다. 왜냐하면 당신은 *바로 당신 자신의 가슴속에* 모든 법에 대한 책들 중 가장 뛰어나고 가장 훌륭한 것을 소유하고 있기 때문이다. 당신은 이 문제에 관해서 당신에게 말해줄 어떤 교수

---

34) WA 40/2. 71. 22-24; "Toto igitur coelo errant homines, quando somniant se belle intelligere praeceptum charitatis; habent quidem illud scriptum in corde, quia naturaliter iudicant Alteri faciendum, quod sibi quis cupit fieri."; LW 27:56. 하지만 루터는 곧 이어서 "그렇지만 그렇다고 해서 그들이 이것을 이해하고 있다는 것은 아니다."라고 덧붙인다.("sed hinc non sequitur, quod illud intelligant.") WA 40/2. 71. 24-25; LW 27:56.

도 필요로 하지 않는다. *단지 당신 자신의 가슴을 참고하라. 그러면 그것은 당신이 당신 자신을 사랑하는 것처럼 당신의 이웃을 사랑해야만 한다는 풍족한 가르침을 줄 것이다.*[35]

자기 자신과 관련된 보존과 방위, 그리고 안녕과 복지를 위한 자연적 필요성에 대한 이 같은 인식은 인간 개개인에게 자신이 다른 사람들에 의해서 어떻게 취급되기를 원하는지, 그리고 바람직하게는 다른 사람들이 자신에 의해서 어떻게 취급되기를 원하는지에 대한 지식을 제공할 수 있다. 이러한 맥락 속에서 루터는 그리스도인들에게 그들이 자기 자신들을 소중히 보살피고 보호하며, 안녕과 복지를 추구하는 방식 속에서 이웃사랑을 위한 하나의 패턴을 찾아내기 위하여 그들 자신의 가슴을 참고하라고 권면하고 있는 것이다. 이와 함께 루터는 "너 자신처럼"이라는 구절의 취지는 인간 개개인에게 자신을 사랑할 때의 그 기본적인 자세, 즉 자신을 돌볼 때의 그러한 열심과 정성을 가지고 이웃을 사랑할 것을 촉구하는 것임을 강조한다.[36]

---

[35] WA 40/2. 72. 16-27(필자의 강조); LW 27:57-58. 루터는 『개인 기도서』에서 황금률을 십계명의 요약으로 설명하면서 황금률의 중요성과 의미를 부각한다. "마태복음 7:12에서 그리스도는 십계명을 간결하게 요약하면서 다음과 같이 말씀하신다: '무엇이든지 남에게 대접을 받고자 하는 대로 너희도 남을 대접하라 이것이 율법이요 선지자니라.'" WA 10/2. 380. 4-6; LW 43:16. 참조, WA 56. 484. 3-485. 15; LW 25:476-478.
[36] 루터는 이웃사랑에 대한 계명 안에서 자기사랑에 대한 계명을 찾아내는 전통적 사고로부터 떠난다. 이 문제에 대한 루터의 입장은 로마서 13:10("사랑은 율법의 완성이니라")에 대한 그의 주석에 잘 나타난다. 그리스도의 사랑 계명(마 19:19; 참조, 레 19:18)에 관하여 루터는 두 가지 해석이 가능하다는 것을 인식하고 있다. 한 가지 가능한 해석은 이웃 사랑과 자기 사랑이 모두 명령되었다는 것이다. 또 다른 가능한 해석은 명령된 것은 오직 이웃 사랑뿐이며, 우리가 자기중심적 본성에 따라 우리 자신을 사랑하는 방식은 이웃 사랑을 위한 하나의 패턴으로서 제시되었다는 것이다. 여기서 루터는 이 둘 중에서 후자의 해석이 전자의 해석보다 더 낫다는 판단을 내린다. 그 이유는 루터가 인간의 죄성으로부터 나오는 자기사랑을 시인하기 때문이 아니라, 한 개인이 자신의 이웃을 자신을 사랑하는 만큼이나 열심을 다해 사랑한다면 그러한 사랑은 사랑하는 척만 하는 태도를 보이는 이웃사랑에 대하여 어떻게 이웃을 사랑해

물론 그렇다고 루터가 이러한 형태의 자기사랑이 타락한 인간본성의 이기주의적이고 자기중심적인 성향으로부터 자유로운 것이라는 낙관적 태도를 취하고 있는 것은 아니다. 왜냐하면 그는 도덕적으로 중립적인 자기사랑이라는 것이 뒤틀린 자기사랑이라는 것과는 독립된 형태로 개개의 인간 안에 존재한다고 믿고 있지 않기 때문이다.

(3) 믿음의 열매로서의 자기사랑

자기사랑에 대한 루터의 사고의 또 다른 측면은 그리스도를 믿는 믿음에 대한 루터의 개념과 관련해서 고찰할 수 있다. 이를 위해서 한 가지 주의할 사항은 자기사랑이라는 표현에 따라붙어 있는 부정적 이해들이 너무 강력하게 작용함으로써 이 측면에 대한 객관적인 접근을 방해하지 않도록 하는 것이다. 참된 사랑에 대한 루터의 개념은 어느 차원에서든지 예수 그리스도를 믿는 믿음과 관련해서만 가장 정확한 이해가 가능하다. 즉 루터 자신이 제안하는 사랑은 근본적으로 예수 그리스도를 믿는 믿음의 열매로 정

야 하는지에 대한 패턴을 보여줄 수 있을 것이라는 고려 때문이다. *WA* 56. 482. 20-27; *LW* 25:475.

로마서 15:2("우리 각 사람이 이웃을 기쁘게 하되")에 대한 주석에서 루터는 다시 예수 그리스도의 사랑의 계명에 언급되어 있는 "너 자신과 같이"를 어떻게 해석해야 하는 가의 문제로 돌아가 다음과 같이 말한다. "그러므로 나는 '너 자신과 같이'라는 이 계명과 함께 사람이 그 자신을 사랑하라고 명령받은 것이 아니라, 그가 사실은 그 자신을 사랑하고 있는 그 죄 많은 사랑이 보여 진 것이라고 믿는다. 이것은 마치 다음과 같이 말하고 있는 것과 같다: '너는 완전히 너 자신을 향해 안쪽으로 굽어져 있으며, 너 자신에 대한 사랑으로 기울어져 있다. 네가 전적으로 너 자신을 사랑하는 것을 그만두고, 너 자신을 잊음으로써 너의 이웃을 사랑하지 않는 한 너는 이 상태로부터 구해지지 못할 것이다.['] 왜냐하면 우리가 모든 사람에 의해 사랑받기를 원하고 모든 사람 안에서 우리의 이익을 추구하기를 원하는 것은 사악한 것이기 때문이다. 하지만 만약 당신이 당신의 사악함 안에서 당신 자신에게 행해지기를 원하는 것들을 다른 사람들에게 행한다면, 당신이 악을 행하곤 했을 때와 동일한 열정을 가지고 선을 행할 것이라는 것은 올바른 것이다. 여기에서 우리는 분명히 악을 행하도록 명령받은 것이 아니라 열정이 동일해야만 한다는 것을 명령받은 것이다." *WA* 56. 518. 4-12(필자의 강조); *LW* 25:513.

의된다. 믿음의 열매로서의 사랑은 그리스도인의 가슴속에 그리스도가 현존한다는 것을 식별할 수 있는 가시적이며 구체적인 표징이요 동시에 믿음의 진위를 가려낼 수 있는 후험적 증거다.

그렇다면 사랑이 믿음의 열매인 한, 논리적으로 자기사랑은 그리스도인이 자기 자신과의 관계 속에서 맺는, 그리고 맺어야만 하는 믿음의 열매다. 즉 그리스도인이 만일 자기 자신과의 관계에서도 예수 그리스도를 믿는 믿음으로 말미암아 사랑이라는 이름을 가진 믿음의 열매를 맺는다면, 이 논리적 전제에 충실하다는 조건하에서 루터는 그리스도인의 자기사랑을 논하고 있다고 설명할 수 있고, 또 설명되어야만 한다. 이 관점에서 루터의 자기사랑 개념의 세 번째 측면을 탐구해 볼 수 있다.[37]

---

[37] 자기사랑의 개념에 대한 문제와 관련하여 우드(Wood)는 로마서 강해에서 루터가 중세시대에 지배적이었던 아우구스티누스의 사랑개념으로부터 벗어나며, 어떠한 형태가 되었든 정당하다고 인정할 수 있는 자기사랑을 알지 못한다고 주장한다. Arthur S. Wood, "Theology of Luther's Lectures on Romans, I," *Scottish Journal of Theology* 3/1(1950), 5-6. 필자는 이러한 주장들이 적합한 문맥 속에서 보다 신중하게 다루어질 필요가 있다고 본다. 무엇보다 아우구스티누스도 어떠한 형태의 것이 되었든 타락한 본성과 관련된 타락한 자기사랑은 절대적으로 용납하지 않았다는 점을 분명히 해야만 한다. 또한 아우구스티누스는 자기사랑을 인정하는 반면 루터는 자기사랑을 인정하지 않는다는 식의 너무 단순하고 일방적인 판단을 내리는 것은 오해의 여지를 많이 남길 수 있다. 더 나아가서 우드는 루터가 중세시대에 지배적이었던 아우구스티누스의 사랑개념에서 떠났다고 하지만, 사실 중세시대에 널리 퍼져 있던 아우구스티누스의 사랑개념이 아우구스티누스가 원래 가르쳤던 사랑개념이었느냐는 문제가 아직 남아 있다. 아우구스티누스의 사랑개념이 어떻게 중세 천년에 걸쳐 수용되고 변화되었는지에 관한 과정은 그 추적이 매우 난해한 미해결 연구과제로 남아 있다.

이와 함께 루터의 사랑개념에 있어서 그가 지속적으로 확실하게 못 박아 두는 것과 같이 사랑이 믿음의 열매로 엄격한 의미에서 정의되는 한, 자기사랑이라는 개념은 분명하게 루터에게서 나타난다. 왜냐하면 루터는 믿음의 열매로서의 사랑을 다루면서 크게 세 가지 관계, 즉 하나님, 이웃, 그리고 자기 자신과의 관계를 언급하기 때문이다. 문자적으로 하나님과의 관계에서 다루어지는 믿음의 열매로서의 사랑은 하나님 사랑이요, 이웃과의 관계에서 다루어지는 믿음의 열매로서의 사랑은 이웃 사랑이요, 자기 자신과의 관계에서 다루어지는 믿음의 열매로서의 사랑은 자기 사랑으로

2) 자기 자신과의 관계에서 맺는 믿음의 열매
(1) 옛 사람의 매일의 죽음

그리스도인이 자기 자신과의 관계에서 믿음의 증빙으로서 맺는 사랑이라는 열매는 곧 자신의, 능동적, 점진적 의와 거룩함의 차원에서 그리스도의 법에 순응하여 자기 자신의 존재와 삶을 관리하고 다스리는 양상으로 맺어진다. 그리스도의 법에 따라서, 즉 사랑의 법에 의거하여, 사랑의 표본을 세워준 예수 그리스도를 모방하면서, 그리고 매일매일 그리스도의 도움을 받으면서, 그리스도인은 자기 자신 안에서 그리스도를 믿는 믿음을 통해 사랑이라는 열매를 맺는다. 루터에 의하면, 이것은 크게 두 가지 형태로 나타난다. 첫 번째는 옛 창조물로서의 '나', 즉 옛 사람 혹은 옛 아담을 순간마다 죽이는 형태로서의 열매 맺음이다. 두 번째는 그리스도 안에서 가능하게 된 새 창조물로서의 '나', 즉 새 사람에게 끊임없이 새로운 생기를 불어넣어 주면서 성장하게 하는 형태로서의 열매 맺음이다.[38]

표현된다는 점에서, 루터는 어떠한 형태로든 정당하다고 인정할 수 있는 자기사랑을 알지 못한다는 우드의 주장은 재고될 필요가 있다. 예수 그리스도를 믿는 믿음에 의해 의롭게 된 그리스도인이 이제 그리스도를 가슴속에 모시고 하나님과 이웃과의 관계에서뿐만 아니라 자기 자신과의 관계 속에서도 믿음의 열매인 사랑을 맺어야 한다는 것은 루터에게서 부인되는 것이 아니라 오히려 적극적으로 권면되고 있는 것이며, 이런 관점에서 볼 때 새로운 의미를 부여받은 '자기사랑'은 루터의 믿음과 사랑에 대한 가르침에 있어서 개념적으로 결코 이질적인 요소가 아니다.

[38] 참조, "그러므로 하나님의 이질적 행위는 그리스도의 고난과 그리스도 안에서의 고난, 옛 사람의 십자가 처형과 아담의 고행 혹은 죽음이다. 하지만, 하나님의 적절한 행위는 그리스도의 부활, 성령 안에서 의롭게 됨, 새 사람의 소생이다."("Igitur opus Dei alienum sunt passiones Christi et in Christo, crucifixio veteris hominis et mortificatio Adae, Opus autem Dei proprium resurrectio Christi et justificatio in spiritu, vivificatio novi hominis.") WA 1. 112. 37-113.1; LW 51:19. "이것들이야말로 모세의 첫 번째 돌판에 따라, 그리스도 안에서 성령이 우리 내부에서 매일의 성화와 소생을 가능케 하는 위대한 거룩한 소유의 참된 일곱 가지 주된 부분들이다."("Dis sind nu die rechten sieben heubtstück des hohen heilthumbs, da durch der Heilige geist in uns eine tegliche heiligung und vivification ubet in Christo, und das nach der ersten tafeln Mosi. Die erfüllen wir hie durch, wiewol nicht

이 두 형태에 관한 언급의 한 예는 루터가 특별히 법이 이러한 그리스도인의 매일의 죽음과 소생에 있어서 올바른 안내를 제공해 주는 교사 혹은 훈련을 시키는 자로서의 역할을 한다고 지적하는 부분에 등장한다.

우리가 죄로부터 자유롭지 않은 육에 살고 있는 한 법은 해롭게 하기 위해서가 아니라 구원하기 위해서 어떤 사람 안에서는 보다 많이, 어떤 사람 안에서는 보다 적게, 계속해서 돌아와서 그것의 기능을 수행한다. *이 법의 훈련은 육과 이성과 우리의 능력들을 매일 죽이는 것이고, "우리의 마음을 새롭게 하는 것"*이다.(고후 4:16)[39]

이 두 형태에 대한 보다 구체적인 루터의 생각을 분석하기 위해서 도움이 되는 주요한 개념이 있는데 그것은 잘 알려져 있는 '의인이면서 동시에 죄인'(*simul iustus et peccator*)이라는 것이다. 그리스도인의 이 이중 정체성은 외래적, 수동적, 완전한 의와 거룩함의 차원과 자신의, 능동적, 점진적 의와 거룩함의 차원에서 각각 다루어진다. 전자의 차원에서 볼 때 '의인이면서 동시에 죄인'이라는 그리스도인의 이중 정체성은 전적으로 죄인이면서 전적으로 의인이라는 의미를 지니고 있다. 반면에 후자의 차원에서 볼 때 '의인이면서 동시에 죄인'이라는 그리스도인의 이중 정체성은 부분적으

---

so reichlich, als Christus gethan hat.") WA 50. 642. 32-36; *LW* 41:165.
39) WA 40/1. 537. 16-20(필자의 강조): "Quamdiu igitur in carne quae sine peccato non est, vivimus, subinde redit lex et facit suum officium, in uno plus, in alio minus, Non tamen ad perniciem, sed salutem. *Hoc enim exercitium legis est quotidiana mortificatio carnis, rationis et virium nostrarum et 'innovatio mentis nostrae'*, 2 Corin. 4."; *LW* 26:350. 루터는 또한 다음과 같이 언급한다. "한편 몸이 살아 있는 동안 내가[루터] 종종 훈계해왔던 것과 같이 육은 법에 의해서 훈련되고 법의 요구사항들과 처벌들에 의해서 성가시게 되어야 한다." WA 40/1. 279. 33-34; *LW* 26:164. 또 다음과 같은 언급도 발견된다: 비록 사랑이 법의 완성이기는 하지만, "이 완성 (즉, 사랑)은 우리의 육 안에서 연약한 것이다. 따라서 우리는 성령의 도움을 받아 매일 이 육에 저항하며 고투해야 하는데, 이것은 법의 부류에 속한 것이다." WA, *TR* 3:405(no. 3554, 1537. 3. 21); *LW* 54:234.

로 의인이면서 부분적으로 죄인이라는 의미를 지니고 있다. 그리스도인이 자기 자신과의 관계 속에서 믿음의 열매로서의 사랑을 구현해나가는 것은 바로 이 후자의 차원, 즉 육에 끈질기게 달라붙어 있는 죄의 잔존에 대항하여 싸워 나가면서 더욱 의롭고 거룩하게 되는 차원과 관련되어 있다.

그리스도를 믿는 믿음 안에서 그리스도인은 완전히 의롭고, 거룩하고, 순결하다. 그럼에도 불구하고 육 안에서 살아가면서 그들은 탐욕, 무절제한 성욕, 분노, 죽음에 대한 공포, 과도한 슬픔, 두려움, 증오심, 질투심, 불평 등을 수시로 경험하고, 표출한다. 믿음 안에 현존하는 혹은 믿음에 의해 가슴속에 꼭 모셔진 그리스도는 육에 들러붙어 있는 이러한 죄의 잔존들, 즉 옛 사람과 공존할 수 없다. 그리스도인은 단호한 결단과 굴하지 않는 인내심을 갖고 죄의 잔존을 근절하려는 노력을 통하여 자기 자신과의 관계 속에서 그리스도를 믿는 믿음의 열매를 더욱 풍성하게 맺어가야만 한다. 이에 대해서 루터는 다음과 같이 기술한다.

> 이 모든 행위에 대한 토의는 진정한 믿음의 사람들은 위선자들이 아님을 보여준다. … 그리스도에 속한 자는 누구든지 … 육을 그것의 모든 질병 그리고 결함들과 함께 십자가에 못 박는다. 왜냐하면 성인들은 아직 완전히 타락한 육을 벗지 못한 고로, 죄를 짓는 쪽으로 기울어지기 때문이다. 그들은 하나님을 충분히 두려워하지도 사랑하지도 않는다. 그리고 그런 등등의 모습을 보인다. 분노, 시기, 조바심, 성적 욕망, 그리고 이런 유사한 감정들이 그들 안에서 불러일으켜진다. 그럼에도 불구하고 그들은 이러한 감정들을 행동으로 옮기지 않는다. 왜냐하면 … 그들은 그들의 육을 그것의 욕정 그리고 결함과 함께 십자가에 못 박았기 때문이다.[40]

이것은 곧 그리스도인들은 육에 머물러 있는 죄의 잔존과의 끊임없는

---

40) *WA* 40/2. 121. 27-122. 11; *LW* 27:96. 참조, *WA* 40/2. 138. 21-139. 22; *LW* 27: 109.

싸움, 즉 옛 아담을 죽이는 일생의 과제를 가지고 있다는 것을 알려준다. 루터는 이것을 그리스도인들이 자기 자신을 단련하는 것이라고 표현한다: "우리는 또한 경건 가운데서 우리 자신을 단련하고, 우리가 할 수 있는 한 최대로 죄를 피한다."[41] 그리스도인들은 그들이 "금식 혹은 다른 종류의 단련들에 의해서 육의 방종을 억누를" 때, 하지만 가장 중요하게는 그들이 "성령에 의해 걸을" 때 이러한 일생에 걸친 매일의 죽음을 겪어가면서 성장한다.[42] 이러한 이유로 인하여 루터는 로마서 8:23을 언급하면서 다음과 같이 강조한다. "우리는 성령의 첫 열매들을 소유하고 있으며, 발효되기 시작했다. 하지만 … 우리는 이 죄 있는 육이 완전히 파괴되고 우리가 그리스도와 함께 새롭게 부활할 때 완전하게 발효될 것이다."[43]

(2) 새 사람의 매일의 소생

그리스도인이 자기 자신과의 관계 속에서 맺는 믿음의 열매로서의 사랑 개념의 두 번째 내용은 새로운 창조물 혹은 새 사람의 소생이다. 루터가 말하는 새로운 창조물의 소생은 믿음에 의해 그리스도인의 가슴속에 현존하는 그리스도의 영의 사역이다. 이 사역은 그리스도인들로 하여금 그리스도를 본받아 매일매일 점점 더 성장해 나가게 하는 믿음의 훈련들을 포함한다. 루터는 하나님이 어떻게 오직 예수 그리스도를 믿는 믿음에 의해 의롭게 된 그리스도인들을 믿음의 수련들을 통해서 계속적으로 보살피는지를 다음과 같이 서술한다.

하나님께서 믿음을 창조하시듯이, 그렇게 그분은 믿음 안에서 우리를 보존하신다. 그리고 그분이 당초에 말씀을 통해서 우리에게 믿음을 주시듯이, 그렇게 그분은 후에 그 말씀에 의해서 우리 안에서 그 믿음을 훈련하고, 증가시키고, 강화하고, 그리고 완전하게 하신다. 따라서 한 인간이 올려드릴

---

41) *WA* 40/1. 573. 21-22; *LW* 26:375-376.
42) *WA* 40/2. 122. 11-13; *LW* 27:96.
43) *WA* 40/1. 538. 24-26; *LW* 26:351.

수 있는 하나님에 대한 최상의 예배, 안식일들 중의 안식일은 참된 경건을 실천하는 것, 말씀을 듣고 읽는 것이다.[44]

루터의 이러한 언급에서 시선을 끄는 것은 정도가 상대화된 믿음에 대한 생각, 즉 훈련되고, 증가되고, 강화되고, 그리고 완전하게 되는 믿음에 대한 생각이다. 이것은 곧 한 그리스도인이 다양한 믿음의 수준들을 거쳐 갈 수 있다는 것, 그리고 서로 다른 그리스도인들이 다양한 믿음의 수준에 위치해 있을 수 있다는 견해를 암시한다. 오직 예수 그리스도를 믿는 믿음으로 인하여 죄인들이 의롭게 된다고 할 때 이 믿음은 절대적 믿음이다. 물론 각각의 죄인이 예수 그리스도를 믿는 믿음은 완전하지 않고, 그 믿음의 정도가 다 다를 수 있다. 그럼에도 불구하고 외래적, 수동적, 완전한 의와 거룩함의 차원에서 그 믿음이 믿는 자의 가슴속에 예수 그리스도를 꼭 붙잡아 현존하게 하는 한, 그 믿는 자는 예수 그리스도의 완전한 의 덕택에 의인이 되기 때문에, 그의 믿음은 완전한 믿음으로, 즉 개인에 따라 정도의 차이가 없는 믿음으로 취급된다.

이같이 그리스도 덕택에 완전하고 절대적인 것으로 간주되는 믿음과는 달리 자신의, 능동적, 점진적 의와 거룩함의 차원에서 루터는 각 그리스도인에 따라서 정도의 차이가 있는 믿음의 개념을 제시한다. 이 차원에서 믿음은 끊임없이 증가되고, 강화되고, 그리고 완전을 향하도록 권면되고 훈련되어야만 한다. 이 믿음이 지속적으로 성장하고 있는지를 측정할 수 있는 지표들은 특별히 세 가지 영역에서 확보된다. 그것들은 (1) 하나님, 그리스도, 그리고 자기 자신에 대해 아는 것, (2) 하나님과 예수 그리스도를 신뢰하는 것, 그리고 (3) 사랑으로 육화하고 열매 맺는 행위의 영역들이다.

예를 들어서 루터는 그리스도가 영적으로 매일 찾아오는 것이 그리스도에 대한 지식에 있어서 그리스도인이 더욱 성장하는 것과 연관되어 있다고 설명한다. "우리가 점차적으로 그분에 의하여 우리에게 수여된 것이 무

---

44) *WA* 40/1. 130. 13-17; *LW* 26:64.

엇인지를 더욱 더 인정하고 이해함에 따라서 그리스도는 영적으로 오신다. 베드로후서 3:18은 '오직 우리 주 곧 구주 예수 그리스도의 은혜와 그를 아는 지식에서 자라 가라 영광이 이제와 영원한 날까지 그에게 있을지어다.' 라고 말하고 있다."[45]

루터는 또 상기한 바와 같이 법이 새 사람의 매일의 소생과 관련하여 교사 혹은 훈련을 시키는 자로서의 역할을 한다고 말한다. 하지만 동시에 자신의, 능동적, 점진적 의와 거룩함의 차원에서 관리인으로서의 역할을 하는 법이 그리스도인의 양심을 괴롭힌다면, 그것은 허용되어서는 안 된다고 루터는 강조한다. 그리스도인은 "법이 그의 몸과 그 지체들을 다스리도록 허락"해야 하지만 "[그의] 양심은" 법이 다스리도록 허락해서는 안 된다.[46] 이러한 루터의 언명은 그리스도인의 존재와 그 삶에 있어서 매우 중요하다. 이것은 자신의, 능동적, 점진적 의와 거룩함의 차원에서 법의 용법에 대한 루터의 생각의 핵심적 측면 중 하나를 잘 드러낸다. 의롭게 된 그리스도인이 어떤 것들을 해야 하고, 어떤 것들을 하지 말아야 하는가에 관한 지도를 받기 위해서 법, 보다 정확하게는 하나님이 준 계명을 준수할 때, 이 법은 외래적, 수동적, 완전한 의와 거룩함의 차원에서 행해지는 법의 영적이고 신학적인 기능과는 다른 기능을 수행한다. 루터에 의하면 이러한 구별은 신학적으로나 그리스도인의 삶에 있어서나 매우 중요하다.

세 가지 관계의 차원에서 믿음의 열매로 맺어지는 사랑에 대한 루터의 사고를 고찰함에 있어서 꼭 기억해야 할 사항은 하나님, 이웃, 그리고 자기 자신과의 관계의 차원들이 서로 분리되어 있지 않다는 점이다. 각 관계의 차원에서 사랑이 독특한 특성들을 갖는 것은 믿음의 열매들이 각 관계의 차원 안에서 다양한 형태로 맺어지기 때문이다. 하지만 루터가 계속해서 강조하는 것과 같이 사랑의 원천은 하나며, 그것은 바로 그리스도를 믿는 믿음, 아니 보다 정확하게 말해서 믿음으로 인해서 믿는 자의 가슴속에 현존하는

---

45) *WA* 40/1. 538. 33-35; *LW* 26:351.
46) *WA* 40/1. 213. 30-31; *LW* 26:120.

그리스도다.

　그리스도인이 이웃 그리고 자기 자신과의 관계 속에서 사랑이라는 열매를 맺는 것은 근본적으로는 하나님에 대한 사랑을 지향하고 있다. 역으로 하나님에 대한 사랑은 이웃에 대한 사랑과 옛 사람의 죽음과 새로운 창조물의 소생이라는 의미에서의 자기 자신에 대한 사랑으로 구현되어야만 한다. 이런 의미에서 한편으로 자기 자신과의 관계 속에서 사랑이라는 믿음의 열매를 맺는 것은 하나님과 이웃과의 관계 속에서 더 좋은 그리고 더 풍성한 믿음의 열매들을 맺는 것과 직결되어 있다. 다른 한편으로 하나님과 이웃에 대한 사랑으로 믿음의 열매를 맺는 것은 자기 자신과의 관계 안에서 더 알찬 열매들을 맺는 것과 직결되어 있다. 따라서 이 세 가지 관계의 차원에서 예수 그리스도를 믿는 믿음의 열매들로서 맺어지는 사랑은 상호 밀접한 그리고 상승적인 효과를 내는 관계를 형성하고 있다.

　루터가 제시하는 사랑에 있어서 이러한 핵심적 특징들을 고려해 볼 때 이 사랑은 그리스도인의 삶의 전 영역을 포함하고 있음을 알 수 있다. 왜냐하면 믿음은 그리스도인의 존재를 형성하고, 사랑은 믿음의 육화인 만큼, 사랑은 곧 그리스도인의 존재가 표현되는 모든 양상, 즉 그리스도인의 삶 전체를 망라하기 때문이다. 그리스도인의 삶의 영역에서 그리스도를 믿는 믿음으로부터 넘쳐 흘러나오는 능동적인 사랑의 활동을 피해갈 수 있는 시간이나 공간은 존재하지 않는다. 그래서 루터는 그리스도인의 삶 전체는 믿음과 사랑으로 구성되어 있다고 선언하는 것이다.[47]

---

47) 육화된 믿음으로서의 사랑에 대한 루터의 개념, 특히 하나님, 이웃, 그리고 자기 자신과의 관계 속에서 설명되는 루터의 사랑 개념을 다룰 때, 그리스도인은 "하나님의 축복들의 흐름이 중지하지 않고 다른 사람들에게로 흘러가는 관 혹은 통"과 같은 매체라고 하는 루터의 언급(WA 10/1. 100, Kirchenpostille, 1522, 디도서 3:4-7)은 매우 조심스럽게 수용될 필요가 있다. 왜냐하면 이러한 비유법에 있어서 루터의 요지는, 그리스도인은 하나님과 이웃 중간에서 이용되는 단순한 매체라는 것이 아니라, 예수 그리스도가 측량할 수 없는 하나님의 사랑을 인간에게 전달해주고 계시한 것과 같이 그리스도인들도 그 하나님의 사랑을 미리 경험한 자들로서 다른 사람들에게 전달해주는 역할을 한다는 것이다. 그러므로 루터의 사랑 개념을 단순히 '유출

하나님, 이웃, 그리고 자기 자신과의 관계에서 믿음의 열매로 맺어지는 이러한 사랑을 이야기하면서 루터가 요한복음 13:34에 대한 언급을 통하여 상호적 사랑의 법을 호소하는 것은 특별히 주목할 만한 가치가 있다:[48] "우리를 구원하고 갱생하고, 우리를 그분의 교회로 제정하신 뒤, 그리스도는 우리에게 상호적 사랑의 법 외에는 다른 어떤 새로운 법도 주지 않으셨다."[49] 이 상호적 사랑의 법은 그 본래의 성격상 이웃과 자기 자신과의 단순한 구분을 넘어서는 사랑을 가르쳐주고 있다는 점에 주목할 필요가 있다. 특별히 타락한 본성에 근거한 자기중심적인 사랑에 초점이 맞추어질 경우 이러한 자기사랑과 이웃사랑 간의 간격은 넘어설 수 없는 것이 된다. 왜냐하면 모든 관계를 자기본위적인 사랑에 근거하여 형성하게 될 경우 참된 이웃사랑이란 불가능하기 때문이다. 이 경우 참된 이웃사랑을 이야기하기 위하여 자기사랑은 포기되고 버려져야만 하는 사랑이 된다.

하지만 만약 자기사랑이, 새로운 창조물로 태어난 한 그리스도인이 자기 자신과의 관계 속에서 그리스도를 믿는 믿음으로 맺는 열매로서의 사랑을 의미한다면, 이런 의미에 한정되어 있는 한, 자기사랑이란 그리스도인의 사랑의 지향점인 하나님에 대한 사랑의 다양한 표현들 중 하나가 된다. 더 나아가서 옛 사람을 매일 죽이고 새로운 창조물을 매일 소생시키는 자기 사랑은 오히려 더 진정하고, 순수하고, 온전한 하나님 사랑과 이웃 사랑을 가

설'(emanationism) 개념과 연결시키는 것은 루터의 사랑 개념을 올바르게 보여주지 못한다. 참조, George Hunsinger, *Disruptive Grace: Studies in the Theology of Karl Barth* (Grand Rapids, MI: William B. Eerdmans, 2000), 163, n. 17; Karl Barth, *Church Dogmatics*, IV/2, *The Doctrine of Reconciliation*, trans. G.W. Bromiley (Bloomsbury T.&T. Clark, 1958), 752. 루터가 이 비유를 사용함으로써 전달하고자 하는 요지를 고려해 볼 때, 포렐이 루터가 사람을 "단지" 하나님의 사랑을 흘려보내주기만 하는 관 혹은 통이라고 말한다고 기술하는 것은 오해를 낳을 여지가 있다. 참조, George W. Forell, *Faith Active in Love*, 100.
48) 요 13:34: "새 계명을 너희에게 주노니 서로 사랑하라 내가 너희를 사랑한 것 같이 너희도 서로 사랑하라."
49) *WA* 40/2. 144. 16-19; *LW* 27:113.

능케 한다는 점에서 하나님, 이웃, 그리고 자기 자신과의 관계 속에서 믿음의 열매로 맺어지는 사랑의 세 차원은 서로 불가분리의 관계를 형성하고 있다. 각각의 관계 속에서 실천되는 사랑은 상호적 승화와 영감을 위하여, 그리고 그 존재와 성장의 증거로서 서로를 요구하고 필요로 한다. 이처럼 상호 사랑에 대한 성경의 가르침을 강조하는 것과 사랑을 그리스도를 믿는 믿음의 열매로 보는 것은, 신중하고도 편견 없이 자기사랑에 대한 루터의 사고를 살펴보는 것이 필요하다는 것을 알려준다.

이러한 관점에서 볼 때, 자기숭배, 사리추구, 자기중심주의, 육의 활동에 저항하는 데 태만한 것 등의 형태로 나타나는 자기사랑을 거부하는 루터의 입장을 놓고 루터는 병적이고도 감상적인 자기경멸, 자기혐오, 자기파괴, 혹은 자기부인 등과 같은 것을 옹호한다고 이해하는 것은 오해다. 루터의 입장은 자기 자신에 대한 심리적으로 불건전하고 심지어 해롭기까지 한 학대 혹은 피학적 경향과는 전혀 무관하다. 루터가 자기사랑을 다루는 다양한 문맥들에 주의를 기울이는 것은 이러한 오해를 피할 수 있게 해줄 것이다.

루터가 옛 사람의 죽음에 대비하여 새 사람 혹은 새 창조물의 소생을 설명할 때, 그는 명확하게 새 사람을 긍정하면서 옛 사람을 부정한다. 루터는 극기력, 자제력, 자기수양 등에 있어서 새로운 창조물로서의 그리스도인이 지속적으로 성장할 것을 주장한다. 이러한 문맥 속에서 루터는 강력하게 자기사랑, 즉 새로운 창조물로서 매일 점점 더 새롭게 변화되어야 할 그리스도인이 자기 자신과의 관계 속에서 맺어야 하는 믿음의 열매로서의 사랑을 중시한다. 루터는 또 "상호적 사랑의 법"에 주목하면서 그리스도인들에게 서로를 보살펴주고 격려해주는 일에 끊임없이 전념하도록 권면한다. 이런 측면에서 각 그리스도인이 방심하지 않으면서 자기 자신에 대한 경계를 게을리 하지 않고, 다른 그리스도인들로부터 용기와 영감을 얻기를 순수하게 기대하는 것은 루터의 믿음의 열매로서의 사랑 개념에 있어서 이질적인 성격의 것이 아니다.

이처럼 믿음과 사랑을 논하면서, 루터는 의심할 여지없이 그리스도인들의 인생순례에 있어서 발견되는 지속적인 기복을 분명하게 인식하고 있다. 그리스도인들이 믿음에 의해 가슴속에 현존하는 그리스도의 능력과 영감을 받아 사랑을 통해 진정한 선행을 수행하는 동안에도 영적 유혹들과 시련들은 현세에서 결코 끝나지 않는다. 이 여정을 거치는 동안 그리스도인들은 한편으로 그들의 사랑의 행위들이 보잘것없고, 그들의 믿음이 연약해서 충분한 열매를 맺고 있지 못한 것은 아닌가라는 고민을 하면서 영적 고난과 괴로움을 겪으면서 살 수 있다. 다른 한편으로 그리스도인들은 오직 그리스도를 믿는 믿음의 힘이 기억으로부터 희미해져 감에 따라서 그들이 더 이상 성령의 도움을 필요로 하지 않고 이제는 자급자족과 자기충족의 상태에 있다고 착각하기 시작할 수도 있다. 바로 이러한 것들이 루터가 자신의, 능동적, 점진적 의와 거룩함의 차원에서도 오직 그리스도를 믿는 믿음이라는 주제를, 그리고 법의 신학적 혹은 영적 기능이라는 주제를 계속 언급하고 있는 이유다. 이것이 우리가 다음에 다룰 내용이다.

제3장과 제4장에서 이 주제들을 다루었을 때와 다음에 다루는 것과의 주된 차이점은 전자는 아직 그리스도를 믿는 믿음에 의해 그리스도인이 되지 않은 상태를 취급하는 데 반해, 후자는 이미 그리스도를 믿는 믿음에 의해 그리스도인이 된 상태를 취급한다는 점이다. 따라서 다음에 이어질 논의는 외래적, 수동적, 완전한 의와 거룩함의 차원이 아닌, 자신의, 능동적, 점진적 의와 거룩함의 차원에 속한 것이라는 점을 기억할 필요가 있다. 이와 함께 다음에 다룰 논의는 어떻게 자신의, 능동적, 점진적 의와 거룩함의 차원이 외래적, 수동적, 완전한 의와 거룩함의 차원에 기초를 두고 있으며, 이 둘이 상호 어떤 관계를 맺고 있는지도 다룰 것이다.

II. 법과 그리스도: 능동적 의와 거룩함의 차원

외래적, 수동적, 완전한 의와 거룩함의 차원에서, 죄인의 의롭게 됨과 구원의 문제에 관하여 법이 그리스도의 고유한 권위와 능력을 침범할 때 루터는 그 법을 일고의 여지도 없이 거부한다. 이 차원에서 루터는 법의 기능을 신학적 혹은 영적 용법의 차원에서만 인정한다. 다른 한편으로 자신의, 능동적, 점진적 의와 거룩함의 차원에서 루터는 그리스도의 법, 즉 사랑의 법으로 새롭게 정의된 형태로 또 다른 법의 기능에 대해서 이야기한다.

그리스도의 가르침에 따라서 권유하고 있는 바울의 권위를 빌어, 자신의, 능동적, 점진적 의와 거룩함의 차원에서 루터는 이제 그리스도를 믿는 믿음에 의해 의롭게 된 자들이 어떻게 살아야 할 것인가라는 문제에 초점을 맞춘다. 여기서 루터의 사고의 핵심에 서 있는 것은 그리스도인은 그리스도인의 이름에 걸맞게 살아야 한다는 것이다. 그렇다면 루터가 생각하는 그리스도인이 그리스도인답게 산다는 것은 무엇을 의미하는가? 그것은 다름 아닌 그리스도의 뜻을 따르고 그리스도를 본받는 삶을 사는 것이다. 그리스도인의 존재적 정체성은 그리스도를 믿는 믿음에 의해 형성된다. 즉 그리스도인은 그리스도를 믿는 믿음에 의하여 하나님 면전에서 의로운 자로 설 수 있으며, 하나님의 입양된 자녀로 설 수 있다. 이러한 새로운 존재적 정체성을 부여받은 그리스도인은 살아 있는 나무가 자연스럽게 열매를 맺듯이, 그리고 연마된 장인이 좋은 작품들을 만들어 내듯이 그리스도인이라는 자신의 존재적 정체성에 걸 맞는 열매를 맺게 된다.

그렇다면 루터에게서 그리스도의 뜻은 무엇이고, 그리스도가 보여준 가장 핵심적인 본은 무엇인가? 그것은 다름 아닌 사랑이다. 이에 대해서는 이미 제5장의 "그리스도가 준 사랑의 법" 부분에서 그리스도의 법은 사랑의 법이라는 루터의 입장에 초점을 맞추어 다루었으므로, 여기서 그 내용을 반복하지 않겠다. 다만 한 가지 다시 한 번 짚고 넘어갈 것은, 이 답변이 자신의, 능동적, 점진적 의와 거룩함의 차원, 다시 말해서, 믿음이 사랑의 열매를 맺는 그리스도인의 삶의 차원에서 법이 어떤 역할을 하는지에 대한 루터의 생각을 파악하는 데 결정적인 단서를 제공한다는 점이다. 이 답변을 통해서 루터는 그리스도, 믿음, 사랑, 그리고 법이 어떻게 그리스도인의 삶 속에서 조화롭게 연결되는지 보여준다.

이와 같이 볼 때, 우리는 루터가 그리스도인들의 삶을 다루고 있는 자신의, 능동적, 점진적 의와 거룩함의 차원에서 그리스도인들을 위한 긍정적 차원에서의 법 혹은 보다 정확하게 표현해서 그리스도에 의해 주어진 사랑의 계명의 용법을 제시하고 있음을 알 수 있다. 필자는 루터가 이렇게 제시하고 있는 법의 용법이 제1용법인 시민적 용법도 아니고, 제2용법인 신학적 혹은 영적 용법도 아닌, 그리스도인들을 위해 제시된 법의 제3용법이라는 개념으로 해석될 수 있다고 본다. 이에 대한 필자의 입장은 결론 부분에서 조금 더 구체적으로 다루도록 하겠다.

자신의, 능동적, 점진적 의와 거룩함의 차원에서 그리스도인들의 삶과 법의 관계에 대한 루터의 사고는 계속해서 다음과 같이 이어진다. 루터는 외래적, 수동적, 완전한 의와 거룩함의 차원에서 강조했던 법의 신학적 혹은 영적 용법이 이미 그리스도를 믿는 믿음에 의해 의롭게 된 그리스도인들의 삶 속에서도 여전히 유효하다고 말한다. 그 이유로서 루터는 다음과 같이 두 가지를 제시한다.

첫째, 그리스도인들은 그리스도의 영에 전적으로 의지하여 그 영이 주는 능력과 도움 덕택에 사랑의 행위라는 믿음의 열매들을 맺는 능력을 갖게 되는데, 이때 그들은 쉽게 자신들이 스스로 능력이 있어 그럴 수 있는 것인 양 착각에 빠지기 쉽다. 그리고 이로 인해서 그리스도인들은 마치 자신들의 구원을 위해 스스로 공헌을 하고 있는 것처럼 자기기만의 유혹에 빠질 수 있다. 루터에 의하면 이런 경우마다 법은 그리스도인들이 아직 죄인이었을 때 그들로 하여금 죄를 깨닫게 하고 가책감과 죄의식을 갖게 함으로써 복음에 선포된 그리스도에게로 나아가게 한 것과 유사한 기능을 한다. 즉, 법은 자만심에 빠짐으로써 다시 구원을 자기 의의 공로로 성취할 수 있다고 오해하는 그리스도인들에게 법의 행위로 구원을 성취할 수 없다는 것을 깨닫게 한다. 그리고 다시 인간의 구원을 향한 하나님의 약속과 성취의 계시인 예수 그리스도만 전적으로 의지하게 하는 역할을 지속한다.

둘째, 루터에 의하면 믿음에 의해 의롭게 된 이후에도 그리스도인들 안에 여전히 죄의 잔재가 남아 있기 때문에, 이러한 죄의 잔재와의 매일의 싸움에서 법은 끊임없이 그리스도인들에게 그들의 불완전함을 환기시킨다. 그리스도인들은 영에 대항하는 육과의 전쟁이 종결될 때까지 지속적으로 이러한 법의 신학적 혹은 영적 기능을 경험하게 된다.[50] 그래서 루터는 "우리의 감정에 따르면, 죄가 아직도 육에 착 달라붙어 있으며, 끊임없이 양심을 힐난하고 괴롭"히며,[51] 그리스도인들은 매일 "지속적인 교대 가운데 법의 시간과 은혜의 시간을" 경험한다고 언급한다.[52]

이 같은 상황 속에서 그리스도인들은 위의 첫 번째 경우와는 상반되게 그들이 오직 그리스도를 믿는 믿음 만에 의해 의롭다 함을 받고, 구원의 약속을 받았음에도 불구하고, 법에 비추어진 자신들의 불완전함을 보고 양심의 가책을 느끼며 괴로워할 수 있다. 그리고 이러한 죄의 잔재와의 싸움에서 항상 승리하는 것만은 아니므로 그리스도인들은 당연히 자신의 구원에 대한 의심과 절망에 빠질 수 있으며, 법의 지속적인 고발에 약해지기 쉽다. 이와 함께 그리스도인들은 두려움과 죄의식에 시달리면서 하나님이 그리스도를 통해서 이미 죄를 용서했다는 것과 하나님은 자비로운 분이라는 것에 대한 신뢰를 쉽게 망각할 수 있다.

루터는 이러한 실존적이고 영적인 곤경을 헤쳐 나가기 위하여 그리스도인들은 그리스도를 믿는 그들의 믿음을 더욱 확고히 해야 할 뿐만 아니라, 이러한 영적이고 심리적인 도전들을 예견하면서 실제적인 믿음의 훈련 혹은 전략들을 개발할 필요가 있다고 역설한다. 루터가 제안하는 믿음의 훈련들 중 가장 중요한 것은 "죄와 사망의 정복자요, 의와 구원과 영생을 베푸는 자인 그리스도 외에 다른 어떤 것도 보지 않는 지속적인 응시"다.[53] 요한복음 3:14의 청동 뱀 이야기에 나오는 것처럼, 이 응시는 그리스도와 그가 약속한 모든 혜택과 축복들을 상실하지 않기 위해서 믿음의 눈, 즉 영적 눈을 갖고 오직 그리스도만 직시하는 것을 의미한다.[54]

여기서 루터는 그리스도인이 지속적으로 응시해야 할 그리스도에 관하

---

50) *WA* 40/1. 524. 32-525. 10; *LW* 26:341.
51) *WA* 40/1. 536. 21-23; *LW* 26:349.
52) *WA* 40/1. 524. 15-16; *LW* 26:340.
53) *WA* 40/1. 545. 30-32; *LW* 26:356.
54) *WA* 40/1. 546. 11-21; *LW* 26:357.

여 보다 구체적인 설명을 제시한다. 루터에 의하면 법이 그리스도인들에게 그들의 죄와 불완전함을 상기시키고, 예수 그리스도를 입법자요 유죄 판결을 내리는 재판관으로 제시하고, 구원에 관하여 두려움과 의심을 불러일으키면서 그들의 양심을 괴롭힐 때, 이것들은 모두 악마의 계교다:[55] "이 유혹은 인간의 것이 아니다. 이것은 악마적인 것이다."[56] 이런 문맥 속에서 누구든지 그리스도에 대한 참된 정의(definition)로부터 벗어난 자는 그리스도가 아닌 악마를 바라보고 있는 셈이다. 왜냐하면 "성경은 그리스도를 화해자, 중개자, 그리고 위로자로 묘사"하고 있기 때문이다.[57] 따라서, 법이 그리스도를 분노한 재판관 혹은 죄와 법의 대신(minister)으로 제시하는 것에 경계하여 그리스도인들은 "그리스도에 대한 감미로운 정의",[58] 혹은 불순물이 혼합되지 않은 순전한 "그리스도에 대한 참된 그리고 올바른 정의"를 상실해서는 안 된다.[59] 그리고 그리스도인들은 항상 그리스도는 "감미로운 구세주요 대제사장"이며,[60] "우리를 위해 중개해 주며, 은혜를 통해서 우리 위에 그리고 우리 안에서 통치하시는 우리의 대제사장"이라는 것을 기억해야만 하고, 이 그리스도를 응시해야만 한다고 루터는 강조한다.[61] 그러면서 루터는 목회적 배려의 차원에서 "죄의 짐에 의해서 두려워하고 이미 무서워하고 있는" 자들에게는 "귀감으로서 그리고 입법자로서의 그리스도가 아니라 구

---

55) *WA* 40/1. 90. 14-24; *LW* 26:37.
56) *WA* 40/1. 321. 12-13; *LW* 26:196.
57) *WA* 40/2. 13. 15-16; *LW* 27:11. 보다 구체적으로 루터는 구세주 예수 그리스도를 다음과 같이 다양하게 표현한다: (1) 아브라함에게 약속된 복된 자손(*WA* 40/1. 515. 30; *LW* 26:334, *WA* 40/1. 570. 25-31; *LW* 26:374, *WA* 40/1. 602. 19; *LW* 26:396); (2) 승리자(*WA* 40/1. 10-18; *LW* 26:21-22, *WA* 40/1. 96. 12-25; *LW* 26:41, *WA* 40/1. 235. 23-25; *LW* 26:134, *WA* 40/1. 441. 32; *LW* 26:283); (3) 대제사장(*WA* 40/1. 47. 20; *LW* 26:8); (4) 하나님의 어린 양(*WA* 40/1. 435. 13-16; *LW* 26:278); 그리고 (5) 중개자(*WA* 40/1. 325-326; *LW* 26:235).
58) *WA* 40/1. 91. 23-24; *LW* 26:38.
59) *WA* 40/1. 93. 18-19; *LW* 26:39.
60) *WA* 40/1. 92. 13; *LW* 26:38.
61) *WA* 40/1. 47. 20-21; *LW* 26:8.

세주와 선물로서의 그리스도가 선포되어야 한다."고 조언한다.[62]

이처럼 루터는 영적 유혹이 몰려들 때마다 그리스도인들이 믿음으로 구세주요 선물로서의 예수 그리스도를 다시 꼭 붙잡고, 응시해야 한다는 것을 거듭 강조한다. 그리스도인들은 그리스도의 고유 기능을 상기하면서 그들이 이미 그리스도를 믿는 믿음에 의해 은혜의 상태에 있다는 것을 재차 기억해야 한다. 그리스도인들은 의롭게 된 자들이며 하나님의 자녀들로 입양된 자들로서 자신들의 신분을 확신하면서 위와 같은 유혹이 몰려올 때마다 그리스도에게로 도피하여 그분 안에서 안식처를 찾아야 한다.[63] 절망적인 상황 속에서도 그리스도인들은 자신들이 이미 그리스도 안에 그리고 믿음을 통해서 그리스도가 이미 자신들 안에 있음을 명심하면서, 그리스도 안에서 평화와 평온이라는 안전한 피난처를 발견해야만 한다.

이러한 루터의 입장을 다룰 때 다음과 같은 질문들이 제기될 수 있다. 법의 고발과 괴롭힘, 그리고 그리스도에게로의 도피라는 이 패턴은 믿음으로 의롭게 됨의 사건을 다루는 데 있어서 법의 신학적 용법으로 설명된 것이었는데, 의롭게 된 그리스도인의 삶 속에서도 이 패턴이 나타나고 있다면, 믿음으로 의롭게 되기 전과 후의 삶은 차이점이 없는 것인가? 혹은 질문을 다시 하자면, 법의 신학적 용법이 의롭게 되기 전과 후에 동일한 양상으로 작용하고 있는 것인가? 혹은 이러한 패턴의 되풀이가 거듭 의롭게 되어

---

62) *WA* 40/2. 43. 15-16; *LW* 27:35.
63) 그리스도와 용서에 계속해서 꼭 달라붙어 있는 것에 관하여 루터는 다음과 같이 기술한다. "하지만 그리스도인은 말한다: 나는 하늘에 있는 그분을 구세주로 믿고 그분에게 꼭 달라붙어 있다. 만약 내가 죄로 떨어지면 나는 다시 일어난다. 하지만 계속 죄를 짓지는 않는다. 나는 다시 일어난다. 그리고 죄의 적이 된다. 그렇기에 그리스도교 신앙은 이 점, 즉 그리스도인은 심지어 악과 죄의 한 가운데서도 소망한다는 점에서 다른 종교들과 다르다. 성령이 없이 자연적 인간은 이것을 할 수 없다." *WA, TR* 1:190(no. 437, 1533년 초); *LW* 54:70. "하지만 그리스도인은 그리스도에게 단단하게 붙어 있으며, '만약 내가 선하지 않다면 베드로도 그랬었다. 그렇지만 그리스도는 선하시다.'라고 말한다. 이런 자들이 선택된 자들이다. … '그분에게 나는 꼭 달라붙어 있을 것이다. 비록 내가 죄를 짓는다고 하더라도 말이다.' 확신을 갖는 것은 이와 같이 해서다." *WA, TR* 1:225(no. 501, 1533 봄); *LW* 54:87.

야 한다는 것을 의미하는 것인가?

　이 같은 일련의 질문들에 대하여 루터는 일관적인 대답을 제시한다. 그리스도를 믿는 믿음으로 말미암아 의롭게 된 그리스도인들의 현실(reality)은 그렇지 못한 자들의 현실과는 본질적으로 다르다. 원칙적으로 그리스도인들은 원죄와 그것의 힘에 대항해 싸울 필요는 없다. 왜냐하면 역사속의 한 특정한 시점에 일회적 사건으로 인간의 몸을 입고 태어남으로써, 그리고 죽음과 부활을 통해서 예수 그리스도가 이미 죄와 사망의 권세를 무효화하고 이겼기 때문이다. 따라서 그리스도인들은 그리스도를 믿는 믿음에 의해 값없이 얻은 그리스도인의 자유 가운데서 살아간다. 그들의 영적인 싸움은 육에 여전히 밀착되어 있는 죄의 잔재들과의 싸움일 뿐이다. 더 나아가서 그리스도는 매일 영적으로 그리스도인들에게 와서 그들에게 이 영적전투에서 승리할 수 있도록 능력을 부여하고, 그들을 지켜준다.

　이 새로운 현실 안에서 그리스도를 믿는 믿음에 의해 의롭게 된 그리스도인들과 법의 관계는 아직 그렇지 못한 죄인들과 법의 관계와 전혀 다르다. 즉 의롭다 함을 받은 그리스도인의 삶에 적용되는 법의 신학적 용법과 의롭다 함을 아직 받지 못한 죄인들의 삶에 적용되는 법의 신학적 용법은 엄밀한 의미에서 동일하지 않다. 그리스도인들에게서 죄와 영원한 죽음의 뿌리는 그들의 존재로부터 완전히 뽑혔다. 반면에 그리스도의 통치 밖에 있는 죄인들의 존재와 삶은 여전히 그들의 본성 안에 깊이 뿌리박혀 있는 죄의 존재와 힘의 영향력 아래에 있다. 따라서 그리스도인들은 구체적인 삶의 정황들 안에서 그들의 양심과 감정들을 통하여 법과의 갈등에 부딪힌다. 반면에 의롭게 되지 못한 죄인들은 그들의 삶뿐만 아니라 존재 전체를 통하여 법과의 갈등에 부딪힌다. 이러한 루터의 사고는 영적이고 신학적 기능을 가진 법의 존속기간에 대한 그의 정의에 잘 설명되어 있다.

　루터는 신중하게 법의 신학적 혹은 영적 기능이 그리스도인들에게서도 여전히 유효하다는 점을 다음과 같이 지적한다. "법의 영적 존속은 매우 집요하게 양심에 딱 달라붙어 안 떨어진다. 따라서 법의 신학적 용법을 적용하는 자는 법의 끝에 도달하는 데 큰 어려움을 겪는다."[64] 그리스도의 단 한 번의 오심과 관련하여 법의 성취에 관한 바울의 견해를 언급하면서 루터는 법의 성취는 그리스도가 인간의 몸을 입었던 역사 속의 특정한 한 시점과 연관되어 있을 뿐만 아니라, 그리스도인들이 살아가는 연장된 시간과도 관련되어 있음을 강조한다. 그리스도의 단 한 번의 오심과 함께 "역사적으로 그리고 일시적으로" 발생했던 법의 폐기는 또한 "모든 그리스도인 안에서 매일 개인적으로 그리고 영적으로" 일어난다.[65]

이로 인해서 외래적, 수동적, 완전한 의와 거룩함의 차원에서나 자신의, 능동적, 점진적 의와 거룩함의 차원에서나 루터의 신학에 있어서 법 혹은 법의 사랑의 행위가 구원의 원인이 되지 못한다는 원칙은 일관성 있게 지켜진다. 이 둘 중 어느 차원에 있어서나 루터는 오직 그리스도만이 법의 완성이요 성취이며, 인간 구원의 유일한 길임을 강조한다. 그러므로 그리스도인은 최후의 심판대에 섰을 때에 오직 그리스도의 의 덕분에 영생을 얻는다. 이것이 곧 자신의, 능동적, 점진적 의와 거룩함의 차원이 항상 절대적으로 외래적, 수동적, 완전한 의와 거룩함의 차원에 의존하는 이유요, 후자가 항상 그리스도인의 삶의 전거가 되는 이유다.

그러므로 법의 행위들은 의롭게 됨 이전에 죄인들이 의롭게 되는 것과 무관한 것과 마찬가지로, 의롭게 됨 이후, 즉 은혜의 상태 안에 있는 그리스도인들이 의로움을 확보하고 유지하는 것과도 무관하다. 이에 관하여 루터는 다음과 같이 설명한다.

> 법의 행위는 의롭게 됨 이전에도 혹은 이후에도 행해질 수 있다. 의롭게 됨 이전에는 심지어 이교도들 사이에서도 많은 선한 사람들이 … 법의 행위를 행했고 위대한 일들을 성취했다. … 그러나 이러한 이들은 이 행위들에 의해 의롭게 되지는 않았다. 더구나, 의롭게 됨 이후에, 베드로, 바울, 그리고 다른 모든 그리스도인이 법의 행위들을 행했으며 또한 여전히 행하고 있다.

---

64) *WA* 40/1. 493. 11-13; *LW* 26:317-318.
65) *WA* 40/1. 523. 31-524. 15; *LW* 26:340.

하지만 그들 역시 그 행위들에 의해 의롭게 되지 않는다.[66]

따라서 자신의, 능동적, 점진적 의와 거룩함의 차원에서 법 혹은 보다 정확하게 표현해서 그리스도의 계명을 성취하고자 하는 그리스도인의 애씀은 그리스도에 의한 완전한 법의 성취와 분리되어 생각되어지거나 실천되어서는 안 된다. 즉 법을 성취하고자 하는 그리스도인의 매일의 노력은 전적으로 그리스도의 법 성취를 절대적 조건으로 하며, 전적으로 거기에 의존한다. 그것은 다시 말해서 그리스도인의 사랑의 행위라는 능동적 표현은 항상 의롭게 됨과 영생의 유일한 원천이 되는 그리스도를 믿는 믿음으로부터 흘러나온다는 것이다. 왜냐하면 마지막 심판은 그리스도인의 자신의, 능동적, 점진적 의와 거룩함에 따라서가 아니라, 그리스도의 의라는 외래적, 수동적, 완전한 의와 거룩함에 따라서 이루어질 것이기 때문이다.

의롭게 됨과 구원이 그리스도를 믿는 믿음에 이처럼 지속적으로 의존하고 있다는 것은 사랑과의 관계에 있어서 믿음이 능동적인 차원에서나 수동적인 차원에서나 항상 우선권을 가지며, 믿음이 사랑의 근원이 되는 이유를 설명해준다. 그러므로 자신의, 능동적, 점진적 의와 거룩함의 차원에서 과잉으로 자신감에 넘쳐 있는 그리스도인들과 더불어 지나치게 절망에 빠져있는 그리스도인들 모두에게 루터는 다음과 같이 권면하는 것처럼 들린다: 두 경우 모두에 있어서 그렇게 처신하지 마십시오. 왜냐하면 우리의 의롭게 됨과 영생을 얻기 위한 궁극적인 기준은 우리의 사랑의 행위의 정도나 양이 아니라 오직 그리스도만을 믿는 우리의 믿음이기 때문입니다.

이러한 통찰은 그리스도인들의 존재에 있어서 능동적 차원과 수동적 차원 간의 역학관계를 잘 조명해 준다. 자신의, 능동적, 점진적 의와 거룩함의 차원에서, 그리스도인들이 누구인지 그리고 그들이 무엇을 하는지는 항상 부분적인(partial) 것 혹은 불완전한 것, 즉 의와 거룩함이 전혀 없는 상태와 의와 거룩함이 완전한 상태 사이의 어느 점에 위치해 있는 것으로 평

---

66) WA 40/1. 219. 22-30; LW 26:123-124.

가된다. 반면에 외래적, 수동적, 완전한 의와 거룩함의 차원에서, 그리스도인들이 누구인지 그리고 그들이 무엇을 하는지는 항상 전적인 것 혹은 완전한 것(total)으로 평가된다. 하나님이 보기에 그리스도인들은 비록 전적으로 죄인들이지만 동시에 완전한 의와 거룩함을 가진 그리스도를 믿는 믿음 덕택에 전적으로 의로운 자들이다: "따라서 그리스도인은 의로우면서 동시에 죄인이고, 거룩하면서 세속적이고, 하나님의 적이면서 하나님의 자녀다."[67] 하나님 앞에서의 평결은 그리스도인들 자신의 공로에 근거한 부분적인 의와 거룩함에 대한 판정을 무효로 만드는, 그리스도를 믿는 믿음 덕분에 수여된 전적으로 의롭고 거룩하다는 판정이다. 심지어 그리스도인들의 매일의 고난, 유혹, 신앙 여정에 있어서 피할 수 없는 퇴보의 한가운데서도, 의롭게 됨과 영생에 대한 그들의 확신의 원인과 원천과 원리는 늘 변하지 않고 안전하게 남아 있다. 왜냐하면 그것은 그리스도에 의해 결정되는 것이기 때문이다.

루터가 분명히 설명하고 있는 것처럼, "[우리의 능동적 믿음의] 결함들은 전적으로 참된, [우리가 믿는 것의] 사실 그 자체에 놓여 있는 것이 아니라 우리의 불신에 놓여" 있다.[68] 다시 말해서, 그리스도인들이 믿는 그것(what), 즉 핵심적으로 하나님이 누구인지 그리고 하나님이 아브라함에게 준 약속과 관련하여 예수 그리스도를 통해서 성취된 것이 무엇인지, 거기에는 아무런 결함도 없다. 그리스도인들의 동요의 원인은 자신의, 능동적, 점진적 의

---

67) WA 40/1. 368. 26-27: "Sic homo Christianus simul iustus et peccator, Sanctus, prophanus, inimicus et filius Dei est."; *LW* 26:232.

68) WA 40/1. 444. 23. 루터는 또 다음과 같이 설명한다: "의롭게 됨에 관한 문제는 정의하기 어려운 것인데, 그것은 그 자체로서 그런 것이 아니라 우리에 관한 한 그렇다 왜냐하면 그 자체로서 그것은 확고하고 틀림없기 때문이다."; *LW* 26:285, WA 40/1. 128. 34-129. 12; *LW* 26:63. 루터는 이것을 그 자신의 경험으로부터 알고 있었다. 그는 믿음과 의심 간의 갈등을 기술하는데, 이것을 보통 *Anfechtung*이라는 용어를 통해서 표현한다. 그는 이러한 갈등과 동요의 원인이 인간의 불안정에 놓여 있으며, 육이 하나님의 약속에 대한 진리를 믿는 것을 거부하면서 영에 저항하기 때문에 발생한다고 설명한다. WA 40/1. 129. 27-30; *LW* 26:64.

와 거룩함의 차원에서 그들이 그리스도를 믿는 방법, 그 믿음에 매달려 있는 방법과 관계되어 있다.

이와 같이 볼 때 그리스도인들은 그리스도를 믿는 믿음에 끊임없이 주의를 기울여야만 하는데, 루터는 이것을 두 가지 차원으로 구분하여 설명한다: "우리가 여기에 사는 한 둘 다 존속한다. 육은 법의 능동적 의에 의해서 죄를 추궁당하고, 훈련받고, 슬픔을 당하고, 뭉개진다. 하지만 영은 수동적 의에 의해서 통치하고, 기뻐하고, 구원받는다."[69] 루터는 계속해서 다음과 같이 언급한다.

> 법이 나를 고발하고, 죽음이 나를 통치하고 삼켜버리는 현생과 현생의 의에 의하면, 아담의 자녀로서 나는 진실로 죄인이다. 하지만 현생 위에 나는 다른 의, 다른 삶을 가지고 있는데, 그것은 죄와 죽음을 알지 못하고 의와 영생이신 하나님의 아들 그리스도다.[70]

그리스도인들은 이처럼 상호 떼려야 뗄 수 없이 엮여 있는 차원들을 동시적으로 살고 있기 때문에, 루터는 그들이 이 두 차원들을 섞지 않도록 항상 경계해야 한다고 주장한다: "양심이 법의 의와 은혜의 의를 구분하는 가르침을 이해하도록 신중히 가르쳐져야 한다."[71] 약속된 실재에 반대되는 것처럼 보이는 시련들과 감정들을 경험할 때 우리는 "우리의 가슴의 감정에 따라서 판단"해서는 안 된다. 대신 "우리는 하나님의 말씀에 따라서 판단해야 한다. 그 말씀은 성령이 괴로워하고 있는 자들, 공포에 떨고 있는 자들, 그리고 절망에 빠진 자들에게 그들을 격려하고 위로하는 그런 방식으로 주어져서, 그들이 그들의 시련과 다른 불행 가운데서도 압도당하지 않고 오히려 그것들을 정복한다고 가르친다."[72]

---

69) *WA* 40/1. 48. 21-23; *LW* 26:9.
70) *WA* 40/1. 48. 15-19; *LW* 26:9.
71) *WA* 40/1. 270. 28-29; *LW* 26:158.
72) *WA* 40/1. 584. 14-17; *LW* 26:383.

루터에 의하면 이러한 믿음의 훈련들은 "경험이 없이는 결코 배워지지 않기 때문에 실습으로 옮겨"질 때에만 정확하게 이해된다.[73] 그리스도인들의 자유에 대해서 이야기하는 것은 쉽다. 하지만 "이 자유의 위대함을 느끼고, 고투하고 있을 때와 양심이 고통스러워 할 때, 그리고 실제상황 속에서 이 자유의 결과들을 자신에게 적용하는 것은 어느 누가 말할 수 있는 것보다 더 어렵다. 따라서 우리의 영은 훈련되어야만 한다."[74] 그래서 루터는 만약 어떤 그리스도인들이 그들이 의심 가운데 있다고 느낀다면, 그들로 하여금 오직 그리스도를 믿는 믿음에 의해 의롭게 된다는 가르침 안에 안전한 피난처를 확보하고, 그들의 "믿음을 사용해서 의심에 대항하여 분투하고, 확신을 얻기 위해 애쓰게 하라."고 조언한다.[75] 믿음 안에서 "우리는 결단코 우리가 은혜의 상태 안에 있고, 그리스도 덕택에 하나님을 기쁘시게 해드리고 있으며, 성령을 모시고 있다는 것을 확실히 믿어야만 한다."[76] 이처럼 자

---

73) WA 40/1. 578. 23-24; LW 26:379.

74) WA 40/2. 4. 22-26; LW 27:5.

75) WA 40/1. 578. 26-27; LW 26:379.

76) WA 40/1. 575. 32-33; LW 26: 377-378. "우리에 관한 한, 우리는 이제 하나님의 말씀을 갖고 있고, 따라서 우리의 구원에 관하여 어떤 의심도 가져서는 안 된다. 바로 이런 방식으로 우리는 예정에 대해 논의해야만 한다. 왜냐하면 그것은 이미 정해졌기 때문이다. 즉, 나는 세례를 받았고, 나는 말씀을 갖고 있고, 따라서 나는 말씀에 계속 꼭 달라붙어 있는 한 나의 구원에 관해 전혀 의심치 않는다. 우리가 우리의 눈을 그리스도로부터 뗄 때, 우리는 예정을 생각해 내고, 논의를 시작한다. 우리의 주이신 하나님은 다음과 같이 말씀하신다. '왜 너는 나를 믿지 않느냐? 하지만 너는 네가 나에 의해서 사랑받고, 너의 죄가 용서되었다고 내가 말할 때, 너는 내가 말하는 것을 듣는다.'" WA, TR 1:156-157(no. 365, 1532 가을); LW 54:57-58. "오랫동안 그[마르틴 루터]는 성경을 벗나가서 예정에 관해 논쟁하는 것에 몰두하는 나태한 사람들에 대해 이야기했다. 하나님의 숨겨진 신비들을 탐색하기 위해서 하나님의 확실하고 계시된 뜻을 포기하는 것은 가장 불경스럽고 위험한 일이다. WA, TR 3:492(no. 3655b, 1537. 12. 25); LW 54:249. 참조, WA 40/1. 47. 26-29; LW 26:8-9: "하지만 만약 어떤 양심 혹은 두려움이 존재하고 있다면, 그것은 이 의가 거두어들여졌고, 은혜가 시야에서 놓쳐졌고, 그리스도가 숨겨졌고 보이지 않게 되었다는 표징이다. 하지만 그리스도가 진실로 보이는 곳에는 틀림없이 주님 안에서 충만하고도 완전한 즐거움과 마음의 평안이 있다."

신의, 능동적, 점진적 의와 거룩함의 차원에서 어느 정도 성취했느냐는 문제와는 무관하게 의롭게 된 그리스도인들은 그들이 이미 하나님의 은혜 안에 있음을 절대로 의심해서는 안 된다고 루터는 거듭 강조한다.

이와 같은 맥락에서 볼 때, 그리스도인들의 삶은 불확실성으로부터 확실성에로의 지속적인 움직임을 수반한다. "그러므로 우리는 매일 더욱더 불확실성으로부터 확실성으로 움직이도록 힘써야만 한다. 우리는 한 개인이 자신이 은혜의 상태 가운데 있는지 그렇지 않은지를 알지 못한다는 그런 사악한 생각을 완전히 지워 버리기 위해 노력해야만 한다."[77] 왜냐하면 만약 은혜의 상태에 있다는 것, 그리고 그리스도 덕택에 하나님을 기쁘게 하는 존재라는 것을 의심한다면, 그러한 그리스도인들은 그리스도가 그들을 구원해 주었다는 것을 부인하고 있는 것이며, 그의 모든 혜택을 전적으로 거부하고 있는 셈이기 때문이다.

루터에 의하면 악마의 계략들에 대해 능동적으로 저항하는 것은 이미 성령의 현존을 입증하는 것이다: "이러한 일들은 분명히 성령이 현존하고 있다는 것을 보여준다."[78] 왜냐하면 믿음의 이러한 실행은 인간의 일이 아니고 그리스도인들 안에 있는 그리스도의 영의 일이기 때문이다. 하나님은 그리스도인들에게 믿음에 의해 수용되는 말씀의 선포를 통해서 그들의 확신에 대한 내적 증거뿐만 아니라, 그들이 은혜의 상태에 있다는 것을 귀납적으로 확신하고 확증할 수 있는 외적 표징들도 준다.[79]

---

77) WA 40/1. 579. 17-20; LW 26:380.
78) WA 40/1. 578. 34; LW 26:379.
79) WA 40/1. 577. 29-30; LW 26:379. "내가 먼저 말했듯이, 외적 표징들은 다음과 같다: 그리스도에 관하여 듣기를 즐기는 것; 심지어 소유와 생명을 희생하게 되더라도 그분을 가르치고, 그분에게 감사하고, 그분을 찬양하고, 그분을 고백하는 것; 믿음과 즐거움 가운데서 고결한 방식으로 자신의 소명에 따라 자신의 의무를 다하는 것; 죄를 즐기지 않는 것; 다른 사람의 소명을 침해하지 않고 자기 자신의 소명을 위해 진력하는 것; 궁핍한 형제를 도와주고, 애도하는 자를 위로해 주는 것, 등." WA 40/1. 577. 25-29; LW 26:379. 루터는 "어느 누구도 비록 그가 그의 능력에 따라 선행을 하고 비난할 점이 없는 삶을 살더라도, 확실하게 그 자신이 은혜의 상태에 있는지 알 수 없다."고 가르치는 스콜라 신학자들과 수도사들의 입장을 문제시 삼는다.

여기서 한 가지 주의할 사항은 루터가 그리스도인들의 매일의 영적 투쟁에서 이러한 믿음의 훈련 혹은 전략들을 장려하는 취지는 그리스도를 믿는 믿음에 의해 의롭게 된다는 그의 가르침을 주관화하거나 심리학적으로 설명하려는 것이 아니라는 점이다. 루터는 이미 열광주의자들과의 논쟁을 통해서 이런 성향에 대항하여 싸웠다. 자신의, 능동적, 점진적 의와 거룩함의 차원에서 그리스도인들의 양심과 감정에 있어서의 확신의 문제는 영생과 영원한 죽음 간의 문제다. 그리스도인들이 믿음 안에서 그리스도를 꼭 붙잡고 있는 것을 실패할 때, 그리스도에 대한 전적 신뢰로부터 법에 대한 의존에로 쉽게 빠질 가능성이 생겨난다. "왜냐하면 인간 본성과 이성은 그리스도를 단단히 붙잡지 않고 재빠르게 법과 죄에 대한 생각들로 빠져들기 때문이다."[80]

그렇게 되면 그리스도인들은 즉각적으로 의롭게 됨과 영생을 확보하기 위해서 그들이 스스로 무엇인가를 행해야 할 의무가 있다고 생각하게 된다. 이것이 바로 인간의 성향이라고 믿기에 루터는 그리스도를 잃을 때 그 사람은 "그 자신의 행위들에 대한 신뢰로 빠지게 되어 있다."고 말한다.[81] 그러면서 루터는 이러한 상황이 발생하게 되면, 그리스 신화의 시시포스(Sisyphus)가 큰 바위를 산 밑에서부터 산꼭대기로 밀어 올리는 일을 한없이 무의미하게 되풀이한 것처럼, 그리스도인도 헛된 고생과 끝없는 고뇌만 계속하게 된다고 지적한다.[82] 이 경우 더 큰 문제는 그리스도가 무용한 존재가 되고, 쓸데없이 죽은 것이 되며, 그리스도인들은 그리스도와 아무 관계도 없게 된다. 그리고 결과적으로 그리스도인들은 의롭게 됨과 영생을 상실하게 된다.

WA 40/1. 575. 14-15; *LW* 26:377. 참조, "The Decrees and Canons of the Council of Trent," Session VI, Canons 13, 15, 16. *LW* 26:377, 각주 15.
80) *WA* 40/1. 214. 21-23; *LW* 26:120.
81) *WA* 40/1. 48. 32-33; *LW* 26:9.
82) *WA* 40/1. 616. 32- 617. 23; *LW* 26:406. 루터는 또한 자신의 그림자에 비친 고기를 잡아채려다가 자신이 입에 물고 있던 진짜 고기를 놓친 이솝우화에 등장하는 개의 이야기를 통해서, "하나님의 분노를 진정시키고 의롭게 되기 위한" 애씀의 무의미를 예시한다. *WA* 40/1. 616. 15-31; *LW* 26:405.

더 나아가서 자신의, 능동적, 점진적 의와 거룩함의 차원에서 믿음에 의해 그리스도에게 지속적으로 꼭 붙어 있는 것은 루터의 사고에 있어서 매우 중요한데, 그것은 믿음에 대한 루터의 개념이 강한 종말론적 성격을 가지고 있기 때문이다. 죄의 잔재에 저항하는 매일의 교전은 지상에서의 삶이 끝난 뒤에야 종료된다. 또한 그리스도인들에게 약속되고 믿음을 통해서 이미 사실상 주어진 것들은 영생과 함께 온전히 드러날 것이다. 이러한 이유로 인해서 믿음에 대한 루터의 개념은 그 안에서 작용하고 있는 종말론적 소망의 역할을 인식하지 못하고서는 제대로 파악할 수 없다. 외래적, 수동적, 완전한 의와 거룩함은 인간의 육안에는 비가시적이다. 그것은 믿음의 눈에만, 그리고 소망 안에서만 가시적이다. 이에 관해서 루터는 다음과 같이 기술한다: "우리는 그리스도 안에서 살아 있다. 그분 안에서, 그분을 통해서 우리는 죄, 죽음, 육, 세상, 지옥, 그리고 모든 악 위에 통치하는 왕들이요 주(主)들이다. … 어떻게? 믿음 안에서. 왜냐하면 우리의 축복은 드러나지 않았기 때문이다. 하지만 그동안 우리는 인내하면서 그것을 기다리는데, 그럼에도 불구하고 우리는 이미 믿음을 통해서 확실히 그것을 소유하고 있다."[83]

---

83) *WA* 40/1. 679. 14-19; *LW* 26:453. 루터는 또 다음과 같이 말한다. "그는 먼저 그리스도를 믿는 믿음에 의해서 새로운 사람을 입지 않았으면 영 혹은 은혜의 자유를 누리지 말아야만 한다. 하지만 이것은 현세에서 완전하게 일어나지 않는다." *WA* 40/1. 45. 29-31; *LW* 26:7. 영생은 "그리스도에 의해서 우리에게 주어졌다. 그리고 … 그것은 심지어 지금도 우리의 것이다. 왜냐하면 우리는 믿음을 가지고 있기 때문이다. [하지만] 그것은 내세까지는 우리에게 알려지지 않을 것이다. 내세의 창조물이 무엇과 같을지를 아는 것은 현세에서는 우리에게 주어지지 않았다." *WA*, *TR* 4:30(no. 3951, 1538. 8. 7); *LW* 54:297. 완전히 의롭고 거룩하고 허물없는 삶은 "천사들의 삶일 것이며, 그것은 미래의 삶에서를 제외하고는 우리의 것이 아닐 것이다. … 그동안 우리는 예수 그리스도를 믿는 믿음을 통해서 소망 가운데 존재하는 그 의로 만족한다. 아멘." *WA*, *TR* 4:602-603(no. 4991, 1540. 5. 21-6. 11); *LW* 54:374-375. 영원 속에서 믿음은 영광에 의해 대체될 것이다. "내세에서 믿는 것은 그칠 것이다. 그리고 옳고 완전한 준수와 사랑이 있을 것이다. 왜냐하면 믿음이 그칠 때, 그것은 영광에 의해 대체될 것이며, 그것에 의해서 우리는 하나님을 있는 모습 그대로 보게 될 것이다(요한1서 3:2). 거기에는 참되고 완전한 하나님에 대한 지식이 있을 것이요, 도덕적이지도 신학적이지도 않은, 하늘의, 신의, 그리고 영원한 올바른 이성과

마지막으로, 자신의, 능동적, 점진적 의와 거룩함의 차원에서 그리스도인들이 너무 절망하지도 말고, 너무 자만하지도 말고 살아야 한다는 루터의 가르침에서 주목해야 할 또 한 가지는 성인들의 과실들과 죄에 대한 그의 해석 방법이다. 루터는 성인 혹은 그리스도인에 대한 정의에서 반복하여 "그리스도인은 어떤 죄도 갖고 있지 않은 자 혹은 어떤 죄도 느끼지 않는 자가 아니다. 그리스도인은 그리스도를 믿는 믿음 때문에 하나님이 그의 죄를 전가하지 않는 자"임을 강조한다.[84] 성인들 혹은 성인들로서의 그리스도인들이 오류로부터 완전히 자유로운 것은 아니다. "많은 약점과 죄들이 그들 각각 안에서 인식되며, 또한 그들 중 많은 수가 죄에 빠지는 것이 사실이다."[85]

성인들이 어떤 것에 의해서도 영향을 받지 않고 육의 욕망을 전혀 경험하지 않는 "나무 그루터기들이나 돌멩이들이 아니"라는 것을 강조하면서, 루터는 다음과 같이 베드로에게 우리의 주의를 환기시킨다.[86] "그 어떤 사람도 다시 일어설 수 없었을 만큼 그렇게 중대하게 타락한 적이 없다. 다른 한편으로 그 어떤 사람도 타락할 수 없을 정도로 그렇게 확실한 발판을 갖고 있지 않다. 만약 베드로가 타락했다면, 나 또한 타락할 수 있다. 만약 그가 다시 설 수 있었다면, 나 또한 그렇다."[87] 루터는 다음과 같이 설명한다.

선의가 있을 것이다. 그동안 우리는 현세에서 그리스도를 통한 죄의 용서와 의의 전가를 갖고 있는 믿음 안에서 견디어 내야만 한다." WA 40/1. 428. 29-429. 16; LW 26:274. "그러면 당신을 괴롭히기 위해서 끊임없이 되돌아오는 갈등들과 두려움들 가운데서 당신은 인내하면서 소망을 갖고 오직 믿음에 의해서만 갖고 있는 의를 찾아야만 한다. 비록 당신은 그것이 언젠가 때가 이르러 완전히 그리고 영원히 드러날 때까지 그것을 초기의 그리고 불완전한 형태로만 갖고 있겠지만 말이다." WA 40/2. 31. 30-32. 16; LW 27:26.

84) WA 40/1. 235. 15-17; LW 26:133.
85) WA 40/2. 104. 7-9; LW 27:82.
86) WA 40/2. 96. 17-19; LW 27:76.
87) WA 40/1. 197. 9-12; LW 26:109. 심지어 소위 성인들조차도 영과 육간의 투쟁을 경험한다는 루터의 입장에 관해서, 로마서 7:7부터 마지막 절까지에 대한 루터의 해석은 주목할 필요가 있다. 영과 육간의 전투에 관한 바울의 기술에 대해서 루터는 아우구스티누스의 해석을 따르면서, 여기서 바울이 육적인 사람이 아닌 영적인 사람의

"성인들의 이러한 과실들과 죄들은, 근심하고 절망적 상태에 있는 자들로

고투를 묘사하고 있는 것이라고 본다. 그러면서 루터는 "사도 [바울]이 전혀 죄가 없다."고 보기 때문에 "사도 [바울]이 그 자신으로서 이야기하고 있는 것이 아니라 육적인 사람의 입장을 취하여 이야기하고 있는 것이라는 잘못되고 해로운 견해에 빠진" 사람들이 있다고 지적한다. WA 56. 349. 27-29; LW 25:338. 루터는 계속해서 다음과 같이 언급한다: "이 어리석은 견해는 세례를 받았거나 혹은 죄 사함을 받은 자들이 자신들이 즉각적으로 어떤 죄도 없다고 생각하는 것과 같은 가장 해로운 속임수로 이끌어왔다. 그들은 의를 얻고 나서 안심하고 긴장을 늦춘다는 점에서 의로운 체하는 사람이 된다." WA 56. 350. 1-3; LW 25:338.
　　로마서 7:7에 관한 아우구스티누스의 해석이 변화된 것에 대해서 루터는 다음과 같이 서술한다: "먼저 성 아우구스티누스는 펠라기우스주의자들에 대항하는 그의 책에서 이것을 대대적으로 재삼재사 주장했다. 따라서 그의 『철회록』(Retractationes), I. 23에서 그[아우구스티누스]는 이 구절에 대한 자신의 이전 해석을 철회하면서 다음과 같이 말한다. '사도 [바울]이 '우리가 율법은 신령한 줄 알거니와 나는 육신에 속하여'(14절)라고 말할 때, 나는 이 구절이 이미 영적이었던 사도 [바울]을 언급하고 있는 것으로 결코 이해하려고 하지 않았다. 대신 나는 이 구절이 법 아래에 놓여 있고 아직 은혜 아래 놓여 있지 않은 자로서의 그[바울]를 언급하고 있는 것으로 해석하기를 원했다. 이것이 내가 맨 처음 이 말들을 이해했던 방식이다. 하지만 후에 나에게 감명을 준 권위를 가진 자들에 의한, 이 하나님 말씀에 대한 특정한 해석들을 읽은 후, 나는 이 문제를 더욱 조심스럽게 고려했고, 이 문단이 사도 [바울] 자신에 관한 것으로 이해될 수도 있겠다는 것을 깨닫게 되었다.' 그리고 그[아우구스티누스]의 『율리아누스 반박론』(Contra Julianum) 2권에서 다음과 같이 서술한다. '당신이 생각하는 것처럼 말하고 있는 자는 몇몇 유대인들이 아니라, 가장 축복받은 암브로시우스에 의하면, '내 지체 속에서 한 다른 법이 내 마음의 법과 싸워 … 보는도다.'(23절)라고 바울이 말할 때 그는 그 자신에 관해서 이야기하고 있는 것이라는 점에 주목하라.' 그리고 나서 잠시 후 그[아우구스티누스]는 암브로시우스의 『중생의 성례에 관하여』(De sacramento regenerationis)로부터 다음의 말들을 인용한다: '우리는 우리의 육에 대항하여 분투해야만 한다. 바울은 그의 육에 대항하여 분투하였다. 그는 종내 '내 지체 속에서 한 다른 법이 내 마음의 법과 싸워 … 보는도다.'라고 말한다. 당신이 바울보다 더 강한가? 너의 육의 열의를 신뢰하지 말고 그것을 믿지 말아라. 왜냐하면 심지어 바울도 '내 속 곧 내 육신에 선한 것이 거하지 아니하는 줄을 아노니 원함은 내게 있으나 선을 행하는 것은 없노라'(18절)고 절규하고 있기 때문이다." WA 56. 339. 7-340. 4; LW 25:327-328. 영적인 사람의 이러한 영과 육간의 전 생애에 걸친 고투의 실상을 루터가 매우 진지하게 취하는 방식은 그가 로마서 7:7에서 이 주제를 다루다가 7:14로 뛰어넘어가서 7:25까지를 해석하고, 다시

하여금 위로를 발견하고, 거만한 자들로 하여금 두려운 마음을 갖도록 하기 위해서 제시된 것이다."[88]

자신의, 능동적, 점진적 의와 거룩함이라는 관점에서, 루터는 성인들이 완전한 자들이라는 것을 주장하는 대신, 그리스도를 따르는 자들로서 그들의 이름에 걸맞게 살려고 최선을 다하는 자들임을 강조한다. 성인들이라고 해서 "그들 자신들로부터 옛 아담을 그의 모든 행위와 더불어 모두 한꺼번에 제거해내지는 못한다. 그들의 생애를 통해 육의 욕망들은 그들 안에 여전히 머물러 있다."[89] 그렇지만 그들이 육의 욕망들을 성령에 종속시키고, 고의적인 악의에 의해서가 아니라 다만 육신의 약함에 의해서만 죄를 짓는 한, 그들의 죄가 영원한 구원으로부터 그들을 막지 못한다. 그들이 예기치 않게 죄에 빠질 때, 그들은 믿음을 통해서 그리스도에게 돌아옴으로써 용서를 받으며, 하나님은 그들의 죄를 그들에게 전가하지 않는다. 이와 같이 볼 때, 믿음과 사랑, 그리고 능동적 의와 수동적 의 사이의 상호작용에 대한 루터의 해석은 왜 그가 오직 그리스도를 믿는 믿음에 의해 의롭게 된다는 가르침이 가장 감미로운 가르침이며, "진정한 두려움 가운데 고통 받고 있는 양심들에게 확고한 위안"을 가져다준다고 단언하는지를 보여준다.[90]

7:8로 돌아와서 계속 설명을 해나가는 모습 속에서도 잘 나타난다. 루터는 로마서 7:14부터 7:25까지 바울의 언급들을 매우 세밀하게 따라가면서 영적인 사람의 지속적인 고투에 대한 그의 신학적 입장을 입증하기 위하여 몇 쪽에 걸쳐 12가지의 다양한 해석들을 예시한다.

88) *WA* 40/1. 196. 24-197. 8; *LW* 26:109.
89) *WA* 40/2. 105. 27-28; *LW* 27:84. 루터는 또 다음과 같이 언급한다· "그리스도인들로 하여금 육의 행위들을 피하도록 힘쓰게 하라. 그들이 육의 욕망들을 피할 수는 없다." *WA* 40/2. 107. 21; *LW* 27:85.
90) *WA* 40/1. 235. 17-18; *LW* 26:133. 참조, *WA* 40/1. 366. 27-367. 21; *LW* 26:231-232, *WA* 40/1. 444. 30-445. 22; *LW* 26:285, *WA* 40/2. 41. 18-44. 13; *LW* 27:33-35.

제7장 | 결론

I. 두 가지 논점

결론으로 본서를 마무리하면서 우선 먼저, 루터로 하여금 최대한 스스로 말할 수 있는 기회를 주자는 원칙에 따라 본문에서 다루지 못했고, 또 공간이 제한된 각주에서 취급하기에도 한계가 있었던 두 가지 문제에 특별히 초점을 맞추어 필자의 입장을 간단히 제시하는 기회를 갖고자 한다. 그 첫 번째는 신화(theosis)에 관한 것이요, 두 번째는 법의 제3용법에 관한 것이다.

1. 신화(theosis)

먼저 필자가 다루어 보고자 하는 문제는 현대 핀란드 루터학자들이 루터의 의롭게 됨에 관한 교리를 신화(theosis)로 해석하는 것이다. 이러한 해석은 논란의 여지가 많은 만큼, 이에 관해서는 이미 다른 루터학자들이 유보적 혹은 반대 입장들을 표명해 왔다. 예를 들어서, 데니스 빌펠트(Dennis Bielfeldt)는 비록 루터의 "두 종류의 의에 관한 설교"(*Sermo de Duplici Iustitia*)에서 일종의 신화 개념을 찾아볼 수 있기는 하지만, 이것은 동방정

교회에서 이해하고 있는 신화의 개념과는 다를 수 있다고 조심스럽게 언급한다. 그러면서 빌펠트는 신중하게 그리스도와 그리스도인 간의 연합에 대한 루터의 사고를 직접적으로 동방정교회의 신화개념과 동일시하는 것에 대해서 주의를 준다.

가장 주요한 논쟁점들 중 하나는 루터가 그리스도인들 안에의 신적 속성들의 임재를 언급할 때 그 임재를 어떻게 하나님의 임재로 해석할 수 있겠느냐는 것이다. 빌펠트는 동방정교회에서 하나님의 본질(*ousia*)과 하나님의 에네르기아(*energia*)를 구별하는 것 – 예를 들어서 그레고리오 팔라마스(Gregorio Palamas, 1296-1359) – 에 주목하면서, 루터가 때로 하나님과 하나님의 속성들을 동일시 할 때 루터는 동방정교회 신학자들과는 다소 다른 방식으로 이야기하고 있는 것 같다고 제안한다. 빌펠트는 계속 다음과 같이 기술한다: "에네르기아/본질이라는 구별이 그 안(*in se*)에의 참여의 형이상학을 분명히 설명하기 위해 노력하고 있다면, 신적 본질과 속성들에 대한 루터의 식별은 '나를 위해'(*pro me*) 하나님이 함께 있어 줄 수 있음 혹은 함께 있어 주심(availability)에 주된 관심을 갖고 있는 것처럼 보인다."[1]

---

1) Dennis D. Bielfeldt, "Freedom, Love, and Righteousness in Luther's *Sermo de Duplici Iustitia*," in *Freiheit als Liebe bei Martin Luther*, 33. 동일 저자에 의한 다음의 글들도 참조, "The Ontology of Deification," in *Caritas Dei*, 90-113; idem, "Response" [to Luther and Metaphysics: What is the Structure of Being according to Luther? by Sammeli Juntunen], in *Union with Christ*, 161-166. 빌펠트(Bielfeldt)는 루터의 신학에서 그리스도의 그리스도인 안에의 현존을 묘사하기 위해서 사용된 몇 가지 보완적 모델들을 제공하고, 그것들을 비판적으로 검토한다. 로제(Lohse) 또한 다음과 같이 주의를 준다. "마찬가지로 우리는 루터가 '신화'라는 고대 교회의 사고에 큰 비중을 두었다는 몇몇 핀란드 루터 학자들에 의해 최근에 지지된 논제를 받아들여서는 안 된다." Bernhard Lohse, *Luthers Theologie*, 239; ET *Martin Luther's Theology*, 220-221. 헨드릭스(Hendrix)도 신화에 대한 핀란드 학자들의 개념이 세례 받은 그리스도인들이 죄에 의해 방해받지 않는다든가 혹은 어떤 종류의 것이 되었든 법정 언어는 부적당하다는 것을 의미하는 것으로 받아들여져서는 안 된다고 신중하게 언급한다. 그리스도인들이 신과의 연합을 통하여 그들의 인간성을 잃게 된다는 의미에서 그리스도인들이 그리스도가 되는 것이 결코 아니라는 것을 강조하면서, 헨드릭스는 "믿는 자들의 그리스도와의 연합(union) 대신 믿는 자들의 그리스도에

클라우스 쉬바르츠벨러(Klaus Schwarzwäller)는 핀란드 루터학파의 신화 개념은 창조주와 피조물 간의 구별을 애매모호하게 만드는 문제점을 갖고 있다고 주장한다.[2] 알브레히트 보이텔(Albrecht Beutel)은 "루터는 신화하다(deificare)라는 용어와 이것의 파생어들을 사용하는 데 인색하며, 인간의 신화에 대한 추론에 관여하지 않는다."는 점을 강조한다.[3]

　　이러한 비판적 논평들에 더하여 다음과 같이 핀란드 루터학파의 주장들에서 관찰되는 문제점들을 지적해 볼 수 있다. 첫째, 믿음 안에서 그리스도와의 연합을 통하여 그리스도인들이 하나님의 본성에 참여한다는 핀란드 학자들의 주장에 있어서 루터가 "히브리식 말하기 방식"(Hebrew way of speaking)을 사용한다는 것은 매우 중요한 위치를 차지하고 있다. 이들의 해석에 의하면, "히브리식 말하기 방식"은 하나님의 속성들과 하나님의 본성 간의 동일화를 이끌어 낸다. 그리스도인들이 그리스도 안에 참여할 때, 즐거운 교환이 일어나며, 그리스도는 하나님이기 때문에 그리스도인들은

게로의 연결됨(connectedness)"에 관해 말하는 것을 선호한다고 언급한다. Scott H. Hendrix, "Martin Luther's Reformation of Spirituality," *Lutheran Quarterly* 13/3 (1999), 258.

2) Klaus Schwarzwäller, "Verantwortung des Glaubens Freiheit und Liebe nach der Dekalogauslegung Martin Luthers," in *Freiheit als Liebe bei Martin Luther*, 144-148. 1999년 가톨릭 교회와 루터 교회에 의해 서명된 『의롭게 됨의 교리에 관한 공동선언문』(*Joint Declaration on the Doctrine of Justification*)을 통해 의롭게 됨에 관한 교리를 둘러싸고 교회가 분열하는 문제를 해결하고자 하는 교회연합운동 차원에서의 노력의 관점에서 현대 핀란드 루터 학자들의 연구를 평가한 로마 가톨릭 신학자의 연구의 한 예로서는 다음의 글 참조, Christopher J. Malloy, *Engrafted into Christ: A Critique of the Joint Declaration* (New York: Peter Lang, 2005), 145-167.

3) Albrecht Beutel, "Antwort und Wort," in *Luther und Ontologie: Das Sein Christi im Galuben als strukturierendes Prinzip der Theologie Luthers*, ed. A. Ghiselli, K. Kopperi, and R. Vinke (Helsinki and Erlangen: Luther-Agricola-Gesellschaft and Martin-Luther-Verlag, 1993), 76, 각주 27. 핀란드 학자들에 대한 비판을 위해서 다음의 글도 참조, Anna Briskina, "An Orthodox View of Finnish Luther Research," trans. Dennis Bielfeldt, *Lutheran Quarterly* 22/1(2008), 16-39.

사실상 하나님의 본성에 참여하는 것이 된다. 하지만 이러한 해석은 "히브리식 말하기 방식"에 대한 루터의 취급에 있어서 그의 요지를 벗어나는 것처럼 보인다.

본 저서의 제4장에서 이미 다룬 것처럼 "탑 경험" 이후 루터는 "하나님의 의"와 "의인"을 연결시켜 해석함으로써, 절대적이고 단독적 의미에서의 "하나님의 의"가 아닌 죄인을 "의인"으로 만드는 "하나님의 의" 개념을 보게 된다. 바울이 로마서 1:17에서 언급하는 하나님의 의는 그 절대적 기준에 따라서 죄를 판단하고, 모든 죄인을 예외 없이 처벌하는 그런 의가 아니라, 아무런 대가를 요구하지 않으면서 불의한 죄인을 의인으로 만드는 그런 의라는 것을 루터는 깨닫게 된 것이다. 이러한 깨달음을 루터는 "하나님의 의"는 "히브리식 말하기 방식"에 따라서 해석되어야 한다는 통찰로 표현해낸다. 즉 루터는 "히브리식 말하기 방식"의 적용을 통해서 인간에게 불가해한 하나님의 절대적 의가 아닌, 분명하게 계시된, 불의한 죄인을 의롭게 만드는 그런 하나님의 의에 대한 개념을 부각하고 있는 것이다. 이것은 루터가 "히브리식 말하기 방식"을 활용할 때, 그는 내재적 본성으로서 하나님이 소유하고 있는 것과, 하나님이 그리스도인들에게 베푸는 것을 직접적이고도 즉각적으로 동일시하지 않고, 오히려 조심스럽게 구분하고 있다는 것을 알려준다.

또한 의미론적으로 "하나님의 의"를 "히브리식 말하기 방식"에 따라서 해석하는 것은 인간의 수동성을 부각하는 것에 초점이 맞추어져 있다. 이 해석에 의하면 "하나님의 의"는 불의한 죄인이 하나님의 의에 의해서 의롭게 되는 그런 의 혹은 하나님이 불의한 죄인을 의롭게 하는 그런 의가 된다. 즉, "히브리식 말하기 방식"에 따라 하나님의 의를 해석하는 루터의 요지는, 인간은 자신의 의에 의해서가 아니라 오직 하나님의 의에 의해서만 죄인의 신분에서 의인의 신분으로 변화될 수 있다는 것이다.[4]

---

4) 이러한 해석 방법에 관해서 다음과 같은 탁상담화가 있다. "'오랫동안 나는 [수도원에서] 길을 잃었었고 나에 관해서 알지 못했었다. 물론 나는 무엇인가 알았었다. 그러나 로마서 1:17의 '의인은 믿음으로 말미암아 살리라'는 본문에 도달할 때까지 나

더 나아가서, 루터는 숨겨진 하나님(absconditus Deus)에 대한 그의 개념에 근거하여 하나님의 본성이라는 관점에서 하나님의 의에 대해서는 차라리 생각하고 싶지 않다는 것을 분명하게 밝힌다. 그리고 하나님의 본성 자체에 접근하려는 시도 자체에 대하여 다음과 같이 기술한다. "그분[성육신한 인간인 예수 그리스도]를 꼭 붙잡아라. 당신의 마음을 다하여 그분에게 꼭 붙어 있어라. 하나님의 위대함에 관한 모든 추측은 쫓아버려라. 왜냐하면 하나님의 위대함을 조사하는 자는 누구든지 그분의 영광에 의해 소진될 것이기 때문이다."[5)]

는 그것이 무엇이었는지 알지 못했었다. 이 본문이 나를 도와주었다. 거기서 나는 바울이 어떤 의를 이야기하고 있는지를 깨달았다. 이전에 나는 이 본문에서 '의'를 읽었다. 나는 그 추상적 ['의']를 구체적인 ['의인']과 연결시켰고, 나의 원인에 대해 확신하게 되었다. 나는 법의 의와 복음의 의를 구분하는 법을 배웠다. 이것 이전에 나는 법과 복음을 구별하지 않았다는 것을 제외하고는 아무것도 부족한 것이 없었다. 나는 이 둘을 동일한 것으로 간주했었고, 그리스도와 모세가 살았던 시대와 그들의 완전한 정도를 제외하고는 그들 간에 아무런 차이가 없다고 생각했었다. 하지만 내가 적절한 구별, 즉 법과 복음은 별개라는 것을 발견했을 때, 나는 자유로워졌다.' 그러자 포메라누스(Pomeranus) 박사가 다음과 같이 말했다. '나는 하나님의 사랑에 대해, 그리고 그것이 수동적으로 무엇을 의미하는지, 즉 우리가 하나님에 의해 사랑받는 그런 사랑에 대해 읽었을 때 변화를 경험하기 시작했다. 이전에 나는 항상 사랑을 능동적으로 받아들였다[즉, 우리가 하나님을 사랑하는 그런 사랑].' [마르틴 루터] 박사가 말했다. '그래요. 사랑(charity 혹은 love)이 [성경에서] 종종 하나님이 우리를 사랑하는 사랑으로 이해되어진다는 것이 분명하다. 하지만 히브리어에서 '사랑'의 소유격들은 다루기 힘들다.'" WA, TR 5:210(no. 5518, 1542-1543 겨울); LW 54:442-443.

5) WA 40/1. 78. 17-18; LW 26:29. 루터는 또 다음과 같이 자신의 생각을 표현한다. "그분 [예수 그리스도]는 우리가 우리 가슴의 응시를 그에게 고정하기를 원했고, 그리하여 우리가 하늘로 기어 올라가고 하나님의 위대하심에 대해 사변하는 것을 막고자 원했다." WA 40/1. 78. 10-13; LW 26:29. "그러므로 당신이 의롭게 됨에 관한 가르침을 생각하고, 어떻게 혹은 어디서, 어떤 조건에서 죄인들을 의롭게 하는 혹은 받아들이는 하나님을 찾을 수 있을까 알고 싶어할 때마다, 당신은 이 [성육신한] 인간 예수 그리스도 외에 다른 신은 없다는 것을 알아야만 한다." WA 40/1. 78. 14-16; LW 26:29. 그리고 나서 루터는 다음과 같이 기술한다. "나는 경험해 보았기 때문에 내가 무슨 말을 하고 있는지를 안다. 하지만 이 [성육신한] 인간 [예수 그리스

둘째, 제2장에서 언급한 것처럼 현대 핀란드 루터학자들은 다음과 같은 루터의 언급에 자주 호소한다: 믿음은 "그리스도가 믿음의 대상, 아니 대상이 아니라 말하자면 믿음 그 자체에 현존하는 분인 그런 방식으로 그리스도를 꼭 붙잡는다."[6] 이 언급을 사용하면서 그들은 그리스도가 믿음 안에 현존한다는 루터의 사고는 그의 신학에서 구조적 원리로 작용하며, 그리스도인이 믿음을 통해서 그리스도 안에 참여함을 보여주기 때문에, 의롭게 됨에 관한 루터의 개념이 신화로 불릴 수 있음을 보여준다고 주장한다.

믿음을 통해서 그리스도인들 안에 현존하는 그리스도에 대한 루터의 사고를 강조하는 핀란드 루터학자들의 입장에 필자도 동의한다. 그럼에도 불구하고, 필자는 의롭게 됨에 관한 루터의 가르침을 신화와 직결하여 동일시하는 것은 개념적-논리적 비약이라는 생각이 든다. 루터가 그리스도의 실재(real presence)를 자주 주장하는 것은 사실이다. 하지만 필자는 루터가 믿음을 통해서 그리스도가 그리스도인 안에 현존하는 방식에 관해서는 어떤 명확한 명칭을 갖다 붙이지 않을 뿐만 아니라, 오히려 이러한 시도를 피하고 있다는 것을 강조하고자 한다. 핀란드 루터 학자들은 위에서 인용한 언급을 애용하지만, 사실 루터가 곧바로 이어서 그리스도가 정말로 어떻게 현존하는지에 관해서는 자신도 알지 못한다고 고백하는 말은 강조하지 않는다.

그러므로 믿음은 이 보물, 즉 현존하는 그리스도를 꼭 붙잡고 소유하기 때문에 의롭게 한다. 하지만 그분이 어떻게 현존하는지, 이것은 우리의 사고 범위를 넘어선다. 왜냐하면 내가 말했던 것처럼 거기에는 암흑이 있기 때문이다. 그러므로 가슴의 확신이 현존하는 곳에, 바로 그 구름과 믿음 가운데 그리스도가 현존한다.[7]

도]를 제쳐 놓고 하나님을 다루고자 하는 이 열광주의자들은 나를 믿지 않을 것이다." WA 40/1. 78. 18-20; LW 26:29. "우리는 이 성육신한 인간 하나님 말고 다른 하나님을 바라보아서는 안 된다." WA 40/1. 78. 24-26; LW 26:29.
6) WA 40/1. 228. 33-229. 15; LW 26:129.

이처럼 믿음을 통해서 그리스도가 그리스도인 안에 현존하는 방식에 관하여 루터 자신은 명확한 정의를 내리는 것을 피하고 있다. 따라서 루터

---

7) WA 40/1. 229. 22-25: "Iustificat ergo fides, quia apprehendit et possidet istum thesaurum, scilicet Christum praesentem. Sed quo modo praesens sit, non est cogitabile, quia sunt tenebrae, ut dixi. Ubi ergo vera fiducia cordis est, ibi adest Christus in ipsa nebula et fide."; LW 26:130.
   다른 것들, 특히 법과 이성으로부터의 방해를 불허하는 믿음과 그리스도 간의 독점적 관계의 독특한 성격을 부각하기 위해서 루터는 다음과 같은 비유적 표현을 사용한다. 믿음 안에서 그리스도를 갖는 것은 "법도 이성도 비치지 않고, 우리가 어떤 법도 없이 오직 그리스도에 의해서만 구원받는다는 것을 확신시켜주는 믿음의 희미함(고전 13:12)만이 있는 어둠 속으로" 올라가는 것과 같다. "따라서 복음은 법과 이성의 빛을 초월하여, 법과 이성은 아무 관계도 없는 믿음의 어둠 속으로 우리를 이끈다." WA 40/1. 204. 24-27; LW 26:113-114. 믿음이 그리스도를 붙잡는 한, 믿음은 인간의 이성이 이용할 수 있는 기준 틀을 넘어선다. 이것을 표현하기 위해서 루터가 신비신학의 전통적인 "어둠"이라는 용어를 사용하고 있는 것은 주목해 볼 만하다. LW 26:113, 각주 32. 루터는 또 믿음이 "그리스도가 믿음의 대상, 아니 대상이 아니라 말하자면 믿음 그 자체에 현존하는 분인 그런 방식으로 그리스도를 꼭 붙잡는다."고 말한 뒤 다음과 같이 설명한다. "믿음은 그 어떤 것도 볼 수 없는 일종의 지식 혹은 어둠이다. 하지만 믿음이 꼭 붙잡고 있는 그리스도는 마치 하나님이 시내산 위와 성전 안의 어둠 가운데 앉아 계셨던 것처럼 이 어둠 가운데 앉아 계신다. 그러므로 우리의 '형식적 의'는 믿음을 형성하는 사랑이 아니라 믿음 그 자체다. 믿음은 우리 가슴 안에 있는 구름으로서, 우리가 보지 않는 것에 대한, 즉 특히나 보일 수 없을 때 현존해 있는 그리스도에 대한 신뢰다. 따라서 믿음은 이 보물, 즉 현존하는 그리스도를 꼭 붙잡고 소유하고 있기 때문에 의롭게 한다." WA 40/1. 229. 15-22; LW 26:129-130. 참조, WA 40/1. 362. 23-24; LW 26:228.
   이에 더하여 소위 신비신학이라고 불리는 것에 대한 루터의 입장이 고려될 필요가 있다. 이에 관하여 루터는 다음과 같이 말한다. "신학자들의 사변적 학문은 완전히 무익한 것이다. 나는 이것에 관하여 보나벤투라(Bonaventura)를 읽었는데, 그는 나를 거의 미칠 지경으로 만들었다. 왜냐하면 나는 지성과 의지 간의 연합을 통해서 (그가 쓸데없는 말을 하고 있는) 하나님과 나의 영혼 간의 연합을 경험하기를 몹시 원했기 때문이다. 이러한 신학자들은 단지 열광자들일 뿐이다. 이것은 진짜 사변신학이다 (그리고 그것은 실제적이기도 하다): 그리스도를 믿으시오. 그리고 당신이 해야 할 것을 하시오. 마찬가지로, 디오니시우스의 신비신학은 단지 겉만 그럴싸한 것이다. 플라톤은 모든 것이 비존재이고 모든 것이 존재라는 쓸데없는 말을 한다. 그리고 그는 그만큼만 말한다. 다음의 것이 신비신학이 명령하는 바다: 당신의 지성과

의 이런 입장을 고려해 볼 때, 의롭게 됨에 관한 루터의 가르침을 신화 개념과 동일시하는 것은 논리적 비약일 뿐만 아니라, 보다 근본적으로 루터가 더 이상 파고들지 않고 남겨놓은 것을 설명하려는 시도로 간주된다.

이 문제에 대해서는 보다 심도 있는 후속 연구가 요구된다고 판단된다. 일단 본서에서 이에 대한 필자의 생각들을 정리하면서 마지막으로 다음과 같은 윙엘(Jüngel)의 언급을 다루어 보고 싶다. 윙엘은 루터의 『스콜라 신학에 반박하는 논쟁』(*Disputation against Scholastic Theology*, 1517)을 다루면서, 논제 제17번의 내용에 주의를 기울인다. "사람은 본성적으로 하나님이 하나님 되는 것을 원할 수가 없다. 참으로 그는 자신이 하나님이 되기를 원하며 하나님이 하나님 되는 것을 원하지 않는다."[8] 이 내용과 관련하여 윙엘은 다음과 같이 기술한다. "그리스도교 신학에 있어서 주요한 것은 이러한 자기기만을 끝내는 것이며, 그리하여서 하나님과 인간 간에 적절한 구분이 이루어지게 하는 것이다. 이것이 그리스도교 신학의 근본적인 특징이다." 윙엘은 또 시편 5:3에 대한 루터의 해석에서 발견되는 핵심요지들을 다음과 같이 강조한다. "예수 그리스도 안에서 하나님이 인간이 된 이유는 인간이 인간되게 하는 것이다." 이같이 하나님과 인간 사이의 적절한 구분이 인간을 위한 것임을 강조하는 루터의 입장을 부각하는 윙엘에 의하면, 하나님과 인간 간의 이러한 구분은 "오직 믿음 만에 의한 의롭게 됨의 사건 안에서" 주어졌으며, "의롭게 된다는 것은 인간 자신을 위하여 인간이 하나님으로부터 절대적으로 구분된다는 것을 의미한다."[9] 이와 함께 윙엘은 루터의 시편강해(1519-1521)로부터 다음의 부분을 인용한다: "아담 안에서 우리가 하나님의 형상으로 올라갔던 것처럼, 그렇게 그분은 우리의 형상으로 내려왔다. 우리를 우리 자신에 대한 지식으로 다시 이끌기 위해서 말이

감각들을 포기하라. 그리고 존재와 비존재 위로 일어나라." *WA*, *TR* 1:302-303(no. 644, 1533 가을); *LW* 54:112.
8) *WA* 1. 225. 1-2; *LW* 31:10.
9) Eberhard Jüngel, *Zur Freiheit eines Christenmenschen*, 23-27; ET *The Freedom of a Christian*, 24-27.

다. 이것은 그의 성육신의 신비(sacrament) 안에서 일어난다. 이것은 믿음의 왕국이며, 이 안에서는 그리스도의 십자가가 통치한다. 그것은 거짓된 신성을 내려 던지고 왜곡되게 버림받은 인성과 육체의 경멸된 허약을 다시 존중하기 위하여 불러낸다."[10] 필자가 이해한 루터에 근거하여 필자는 윙엘이 강조하고 있는 점들에 깊이 공감한다. 이러한 관점에서 필자는 다음과 같은 질문들을 제기하고 싶다: 왜 인간은 진정한 인간이 되지도 못하면서 신처럼 되기를 원하는가? 우리는 오히려 진정한 인간이 되기를 원해야 하지 않는가? 필자는 루터가 다루고자 했던 것은 본질적으로 이러한 질문들이 아니었을까라는 생각을 해보게 된다.

2. 법의 제3용법

두 번째로 필자가 다루어 보고 싶은 문제는 법의 제3용법에 관한 것이다. 법의 기능들에 관한 논의에 있어서 특별한 관심을 끄는 것은 루터의 신학에서 법의 제3용법(*tertius usus legis*)이 존재하느냐는 질문이다. 이에 대한 논쟁은 여전히 지속되고 있다. 비록 이 문제를 여기서 심도 있게 다룰 수는 없지만 최소한 믿음과 사랑에 대한 루터의 재개념화에 대한 연구에 근거하여 필자는 이 문제를 간단하게나마 짚고 넘어가고자 한다.

루터에게서 법의 제3용법이 나타나는가에 대한 문제에 있어서, 베른하르트 로제는 루터는 "용어에 있어서나 혹은 주제에 있어서나 어떠한 형태로든 그러한 용법을 절대로 주장한 적이 없다."고 자신의 입장을 피력한다.[11] 로제가 자신의 입장의 정당성을 표명하기 위해서 전개하는 논리는 다음과 같다. 루터의 글 중 1522년에 집필된 『교회설교집』(*Kirchenpostille*)에 법의 제3용법에 대한 언급이 나온다.[12] 하지만 이 언급은 오히려 멜랑히톤적 의

---

10) WA 5. 128. 39-129. 4. Eberhard Jüngel, *Zur Freiheit eines Christenmenschen*, 24-25 ; ET *The Freedom of a Christian*, 25.
11) Bernhard Lohse, *Luthers Theologie*, 281 ; ET *Martin Luther's Theology*, 275.
12) WA 10¹/1. 456. 8-457. 14.

미에서 사용된 법의 제3용법을 배제하기 위해서 사용되고 있다. 따라서 만약 루터가 이 언급을 하지 않은 것이라고 가정한다면, 루터는 결과적으로 그의 『반법주의자들에 대한 제2논쟁』(The *Second Disputation Against the Antinomians*, 1538)의 결론 부분에서 법의 제3용법에 관하여 단 한 번 언급한 것이 된다. 하지만 이 언급에 대해서도 로제는 게르하르트 에벨링과 에어랑엔(Erlangen) 학파 루터 학자인 베르너 엘러트(Werner Elert)를 언급하면서 다음과 같이 주장한다. "현대의 연구는 이 문장이 그 문장을 베끼는 동안 그의 스승이 했던 말을 루터에게 돌린 멜랑히톤의 제자에 의해 삽입된 어구라는 것을 분명히 했다."[13] 즉 로제의 결론에 의하면 법의 제3용법이라는 표현은 루터의 입에서 직접 나온 것이 아니라는 것이다.

여기서 로제는 자신의 주장이 오해를 일으키지 않도록 설명을 덧붙인다. 로제는 이와 같은 주장이 반드시 "루터는 '의롭게 된 자들'을 위해서 법이 아무런 의미를 갖고 있지 않다고 믿었다."는 것을 의미하는 것은 아니라고 인정한다. 이 설명에 있어서 흥미로운 점은 로제가 한편으로는 루터가 법의 제3용법과 관련하여 그 용어든 개념이든 어떤 것도 사용한 적이 없다고 주장하면서, 또 한편으로는 조심스럽게 의롭게 된 자들을 위한 법의 용법을 루터가 이야기하고 있다고 인정한다는 점이다. 로제는 이 후자를 보다 정확히 말해서 법의 용법이라기보다는 계명의 용법으로서 훈계 혹은 권고(paraenesis)의 차원에서 이루어지는 용법이라고 설명한다. 로제는 의롭게 된 자들을 위해서 법이 "죄를 추궁하는 기능을 보유"하며, 이에 더 나아가서 "교육적 기능"을 갖고 있다고 언급한다. 그리고 이 경우 법이라기보다는 계명에 대해서 이야기하는 것이 더 적합하다고 부언한다. 이와 함께 로제는 "이러한 의미에서의 법의 기능은 죄를 추궁하는 법의 기능과 동일하지 않다."는 것을 강조한다. 로제에 의하면 이것은 특별히 루터의 설교들에서 발견되는데, 여기서 루터는 "계속 훈계 혹은 권고라는 측면에서 법에 주의를 돌린다."[14]

---

13) Bernhard Lohse, *Luthers Theologie*, 202; ET *Martin Luther's Theology*, 183.

아쉽게도 로제는 정확히 이 훈계와 법의 제3용법이 정확히 어떻게 다른 것인지 부연해서 설명하고 있지 않다. 그리고 왜 루터에게서 법의 제3용법은 용어에 있어서뿐만 아니라 개념에 있어서도 등장하지 않는다고 주장할 수 있는지 설득력 있는 근거를 제시하지 않는다.

윌리엄 라자레스 역시 법의 제3용법을 다루는 데 있어서 루터와 멜랑히톤 간의 차이를 강조한다. 라자레스에 의하면 "도덕주의와 법주의의 계속되는 위협으로부터 그리스도교적 자유를 보호"하기 위해서 루터는 "1517년부터 시종일관하게 오직 법의 두 가지 용법만 가르쳤다."[15] 라자레스는 그리스도를 새로운 모세로 만들어서는 안 된다고 강조한 "루터에 의하여 법의 제3의 기능이 명확하게 거부되었다."고 주장한다.[16] 그러면서 라자레스는 "멜랑히톤이 그의 『신학총론』(*Loci Communes*)의 1533년 판에서 루터교 영역에 처음으로 '법의 3가지 용법'(*triplex usus legis*)을 소개했다."고 말한다. 이에 따라서 "법의 시민적 그리고 신학적 용법에 더하여 그리고 또 한편으로는 이러한 용법들과는 반대로, 법이 갱생자들의 성화에 있어서 도덕적 훈계(instruction)를 위한 '교훈적 용법'(*usus didacticus*)도 갖고" 있는 것처럼 받아들여지게 되었다고 라자레스는 해석한다.[17] 또한 라자레스는 바이마르판(Weimar edition)에 있는 『반법주의자들에 대한 제2논쟁』을 언급하면서, 루터가 "갑자기 — 그리고 완전히 변덕스럽게 — 언뜻 보기에 법의 세 가지 용법을 또한 가르친다."고 기술한다.[18]

이처럼 법의 세 가지 용법에 대한 루터의 언급을 갑작스러운 입장 변화로 풀이하면서, 로제와 같이 라자레스는 엘러트의 설명을 도입한다. 즉 이

---

14) Bernhard Lohse, *Luthers Theologie*, 281 ; ET *Martin Luther's Theology*, 275.
15) William H. Lazareth, "Love and Law in Christian Life," in *Piety, Politics, and Ethics: Reformation Studies in Honor of George Wolfgang Forell*, ed. Carter Lindberg (Kirksville, MO: Sixteenth Century Journal Publishers, 1984), 110, 112.
16) 위의 책, 111.
17) 위의 책.
18) "suddenly — and totally inconsistently — apparently also teaches the law's *threefold use*." 위의 책.

본문에 대한 엘러트의 문학분석(literary analysis)의 결론에 따르면, 루터 전집에 있어서 법의 제3용법을 언급하고 있는 이 단 하나의 예외는 위조라는 것이다. 그 설명은 다음과 같다. 루터의 이 『반법주의자들에 대한 제2논쟁』에 관해서는 현재 아홉 개의 사본이 남아 있다. 그런데 이 아홉 개의 사본 중 오직 두 개의 사본만이 여기서 논의되고 있는 이 마무리 문장을 포함하고 있다. 그나마 이 둘 중의 하나는 날짜 표기가 되어 있지 않다. 다른 하나는 이스라엘 알렉리안더(Israel Alekriander)라는 학생이 쓴 것으로 추정되는데, 이 학생은 1550년에나 비텐베르크 대학교에 입학했다. 따라서 알렉리안더는 1538년에 쓰인 『반법주의자들에 대한 제2논쟁』을 직접 들었을 리가 없다. 이에 근거하여 엘러트는 알렉리안더가 이 문장들을 1533년에 쓰인 멜랑히톤의 『신학총론』으로부터 거의 축어적으로 따와서, 그것들을 1538년 루터의 입을 통해 나온 것처럼 만들었다고 주장한다. 그리고 엘러트는 "이러한 방법으로 인해서 멜랑히톤이 가지고 있던 법의 교훈적(didactic) 기능에 대한 견해가 잘못하여 전통적으로 루터의 견해이기도 한 것으로 간주되게 되었다."는 입장을 표명한다.[19]

이 같은 엘러트의 입장에 기본적으로 동의하면서 라자레스 또한 다음과 같은 질문을 던진 뒤, 그 질문에 대한 자신의 대답을 제시한다. "그렇다면, 법에 대한 그들의 윤리적 사고에 있어서 루터와 칼빈의 상호관계는 무엇인가? 루터에게서 법은 그리스도인이 여전히 죄가 있는 한 그들을 위해서 오직 부정적이고 규제하는 역할만 할 뿐이다. 반면에, 칼빈에게서 (그리고 멜랑히톤의 입장을 따르는 비밀 칼빈주의자들에게서, [법은] 그리스도인이 이미 의로운 한, 그리스도인들을 위해서 긍정적이고 규범적인 역할도 한다."[20]

이어서 라자레스는 다음과 같이 설명한다. "이 결정적인 주안점에 대한 수십 년에 걸친 논쟁 이후, 『일치신조』(the *Formula of Concord*, 1577)는 마침내 멜랑히톤 추종자들에 반대하면서 루터 추종자들 편을 들었다. 그리

---

19) 위의 책, 113.
20) 위의 책.

스도인들의 자유는 반법주의(방종)와 법주의라는 비복음주의적 대안들에 대항하는 고백적 권위에 의하여 뒷받침되었다."[21] 라자레스는 『일치신조』에 나오는 법의 제3용법에 관한 여섯 번째 조항을 다음과 같이 해석한다. "그리스도인들이 죄가 있는 상태로 머무는 한, 그들은 여전히 하나님의 법의 시민적 그리고 신학적 요구들에 철저하게 종속되어 있다. 이것은 네안더(Neander)의 반법주의와 대비된다. 하지만 그리스도인들이 이미 의로운 한, 그들은 법의 속박으로부터 완전히 자유롭게 되어 내재하는 성령의 인도에 따라 사랑이라는 하나님의 뜻 안에서 산다. 이것은 칼빈의 법주의와 대비된다."[22]

이와 같이 루터에게서는 법의 제3용법이라는 용어도 그리고 그러한 개념도 등장하지 않는다고 주장하는 입장들과는 대조적으로, 알트하우스는 그의 의견을 다음과 같이 제시한다.

> 루터는 "법의 제3용법"(*tertius usus legis*)이라는 표현을 사용하지 않는다. 멜랑히톤은 이 표현을 분명히 사용하였다. 그리고 이 표현은 『일치신조』에서, 루터교 정통주의에서, 그리고 19세기 신학에서 채택되었다. 하지만 본질적 내용에 있어서 이것은 루터에게서도 또한 나타난다. … 그[루터]는 인간이 죄로 인해서 타락하기 이전에 있었던 하나님의 법에 관하여 알고 있었는데, 왜 그가 그리스도인의 삶에 있어서의 법 또한 인정하지 않겠는가―즉 법의 신학적 기능에 있어서 뿐만 아니라, 다시 말하자면, [법이] 옛 사람으로 하여금 자신의 죄를 깨닫고 그것을 씻어 깨끗이 하도록 이끌게 의도되었을 뿐만 아니라, 또한 선행에 있어서 그리스도인들을 훈련하는 기능에 있어서도 말이다.[23]

---

21) 위의 책.
22) 위의 책.
23) Paul Althaus, *Die Theologie Martin Luthers*, 238; ET *The Theology of Martin Luther*, 273. 루터에게서 나타나는 법의 제3용법에 대한 논의에 관해서는 다음의 자료들 참조. Paul Althaus, "Gebot und Gesetz," in *Gesetz und Evangelium:*

법이라는 주제를 다루는 데 있어서 루터는 참으로 어려운 상황에 있었음을 알 수 있다. 그는 법주의라는 과실도 반법주의라는 과실도 범하지 않기 위하여 애쓴다. 하지만 이러한 오류들 사이에서 조심성 있게 전략적으로 움직여 나가면서, 루터는 그리스도의 법, 즉 사랑의 법에 토대를 두고 의롭게 된 그리스도인들을 위하여 긍정적 기능을 가지고 있는 법의 기능을 분명히 다룬다. 더 나아가서 루터는 이 사랑의 계명은 의롭게 된 그리스도인들 모두에 의해서 준수되어야 한다는 입장을 보인다. 이것은 물론 의롭게 되기 위해서 혹은 영생을 획득하기 위해서 의무적으로나 필수적으로 강요된 것이 아니다. 그리스도인들은 법의 규정들을 따르도록 억지로 강요되지 않는다. 이것은 보상에 대한 기대나 처벌을 피하고자 하는 기대에서 행해질 필요가 있는 어떤 것이 아니다. 그럼에도 불구하고, 루터에 의하면, 예수 그리스도에 의해서 주어진 이 사랑의 계명과 이 사랑의 계명을 풀이해 놓은 하나님에 의해 주어진 십계명(영적으로 해석되었을 때)은 그리스도인들이 자발적으로 수행할 수 있는 것임과 동시에 또한 역설적으로 수행해야 할 의무가 지워진 것이다. 이러한 측면을 고려해 볼 때 필자는 루터의 신학에 있어서 법의 제3용법 문제에 대한 알트하우스의 해설이 로제, 라자레스, 그리고 엘러트의 해설들보다 더 포괄적이고, 설득력이 있으며, 그 미묘한 차이를 잘 지적해 주고 있다고 본다.[24] 이 문제에 대해서도 보다 심도 있는 연구가

Beiträge zur Gegenwärtigen Theologischen Diskussion, ed. Ernst Kinder and Klaus Haendler (Darmstadt: Wissenschaftliche Buchgesellschaft, 1968), 201-238, 특히 226-238; Von Edmund Schlink, "Gesetz und Paraklese," in *Gesetz und Evangelium*, 239-259; Werner Elert, "The Third Use of the Law," *The Lutheran World View* 2(1949), 38-48; Edward A. Dowey, "Law in Luther and Calvin," *Theology Today* 41/2(1984), 146-153.

24) 참조, Scott R. Murray, *Law, Life, and the Living God: The Third Use of the Law in Modern American Lutheranism* (Saint Louis, MO: Concordia Publishing House, 2002); Gerhard Ebeling, "Zur Lehre vom *triplex usus legis* in der reformatorischen Theologie," *Theologische Literaturzeitung* 75(April/May 1950), 236-246. 영어번역은 다음의 책에서 찾아볼 수 있다. Idem, *Word and Faith* (Philadelphia, PA: Fortress Press, 1963), 62-78("On the Doctrine of the *Triplex usus legis* in

이루어질 수 있기를 바란다.

II. 향후 연구계획

본 저서는 믿음에 의해 의롭게 됨에 관한 루터의 가르침을 일방적으로 강조함으로써 사랑, 그리고 믿음과 사랑의 관계에 대한 루터의 가르침을 소홀히 하거나 혹은 간과하는 경향을 문제 삼았다. 이러한 루터해석은 루터의 입장을 왜곡하는 것임을 입증하기 위해서 필자는 특별히 루터의 성숙한 신학을 대변하는 것으로 간주되는 1535년 『갈라디아서 강해』를 집중적으로 분석했다. 이 분석을 통해서 필자는 『갈라디아서 강해』에서 믿음과 사랑은 구조적 차원과 내용적 차원 모두에서 가장 총괄적인 한 쌍의 신학적 주제로

---

the Theology of the Reformation"); 김선영, "루터 신학에 율법의 제3용법 개념이 나타나는가?", 「한국기독교신학논총」 73(2011), 119-151.

법의 제3용법이라는 개념이 루터에게서 나타나고 있느냐라는 논쟁과 관련하여 하인리히 쉬미트(Heinrich Schmid)의 책에 법의 네 가지 용법에 대한 기술이 나온 다는 것은 주목해 볼 만하다. 이 책은 초기 루터파의 전통에서 발전한 표현 양식에 따라서 그리스도교적 신앙을 지지하고 명료하게 하기 위해서 16세기와 17세기에 살았던 14명의 두드러진 루터파 신학자들의 글들로부터 뽑아낸 신학적 진술들의 편집물이다. 법에 대한 주제에 관하여 이 책은 다음과 같이 기술하고 있다. "법이 주어진 이런 서로 다른 의도들에 따르면, 법의 용법은 정치적(political), 논박적(elenchtical), 교육적(pedagogical), 그리고 교훈적(didactic) 용법으로 나누어진다." Heinrich Schmid, *Die Dogmatik der evangelisch-lutherischen Kirche*, ed. Horst Georg Pöhlmann (Gerd Mohn: Gütersloh, 1979), 325: "Nach diesen verschiedenen Endzwecken, um deretwillen das Gesetz gegeben ist, unterscheidet man einen vierfachen *usum legis*, nämlich usum *politicum, elenchticum, paedagogicum* und *didacticum*."; ET, *The Doctrinal Theology of the Evangelical Lutheran Church*, 3rd ed. revised, trans. Charles A. Hay and Henry E. Jacobs (Minneapolis: Augsburg, 1961), 510. 보다 구체적인 내용은 *Die Dogmatik der evangelisch-lutherischen Kirche*, 328-329; *The Doctrinal Theology of the Evangelical Lutheran Church*, 515-516에서 찾아볼 수 있다.

기능하고 있음을 주장했다. 그리고 믿음과 사랑에 대한 루터의 사고를 최대한 포괄적이고 정확히 파악하기 위해서는 믿음과 사랑에 대한 가르침을 그리스도(복음)와 법에 대한 가르침과의 역동적 관계 속에서 탐구할 필요가 있음을 강조했고, 실제로 그러한 접근방법을 사용했다.

서론에서 언급한 바와 같이 필자는 향후 지속적인 연구를 통해서 궁극적으로 믿음과 사랑이라는 한 쌍의 신학적 주제가 루터 신학 전체에서 차지하는 위상과 의미를 제시해 보고자 한다. 이제까지 필자가 찾아볼 수 있었던, 『갈라디아서 강해』와 동일한 패턴을 갖고 믿음과 사랑에 대한 가르침을 제시하는 대표적 예들은 다음과 같이 열거해 볼 수 있다. 우선 『로마서 강해』(1515/16)를 보면 루터는 로마서의 11장을 전환점으로 지적하면서, 바울이 1장에서 11장까지는 믿음에 관해서, 그리고 12장에서 15장까지는 사랑에 관해서 가르치고 있다고 해석한다.[25] 이러한 루터의 입장은 로마서 서문에서도 식별된다.[26] 루터는 이러한 해석을 2월 18일 사망하기 한 달여 전에 행한 "비텐베르크에서의 마지막 설교, 로마서 12:3"("The Last Sermon in Wittenberg, Rom. 12:3, January 17, 1546")에서 다시 언급한다.

> 바울은 그의 습관대로, 먼저 그리스도교 교리에 있어서 가장 주된 신조들 – 법, 죄, 신앙, 어떻게 우리가 하나님 앞에서 의롭게 되며 영원토록 살 수 있는가 – 에 대해서 가르쳤다. 즉, 여러분들이 자주 들어왔듯이, 그리고 여전히 매일 듣는 것과 같이, 가르쳐지고 설교되어야 할 두 가지 논점이 있다. 첫 번째로, 우리는 그리스도를 믿는 믿음이 틀림없이 올바르게 설교되도록 해야 한다. 그리고 두 번째로, 우리는 [믿음의] 열매들과 선행들이 틀림없이 올바르게 가르쳐지고 실천되도록 해야 한다.[27]

---

25) *WA* 56. 452. 1–10; *LW* 25:444–445.

26) *Luthers Werke*, Kritische Gesamtausgabe, *Die Deutsche Bibel*, 12 vols., ed. Paul Pietsch et al. (Weimar: Hermann Böhlau, 1906ff.), 7. 27. 15–24; *LW* 35: 380.

27) *WA* 51. 123. 8–124. 27; *LW* 51:372. 참조. Arthur S. Wood, "Theology of Luther's Lectures on Romans, I," *Scottish Journal of Theology* 3/1(1950), 1–18; idem,

『선행에 관하여』도 또 다른 좋은 예다.[28] 1517년 10월 31일 면벌부를 반박하는 95개 조항의 논제들을 공론화했을 때 루터는 어떠한 행위도 의와 구원을 얻는 데 공헌하지 못한다고 주장하면서, 면벌부 판매 관습과 이러한 관습을 뒷받침하는 교리적 가르침들을 반박하기 위해 토론할 각오를 하고 있었다. 이때 즈음 루터는 오직 예수 그리스도를 통해서만 그리고 오직 예수 그리스도를 믿는 믿음에 의해서만 죄인이 의롭게 될 수 있고 구원받을 수 있다고 확신하고 있었다. 1515년과 1516년에 이루어졌던 로마서 강해는 분명히 루터의 이러한 확신에 영향을 끼쳤다. 하지만 여기서 중요한 사항은 루터가 그 당시 널리 퍼져 있던 잘못된 종교적 경건 행위들을 공공연히 비판하면서 오직 예수 그리스도를 믿는 믿음에 의해서만 의롭게 된다는 것을 과감히 선포했을 때, 그는 사랑의 선행에 대해서도 신학적이고 실천적 대안을 내놓았다는 점이다.

루터는 그를 둘러싸고 있던 상황이 그로 하여금 그 자신의 신학적 입장을 더욱 발전시키고 명시적으로 공표하도록 이끌었다고 고백한다. 95개 조항의 논제들을 공론화한 결과로서 루터는 자신이 유도하고자 의도하지도 혹은 기대하지도 않았던 열띤 논쟁의 한복판으로 휩쓸려 들어갔다. 이후 루터는 이러한 정황에 대처하기 위해서는 외부적인 도전들에 직접 부딪히는 수밖에 없다는 것을 깨닫게 된다. 로마 가톨릭 교회와 그것의 정치적 동맹자들로부터의 비난과 공격들이 루터를 둘러쌓다. 오직 예수 그리스도를 믿는 믿음만으로 의롭게 된다는 루터의 가르침에 대한 비난을 부추겼던 가장 긴급한 쟁점들 중 하나는 이러한 가르침이 도덕적 불감증과 태만으로 이끌 수 있다는 것이었다. 이 쟁점은 사랑 혹은 사랑의 선행들이라는 문제에 있어서 루터가 과연 무엇을 가르치느냐에 초점이 맞추어졌다.

"Theology of Luther's Lectures on Romans, II," *Scottish Journal of Theology* 3/1(1950), 113-126. 루터의 로마서 강해를 분석한 것에 근거하여, 우드는 첫 번째 논문에서는 의롭게 됨에 관한 루터의 가르침을, 두 번째 논문에서는 거룩하게 됨에 관한 루터의 가르침을 다룬다.

28) *WA* 6. 202-276; *LW* 44:21-114.

이러한 맹렬하고 반감을 가진 비난들과 도전들, 혹은 우호적이고 동정적 차원에서의 우려들에 대한 루터의 응답이 바로 『선행에 관하여』에 잘 나타나 있다. 루터가 원래 계획했던 것은 하나의 설교문이었지만 일단 글을 쓰기 시작하면서 그것은 소책자로 발전했고 1520년 상반기에 출판되었다. 사실 1520년은 루터의 주요 삼대논문들로 알려져 있는 『독일의 그리스도인 귀족에게 고함』(To the Christian Nobility of the German Nation concerning the Reform of the Christian Estate, 8월), 『교회의 바빌론 유수』(The Babylonian Captivity of the Church, 10월), 그리고 『그리스도인의 자유』(11월)가 나온 해로 기억된다. 하지만 이 논문들은 1520년 하반기에 출판된 반면, 『선행에 관하여』는 5월 말에서 6월 초에 출간되었는데, 이 논문은 그동안 그것이 가지고 있는 중요성에 비해 그만큼의 가치를 인정받지 못해 온 것 같다. 이 논문이 갖고 있는 주목할 만한 것은 루터가 믿음과 사랑에 관한 자신의 개념을 알리기 위한 가장 적절한 소재로서 다름 아닌 십계명을 활용하고 있다는 점이다.[29]

상기한 바와 같이 루터의 믿음과 사랑에 관한 가르침의 가장 잘 알려진 출처는 『그리스도인의 자유』다. 하지만 이 책에서 다루어지는 믿음과 사랑은 하나의 고립된 경우도 아니며, 이 책만의 독특한 주제도 아니라는 것을 강조하는 연구물은 거의 없다. 사실 『그리스도인의 자유』에서 다루어지는 믿음과 사랑에 대한 가르침은 『갈라디아서 강해』에서 다루어지는 믿음과 사랑에 대한 가르침과 비교해 볼 때 구조적 면에서나 내용적 면에서나 하나의 축소모형에 불과하다.[30] 더 나아가서 이 강해에서 루터는 『그리스도인의 자유』에서는 상세히 다룰 수 없었던 그리스도(복음)와 법과의 역동적 관계 속에서 믿음과 사랑에 대한 가르침을 전개하고 있다는 점에서 훨씬 더 성숙하고 심화된 가르침을 베풀고 있다. 따라서 이 강해를 통해서 루터의 믿음

---

29) Sun-young Kim, "Faith and Love as the Overriding Thematic Pair in Luther's Exposition of the Lord's Prayer," *Korean Journal of Christian Studies*, 72(2010), 87-107.

30) *WA* 7:49-73; *LW* 31:327-377.

과 사랑에 관한 가르침을 분석하는 것은 이 한 쌍의 신학적 주제에 대한 루터의 입장이 그의 신학 전체 속에서 차지하는 위상을 올바르게 인식하는 데 도움을 줄 수 있다. 그리고 그의 신학 전체에서 강조되는 이 가르침에 대한 광범한 연구를 위한 좋은 출발점이 될 수 있고, 하나의 이론적 틀을 제공할 수 있다.

『갈라디아서 강해』에서 발견되는 믿음과 사랑의 가르침과 동일한 패턴을 보이는, 즉 믿음과 사랑이 글 전체의 구조적 차원과 내용적 차원 모두에서 가장 포괄적인 주제로 사용되는 다른 대표적 예들로서는 다음과 같은 것들을 들 수 있다: 『그리스도의 거룩하고 참된 몸의 축복된 성만찬과 형제단』(The Blessed Sacrament of the Holy and True Body of Christ, and the Brotherhoods, 1519);[31] "믿음과 사랑의 힘과 증진에 관한 설교"("A Sermon on the Strength and Increase of Faith and Love, October 1, 1525(?), Sixteenth Sunday after Trinity");[32] "그리스도인의 삶 전체에 대한 설교, 디모데전서 1:5-7"("Sermon on the Sum of the Christian Life, I Tim. 1:5-7, preached in Wörlitz, November 24, 1532");[33] "토가우에 있는 성(城)교회 헌당식에서의 설교, 누가복음 14:1-11"("Sermon at the Dedication of the Castle Church in Torgau, Luke 14:1-11, October 5, 1544").[34]

"사순절 기간 동안 마르틴 루터가 한 여덟 편의 설교들"("Eight Sermons by Dr. M. Luther, preached by him at Wittenberg in Lent, dealing briefly with the masses, images, both kinds in the sacrament, eating [of meats], and private confession, etc., 1522")도 매우 주목할 만하다.[35] 이 여덟 편의 설교들은 1522년 3월 9일 첫 사순절 주일(Invocavit Sunday)로

---

31) *WA* 2, 742-758; *LW* 35:49-73.
32) John Nicholas Lenker, ed., *Sermons of Martin Luther*, vol. 8 (Grand Rapids, MI: Baker Book House, 1988), 259-280. 이 설교문은 *Early Protestant Spirituality*, ed. Scott H. Hendrix (Mahwah, NJ: Paulist Press, 2009), 168-175에서도 찾을 수 있다.
33) *WA* 36:352-375; *LW* 51:256-287.
34) *WA* 49:588-615; *LW* 51:331-354.
35) *WA* 10/3. 1-64; *LW* 51:67-100.

부터 시작해서 그 다음 주일인 3월 16일까지 진행되었기 때문에 특별히 "Invocavit Sermons"로 알려져 있다. 이 글들은 믿음과 사랑을 다룬다는 점에서뿐만 아니라, 이 두 주제를 "반드시 해야 할 일"(müssen sein)과 "자유롭게 할 수 있는 일"(frei sein)이라는 또 다른 신학적 주제로 풀고 있다는 점에서도 매우 중요한 설교들이다.[36] 1522년 바이마르(Weimar)에서 행한 "두 번째 설교, 마태복음 22:37-39"("The Second Sermon, Matt. 22:37-39, the Afternoon of October 19, 1522")에서 루터는 "복음서 전체에서 믿음과 사랑보다 더 분명하게 강조되는 것은 아무것도 없다."고 말하면서, 믿음과 사랑이라는 한 쌍의 신학적 주제의 중요성을 부각한다.[37]

이와 함께 『독일 미사와 예배의 순서』(*The German Mass and Order of Service*, 1526)도 한 쌍으로 제시되는 믿음과 사랑에 대한 루터의 가르침을 발견하기에 좋은 글이다.[38] 이 저술에서 루터는 다음과 같은 흥미로운 언급을 한다. "가슴이 그리스도교 진리 전체의 요약을 두 가지 제목 아래, 혹은 말하자면 두 가지 주머니 안에, 즉 믿음과 사랑으로 꼭 붙잡을 때까지, 세 부분[십계명, 사도신경, 그리고 주기도문]이 간략하게 설명되어 있는 우리의 『개인 기도서』로부터 이 문제들을 취할 수 있거나 혹은 스스로 다른 것들을 만들 수 있다."[39]

---

36) WA 10/3. 11. 4-9; *LW* 51:74. "자유롭게 할 수 있는 일(들)" 혹은 "필수적이지 않은 일(들)"은 *adiaphoron*(*adiaphora*)라는 용어를 통해서도 중요한 신학적 주제로 많이 논의된다. 이 여덟 개의 설교에 관해서는 다음의 글들 참조, Neil R. Leroux, *Luther's Rhetoric: Strategies and Style from the Invocavit Sermons* (Saint Louis, MO: Concordia Publishing House, 2002); Jane E. Strohl, "Luther's Invocavit Sermons," in *Freiheit als Liebe bei Martin Luther*, 159-166.
37) WA 10/3. 352. 16-17: "ym ganczen Euangelio wurt nichts anders am meisten angezeigt dan der glaub und die lieb."; *LW* 51:111.
38) WA 10/2. 375-406; *LW* 43:111-145.
39) WA 19. 77. 10-15: "Solche fragen mag man nemen aus dem unsern betbuchlin, da die drey stuck kurz ausgelegt sind, odder selbs anders machen, bis das man die ganze summa des Christlichen verstands ynn zwey stucke als ynn zwey secklin fasse ym herzen, wilchs sind glaube und liebe."; *LW* 53:66.

『소요리 문답』과 『대요리 문답』(The Large Catechism)이 출간되기 한 해 전인 1528년 11월 30일부터 12월 18일까지 카테키즘에 관해 행한 세 번째 일련의 설교들 또한 주목할 만하다. 첫 번째 11편의 설교들은 5월 18일부터 30일까지, 두 번째 10편의 설교들은 9월 14일부터 25일까지 행해졌다.[40] 다음의 설교들도 믿음과 사랑에 관한 루터의 가르침을 잘 보여준다. "거룩하고 축복된 성례인 세례"("The Holy and Blessed Sacrament of Baptism, 1519");[41] "현현절을 위한 복음, 마태복음 2[:1-12]"("The Gospel for the Festival of the Epiphany, Matthew 2[:1-12]");[42] "안할트의 베른하르트의 세례 시 행해진 마태복음 3:13-17에 대한 설교"("Sermon on Matt. 3:13-17 at the Baptism of Bernhard von Anhalt, Preached in Dessau, April 2, 1540").[43]

필자는 루터 신학의 주요한 주제들에 있어서도 어떻게 루터가 그 주제들을 믿음과 사랑이라는 가르침의 관점에서 해석하는지를 고찰해 가고 있는데, 이제까지는 주기도문, 법의 제3용법, 성만찬, 안식일 준수 개념, 성경해석 원리, 그리고 여성관에 대해서 연구했다.[44] 사실 야고보서에 대해서 루터가 언급했던 부정적 표현들이 인구에 회자되고 있지만, 이 문제도 믿음

---

40) WA 30/1. 1-122; LW 51:133-193.
41) WA 2. 727-737; LW 35:29-43.
42) WA 10¹/1. 555-728; LW 52:159-286.
43) WA 49. 124-135; LW 51:315-329.
44) Sun-young Kim, "Faith and Love as the Overriding Thematic Pair in Luther's Exposition of the Lord's Prayer," *Korean Journal of Christian Studies* 72(2010), 87-107; "루터 신학에 율법의 제3용법 개념이 나타나는가?", 「한국기독교신학논총」 73(2011), 119-151; "Faith and Love in Luther's Sacramental Theology: Its Theological Significance and Ethical Ramifications," *Korean Journal of Christian Studies* 84(2012), 127-147; "Luther on 'Sabbatical Observance'," *Korean Journal of Christian Studies* 87(2013), 81-102; "성경해석을 위한 루터의 '새로운 신학적 문법': 믿음과 사랑", 한국기독교학회 제42차 정기학술대회 『자료집』 (충남 아산, 2013. 10. 18-19), 99-116; "이원론적 논법 vs. 믿음과 사랑의 논법: 루터의 여성관", 한국교회사학회 제123차 정기학술대회 『자료집』 (경기도 평택, 2014. 5. 24), 90-108.

과 사랑의 관점에서 살펴볼 때 루터가 왜 그러한 말들을 했는지 그 문맥과 의미를 이해할 수 있게 된다. 루터의 입장에 꼭 동의할 필요는 없지만, 그의 입장을 오해하지 않고 일단 올바르게 이해할 필요는 있다는 점에서 중요한 연구 과제라고 본다. 이것은 루터와 성경이라는 관점에서 정경 안의 정경 혹은 정경의 정경화라는 주제로도 다루어질 수 있는 연구다. 이와 함께 필자는 계속해서 세례의 문제를 비롯하여, 두 왕국론, 소명론, 교육론 등 루터의 신학사상에 있어서 믿음과 사랑이라는 한 쌍의 신학적 주제를 통해서 풀어지는 다른 여러 주제들도 하나씩 연구해 나가고자 준비하고 있다. 이처럼 향후 지속적으로 루터가 그의 신학 전체에서 믿음과 사랑이라는 가르침을 어떻게 풀이하고 또 사용하고 있는지를 연구해 가다보면, 역사신학적인 관점에서도 믿음과 사랑에 대한 루터의 가르침을 제시할 수 있는 결과물이 나오리라 기대해 본다.

III. 나가는 말

위기의식 속에서 한국교회가 개혁의 필요성을 부르짖으며 미래를 향해서 나아가야 할 방향을 탐색하고 있기는 하지만 개혁을 시작하는 것은 차치하고라도 그 사전작업으로서 개혁의 방향을 설정하는 것조차도 용이하지 않은 문제인 것 같다. 이러한 혼돈과 갈등의 상황 속에서 필자는 근본적으로 다음과 같은 질문을 던져보고 싶다. "우리는 왜 그리스도인인가?"

우리가 그리스도인인 단 한 가지 이유는 하나님이 예수 그리스도를 통해서 우리를 그리스도인으로 만들어 주었기 때문이며, 이에 대한 응답으로서 우리가 그리스도를 믿고 사랑한다고 고백하는 자들이 되었기 때문이다. 그리스도가 그리스도인의 존재(being)를 결정짓는다. 그리스도인은 그리스도인다운 행위(doing)를 함으로써 스스로 그리스도인이 되는 것이 아니다. 그렇다면 우리를 그리스도인으로 만드는 그리스도는 누구인가? 우리를 그리스도인으로 만드는 그리스도는 하늘나라에서 인간나라로 하늘나라에 관해 증언하는 증인이 되기 위해서 인간들 가운데 태어나고, 사역하고, 죄의 용서를 위해 십자가에서 죽고, 부활하고, 하늘나라로 다시 승천하고, 그리고 처소를 마련한 하늘나라로 그리스도인들을 다시 데려가기 위하여 재림하기로 약속한, 한때 인간이었던 그러나 원래 하나님인 그리스도다. 즉 그리스도인을 그리스도인 되게 만드는 그리스도는 단순히 법 혹은 도덕 선생으로서, 삶의 귀감으로서, 정치가로서, 혹은 영웅으로서의 예수 그리스도가 아니라 어느 인간도 모방하거나 연기할 수 없는, 아니 그렇게 해서도 안 되는 신-인으로서 그리고 구세주로서의 예수 그리스도인 것이다.

다른 한편으로 루터에 의하면 그리스도인을 그리스도인으로 만드는 것은 내가, 우리가 죄인임에 대한 고백이다. 루터는 우리에게 우리가 죄인인 것이 실감이 나지 않으면 십자가에 못 박힌 하나님의 아들 예수 그리스도를 바라보라고 조언한다. 그리고 자문해 보라고 청한다. 왜 그가 거기에 못 박혀 있었는가? 그는 사실 거기에 못 박혀 있을 이유가 전혀 없었다. 그럼에도 불구하고 그는 거기에 못 박혀 있었다. 왜? 나 때문에, 우리 때문에. 사실은 내가, 우리가 죄인으로서 거기에 달려 있어야 하는데, 그가 나를, 우리를 대신해서 거기에 달려 있었던 것이다. 루터는 여기서 깨달음을 얻으라고 요청한다. 어떤 깨달음? 나의, 우리의 죄의 심각성에 대한 깨달음. 내 죄가, 우리의 죄가 얼마나 중대하고 심각하면 성자 하나님이 직접 십자가에 달림으로써 죄 값을 치러야만 했단 말인가?

이와 함께 루터는 또 우리 자신이 죄인임을 깨닫게 해주는 것이 있는데 그것은 바로 하나님이 인간에게 준수하라고 준 법이라고 지적한다. 여기서 루터가 말하고 있는 법의 준수는 단순히 외적 혹은 행동적 차원에서의 준수에서 그치지 않는다. 루터는 하나님이 원하는 법의 준수는 마음 깊은 곳으로부터 우러나오는 기쁨과 자발성에 의한 준수, 즉 법의 내적 준수임을 강조한다. 루터에 의하면 이처럼 내면을 꿰뚫어 보는 하나님이 원하는 모습으로 하나님이 준 법을 준수하는 자는 아무도 없기에, 법은 인간이 얼마나 잘난 존재인가가 아니라 얼마나 연약한 불법자들, 불의한자들, 죄인들인가를 드러내는 역할을 한다.

루터에 의하면 이렇게 법에 의해서 죄인임을 자각할 때 죄인으로서의 인간은 하나님의 선물로서 주어지는 구원의 기쁜 소식인 복음이 베풀어지는 순간, 그 복음을 단비를 갈망하는 목마른 영혼과 같이 설레고 흥분된 마음으로 받아들일 수 있다. 자신이 죄인임을 절감하는 자들이 하나님의 은혜를 은혜로 받아들이고, 은혜를 은혜로 만든다. 또 자신이 죄인임을 절감하는 만큼 하나님의 은혜를 은혜로 경험하는 강도도 높아진다. 이것은 곧 다른 말로 표현해서, 자신이 죄인임을 인식하지 못하는 자에게는 하나님의 은혜가 은혜로 다가갈 수 없다는 것이다. 이들에게 하나님의 은혜는 값싼 은혜요, 어떻게 보면 자신이 소중하게 여기고 있는 값나가는 물건에도 견주어지지 않는 그런 값싼 은혜가 된다. 아니 어쩌면 물질적 축복과 현세적 성공을 위한 수단으로 저락한 도구적 은혜가 된다.

우리는 왜 우리가 그리스도인인지를 분명히 인식하고 있는가? 그리스도인이라는 것이 무엇을 의미하는지 분명히 인식하고 있는가? 우리에게 그리스도인이라는 정체성을 허락해 준 예수 그리스도가 누구인지 분명하게 인식하고 있는가? 그 그리스도가 우리에게 어떤 믿음을 갖고, 어떤 삶을 살기를 원하는지 분명하게 인식하고 있는가? 그 그리스도가 그리스도인과 어떤 관계를 맺기를 원하는지 분명하게 인식하고 있는가? 필자는 마르틴 루터가 그리스도(복음)와 법과의 역동적 관계 속에서 풀어나가는 믿음과 사랑에 관한 그의 가르침을 통해서 이러한 질문들에 대하여 성경적 답변들을 제공하고 있다고 본다.

믿음과 사랑에 관한 루터의 가르침에 있어서 가장 근간이 되는 것은 루터가 믿음과 그리스도를 강력 접착제로 붙여 놓은 것처럼 단단히 접착시켜 놓았다는 점이다. 중세 스콜라 신학이 제시하던 믿음의 개념들을 무용지물로 만들면서, 루터는 진짜 믿음과 가짜 믿음 만에 대해서 논한다. 진짜 믿음은 오직 그리스도만을 붙잡고 있는 혹은 오직 그리스도만이 현존하고 있는 믿음이고, 가짜 믿음은 그렇지 않은 믿음이다. 따라서 진짜 믿음은 살아 있는 믿음일 수밖에 없고, 가짜 믿음은 죽은 믿음일 수밖에 없다. 이 믿음은, 아니 이 믿음이 꼭 붙잡고 있는 혹은 이 믿음 안에 현존하는 그리스도는 사랑이라는 믿음의 열매를 맺는다. 그렇기 때문에 행함이 없는 믿음 혹은 그리스도의 행함이 아닌 행함을 생산하는 믿음은 본질적으로 그리스도가 없는 믿음을 의미하기에 당연지사 죽은 믿음 혹은 짝퉁 믿음으로 판정이 날수 밖에 없다. 믿음이라는 외형만 따온 흉내 낸 믿음, 알맹이 없는 그럴싸한 껍질만의 믿음인 것이다. 이것이 믿음과 사랑의 가르침에 대한 루터의 핵심 논리다. 그리고 이것이 믿음과 사랑 혹은 믿음과 행위에 대한 성경구절들을 해석하는 루터의 "새로운 신학적 문법"의 요지다.

로마서 1:17의 말씀에 대한 새로운 통찰을 통해서 루터는 복음에 나타나는 하나님의 의는 인간의 노력과는 상관없이 주어지는 그리스도의 완전한 의라는 것을 깨닫게 된다. 따라서 의인은 의로운 행위를 통해서가 아니라 그리스도를 꼭 붙잡는 혹은 그리스도가 현존해 있는 믿음을 통해서 존재하며, 믿음을 통해서 산다는 것을 배우게 된다. 하나님의 의는 이제 더 이상 의인이 되려고 끊임없이 애쓰는 죄인의 역부족을 드러내면서, 죄인을 심판하고 정죄하는 의가 아니다. 이러한 하나님의 의와 의인은 공존할 수 없다. 왜냐하면 이러한 하나님의 의 앞에서 의인으로 설 수 있는 존재는 아무도 없기 때문이다. 설사 의인이라 자처하는 자가 하나님의 의와 대치하게 되더라도, 절대적인 하나님의 의는 그 의인의 결핍을 드러냄으로써 그가 불의한 죄인에 불과하다는 정당한 선고를 내릴 것이고, 자칭 의인은 그 선고에 승복할 수밖에 없기 때문이다. 이러한 하나님의 의 개념 때문에 루터는 항상 자신이 하나님을 만족스럽게 해드리지 못하는, 그리고 그렇게 하지 못할 존재라는 생각에 시달리고 괴로워했다. 하지만 루터는 새로운 통찰을 통해서 로마서 1:17을 다른 시각에서 보게 된다. 하나님의 의는 구체적으로 죄인을 의인으로 만드는 그런 의다. 따라서 로마서 1:17에서 하나님의 의는 의인과 연결된다. 왜냐하면 하나님의 의는 그리스도를 통해서 의인을 만드는 의이기 때문이다. 루터는 이 그리스도를 꼭 붙잡는 것 혹은 이 그리스도가 현존해 있는 것을 믿음이라고 하면서 그리스도와 믿음을 접착시킴으로써 오직 의인은 믿음으로 말미암아 살리라는 바울의 말이 의미하는 바를 풀이한다. 그리고 이제 이 하나님의 의가 그에게 가장 달콤한 표현이 되었다고 고백한다.

이러한 루터의 이해에 근거해 볼 때 의인이 믿음으로 산다는 것은 오직 그리스도만으로 산다는 것과 동일한 말이 된다. 이것을 분명히 하는 것이 중요한 이유는, 루터가 사랑이 믿음의 열매라고 할 때 이 말이 정확하게 의미하는 바는 사랑은 곧 믿음이 꼭 붙잡아 믿는 자의 가슴속에 모신 그리스도의 열매라는 것을 의미하기 때문이다.

죄인의 구원과 관련하여 그리스도론과 구속론에 대해서 담론할 때, 즉 외래적, 수동적, 완전한 의와 거룩함의 차원에 관해서 담론할 때, 오직 구세주 예수 그리스도만을 이야기해야 하기 때문에 이 담론에서는 구세주 예수 그리스도만을 꼭 붙잡는 믿음이 주된 주제로 등장한다. 하지만 예수 그리스도를 믿는 믿음에 의해 의롭게 된 그리스도인의 삶에 대해서 담론할 때, 즉 자신의, 능동적, 점진적 의와 거룩함의 차원에 관해서 담론할 때, 믿음이 가슴속에 모신, 혹은 믿음 그 자체 안에 현존하는 그리스도가 사랑이라는 믿음의 열매를 맺는 이야기가 주된 주제로 등장한다. 이와 같이 볼 때 한편으로 예수 그리스도 때문에 믿음은 사랑과 함께 일할 수 없으면서, 다른 한편으로 예수 그리스도 때문에 믿음은 사랑과 함께 일하는 혹은 사랑을 통해 일하는 관계로 나타난다. 이러한 루터의 설명에 있어서 또 한 가지 주목할 것은 그가 이 두 차원 간에 일정한 논리적 순서를 분명히 하고 있다는 점이다. 루터는 믿음이 먼저 예수 그리스도를 가슴속에 모시고 나야, 그 예수 그리스도가 믿음의 열매인 사랑을 맺게 한다는 점을 분명히 한다.

믿음과 사랑에 관한 루터의 가르침을 연구하면서 필자는 많은 것을 배운다. 하지만 루터로부터 아무리 많은 것을 배워도 그 모든 것은 하나의 원천으로부터 출발하여 그 원천으로 회귀한다. 즉 서론에서 언급한 바와 같이 루터는 항상 "오직 그리스도"에서 시작하여, "오직 그리스도"를 거쳐, "오직 그리스도"로 끝나 다시 "오직 그리스도"로 돌아간다. 그리고 이러한 루터의 사고의 흐름을 따라 필자의 사고도 동일한 흐름을 타며 그 가락을 타게 되었다. 이러한 루터의 사고의 흐름을 함께 순례하다 보면 그가 예수 그리스도가 그리스도인의 존재(being)의 원천이요 목적이며, 또 예수 그리스도가 그리스도인의 행위(doing)의 원천이요 목적이라는 것을 깨닫게 해준다는 것을 경험하게 된다. 그리고 그리스도가 그리스도인의 존재의 원천이요 목적이라는 것이 바로 루터가 믿음개념을 통해서 풀어내는 이야기요, 그리스도가 그리스도인의 행위의 원천이요 목적이라는 것이 바로 루터가 사랑개념을 통해서 풀어내는 이야기다. 그런 만큼 루터가 왜 "그리스도인의 주요 특성들, 즉 그리스도인의 전 삶과 존재는 믿음과 사랑이다."라고 주장하고,[45] 또 "복음서 전체에서 믿음과 사랑보다 더 분명하게 강조되고 있는 것은 아무것도 없다."고 역설하는지 충분히 이해가 된다.[46]

본 저서가 필자의 박사학위 논문을 번역하고 개정한 것이라고는 하지만, 돌이켜 보면 새로운 책을 쓴 것 같은 느낌이 든다. 핵심적인 내용은 그대로 유지되었지만 학위 논문이 아닌 한글 단행본의 모양으로 바꾸기 위해서, 그리고 부족한 부분들을 보완하기 위해서 많은 시간을 들여 손보고 공들여 다듬었다. 필자는 믿음과 사랑에 대한 가르침을 통해서 루터가 전달하고자 하는 메시지와 그 중요성이 본 저서를 통해서 독자들에게 원활하게 잘 소통되기를 바랄 뿐이다.

2017년은 루터가 95개 조항의 논제들로 구성된 면벌부 반박문을 공론화한 지 500주년이 되는 해다. 기념행사들을 위해서 많은 준비위원회가 구성되고 모임이 기획되고 있다. 이 사건이 인류역사에 있어서 한 획을 긋는 뜻깊은 사건이 된 만큼, 그 500주년을 기념하는 일은 중요한 일이다. 하지만 500년 전 과거지사에 대한 기념이 주된 일이 되고, 현재 우리가 살아가는 시점에서 미래에 긍정적으로 기념될 만한 사건이 창출되지 않는다면, 이러한 상황은 매우 애석한 일이 될 것이다. 16세기 프로테스탄트 개혁의 도화선에 불을 댕긴 개혁가 루터의 사상적 핵심을 이루고 있는 믿음과 사랑이 이 시점에서도 교회의 개혁과 새로운 도약을 위해 한 역할을 감당할 수 있기를 소망하면서 본 저서를 선보인다.

---

45) *WA* 10/3. 13. 16-17; *LW* 51:75.
46) *WA* 10/3. 352. 16-17; *LW* 51:117.

참고문헌

1차 문헌

Aquinas, Thomas. *Summa Theologiæ: Complete Set.* Latin-English Edition, vols. 13-20. Translated by Fr. Laurence Shapcote, O. P. Edited by John Mortensen and Enrique Alarcón. Lander, WY: Aquinas Institute, 2012.

Aristotle. *Nicomachean Ethics.* In *The Basic Works of Aristotle*, 935-1112. Edited by Richard McKeon. New York: Modern Library, 2001.

Augustine. *De doctrina Christiana* in *Patrologiae cursus completus.* Series Latina, 34-35. Edited by Jacques-Paul Migne. Paris, 1865; ET *Teaching Christianity.* Translated by Edmund Hill, O.P. Edited by John E. Rotelle, O.S.A. Brooklyn, New York: New City Press, 1997.

_____. *De spiritu et littera* in *Patrologiae cursus completus.* Series Latina, 44-45. Edited by Jacques-Paul Migne. Paris, 1865.

_____. *De trinitate* in *Patrologiae cursus completus.* Series Latina, 42-43. Edited by Jacques-Paul Migne. Paris, 1865; ET *The Trinity.* Translated by Edmund Hill, O.P. Edited by John E. Rotelle, O.S.A. Brooklyn, NY: New City Press, 2000.

Barth, Karl. *Church Dogmatics, IV/2: The Doctrine of Reconciliation.* Translated by G.W. Bromiley. Bloomsbury T.&T. Clark, 1958.

Calvin, John. *Institutes of the Christian Religion I*, 1559. Edited by John T. McNeill. Translated by Ford L. Battles. Philadelphia, PA: Westminster, 1960.

Die Bekenntnisschriften der evangelisch-lutherischen Kirche. 12th ed. Göttingen: Vandenhoeck & Ruprecht, 1998.

Luther, Martin. "A Sermon on the Strength and Increase of Faith and Love, October 1, 1525(?), Sixteenth Sunday after Trinity." In *Sermons of Martin Luther*, vol. 8, edited by John Nicholas Lenker, 259–280. Grand Rapids, MI: Baker Book House, 1988.

———. "Eighteenth Sunday after Trinity, Matthew 22:34–46, 1532." In *The Complete Sermons of Martin Luther*, vol. 7, edited by Eugene F.A. Klug, 51–60. Grand Rapids, MI: Baker Books, 2000.

Luther's Works, American Edition. 75 vols. Edited by Jaroslav Pelikan, Helmut T. Lehmann, and Christopher Boyd Brown. Saint Louis, MO: Concordia Publishing House, 1955ff.; Philadelphia, PA: Fortress Press, 1955–1986.

    Vol. 2. *Lectures on Genesis Chapters 6–14.* Edited by Jaroslav Pelikan. Translated by George V. Schick.

    Vol. 3. *Lectures on Genesis Chapters 15–20.* Edited by Jaroslav Pelikan. Translated by George V. Schick.

    Vol. 4. *Lectures on Genesis Chapters 21–25.* Edited by Jaroslav Pelikan. Translated by George V. Schick.

    Vol. 13. *Selections from the Psalms.* Edited by Jaroslav Pelikan. *Psalm* 90. Translated by Paul M. Bretscher, 75–141.

    Vol. 17. *Lectures on Isaiah Chapters 40–66.* Edited by Hilton C. Oswald. Translated by Herbert J.A. Bouman.

    Vol. 21. *The Sermon on the Mount and the Magnificat.* Edited by Jaroslav Pelikan.

The Sermon on the Mount. Translated by Jaroslav Pelikan, 3-294.

Vol. 24. *Sermons on the Gospel of St. John Chapters 14-16.* Edited by Jaroslav Pelikan. Translated by Martin H. Bertram.

Vol. 25. *Lectures on Romans.* Edited by Hilton C. Oswald. Chapters 1-2. Translated by Walter G. Tillmanns. Chapters 3-16. Translated by Jacob A.O. Preus.

Vol. 26. *Lectures on Galatians, 1535, Chapters 1-4.* Edited by Jaroslav Pelikan and Walter A. Hansen. Translated by Jaroslav Pelikan.

Vol. 27. *Lectures on Galatians, 1535, Chapters 5-6* and *Lectures on Galatians 1519, Chapters 1-6.* Edited by Jaroslav Pelikan and Walter A. Hansen.

Lectures on Galatians, 1535, Chapters 5-6. Translated by Jaroslav Pelikan.

Vol. 31. *Career of the Reformer I.* Edited by Harold J. Grimm.

Disputation against Scholastic Theology, 1517. Translated by Harold J. Grimm, 9-16.

Heidelberg Disputation, 1518. Translated by Harold J. Grimm, 39-70.

Explanations of the Ninety-Five Theses, 1518. Translated by Carl W. Folkemer, 83-252.

The Freedom of a Christian, 1520. Translated by W.A. Lambert. Revised by Harold J. Grimm, 333-377.

Vol 33. *Career of the Reformer III.* Edited by Philip S. Watson.

The Bondage of the Will, 1526. Translated by Philip S. Watson and Benjamin Drewery.

Vol. 34. *Career of the Reformer IV.* Edited by Lewis W. Spitz.

The Disputation Concerning Justification, 1536. Translated by

Lewis W. Spitz, 151–196.

Preface to the complete Edition of Luther's Latin Writings, 1545. Translated by Lewis W. Spitz, 327–338.

Vol. 35. *Word and Sacrament I.* Edited by E. Theodore Bachmann.

"The Holy and Blessed Sacrament of Baptism." Translated by Charles M. Jacobs. Revised by E. Theodore Bachmann, 29–43.

"The Blessed Sacrament of the Holy and True Body of Christ, and the Brotherhoods." Translated by Jeremiah J. Schindel. Revised by E. Theodore Bachmann, 49–73.

Preface to the Epistle of St. Paul to the Romans, 1546(1522). Translated by Charles M. Jacobs. Revised by E. Theodore Bachmann, 365–380.

Preface to the Old Testament, 1545(1523). Translated by Charles M. Jacobs. Revised by E. Theodore Bachmann, 235–251.

Vol. 40. *Church and Ministry II.* Edited by Conrad Bergendoff.

Against the Heavenly Prophets in the Matter of Images and Sacraments, 1525. Translated by Bernhard Erling and Conrad Bergendoff, 79–223.

Vol. 43. *Devotional Writings II.* Edited by Gustav. K. Wiencke.

Personal Prayer Book, 1522. Translated by Martin H. Bertram, 5–45.

Vol. 44. *The Christian in Society I.* Edited by James Atkinson.

Treatise on Good Works, 1520. Translated by W. A. Lambert, 15–114.

Vol. 51. *Sermons I.* Translated and edited by John W. Doberstein.

"Sermon Preached in the Castle at Leipzig on the Day of St. Peter and St. Paul, Matt. 16:13–19, June 29, 1519." 53–60.

"Eight Sermons by Dr. M. Luther, Preached by him at Wittenberg in Lent, dealing briefly with the masses, images, both kinds in the sacrament, eating [of meats], and private confession, etc." March 9-16, 1522, 69-100.

"Two Sermons," Matt. 22:37-39, October 19, 1522, Preached at Weimar in the Parish Church, 111-117.

"Ten Sermons on the Catechism" before the Publication of the Large and Small Catechisms, November 30 to December 18, 1528, 135-193.

"[First] Sermon at the Funeral of the Elector, Duke John of Saxony, I Thess. 4:13-14, August 18, 1532," 231-243.

"Sermon on the Sum of the Christian Life, I Tim. 1:5-7, Preached in Wörlitz, November 24, 1532," 259-287.

"Sermon on Soberness and Moderation against Gluttony and Drunkenness, I Pet. 4:7-11, May 18, 1539," 291-299.

"Sermon Preached in Castle Pleissenburg on the Occasion of the Inauguration of the Reformation in Leipzig, John 14:23-31, May 24, 1539," 303-312.

"Sermon on Matt. 3:13-17 at the Baptism of Bernhard von Anhalt, Preached in Dessau, April 2, 1540," 315-329.

"Sermon at the Dedication of the Castle Church in Torgau, Luke 14:1-11, October 5, 1544," 333-354.

"The Last Sermon in Wittenberg, Rom. 12:3, January 17, 1546," 371-380.

Vol. 52. *Sermons II.* Edited by Hans J. Hillerbrand.

"The Gospel for Christmas Eve, Luke 2[:1-14]." Translated by John G. Kunstmann, 7-31.

"The Gospel for the Early Christmas Service, Luke 2[:15-20]." Translated by John G. Kunstmann, 32-40.

"The Gospel for the Festival of the Epiphany, Matthew 2[:1–12]." Translated by S. P. Hebart, 159–286.

Vol. 53. *Liturgy and Hymns.* Edited by Ulrich S. Leupold.

"The German Mass and Order of Service." Translated by Augustus Steimle. Revised by Ulrich S. Leupold. 61–90.

Vol. 54. *Table Talk.* Translated and edited by Theodore G. Tappert.

Luthers Werke, Kritische Gesamtausgabe. 72 vols. Edited by J.K.F. Knaake et al. Weimar: Hermann Böhlau, 1883–2009.

Vol. 1. Edited by J.K.F. Knaake.

Disputatio contra scholasticam theologiam, 1517, 221–228.

Disputatio Heidelbergae habita. 1518, 353–374.

Resolutiones disputationum de indulgentiarum virtute. 1518, 525–628.

Vol. 2. Edited by J.K.F. Knaake.

"Ein Sermon gepredigt zu Leipzig auf dem Schloß am Tage Petri und Pauli. 1519," 244–249.

Ein Sermon von dem heiligen hochwürdigen Sakrament der Taufe. 1519, 724–737.

Ein Sermon von dem hochwürdigen Sakrament des heiligen wahren Leichnams Christi und von den Brüderschaften. 1519, 738–758.

Vol. 6. Edited by D. Knaake.

Von den guten werckenn, 202–276.

Vol. 7. Edited by Paul Pietsch.

Von der Freiheit eines Christenmenschen. 1520/Tractatus de libertate christiana. 1520. Edited by J.K.F. Knaake, 20–73.

Vol. $10^1/1$. Edited by Karl Drescher.

"Evangelium in der Christmeß, Luk. 2, 1–14," 58–95.

"Evangelium in der Früh–Christmeß. Luk. 2, 15–20," 128–141.

"Das Evangelium am Tage der Heiligen drei Könige. Matth. 2, 1–12," 555–728.

Vol. 10/2. Edited by Karl Drescher.

Betbüchlein. 1522. Edited by F. Cohrs and A. Göze, 375–406.

Vol. 10/3. Edited by Paul Pietsch.

"Acht Sermon D. M. Luthers von jm geprediget zu Wittemberg in der Fasten, 1522," 1–64.

"Reisepredigten in Weimar und Erfurt, 1522," 341–352.

Vol. 18. Edited by Karl Drescher.

Wider die himmlischen Propheten, von den Bildern und Sakrament. 1525. Edited by O. Brenner and H. Barge, 62–214.

De servo arbitrio. 1525. Edited by A. Freitag, 600–787.

Vol. 19. Edited by Paul Pietsch.

Deutsche Messe und Ordnung Gottesdiensts. 1526, 72–113.

Vol. 30/1. Edited by Karl Drescher.

"Katechismuspredigten, 1528." Edited by Georg Buchwald, 57–122.

Vol. 31/2. Edited by Karl Drescher.

Vorlesung über Jesaias (1527–1530). Edited by G. Buchwald and O. Brenner, 1–585.

Vol. 32. Edited by Paul Pietsch.

Wochenpredigten über Matth. 5–7. 1530/2, 299–544.

Vol. 36. Edited by Karl Drescher.

"Die erste Predigt" in "Zwo Predigt uber der Leiche des Kurfürsten Herzog Johans zu Sachsen, 1532." Edited by G. Buchwald and O. Brenner, 237–270.

"Summa des christlichen Lebens, 1. Timoth. 1." Edited by G. Buchwald and O. Brenner, 352–375.

Vol. 39/1. Edited by Karl Drescher.

Die Disputation de iustificatione, 1536, 82–126.

Vol. 39/2. Edited by G. Bebermeyer.

"Die Zirkulardisputation über das Recht des Widerstands gegen den Kaiser (Matth. 19, 21). 9. Mai 1539," 34–91.

Vol. 40/1. Edited by Karl Drescher.

In epistolam S. Pauli ad Galatas Commentarius ex praelectione D. Martini Lutheri (1531) collectus 1535. Edited by A. Freitag.

Vol. 40/2. Edited by Karl Drescher.

In Epistolam S. Pauli ad Galatas Commentarius 1531(1535). Edited by A. Freitag, 1–184.

Vol. 40/3. Edited by G. Bebermeyer and A. Freitag.

Enarratio Psalmi XC, 1534/35. [1541], 476–594.

Vol. 42. Edited by Karl Drescher.

Vorlesung über 1. Mose. Edited by G. Koffmane and O. Reichert.

Vol. 43. Edited by Karl Drescher.

Vorlesung über 1. Mose. Edited by O. Reichert.

Vol. 45. Edited by Karl Drescher and Oskar Brenner.

Das XIV. und XV. Capitel S. Johannis, Edited by G. Buchwald and O. Brenner, 465–733.

Vol. 46. Edited by Karl Drescher.

Das XVI. Kapitel S. Johannis. Edited by G. Buchwald and O. Brenner, 1–111.

Vol. 47. Edited by Karl Drescher.

"Ein Predig von Rüchterkait und Mässigkait, 1 Pet. 4," 1539. Edited by G. Buchwald, 757–771.

"Predigt auf dem Schloß Pleißenburg zu Leipzig, S. Johannis

am 14. Capitel, 1539." Edited by G. Buchwald, 772-779.
Vol. 49. Edited by Karl Drescher.
"Predigt am Freitag nach Ostern, 1540." Edited by G. Buchwald, 124-135.
"Predigt am 17. Sonntag nach Trinitatis, bei der Einweihung der Schloßkirche zu Torgau gehalten, 1544." Edited by G. Buchwald, 588-615.
Vol. 51. Edited by Karl Drescher.
"Die lezte predigt Doctoris Martini Lutheri zu Wittenberg 17. Januar 1546 (Rom. 12, 3)." Edited by G. Buchwald, 123-134.
Vol. 54. Edited by Karl Drescher.
Vorrede zum ersten Bande der Gesamtausgaben seiner lateinischen Schriften, Wittenberg 1545, 179-187.
Vol. 56. Edited by G. Bebermeyer and J. Ficker.
Divi Pauli apostoli ad Romanos Epistola, 1515-1516.
Luthers Werke, Kritische Gesamtausgabe, *Die Deutsche Bibel*. 15 vols. Edited by Paul Pietsch et al. Weimar: Hermann Böhlau, 1906-1961.
Vol. 7. Edited by G. Bebermeyer.
Vorrede auf die Epistel S. Pauli an die Römer. 3-27.
Luthers Werke, Kritische Gesamtausgabe, *Tischreden*. 6 vols. Edited by J. F. K. Knaake et al. Weimar: Hermann Böhlau, 1912-1921.
The 1529 Holy Week and Easter Sermons of Dr. Martin Luther. Translated by Irving L. Sandberg (from "Predigten D. Martin Luthers auf Grund von Nachschriften Georg Rörers und Anton Lauterbachs." Edited by Georg Buchwald. Gütersloh: Bertelsmann, 1925). Saint Louis, MO: Concordia Publishing House, 1999.
The Book of Concord. Edited by Robert Kolb & Timothy J. Wengert. Minneapolis, MN: Fortress Press, 2000.
Wesley, John. *The Works of John Wesley*. Vol. 1, *Sermons I: 1-33*. Edited by

Albert C. Outler. The Bicentennial Edition of the Works of John Wesley. Nashville, TN: Abingdon Press, 1984.

_____. *The Works of John Wesley*. Vol. 3, *Sermons III: 71-114*. Edited by Albert C. Outler. The Bicentennial Edition of the Works of John Wesley. Nashville, TN: Abingdon Press, 1986.

_____. *The Works of John Wesley*. Vol. 19, *Journal and Diaries II (1738-1743)*. Edited by W. Reginald Ward and Richard P. Heitzenrater. Nashville, TN: Abingdon Press, 1990.

2차 문헌

김선영. "교황수위권에 대한 그레고리우스 7세와 마르틴 루터의 입장: 마태복음 16장과 요한복음 21장을 중심으로." 「한국교회사학회지」 35(2013), 7-40.

_____. "루터 신학에 율법의 제3용법 개념이 나타나는가?" 「한국기독교신학논총」 73(2011), 119-151.

_____. "루터의 믿음과 사랑 개념 이해를 위한 해석의 틀 — 1535년 갈라디아서 강해를 중심으로." 「한국기독교신학논총」 68(2010), 27-55.

_____. "베르나르에게서 나타나는 아우구스티누스적 회심 개념." 「서양중세사연구」 26(2010), 149-181.

_____. "성경해석을 위한 루터의 '새로운 신학적 문법': 믿음과 사랑." 한국기독교학회 제42차 정기학술대회 『자료집』, 99-116. 충남 아산. 2013. 10. 18-19.

_____. "이원론적 논법 vs. 믿음과 사랑의 논법: 루터의 여성관." 한국교회사학회 제123차 정기학술대회 『자료집』, 90-108. 경기도 평택. 2014. 5. 24.

_____. "존 웨슬리의 루터 수용과 비판 I — 모라비아교인들의 매개를 통해." 「교회사학」 9/1(2010), 297-325.

이기성. "루터의 「대(大) 갈라디아서 주석」(1531/35)에 나타난 하나님에 대한 인간의 사랑의 이해." 「조직신학연구」 5(2004), 252-278.

이재하. "루터의 《요한 1서 주석》에 나타난 사랑의 신학." 「한국교회사학회지」 15(2004), 201-232.

Althaus, Paul. *Die Ethik Martin Luthers*. Gütersloh: Gerd Mohn, 1965.

_____. *Die Theologie Martin Luthers*. 4th ed. Gütersloh: Gerd Mohn, 1975.

_____. "Gebot und Gesetz." In *Gesetz und Evangelium: Beiträge zur Gegenwärtigen Theologischen Diskussion*, edited by Ernst Kinder and Klaus Haendler, 201-38. Darmstadt: Wissenschaftliche Buchgesellschaft, 1968.

_____. *The Ethics of Martin Luther*. Translated by Robert C. Schultz. Philadelphia, PA: Fortress Press, 1972.

_____. *The Theology of Martin Luther*. Translated by Robert C. Schultz. Philadelphia, PA: Fortress Press, 1966.

Andersen, Svend. "Lutheran Ethics and Political Liberalism." In *Philosophical Studies in Religion, Metaphysics, and Ethics: Essays in Honour of Heikki Kirjavainen*. Schriften der Luther-Agricola-Gesellschaft 38, edited by Timo Koistinen and Tommi Lehtonen, 292-302. Helsinki: Luther-Agricola-Society, 1997.

Bainton, Roland H. *Studies on the Reformation: Collected Papers*. Boston: Beacon Press, 1963.

Bayer, Oswald. *Aus Glauben leben: Über Rechtfertigung und Heiligung*. Stuttgart: Calver Verlag, 1990.

_____. *Living by Faith: Justification and Sanctification*. Translated by Geoffrey W. Bromiley. Grand Rapids, MI: William B. Eerdmans, 2003.

_____. "Luther's Ethics as Pastoral Care." *Lutheran Quarterly* 4/2(1990), 125-142.

_____. "Nature and Institution: Luther's Doctrine of the Three Orders." *Lutheran Quarterly* 12/2(1998), 125-159.

_____. "The Being of Christ in Faith." *Lutheran Quarterly* 10/2(1996), 135-150.

Bayer, Oswald, Robert W. Jenson, and Simo Knuuttila, eds. *Caritas Dei: Beiträge zum Verständnis Luthers und der gegenwärtigen Ökumene*.

Festschrift für Tuomo Mannermaa zum 60. Geburtstag. Schriften der Luther-Agricola-Gesellschaft 39. Helsinki: Luther-Agricola-Gesellschaft, 1997.

Beutel, Albrecht. "Antwort und Wort." In *Luther und Ontologie: Das Sein Christi im Glauben als strukturierendes Prinzip der Theologie Luthers*, edited by A. Ghiselli, K. Kopperi, and R. Vinke, 70–93. Helsinki and Erlangen: Luther-Agricola-Gesellschaft and Martin-Luther-Verlag, 1993.

Bielfeldt, Dennis. "Freedom, Love, and Righteousness in Luther's Sermo de Duplici Iustitia." In *Freiheit als Liebe bei Martin Luther, Freedom as love in Martin Luther: 8th International Congress for Luther Research in St. Paul, Minnesota, 1993, Seminar 1 Referate/Papers*, edited by Dennis D. Bielfeldt and Klaus Schwarzwäller, 19–34. Frankfurt am Main: Peter Lang, 1995.

————. "Response" [to Luther and Metaphysics: What is the Structure of Being according to Luther? by Sammeli Juntunen]. In *Union with Christ: The New Finnish Interpretation of Luther*, edited by Carl E. Braaten and Robert W. Jenson, 161–166. Grand Rapids, MI: William B. Eerdmans, 1998.

————. "The Ontology of Deification." In *Caritas Dei: Beiträge zum Verständnis Luthers und der gegenwärtigen Ökumene, Festschrift für Tuomo Mannermaa zum 60. Geburtstag*, edited by Oswald Bayer, Robert W. Jenson, and Simo Knuuttila, 90–113. Helsinki: Luther-Agricola-Gesellschaft, 1997.

Braaten, Carl E. *Justification: The Article by Which the Church Stands or Falls*. Minneapolis, MN: Fortress Press, 1990.

Brecht, Martin. *Martin Luther*. Vol. 1, *His Road to Reformation*. Translated by James L. Schaaf. Philadelphia, PA: Fortress Press, 1985.

Briskina, Anna. "An Orthodox View of Finnish Luther Research." Translated by

Dennis Bielfeldt. *Lutheran Quarterly* 22/1(2008), 16-39.

Brondos, David A. "*Sola fide* and Luther's 'Analytic' Understanding of Justification: A Fresh Look at Some Old Questions." *Pro Ecclesia* 13/1(2004), 39-57.

Burger, Christoph. "Gottesliebe, Erstes Gebot und menschliche Autonomie bei spätmittelaterlichen Theologen und bei Martin Luther." *Zeitschrift für Theologie und Kirche* 89/3(1992), 280-301.

Burgess, Joseph A. & Marc Kolden, eds. *By Faith Alone: Essays on Justification in Honor of Gerhard O. Forde*. Grand Rapids, MI: William B. Eerdmans, 2004.

Burnaby, John. *Amor Dei: A Study of the Religion of St. Augustine*. Norwich: Canterbury Press, 1991.

Canlis, Julie. "Calvin, Osiander and Participation in God." *International Journal of Systematic Theology* 6/2(2004), 169-184.

Canning, Raymond. *The Unity of Love for God and Neighbour in St. Augustine*. Heverlee-Leuven: Augustinian Historical Institute, 1993.

Clark, R. Scott. "*Iustitia Imputata Christi*: Alien or Proper to Luther's Doctrine of Justification." *Concordia Theological Quarterly*, 70(2006), 269-301.

Crouse, R. D. "Recurrens in te unum: The Pattern of St. Augustine's *Confessions*." *Studia Patristica* XIV(1976), 389-392.

Das, A. Andrew. "*Oneness in Christ:* The *Nexus Indivulsus* between Justification and Sanctification in Paul's Letter to the Galatians." *Concordia Journal* 21/2(1995), 173-186.

Dieter, Theodor. "Justification and Sanctification in Luther." In *Justification and Sanctification: In the Traditions of the Reformation*. The Fifth Consultation on the First and Second Reformations Geneva, 13 to 17 February 1998, edited by Milan Opočenský and Páraic Réamonn, 87-96. Geneva: World Alliance of Reformed Churches, 1999.

_____. *Der junge Luther und Aristoteles: Eine historisch-systematische*

Untersuchung zum Verhältnis von Theologie und Philosophie. Berlin: Walter de Gruyter, 2001.

Ebeling, Gerhard. "Faith and Love." In *Martinus Luther: 450th Anniversary of the Reformation,* edited by Helmut Gollwitzer, 69–79. Bad Godesberg: Inter Nationes, 1967.

———. *Luther: An Introduction to His Thought.* Translated by R. A. Wilson. Philadelphia, PA: Fortress Press, 1977.

———. *Luther—Einführung in sein Denken.* 2nd ed. with Epilogue by Albrecht Beutel. Tübingen: Mohr Siebeck, 2006; Tübingen: J. C. B. Mohr (Paul Siebeck), 1964.

———. *Lutherstudien III.* Tübingen: J.C.B. Mohr (Paul Siebeck), 1985.

———. *Word and Faith.* Philadelphia, PA: Fortress Press, 1963.

———. "Zur Lehre vom *triplex usus legis* in der reformatorischen Theologie." *Theologische Literaturzeitung* 75(April/May 1950), 236–246.

Elert, Werner. "The Third Use of the Law." *The Lutheran World View* 2(1949), 38–48.

Erling, Bernhard. "The Role of Law in How a Christian Becomes what He/She is." In *Freiheit als Liebe bei Martin Luther, Freedom as love in Martin Luther: 8th International Congress for Luther Research in St. Paul, Minnesota, 1993, Seminar 1 Referate/Papers,* edited by Dennis D. Bielfeldt and Klaus Schwarzwäller, 63–78. Frankfurt am Main: Peter Lang, 1995.

Fitzgerald, Allan D., O.S.A., ed. *Augustine through the Ages: An Encyclopedia.* Grand Rapids, MI: William B. Eerdmans, 1999.

Forde, Gerhard O. *Justification by Faith—A Matter of Death and Life.* Mifflintown, PA: Sigler Press, 1999.

———. "The Lutheran View of Sanctification." In *The Preached God: Proclamation in Word and Sacrament,* edited by Mark C. Mattes and Steven D. Paulson, 226–244. Grand Rapids, MI: William B. Eerdmans, 2007.

Forell, George W. *Faith Active in Love: An Investigation of the Principles Underlying Luther's Social Ethics*. Eugene, OR: Wipf and Stock, 1999; Minneapolis, MN: Augsburg Publishing House, 1954.

_____. "Freedom as Love: Luther's Treatise on Good Works." In *Freiheit als Liebe bei Martin Luther, Freedom as love in Martin Luther: 8th International Congress for Luther Research in St. Paul, Minnesota, 1993, Seminar 1 Referate/Papers*, edited by Dennis D. Bielfeldt and Klaus Schwarzwäller, 79–83. Frankfurt am Main: Peter Lang, 1995.

Froehlich, Karlfried. "Luther on Vocation." In *Harvesting Martin Luther's Reflections on Theology, Ethics, and the Church*, edited by Timothy J. Wengert, 121–133. Grand Rapids, MI: William B. Eerdmans, 2004.

Gaebler, Mary. *The Courage of Faith: Martin Luther and the Theonomous Self*. Minneapolis, MN: Fortress Press, 2013.

Gollwitzer, Helmut, ed. *Martinus Luther: 450 Anniversary of the Reformation*. Bad Godesberg: Inter Nationes, 1967.

Grislis, Egil. "The Foundation of Creative Freedom in Martin Luther's 'Von den Guten Werken'(1520)." In *Freiheit als Liebe bei Martin Luther, Freedom as love in Martin Luther: 8th International Congress for Luther Research in St. Paul, Minnesota, 1993, Seminar 1 Referate/Papers*, edited by Dennis D. Bielfeldt and Klaus Schwarzwäller, 85–103. Frankfurt am Main: Peter Lang, 1995.

Gritsch, Eric W. "Martin Luther's Commentary on Gal 5, 2–24, 1519(*WA* 2, 574–597) and Sermon on Gal 4, 1–7, 1522(*WA* 10 I 1, 325–378)." In *Freiheit als Liebe bei Martin Luther, Freedom as love in Martin Luther: 8th International Congress for Luther Research in St. Paul, Minnesota, 1993, Seminar 1 Referate/Papers*, edited by Dennis D. Bielfeldt and Klaus Schwarzwäller, 105–111. Frankfurt am Main: Peter Lang, 1995.

Hamm, Berndt. *The Early Luther: Stages in a Reformation Reorientation*. Translated by Martin J. Lohrmann. Grand Rapids, MI: William B. Eerdmans, 2014.

_____. "Von der Gottesliebe des Mittelalters zum Glauben Luthers: Ein Beitrag zur Bußgeschichte." *Lutherjahrbuch* 65(1998), 19-44.

Heckel, Johannes. *Lex Charitatis: A Juristic Disquisition on Law in the Theology of Martin Luther.* Translated and edited by Gottfried G. Krodel. Grand Rapids, MI: William B. Eerdmans, 2010.

Heinz, Johann. *Justification and Merit: Luther vs. Catholicism.* Eugene, OR: Wipf and Stock, 2002.

Hendrix, Scott H., ed. *Early Protestant Spirituality.* Mahwah, NJ: Paulist Press, 2009.

_____. "Martin Luther's Reformation of Spirituality." *Lutheran Quarterly* 13/3(1999), 249-270.

_____. "The Reformer of Faith and Love: Luther's Lectures on Genesis" (미간행 논문). 이 논문은 투오모 만네르마아의 은퇴를 기념하기 위해 "믿음과 사랑의 신학자로서의 루터"라는 제목을 가지고 2000년 9월 헬싱키에서 개최된 학회에서 발표된 것이다.

Hendrix, Scott H. and Günther Gassmann. *Fortress Introduction to the Lutheran Confessions.* Minneapolis, MN: Fortress Press, 1999.

Hoffman, Bengt. "Lutheran Spirituality." In *Spiritual Traditions for the Contemporary Church,* edited by Robin Maas and Gabriel O'Donnell, O. P., 145-161. Nashville, TN: Abingdon Press, 1990.

Holl, Karl. *Die Rechtfertigungslehre in Licht der Geschichte des Protestantismus.* Tübingen: T.G.B. Mohr Paul Siebeck, 1906.

Hunsinger, George. *Disruptive Grace: Studies in the Theology of Karl Barth.* Grand Rapids, MI: William B. Eerdmans, 2000.

_____. "*Fides Christo Formata*: Luther, Barth and the Joint Declaration." In *The Gospel of Justification in Christ: Where Does the Church Stand Today?,* edited by Wayne C. Stumme, 69-84. Grand Rapids, MI: William B. Eerdmans, 2006.

Joint Declaration on the Doctrine of Justification: The Lutheran World Federation and the Roman Catholic Church. Grand Rapids, MI: William B. Eerdmans, 2000.

Jüngel, Eberhard. *Das Evangelium von der Rechtfertigung des Gottlosen als Zentrum des christlichen Glaubens: Eine theologische Studie in ökumenischer Absicht*. Tübingen: J. C. B. Mohr (Paul Siebeck), 1998.

_____. *Justification: The Heart of the Christian Faith—A Theological Study with an Ecumenical Purpose*. 3rd ed. Translated by Jeffrey F. Cayzer. Edinburgh: T. & T. Clark, 2001.

_____. *The Freedom of a Christian: Luther's Significance for Contemporary Theology*. Translated by Roy A. Harrisville. Minneapolis, MN: Augsburg Publishing House, 1988.

_____. *Zur Freiheit eines Christenmenschen: eine Erinnerung an Luthers Schrift*. München: Kaiser, 1991.

Junghans, Helmar. "Martin Luther über die Nächstenliebe: Auszug aus seiner Auslegung der Epistel zum 4. Sonntag nach Epiphanias (Röm. 13, 8-10) in der 'Fastenpostille' von 1525." *Luther: Zeitschrift der Luther-Gesellschaft* 62/1(1991), 3-11.

_____. "The Center of the Theology of Martin Luther." Translated by Gerald S. Krispin. In *And Every Tongue Confess: Essays in Honor of Norman Nagel on the Occasion of His Sixty-fifth Birthday*, edited by Gerald S. Krispin and Jon D. Vieker, 179-194. Dearborn, MI: Nagel Festschrift Committee, 1990.

Juntunen, Sammeli. "Luther and Metaphysics: What Is the Structure of Being according to Luther?" In *Union with Christ: The New Finnish Interpretation of Luther*, edited by Carl E. Braaten and Robert W. Jenson, 129-160. Grand Rapids, MI: William B. Eerdmans, 1998.

Kärkkäinen, Veli-Matti. "Drinking from the Same Wells with Orthodox and Catholics': Insights from the Finnish Interpretation of Luther's Theology."

Currents in Theology and Mission 34/2(2007), 85-96.

_____. "'The Christian as Christ to the Neighbor': On Luther's theology of love." *International Journal of Systematic Theology* 6/2(2004), 101-117.

Kim, Sun-young. "Faith and Love as the Overriding Thematic Pair in Luther's Exposition of the Lord's Prayer." *Korean Journal of Christian Studies* 72(2010), 87-107.

_____. "Faith and Love in Luther's Sacramental Theology: Its Theological Significance and Ethical Ramifications." *Korean Journal of Christian Studies* 84(2012), 127-147.

_____. "Luther on 'Sabbatical Observance': Faith and Love." *Korean Journal of Christian Studies* 87(2013), 81-102.

Kolb, Robert. "Luther on the Two Kinds of Righteousness: Reflections on His Two-Dimensional Definition of Humanity at the Heart of His Theology." *Lutheran Quarterly* 13/4(1999), 449-466.

_____. *Martin Luther: Confessor of the Faith*. Oxford: Oxford University Press, 2009.

Krodel, Gottfried G. "The Lord's Supper in the Theology of the Young Luther." *Lutheran Quarterly* 13/1(1961), 19-33.

Laato, Timo. "Justification: The Stumbling Block of the Finnish Luther School." *Concordia Theological Quarterly*, 72(2008), 327-346.

Lazareth, William H. "Love and Law in Christian Life." In *Piety, Politics, and Ethics: Reformation Studies in Honor of George Wolfgang Forell*, edited by Carter Lindberg, 103-117. Kirksville, MO: Sixteenth Century Journal Publishers, 1984.

_____. *Christians in Society: Luther, the Bible, and Social Ethics*. Minneapolis, MN: Fortress Press, 2001.

Leroux, Neil R. *Luther's Rhetoric: Strategies and Style from the Invocavit Sermons*. Saint Louis, MO: Concordia Publishing House, 2002.

Lindberg, Carter. *Beyond Charity: Reformation Initiatives for the Poor.* Minneapolis, MN: Fortress Press, 1993.

_____. "Do Lutherans Shout Justification but Whisper Sanctification? Justification and Sanctification in the Lutheran Tradition." In *Justification and Sanctification: In the Traditions of the Reformation.* The Fifth Consultation on the First and Second Reformations Geneva, 13 to 17 February 1998, edited by Milan Opočenský and Páraic Réamonn, 97-112. Geneva: World Alliance of Reformed Churches, 1999.

_____. *Love: A Brief History through Western Christianity.* Malden, MA: Blackwell, 2008.

_____. "Luther on Poverty." In *Harvesting Martin Luther's Reflections on Theology, Ethics, and the Church*, edited by Timothy J. Wengert, 134-151. Grand Rapids, MI: William B. Eerdmans, 2004.

Lohse, Bernhard. *Luthers Theologie in ihrer historischen Entwicklung und in ihrem systematischen Zusammenhang.* Göttingen: Vandenhoeck & Ruprecht, 1995.

_____. *Martin Luther: An Introduction to His Life and Work.* Translated and edited by Robert C. Schultz. Philadelphia, PA: Fortress Press, 1986.

_____. *Martin Luther: Eine Einführung in sein Leben und sein Werk.* Munich: C. H. Beck, 1981.

_____. *Martin Luther's Theology: Its Historical and Systematic Development.* Translated and edited by Roy A. Harrisville. Minneapolis, MN: Fortress Press, 1999.

Loofs, Friedrich. "Der 'articulus stantis et cadentis ecclesiae'." *Theologische Studien und Kritiken* 90(1917), 323-420.

Mahlmann, T. "Articulus stantis et [vel] cadentis ecclesiae." In *Die Religion in Geschichte und Gegenwart*, Vol. 1. 4th ed. Mohr Siebeck, 1998.

Malloy, Christopher J. *Engrafted into Christ: A Critique of the Joint Declaration.* New York: Peter Lang, 2005.

Malysz, Piotr J. "*Nemo iudex in causa sua* as the Basis of Law, Justice, and Justification in Luther's Thought." *Harvard Theological Review* 100/3 (2007), 363–386.

Mannermaa, Tuomo. "Das Verhältnis von Glaube und Liebe in der Theologie Luthers." In *Luther in Finnland—Der Einfluß der Theologie Martin Luthers in Finnland und finnische Beiträge zur Lutherforschung*, edited by Miikka Ruokanen, 99–110. Schriften der Luther–Agricola–Gesellschaft, no. A 23. Helsinki: Luther–Agricola–Gesellschaft, 1986; See (duplicated) also, "Das Verhältnis von Glaube und Nächstenliebe in der Theologie Luthers." In *Der im Glauben gegenwärtige Christus: Rechtfertigung und Vergottung zum ökumenischen Dialog*, 95–105. Arbeiten zur Geschichte und Theologie des Luthertums, Neue Folge Bd. 8. Hannover, Lutherisches Verlagshaus, 1989.

―――. *Der im Glauben gegenwärtige Christus: Rechtfertigung und Vergottung zum ökumenischen Dialog*. Arbeiten zur Geschichte und Theologie des Luthertums, Neue Folge Bd. 8. Hannover: Lutherisches Verlagshaus, 1989.

―――. "Doctrine of Justification and Trinitarian Ontology." In *Trinity, Time, and Church: A Response to the Theology of Robert W. Jenson*, edited by Colin E. Gunton, 139–145. Grand Rapids, MI: Eerdmans, 2000.

―――. "Freiheit als Liebe: Einführung in das Thema." In *Freiheit als Liebe bei Martin Luther, Freedom as love in Martin Luther: 8th International Congress for Luther Research in St. Paul, Minnesota, 1993, Seminar 1 Referate/Papers*, edited by Dennis D. Bielfeldt and Klaus Schwarzwäller, 9–18. Frankfurt am Main: Peter Lang, 1995.

―――. "Grundlagenforschung der Theologie Martin Luthers und die Ökumene." In *Der im Glauben gegenwärtige Christus: Rechtfertigung und Vergottung zum ökumenischen Dialog*, 183–200. Arbeiten zur Geschichte und Theologie des Luthertums, Neue Folge Bd. 8. Hannover,

Lutherisches Verlagshaus, 1989; In *Thesaurus Lutheri: Auf der Suche nach neuen Paradigmen der Luther-Forschung, Referate des Luther-Symposiums in Finnland 11. -12. November 1986*, edited by Tuomo Mannermaa, Anja Ghiselli and Simo Peura, 17-35. Veröffentlichungen der Finnischen Theologischen Literaturgesellschaft, no. 153 (Jahrbuch 1987) and Luther-Agricola-Gesellschaft, no. A 24. Helsinki: Finnische Theologische Literaturgesellschaft and Luther-Agricola-Gesellschaft, 1987.

_____. "Hat Luther eine trinitarische Ontologie?" In *Luther und Ontology: Das Sein Christi im Glauben als strukturierendes Prinzip der Theologie Luthers. Schriften der Luther-Agricola-Gesellschaft* 31. Referate der Fachtagung des Instituts für Systematische Theologie der Universität Helsinki in Zusammenarbeit mit der Luther-Akademie Ratzeburg in Helsinki 1.-5. 4. 1992, edited by Anja Ghiselli, Kari Kopperi, and Rainer Vinke, 9-27. Helsinki: Luther-Agricola-Gesellschaft, 1993. See (duplicated) also, "Hat Luther eine trinitarische Ontologie?" in *Luther und die trinitarische Tradition. Ökumenische und philosophische Perspektiven*, Veröffentlichungen der Luther-Akademie Ratzeburg, Bd. 23, edited by Joachim Heubach, 43-60. Erlangen: Martin-Luther-Verlag, 1994.

_____. "In ipsa fide Christus adest: Der Schnittpunkt zwischen lutherischer und orthodoxer Theologie." In *Der im Glauben gegenwärtige Christus: Rechtfertigung und Vergottung zum ökumenischen Dialog*, translated by Hans-Christian Daniel and Juhani Forsberg, 11-93. Arbeiten zur Geschichte und Theologie des Luthertums, Neue Folge Bd. 8. Hannover, Lutherisches Verlagshaus, 1989; *In ipsa fide Christus adest: Luterilaisen ja ortodoksisen kristinuskonkäsityksen leikkauspiste* (*In Faith Itself Christ Is Really Present: The Point of Intersection between Lutheran and Orthodox Theology*), Missiologian ja Ekumeniikan Seura R.Y.,

Missiologian ja Ekumeniikan Seuran julkaisuja, vol. 30. Vammala: Vammalan Kirjapaino, 1979; ET *Christ Present in Faith: Luther's View of Justification.* Edited by Kirsi Stjerna. Minneapolis, MN: Fortress Press, 2005.

———. "Justification and *Theosis* in Lutheran-Orthodox Perspective." In *Union with Christ: The New Finnish Interpretation of Luther*, edited by Carl E. Braaten and Robert W. Jenson, 25–41. Grand Rapids, MI: William B. Eerdmans, 1998.

———. "Participation and Love in the Theology of Martin Luther." In *Philosophical Studies in Religion, Metaphysics, and Ethics: Essays in Honour of Heikki Kirjavainen. Schriften der Luther-Agricola-Gesellschaft 38*, edited by Timo Koistinen and Tommi Lehtonen, 303–311. Helsinki: Luther-Agricola-Society, 1997.

———. "Theosis als Thema der finnischen Lutherforschung." In *Luther und Theosis: Vergöttlichung als Thema der abendländischen Theologie.* Referate der Fachtagung der Luther-Akademie Ratzeburg in Helsinki 30.3–2.4. 1989. Schriften der Luther-Agricola-Gesellschaft A 25, edited by Simo Peura and Antti Raunio, 11–26. Helsinki: Luther-Agricola-Gesellschaft and Erlangen: Luther-Akademie Ratzebrug, 1990.

———. "Theosis as a Subject of Finnish Luther Research." *Pro Ecclesia* 4 (1995), 37–48.

———. *Von Preussen nach Leuenberg: Hintergrund und Entwicklung der theologischen Methode in der Leuenberger Konkordie.* Arbeiten zur Geschichte und Theologie Luthertums. Hambrug: Lutherisches Verlagshaus, 1981.

———. "Why Is Luther So Fascinating? Modern Finnish Luther Research." In *Union with Christ: The New Finnish Interpretation of Luther*, edited by Carl E. Braaten and Robert W. Jenson, 1–20. Grand Rapids, MI: William B. Eerdmans, 1998.

Martikainen, Eeva. "Die Unio im Brennpunkt der theologischen Forschung." In *Unio: Gott und Mensch in der nachreformatorischen Theologie*, edited by Eeva Martikainen, 13-18. Helsinki: Luther-Agricola-Gesellschaft, 1996.

Marty, Martin. "Luther on Ethics: Man Free and Slave." In *Accents in Luther's Theology: Essays in Commemoration of the 450th Anniversary of the Reformation*, edited by Heino O. Kadai, 199-227. Saint Louis, MO: Concordia Publishing House, 1967.

Maschke, Timothy. "Contemporaneity: A Hermeneutical Perspective in Martin Luther's Work." In *Ad Fontes Lutheri: Toward the Recovery of the Real Luther—Essays in Honor of Kenneth Hagen's Sixty-Fifth Birthday*, edited by Timothy Maschke, Franz Posset, and Joan Skocir, 165-182. Marquette University Press, 2001.

Mattes, Mark C. *The Role of Justification in Contemporary Theology*. Grand Rapids, MI: William B. Eerdmans, 2004.

Mau, Rudolf. "Liebe als gelebte Freiheit der Christen: Luthers Auslegung von G 5, 13-24 im Kommentar von 1519." *Lutherjahrbuch* 59(1992), 11-37.

McCormack, Bruce L., ed. *Justification in Perspective: Historical Developments and Contemporary Challenges*. Grand Rapids, MI: Baker Academic, 2006.

McGrath, Alister E. *Iustitia Dei: A History of the Christian Doctrine of Justification*, 3rd ed. Cambridge: Cambridge University Press, 2005.

_____. *Luther's Theology of the Cross: Martin Luther's Theological Breakthrough*. Malden, MA: Blackwell Publishing, 2004.

Murray, Scott R. *Law, Life, and the Living God: The Third Use of the Law in Modern American Lutheranism*. Saint Louis, MO: Concordia Publishing House, 2002.

Niebuhr, Reinhold. *Christian Realism and Political Problems: Essays on Political, Social, Ethical and Theological Themes*. New York: Charles Scribner's

Sons, 1953.

———. *The Nature and Destiny of Man.* Vol II, *Human Destiny.* Louisville, KY: Westminster John Knox, 1964.

Nygren, Anders. *Agape and Eros.* Translated by Philip S. Watson. New York: Harper & Row, 1969.

O'Donovan, Oliver. *The Problem of Self-Love in St. Augustine.* New Haven: Yale University Press, 1980.

Oberman, Heiko A. "*Facientibus quod in se est* Deus non denegat gratiam: Robert Holcot O.P. and the Beginnings of Luther's Theology." In *The Reformation in Medieval Perspective*, edited by Steven E. Ozment, 119–141. Chicago: Quadrangle Books, 1971; *Harvard Theological Review* 55(1962), 317–342.

———. *Forerunners of the Reformation: The Shape of Late Medieval Thought.* Translated by Paul L. Nyhus. Cambridge: James Clarke & Co., 2002; Lutterworth Press, 1967.

———. "'Iustitia Christi' and 'Iustitia Dei': Luther and the Scholastic Doctrines of Justification." *Harvard Theological Review* 59(1966), 1–26.

———. *Luther: Man between God and the Devil.* Translated by Eileen Walliser-Schwarzbart. New York: Image Books, 1992.

———. *The Dawn of the Reformation: Essays in Late Medieval and Early Reformation Thought.* Grand Rapids, MI: W. B. Eerdmans, 1992.

———. *The Harvest of Medieval Theology: Gabriel Biel and Late Medieval Nominalism.* Grand Rapids, MI: Baker Academic, 2000.

Oberman, Heiko A., ed. *Luther and the Dawn of the Modern Era: Papers for the Fourth International Congress for Luther Research.* Leiden: E. J. Brill, 1974.

Outka, Gene H. *Agape: An Ethical Analysis.* New Haven: Yale University Press, 1972.

Ozment, Steven E. "*Homo Viator*: Luther and Late Medieval Theology." In *The*

Reformation in Medieval Perspective, edited by Steven E. Ozment, 142-154. Chicago: Quadrangle Books, 1971; *Harvard Theological Review* 62(1969), 275-287.

Pelikan, Jaroslav. "Luther Comes to the New World." In *Luther and the Dawn of the Modern Era: Papers for the Fourth International Congress for Luther Research*, edited by Heiko A. Oberman, 1-10. Leiden: E. J. Brill, 1974.

Peura, Simo. "Christ as Favor and Gift(*donum*): The Challenge of Luther's Understanding of Justification." In *Union with Christ: The New Finnish Interpretation of Luther*, edited by Carl E. Braaten and Robert W. Jenson, 42-69. Grand Rapids, MI: William B. Eerdmans, 1998.

_____. "Christus als Gunst und Gabe: Luthers Verständnis der Rechtfertigung als Herausforderung an den ökumenischen Dialog mit der Römisch-katholischen Kirche." In *Caritas Dei: Beitrage zum Verständnis Luthers und der gegenwärtigen Okumene: Festschrift für Tuomo Mannermaa zum 60. Geburtstag*, edited by Oswald Bayer, Robert W. Jenson, and Simo Knuuttila, 340-363. Luther-Agricola-Gesellschaft, 1997:

_____. "Die Teilhabe an Christus bei Luther." In *Luther und Theosis: Vergöttlichung als Thema der abendländischen Theologie*. Referate der Fachtagung der Luther-Akademie Ratzeburg in Helsinki 30.3-2.4. 1989. Schriften der Luther-Agricola-Gesellschaft A 25, edited by Simo Peura and Antti Raunio, 121-161. Helsinki: Luther-Agricola-Gesellschaft and Erlangen: Luther-Akademie Ratzebrug, 1990.

_____. *Mehr als ein Mensch? Die Vergöttlichung als Thema der Theologie Martin Luthers von 1513 bis 1519*, Veröffentlichungen des Instituts für Europäische Geschichte, Mainz, Band 152. Mainz: Philipp von Zabern, 1994.

_____. "What God Gives Man Receives: Luther on Salvation." In *Union with*

Christ: The New Finnish Interpretation of Luther, edited by Carl E. Braaten and Robert W. Jenson, 76–95. Grand Rapids, MI: William B. Eerdmans, 1998.

Raunio, Antti. "Die Goldene Regel als Gesetz der göttlichen Natur: Das natürliche Gesetz und das göttliche Gesetz in Luthers Theologie 1522–1523." In *Luther und Theosis: Vergöttlichung als Thema der abendländischen Theologie*. Referate der Fachtagung der Luther–Akademie Ratzeburg in Helsinki 30. 3–2. 4. 1989. Schriften der Luther–Agricola–Gesellschaft A 25, edited by Simo Peura and Antti Raunio, 163–186. Helsinki: Luther–Agricola–Gesellschaft and Erlangen: Luther–Akademie Ratzebrug, 1990.

———. "Die 'Goldene Regel' als theologisches Prinzip beim jungen Luther." In *Thesaurus Lutheri: Auf der Suche nach neuen Paradigmen der Luther-Forschung, Referate des Luther-Symposiums in Finnland 11. -12. November 1986*, edited by Tuomo Mannermaa, Anja Ghiselli and Simo Peura, 309–327. Veröffentlichungen der Finnischen Theologischen Literaturgesellschaft, no. 153 (Jahrbuch 1987) and Luther–Agricola–Gesellschaft, no. A 24. Helsinki: Finnische Theologische Literaturgesellschaft and Luther–Agricola–Gesellschaft, 1987.

———. "Natural Law and Faith: The Forgotten Foundations of Ethics in Luther's Theology." In *Union with Christ: The New Finnish Interpretation of Luther*, edited by Carl E. Braaten and Robert W. Jenson, 96–124. Grand Rapids, MI and Cambridge, UK: William B. Eerdmans, 1998.

———. *Summe des christlichen Lebens: die "Goldene Regel" als Gesetz der Liebe in der Tehologie Martin Luthers von 1510–1527*. Mainz: Verlag Philipp von Zabern, 2001.

Ritschl, Albrecht. *The Christian Doctrine of Justification and Reconciliation*. Edited by H. R. Mackintosh and A. B. Macaulay. Eugene, OR: Wipf and Stock, 2002; 1966.

Root, Michael. "The Implications of the *Joint Declaration on Justification* and Its Wider Impact for Lutheran Participation in the Ecumenical Movement." In *Justification and the Future of the Ecumenical Movement: The Joint Declaration on the Doctrine of Justification*, edited by William G. Rusch, 47-60. Collegeville, MN: Liturgical Press, 2003.

Rousselot, Pierre. *The Problem of Love in the Middle Ages: A Historical Contribution*. Translated by Alan Vincelette. Reviewed and corrected by Pol Vandevelde. Milwaukee: Marquette University Press, 2001; 1908.

Rusch, William G., ed. *Justification and the Future of the Ecumenical Movement: The Joint Declaration on the Doctrine of Justification*. Collegeville, MN: Liturgical Press, 2003.

Saarinen, Risto. *Faith and Holiness: Lutheran-Orthodox Dialogue, 1959-1994 (Kirche und Konfession)*. Vandenhoeck & Ruprecht, 1997.

_____. *Gottes Wirken auf uns: Die transzendentale Deutung des Gegenwart-Christ-Motivs in der Lutherforschung*. Veröffentlichungen des Instituts für europäische Geschichte, Mainz 137. Wiesbaden: Steiner, 1989.

_____. "The Presence of God in Luther's Theology." *Lutheran Quarterly* 3 (1994), 3-13.

_____. "Salvation in the Lutheran-Orthodox Dialogue: A Comparative Perspective." In *Union with Christ: The New Finnish Interpretation of Luther*, edited by Carl E. Braaten and Robert W. Jenson, 167-181. Grand Rapids, MI: William B. Eerdmans, 1998.

Sauter, Gerhard. "Rechtfertigung." *Theologische Realenzyklopädie*, vol. 28. Berlin: Walter de Gruyter, 1997; ET "God Creating Faith: The Doctrine of Justification from the Reformation to the Present." Translated by Arthur Sutherland and Stephan Kläs. *Lutheran Quarterly* 11/1(1997), 17-102.

Schlink, Von Edmund. "Gesetz und Paraklese." In *Gesetz und Evangelium: Beiträge zur Gegenwärtigen Theologischen Diskussion*, edited by Ernst Kinder and Klaus Haendler, 239–259. Darmstadt: Wissenschaftliche Buchgesellschaft, 1968.

Schmid, Heinrich. *Die Dogmatik der evangelisch-lutherischen Kirche*. Edited by Horst Georg Pöhlmann. Gerd Mohn: Gütersloh, 1979.

———. *The Doctrinal Theology of the Evangelical Lutheran Church*. 3rd ed. Revised and translated by Charles A. Hay and Henry E. Jacobs. Minneapolis, MN: Augsburg Publishing House, 1961.

Schwarz, Reinhard. *Fides, spes und caritas beim jungen Luther, unter besonderer Berücksichtigung der mittelalterlichen Tradition*. Berlin: Walter de Gruyter, 1962.

Schwarzwäller, Klaus. "Verantwortung des Glaubens Freiheit und Liebe nach der Dekalogauslegung Martin Luthers." In *Freiheit als Liebe bei Martin Luther, Freedom as love in Martin Luther: 8th International Congress for Luther Research in St. Paul, Minnesota, 1993, Seminar 1 Referate/Papers*, edited by Dennis D. Bielfeldt and Klaus Schwarzwäller, 133–158. Frankfurt am Main: Peter Lang, 1995.

Singer, Irving. *The Nature of Love: Plato to Luther*, vol. 1. New York: Random House, 1966.

Solberg, Mary M. *Compelling Knowledge: A Feminist Proposal for an Epistemology of the Cross*. New York: State University of New York Press, 1997.

Steinmetz, David. C. *Luther in Context*. 2nd ed. Grand Rapids, MI: Baker Academic, 2002.

Strohl, Jane E. "Luther's Invocavit Sermons." In *Freiheit als Liebe bei Martin Luther, Freedom as love in Martin Luther: 8th International Congress for Luther Research in St. Paul, Minnesota, 1993, Seminar 1 Referate/Papers*, edited by Dennis D. Bielfeldt and Klaus Schwarzwäller, 159–166. Frankfurt am Main: Peter Lang, 1995.

Thompson, Virgil, ed. *Justification is for Preaching: Essays by Oswald Bayer, Gerhard O. Forde, and Others.* Eugene, OR: Pickwick Publications, 2012.

Torvend, Samuel. *Luther and the Hungry Poor: Gathered Fragments.* Minneapolis, MN: Fortress Press, 2008.

Totten, Mark T. "Luther on unio cum Christo: toward a model for integrating faith and ethics." *Journal of Religious Ethics* 31/3(2003), 443-462.

Troeltsch, Ernst. *The Social Teaching of the Christian Churches*, vol. II. Translated by Olive Wyon. Louisville, KY: Westminster/John Knox Press, 1992.

Van Bavel, Tarsicius J. "Love." In *Augustine through the Ages: An Encyclopedia*, edited by Allan D. Fitzgerald, O.S.A., 509-516. Grand Rapids, MI: William B. Eerdmans, 1999.

Vinke, Rainer. "'…aber die Liebe ist die größte unter ihnen' zu Luthers Auslegung von 1. Korinther 13." In *Freiheit als Liebe bei Martin Luther, Freedom as love in Martin Luther: 8th International Congress for Luther Research in St. Paul, Minnesota, 1993, Seminar 1 Referate/Papers*, edited by Dennis D. Bielfeldt and Klaus Schwarzwäller, 167-180. Frankfurt am Main: Peter Lang, 1995.

Wannenwetsch, Bernd. "Luther's moral theology." In *The Cambridge Companion to Martin Luther*, edited by Donald K. McKim, 120-135. Cambridge: Cambridge University Press, 2003.

Watson, Philip S. *Let God Be God: An Interpretation of the Theology of Martin Luther.* Eugene, OR: Wipf and Stock, 2000.

Weber, Max. *The Protestant Ethic and the Spirit of Capitalism.* Translated by Talcott Parsons. London: Routledge, 2002.

Wicks, Jared, S.J. "Justification and Faith in Luther's Theology." *Theological Studies* 44/1(1983), 3-29.

_____. *Luther and His Spiritual Legacy.* Wilmington, DE: Michael Glazier,

1983.

Wingren, Gustaf. *Luther on Vocation.* Translated by C.C. Rasmussen. Eugene, OR: Wipf & Stock, 2004; 1957.

Wood, Arthur S. "Theology of Luther's Lectures on Romans, I." *Scottish Journal of Theology* 3/1(1950), 1–18.

_____. "Theology of Luther's Lectures on Romans, II." *Scottish Journal of Theology* 3/1(1950), 113–126.

Wriedt, Markus. "Luther's theology." In *The Cambridge Companion to Martin Luther*, edited by Donald K. McKim, 86–119. Cambridge: Cambridge University Press, 2003.

Wright, David. "The Ethical Use of the Old Testament in Luther and Calvin: A Comparison." *Scottish Journal of Theology* 36(1983), 463–485.

Ziemke, Donald C. *Love for the Neighbor in Luther's Theology: The Development of His Thought 1512–1529.* Minneapolis, MN: Augsburg Publishing House, 1963.

_____. *The Hermeneutical Basis for Luther's Doctrine of Love for the Neighbor.* Ph.D. dissertation. Princeton, NJ: Princeton Theological Seminary, 1960.

찾아보기

1. 성경

구약

창세기
15:6 / 81

레위기
19:18 / 204, 280

신명기
5:10 / 208

시편
1:2-3 / 59
1:3 / 252
5:3 / 318
31:1 / 160
37:27 / 229
81(82) / 58
82:6 / 58
113:1 / 121

하박국
2:4 / 137

신약

마태복음
2:1-12 / 331
3:7 / 197
3:13-17 / 331

5:17-18 / 24
5:17 / 206
5:45 / 240
7:6 / 177
7:12 / 24
7:16-20 / 251
7:17 / 252
12:33 / 251
19 / 278
19:17 / 229
19:19 / 280
22:36-40 / 261
22:37 / 208
22:37-38 / 263
22:37-39 / 330
22:37-40 / 24
22:39 / 203
22:40 / 208
25:31-46 / 29

누가복음
6:43 / 251
10:28 / 230
10:30-37 / 267
14:1-11 / 329
23:34 / 240

요한복음
1:16 / 227
3:14 / 295
13:1-11 / 204
13:15 / 205
13:34-35 / 203, 204

13:34 / 205
13:35 / 204
14:15 / 205
15:4-6 / 251
15:12 / 176, 203
15:17 / 203

로마서
1:16 / 159, 160
1:17 / 23, 64, 137, 159, 160, 314, 335
3:28 / 23
3:31 / 24, 206
4:11 / 252
5:5 / 58
6:3 / 233
7:7 / 307, 308
7:8 / 184
7:14 / 309
7:25 / 309
8:23 / 286
8:32 / 245
10:4 / 215
12:3 / 326
13:8-10 / 209
13:8 / 194
13:9 / 209
13:10 / 24, 276, 280
13:14 / 237
14:1-3 / 273
14:1 / 121
15:2 / 276, 281

고린도전서
1:30 / 212
3:2 / 273
9:19 / 194
13:12 / 317
13:13 / 24

고린도후서
4:16 / 284
11:14 / 147

갈라디아서
1:3 / 127, 244
2:16 / 23
3:3 / 270
3:11 / 137, 138
3:12 / 208
3:27 / 237
3:28 / 230
4:4 / 194
4:7 / 195
4:8-9 / 96, 193
5:1 / 264
5:2-24 / 80
5:6 / 24, 178, 193
5:12 / 96
5:13 / 200
5:14 / 208, 219
6:2 / 203

에베소서
3:14-21 / 56

빌립보서
2:6-7 / 194

골로새서
2:9 / 227

디모데전서
1:5-7 / 329

디도서
1:15 / 229
3:4-7 / 289

히브리서
5:12-13 / 273
11 / 228
11:4 / 229
11:5 / 229
11:6 / 229
11:8 / 229

베드로전서
2:2 / 273

베드로후서
1:10 / 180
3:18 / 288

2. 주제

가

겸손
  구원론적 겸손 / 243, 245
  윤리적 겸손 / 243, 246
  인식론적 겸손 / 243ff.
공로
  적정공로 / 109ff., 117, 122, 129, 130, 136, 157, 163, 197, 203
  재량공로 / 109, 117, 120ff., 129ff., 136, 157, 163, 197, 203
교황주의자들 / 100, 118, 145ff., 206, 270
교회연합운동 / 47, 313
구원 / 22, 24, 26, 31, 42, 57, 64, 66, 74ff., 78, 85, 91, 93, 94, 104, 117ff., 122, 124ff., 135ff., 143, 146, 147, 151, 155ff., 161ff., 165, 166, 168ff., 175, 179, 182, 185, 186, 188, 194, 195, 197ff., 204, 212, 213, 216, 221, 231, 233ff., 239, 241ff., 248, 249, 256ff., 261, 265, 273, 284, 290, 292, 294ff., 299, 300, 302, 303, 309, 317, 327, 334, 336
구원론 / 85, 119, 139, 156, 162
구원의 질서 / 117, 186
그리스도
  구세주 / 39, 91, 126, 127, 136, 138, 143, 144, 146ff., 153, 162, 163, 171, 179, 237, 245, 246, 256, 296, 297, 333, 336
  구원자 / 39, 140, 163, 185

귀감 / 40, 60, 88, 91, 128, 146, 147, 164, 165, 225, 233ff., 238ff., 242, 259, 296, 333
그리스도가 오는 이중 방식 / 41, 233, 235
그리스도가 주는 이중 혜택 / 235
그리스도가 주어진 이중 방식 / 41, 128, 233
그리스도를 입는 이중 방식 / 41, 233, 237
그리스도와 법 / 42, 90, 124, 182
그리스도의 고유 기능 / 126, 128, 129, 165, 239, 297
그리스도의 두 본성 / 58
그리스도의 법 / 40, 41, 192, 204, 206, 209, 210, 215, 217, 219, 265, 283, 293, 300, 324
그리스도의 부수 기능 / 125, 126, 128, 129, 165, 239
그리스도의 신성 / 57, 127, 149, 226, 227
그리스도의 십자가 처형 / 130, 283
그리스도의 의 / 146, 171, 172, 174, 185, 200, 210, 226, 299, 300
그리스도의 인성 / 244
대제사장 / 163, 296
믿음 안에 현존하는 그리스도 / 49, 53, 54, 57, 61, 90, 139, 334
선물 / 56, 72, 128, 233, 234, 297
승리자 / 127, 128, 296

의롭게 하는 자 / 140, 147, 162,
　　163, 223, 233, 237, 239
중개자 / 232, 296
하나님의 어린 양 / 296
호의 / 51, 55, 56, 162
그리스도론 / 27, 41, 125, 139, 162,
　　164, 192, 223-225, 227, 230, 231,
　　233, 238, 252, 336
그리스도론적 유비 / 41, 224, 227,
　　230, 231
그리스도에 의해 주어진 사랑의 법 /
　　87
그리스도에 의해 형성된 믿음 / 39,
　　136, 141
그리스도인의 삶 / 14, 19, 26, 29, 40,
　　51, 58, 69, 76, 80, 81, 177ff., 193,
　　200, 201, 209ff., 219, 221, 222, 250,
　　269, 288, 289, 293, 297ff., 323,
　　329, 336
그리스도처럼 그리스도인도 / 41,
　　238, 265
급진적 종교개혁 / 148
급진적 종교개혁가 / 148
급진파 / 38, 39

나

나무와 열매 / 41, 89, 238, 251ff.
노예
　신학적 노예 상태 / 196
　영구적인 노예 신분 / 195

다

덕

신학적 덕(대신덕) / 112, 113, 115,
　　124
선천적 덕 / 112
도덕
　도덕적 문법 / 229
　도덕적 불감증 / 327
　도덕적 선행 / 117
　도덕적 태만 / 327
　도덕적 품행 / 96ff.
　도덕적 행위 / 213, 228, 230
　도덕적 훈계 / 321
　도덕적으로 올바른 사랑 / 275
　도덕적으로 잘못된 사랑 / 275
　도덕적으로 중립적인 사랑 / 275
두 왕국 / 78, 332
두 차원 / 20, 37, 41, 42, 94, 103, 192,
　　194, 212ff., 218, 219, 253, 302, 336

라

러시아 정교회 / 47
로마서 강해 / 34, 35, 58, 84, 282,
　　327
룬드 대학교를 중심한 루터학파 / 62

마

면벌부 판매 / 85, 327
모티브-연구방법 / 62
문화적 패배주의 / 25, 27, 28
믿음
　가짜 믿음 / 140, 179ff., 334
　구체적 믿음 / 61, 224, 226, 230
　그리스도가 현존하는 믿음 / 19,
　　47ff., 51, 54ff., 61, 72, 148, 316,

317, 334ff.
그리스도를 꼭 붙잡는 유일한 수단으로서의 믿음 / 138ff., 153ff., 200
그리스도를 믿는 믿음 / 19, 22, 23, 32, 39, 40, 70, 74, 76, 85ff., 93, 95, 100, 103, 104, 118, 120, 138, 139, 142ff., 153, 169, 170, 174, 175, 182, 187, 191ff., 200, 201, 206, 209, 212, 213, 215, 228, 230, 232, 240, 241, 247, 248, 250, 255, 265, 269, 272, 273, 281ff., 285ff., 306ff., 326ff.
믿음의 내용 / 238
믿음의 대상 / 238
믿음의 요구 / 238
믿음의 충분성 / 105, 119
믿음의 필요성 / 119
믿음의 형상 / 55, 56, 115, 116, 141
사랑으로 역사하는 믿음 / 75, 77
사랑으로 열매 맺는 믿음 / 174
살아 있는 믿음 / 140, 181
신뢰로서의 믿음 / 167ff., 189
예수 그리스도에 대한 지식으로서의 믿음 / 153, 161ff.
오직 믿음 / 18, 23, 24, 27, 30, 31, 45, 48, 59, 66, 104, 123, 134, 139, 140, 143, 151, 154, 172, 206, 229, 230, 307, 318
육화된 믿음 / 41, 61, 224, 226, 230, 255, 289
의롭게 하는 믿음 / 39, 61, 76, 81, 181, 191, 196

자기 자신에 대한 지식으로서의 믿음 / 153, 165ff.
절대적 믿음 / 41, 224, 226, 287
주입된 믿음 / 119, 140, 181
죽은 믿음 / 334. 335
지식으로서의 믿음 / 153
참된 믿음 / 38, 41, 138, 140, 176ff., 181, 182, 191
추상적 믿음 / 61, 224, 226, 230
하나님에 대한 지식으로서의 믿음 / 153ff.
형성되지 않은 믿음 / 118, 119, 129, 130, 138, 140, 163, 181, 197, 203, 220
획득된 믿음 / 135, 181

바

반법주의 / 22, 221, 222, 323, 324
반법주의자 / 118, 187, 320ff.
법
그리스도가 준 사랑의 법 / 40, 87, 202, 293
그리스도의 법 / 40, 41, 192, 204, 206, 209, 210, 215, 217, 219, 265, 283, 293, 300, 324
법을 성취하는 이중 방식 / 211, 252
법의 성취 / 55, 57, 71, 123, 222, 299, 300
법의 성취자 / 202, 210
법의 시민적 용법 / 287, 294
법의 신학적 용법 / 87, 182, 183ff., 189, 203, 293, 294, 297, 298, 321

법의 영적 용법 / 87, 182, 183ff.,
  189, 293, 294
법의 정치적 용법 / 182
법의 제3용법 / 41, 43, 294, 311,
  319ff., 331
법의 네 가지 용법 / 325
사랑의 법 / 40, 74, 87, 91, 192,
  202, 204, 206, 209ff., 215ff., 219,
  265, 266, 283, 290, 291, 293, 324
자극제로서의 법 / 182, 189
법과 그리스도 간의 결투 / 124, 125
법-복음 정적주의 / 26
법폐지론자 / 182, 187
복음 / 11, 19, 21, 26, 27, 33, 39, 67,
  69, 70, 74, 75, 77, 78, 87, 129, 137,
  142, 147, 150, 158, 160, 161, 179,
  183, 185ff., 207, 208, 221, 222,
  230, 234ff., 271, 294, 315, 317,
  326, 328, 334, 335
비유들 / 192, 238, 253, 265

사

사랑
  넘쳐흐르는 사랑 / 77
  믿음의 열매로서의 사랑 / 42, 193,
    196, 206, 220, 253, 261, 270,
    282, 285, 291
  법의 성취로서의 사랑 / 71
  사랑에 의해 형성된 믿음 / 38, 39,
    67, 104, 105, 114, 117ff., 129,
    137, 140, 189
  사랑의 계명 / 24, 60, 131, 133, 134,
    203, 207ff., 252, 263, 264, 276ff.,
    281, 324
  사랑의 법 / 40, 74, 87, 91, 192, 202,
    204, 206, 209ff., 215ff., 219, 265,
    266, 283, 290, 291, 293, 324
  사랑의 질서 / 15
  사랑의 행위 / 41, 59, 69, 71, 94,
    136ff., 157, 160, 161, 175, 181ff.,
    193, 196, 202, 227, 228, 255,
    258, 259, 270, 292, 294, 299, 300
  상호적 사랑 / 290, 291
  소유적 사랑 / 256
  신중심적 사랑 / 65
  아가페-사랑 / 56, 62, 63, 65ff., 73
  에로스-사랑 / 62, 63, 65, 66, 88
  이웃과의 관계에서의 사랑 / 88,
    243, 261
  이웃사랑 / 30, 70, 71, 74, 75, 88,
    261ff., 280, 290
  자기 자신과의 관계에서의 사랑 /
    42, 88, 194, 204, 216, 256, 274,
    275, 282, 283, 285, 286, 288ff.
  자기본위적 사랑 / 256
  자기사랑 / 66, 274ff., 280, 281ff.,
    290, 291
  자기중심적 사랑 / 275
  하나님과의 관계에서의 사랑 / 88,
    256
  하나님에 대한 사랑 / 42, 134, 252,
    261ff., 276, 289, 290
사탄 / 27, 74, 147, 156, 166, 177,
  199
사회적 보수주의 / 25
삼위일체 / 14, 47, 74, 233, 242, 257,

275
새 사람 / 42, 179, 216, 217, 283, 286, 288, 291
새 창조 / 213, 225, 227, 283, 291
새로운 신학적 문법 / 41, 228, 229, 331, 335
새로운 창조물 / 199, 214, 216, 233, 249, 256, 286, 289ff.
선행 / 21, 32, 35, 111, 117, 119ff., 125, 129, 163, 174, 176, 177, 180, 200, 210, 215, 219, 220, 240, 251, 259, 269, 271, 271, 292, 323, 326-328
성령 / 15, 58, 74, 109ff., 118, 121, 140, 154, 168, 171, 186, 198, 201, 214, 215, 217, 226, 270, 272, 275, 283, 284, 286, 292, 297, 302ff., 309, 323
성인 / 27, 81, 88, 142, 212ff., 217, 228, 242, 285, 307ff.
성찬 상징론자 / 144, 232
성화 / 21, 22, 24, 31, 38, 54, 65, 74, 80, 82, 142, 175, 212, 234, 321
소명 / 71, 88, 212, 213, 243, 250, 261, 268ff., 304, 332
소생(vivification) / 42, 217, 283, 284, 286, 288, 289ff.
소피스트 / 100, 119, 122, 141, 148, 164, 218, 266
수동성 / 129, 172, 214, 314
수용성 / 171, 172, 179, 217
스콜라 신학 / 37, 39, 56, 79, 114, 118, 121, 129, 137, 138, 144, 154, 181, 189, 191, 203, 220, 245, 318, 334
스콜라 신학자 / 36, 55, 100, 105, 118, 119, 121ff., 131, 135, 140, 141, 143ff., 157, 214, 220, 304
신교황주의자 / 145
신화(theosis) / 43, 47ff., 53, 58, 90, 311ff., 316, 318
십계명 / 73, 87, 130, 131, 210, 231, 261, 263, 268, 280, 324, 328, 330
십자가 / 73, 124, 130, 136, 147, 163, 166, 169, 234, 235, 240, 243ff., 258, 265, 283, 285, 319, 333

아

양심 / 13, 14, 26, 69, 87, 96, 127, 156, 183, 184, 195ff., 209, 236, 258, 271, 288, 295, 296, 298, 302ff.
연합 / 47, 48, 50, 53, 55ff., 61, 65, 70, 81, 90, 113, 176, 201, 207, 224, 225, 231, 232, 275, 312, 313, 317,
열광주의자 / 127, 145, 146, 148, 305, 316
영생 / 32, 39ff., 54, 94, 109ff., 117, 119ff., 127, 129, 141, 143, 144, 157, 163, 164, 173, 174, 182, 214, 216, 220, 259, 295, 299ff., 324
영성 / 201, 202
영역
   세속 영역 / 75, 77, 78
   영적 영역 / 77, 78
영적 눈 / 295
옛 사람 / 42, 186, 216, 217, 233,

237, 283, 285, 289ff., 323
옛 아담 / 283, 286, 309
우상숭배 / 154, 197, 198
우상숭배자 / 149
윤리
  공공윤리 / 26
  그리스도교 윤리 / 76
  루터파 윤리 / 78
  사회 윤리 / 26, 75, 77ff., 83, 84
  신학적 윤리 / 25, 71, 74
  정치적 윤리 / 26
은혜 / 22, 65, 75, 103, 108ff., 117ff., 129, 131ff., 135, 136, 142, 147, 150, 157, 164, 175, 180, 183, 185, 186, 196ff., 206, 217, 220, 227, 234, 240, 244, 288, 295ff., 302ff., 334
은혜의 주입 / 106ff.
의
  형식적 의 / 120, 123, 141, 142, 317
  외래적, 수동적, 완전한 의 / 38, 39, 41, 42, 86ff., 93, 103, 104, 181, 188, 191, 193, 202, 212, 214ff., 232, 234, 253, 284, 287, 288, 292, 294, 299, 301, 336
  자신의, 능동적, 점진적 의 / 38ff., 86ff., 93, 94, 103, 104, 181, 191ff., 202ff., 212, 215, 217, 218, 220, 223, 224, 232ff., 238, 239, 250, 253, 260, 283, 284, 287, 288, 292ff., 299ff., 305ff., 309, 336
  그리스도의 의 / 146, 171, 172, 174, 185, 200, 210, 226, 299, 300

하나님의 의 / 137, 156ff., 314, 315, 335
자기 의 / 65, 125, 132, 133, 165, 177, 198, 246, 250, 294
행위 의 / 65, 66, 125, 132, 229, 246
의롭게 됨
  새로운 창조로서의 의롭게 됨 / 213
의인이면서 죄인 / 274
이성 / 106, 113, 118, 154, 155, 163, 166, 182, 185, 217, 229, 230, 284, 305, 306, 317
이원론
인간의 본성 / 108, 110, 130, 134, 241, 255, 275

자

자기사랑
  왜곡된 자기사랑 / 274, 276ff.
  이웃사랑을 위한 패턴으로서의 자기사랑 / 274, 278
  자기 자신과의 관계에서 맺는 믿음의 열매로서의 자기사랑 / 42, 88, 274, 275, 283, 285, 286, 290, 291
자유
  그리스도인의 자유 / 21, 69, 78, 173, 176, 192ff., 197, 198, 200, 207, 241, 252, 257, 264, 265, 298, 328
  ~을 향한 자유 / 40, 70, 192, 194, 200, 202, 241, 264
  ~으로부터의 자유 / 40, 70, 192, 194, 196, 198ff., 202, 241, 264

육체적 자유 / 197
정치적 자유 / 197
영적 자유 / 197
신학적 자유 / 197
자유의지 / 70, 106, 107ff., 113ff., 129, 132, 133, 135, 157, 198, 199, 207, 241, 255, 272, 277
재세례파 / 144ff.
전적 타락 / 134, 277
제이원인 / 111
제일원인 / 111
종교개혁 의제 / 81
종교개혁 / 13, 38, 39, 56, 100, 144, 149, 169, 201
종교개혁을 위한 돌파구 / 158
종말론적 견지 / 79
종말론적 성격 / 306
종말론적 소망 / 306
죄 / 27, 40, 55, 56, 58, 60, 65, 69, 77, 88, 105ff., 117, 119, 121, 124, 126ff., 135, 136, 148, 149, 156, 157, 159, 161, 163ff., 174, 183, 184, 192, 194, 196, 198ff., 215, 216, 218, 222, 225, 235ff., 241, 245, 255, 257, 258, 265, 277, 281, 284ff., 333
죽음(mortification) / 217, 283, 284, 286, 294ff., 302ff., 312, 314, 320, 322, 323, 326
즐거운 결투 / 164
즐거운 교환 / 51, 60, 173, 174, 226, 313

차

차원
  외래적, 수동적, 완전한 의와 거룩함의 차원 / 38, 39, 41, 42, 86ff., 93, 103, 104, 181, 202, 212, 214, 215, 220, 234, 253, 284, 288, 292, 294, 299, 301, 336
  자신의, 능동적, 점진적 의와 거룩함의 차원 / 38ff., 86ff., 91, 93, 94, 103, 181, 191ff., 202ff., 212, 217, 218, 220, 224, 232, 233, 235, 238, 239, 250, 253, 260, 283, 284, 287, 288, 293, 294, 299, 300, 306, 307, 336
참여 / 24, 39, 41, 48ff., 53, 55ff., 61, 70, 78, 90, 146, 207, 208, 312ff., 316
츠빙글리파 / 145, 146

카

카리타스-합성 / 65
칼케돈 공식 / 231

타

탁상담화 / 34, 35, 120, 160, 314
탑 경험 / 158, 159, 314

파

핀란드 루터교회 / 47

하

하나님
  계시된 하나님 / 68, 257

숨겨진 하나님 / 68, 315
　하나님의 본성 / 55, 198, 207, 208,
　　244, 313ff.
　하나님의 사랑 / 42, 50, 56, 64, 65,
　　67, 70, 73, 74, 76, 134, 246,
　　256ff., 262, 267, 289, 290, 315
　하나님의 의 / 137, 156ff., 314,
　　315, 335
하나님 나라 / 79
한 쌍의 신학적 주제로서의 믿음과 사
　랑 / 24
해석의 틀 / 18, 20, 31, 32, 37, 38,
　94, 103, 104, 253
행복한 교환 / 173
행위
　도덕적 행위 / 213, 228, 230
　신학적 행위 / 213, 228, 229
행위 의 / 65, 66, 125, 132, 229, 246
행위자와 행위 / 89, 238, 247ff., 253
현대 핀란드 루터 학자들 / 46, 47, 51,
　72, 81, 82, 313
황금률 / 24, 47, 58, 60, 71ff., 279,
　280
히브리식 말하기 방식 / 55, 313, 314

3. 인명

가
가스만(Gassmann, Günther) / 175
게블러(Gaebler, Mary) / 276
골비처(Gollwitzer, Helmut) / 68
그리취(Gritsch, Eric W.) / 80, 207
김(Kim, Sun-young) / 13, 16, 20, 23, 325, 328, 331

나
니그렌(Nygren, Anders) / 62ff., 244, 276
니버(Niebuhr, Reinhold) / 25, 28

다
다스(Das, A. Andrew) / 230
디이터(Dieter, Theodor) / 116, 249

라
라아토(Laato, Timo) / 45
라우니오(Raunio, Antti) / 49, 58, 72, 73
라이트(Wright, David) / 74
라자레쓰(Lazareth, William H.) / 25, 26, 74, 321
러쉬(Rusch, William G.) / 46
로제(Lohse, Bernhard) / 28, 30, 36, 139, 158, 216, 218, 221, 222, 312, 319, 320, 321
로체(Lotze, Hermann) / 51
뢰러(Rörer, George) / 96, 98
뢰셔(Löscher, Valentin) / 32

루셀로(Rousselot, Pierre) / 62
루트(Root, Michael) / 175
루프스(Loofs, Friedrich) / 31, 32
르루(Leroux, Neil R.) / 330
리츨(Ritschl, Albrecht) / 51, 53, 89, 90, 173
리츨(Ritschl, Otto) / 51
린드버그(Lindberg, Carter) / 32, 114, 151, 175, 178, 267, 321

마
마르티카이넨(Martikainen, Eeva) / 50
마리아(Mary, the Virgin) / 244
마쉬케(Maschke, Timothy) / 99
마우(Mau, Rudolf) / 69, 80
마티(Marty, Martin) / 25, 78
만네르마아(Mannermaa, Tuomo) / 37, 47ff., 70, 72, 207
말리즈(Malysz, Piotr J.) / 45
말만(Mahlmann, T.) / 31
매티스(Mattes, Mark C.) / 46
맥그라스(McGrath, Alister E.) / 45, 158, 173
맥코맥(McCormack, Bruce L.) / 45
맬로이(Malloy, Christopher J.) / 313
머레이(Murray, Scott R.) / 324
멜랑히톤(Melanchthon, Philip) / 34
모세(Moses) / 135, 146, 183, 188, 205, 206, 209, 283, 315, 321

바

바르트(Barth, Karl) / 25, 290
바울(Paul, St.) / 35, 38, 84, 95ff., 118, 124, 126ff., 130, 131, 137, 138, 149, 150, 159, 160, 177, 178, 192, 193, 194, 200, 203, 206, 208ff., 219, 230, 237, 244, 252, 261, 262, 264ff., 270, 293, 299, 307ff., 314, 326, 335
바이어(Bayer, Oswald) / 23, 74, 169, 265, 268, 278
반 바벨(Van Bavel, Tarsicius J.) / 15
반넨베취(Wannenwetsch, Bernd) / 74
뱅통(Bainton, Roland H.) / 145
버거(Burger, Christoph) / 73
버나비(Burnaby, John) / 62, 275, 276
버지스(Burgess, Joseph A.) / 45
베버(Weber, Max) / 26
보이텔(Beutel, Albrecht) / 313
브라아텐(Braaten, Carl E.) / 151
브레히트(Brecht, Martin) / 160
브론도스(Brondos, David A.) / 46
브리스키나(Briskina, Anna) / 48, 313
브리트(Wriedt, Markus) / 36, 117
비엘(Biel, Gabriel) / 38, 105, 116, 117, 120, 134, 136
빌펠트(Bielfeldt, Dennis) / 48, 207, 311
빙그렌(Wingren, Gustaf) / 71, 269
빙케(Vinke, Rainer) / 24

사

사아리넨(Saarinen, Risto) / 47, 51
사우터(Sauter, Gerhard) / 32
솔버그(Solberg, Mary M.) / 247
쉬미트(Schmid, Heinrich) / 325
쉬바르츠(Schwarz, Reinhard) / 79
쉬바르츠벨러(Schwarzwäller, Klaus) / 73, 313
쉴링크(Schlink, Von Edmund) / 324
슈타인메츠(Steinmetz, David C.) / 19
스코투스(Scotus, John Duns) / 120
스트롤(Strohl, Jane E.) / 330
싱어(Singer, Irving) / 62

아

아그리콜라(Agricola, Johann) / 221, 222
아리스토텔레스(Aristotle) / 79, 106, 111, 248, 249, 255
아브라함(Abraham) / 81, 124, 162, 180, 225, 229, 296, 301
아우구스티누스(Augustine, St.) / 15ff., 62, 63, 159, 160, 199, 209, 233, 275, 276, 282, 308
아웃카(Outka, Gene H.) / 276
아퀴나스(Aquinas, Thomas) / 38, 105ff., 136
안데르센(Andersen, Svend) / 74
알트하우스(Althaus, Paul) / 27ff., 154ff., 173, 244, 323
어얼링(Erling, Bernhard) / 73, 184
에벨링(Ebeling, Gerhard) / 67ff., 89,

324
엘러트(Elert, Werner) / 320ff., 324
오도노반(O'Donovan, Oliver) / 62
오버만(Oberman, Heiko A.) / 46, 117, 118, 121, 141, 156, 160
오캄(William of Ockham) / 120
왓슨(Watson, Philip S.) / 137
우드(Wood, Arthur S.) / 79, 277, 282, 326
웨슬리(Wesley, John) / 22
윅스(Wicks, Jared, S.J.) / 46
윙엘(Jüngel, Eberhard) / 25, 31, 46, 71, 258, 259, 276, 318
유바(Juva, Mikko) / 52
융한스(Junghans, Helmar) / 23, 36, 71, 247, 265

자

진젠도르프(Zinzendorf, Nicolaus Ludwig) / 22
짐케(Ziemke, Donald C.) / 71

카

칸리스(Canlis, Julie) / 226
칼뱅(Calvin, John) / 226
캐닝(Canning, Raymond) / 62, 276
케르케이넨(Kärkkäinen, Veli-Matti) / 45, 72, 265
콜덴(Kolden, Marc) / 45
콜프(Kolb, Robert) / 104, 269
크라우즈(Crouse, R. D.) / 15
크로델(Krodel, Gottfried G.) / 158
클락(Clark, R. Scott) / 45

타

토벤트(Torvend, Samuel) / 267
토텐(Totten, Mark T.) / 74
톰슨(Thompson, Virgil) / 45
투르레티니(Turrettini, Franz) / 31
트뢸취(Troeltsch, Ernst) / 25, 78

파

팔라마스(Palamas, Gregorio) / 312
펠리칸(Pelikan, Jaroslav) / 169
포드(Forde, Gerhard O.) / 23, 46
포렐(Forell, George W.) / 25, 73, 75ff., 83, 84, 265, 267, 290
포이라(Peura, Simo) / 49, 52, 55, 58
프뢸리히(Froehlich, Karlfried) / 269
피츠제럴드(Fitzgerald, Allan D.) / 15

하

하인츠(Heinz, Johann) / 117
헌싱어(Hunsinger, George) / 141, 290
헤르만(Herrman, Wilhelm) / 51
헥켈(Heckel, Johannes) / 25, 27, 204
헨드릭스(Hendrix, Scott H.) / 79ff., 175, 201, 312, 313, 329
햄(Hamm, Berndt) / 260, 261
호프만(Hoffman, Bengt) / 233
홀(Holl, Karl) / 26, 78, 173

김선영

▼
▼

이화여자대학교 (영어교육/B. A., 영문학/M. A.)
연세대학교 (기독교교육/M. A., Ph. D.)
프린스턴 신학대학원 (M. Div., 교리사/Ph. D.)
튀빙겐 대학교(교환학생)
한국기독교학회 편집간사 역임
현, 한국교회사학회 서기
    루터교 총회 종교개혁500주년기념 루터전집 번역·출판사업회 총무
    실천신학대학원대학교 조교수

저·역서 및 논문

- *Luther on Faith and Love: Christ and the Law in the 1535 Galatians Commentary* (Minneapolis, MN: Fortress Press, 2014)
- 『초기 기독교 교부들』(*LCC* 1권 번역서/ 서울: 두란노아카데미, 2011)
- "Luther on Faith and Love: The Overriding Thematic Pair in the Dynamics of Christ and the Law in the 1535 Galatians Commentary." (magna cum laude) 프린스턴 신학대학원 박사학위 논문, 2008.
- "종교개혁사적 관점에서 본 루터의 교육사상과 교육개혁에 관한 연구." 연세대학교 박사학위 논문, 2012.
- "칼빈의 '첫째 아담-마지막 아담' 모형론-로마서 5장과 고린도전서 15장에 대한 주석을 중심으로." 「한국기독교신학논총」 86(2013), 89-114.
- "Luther on 'Sabbatical Observance'." *Korean Journal of Christian Studies*. 87(2013), 81-102.
- "교황수위권에 대한 그레고리우스 7세와 마르틴 루터의 입장: 마태복음 16장과 요한복음 21장을 중심으로." 「한국교회사학회지」 35(2013), 7-40 외 다수.